Musik in der Geschichte der westlichen Kirche

Mit einer Einführung in die religiöse Musik bei primitiven und antiken Völkern

Edward Dickinson

Writat

Diese Ausgabe erschien im Jahr 2024

ISBN: 9789359940717

Herausgegeben von
Writat
E-Mail: info@writat.com

Inhalt

VORWORT

Die praktische Anwendung der Musik im öffentlichen Gottesdienst ist eines der interessantesten Nebenprobleme, mit denen sich die christliche Kirche auseinandersetzen musste. Gesang hat sich als so universelle Notwendigkeit im Gottesdienst erwiesen, dass man fast sagen könnte: Ohne Musik keine Kirche. Die endlose Vielfalt musikalischer Formen und Stile wirft die immerwährende Frage auf: Wie kann Musik am wirksamsten zu den Zielen beitragen, die der kirchliche Gottesdienst im Auge hat, ohne auf jene Eigenschaften zu verzichten, von denen ihre Freiheit als bildende Kunst abhängt?

Der vorliegende Band ist ein Versuch zu zeigen, wie dieses Problem von verschiedenen Konfessionen und in verschiedenen Nationen und zu verschiedenen Zeiten behandelt wurde; wie die Musik, die aus dem Schoß der Kirche hervorging, unter dem Einfluss unterschiedlicher Frömmigkeitsideale, liturgischer Gebräuche, nationaler Temperamente und in der weltlichen Kunst gebräuchlicher Ausdrucksarten und -methoden geformt wurde. Der Autor hat vor allem die Absicht und Hoffnung, in den Köpfen von Geistlichen und nicht professionellen Musikliebhabern sowie von Kirchenmusikern ein Interesse an diesem Kunstzweig zu wecken, das sie nicht empfinden können, solange ihnen seine Geschichte unbekannt ist. [viii] Die Kenntnis der Geschichte fördert immer Demut und Ehrfurcht und beugt der Verbreitung kapriziöser Urteilsverdrehungen vor. Selbst ein schwaches Gefühl für die Erhabenheit und Schönheit der Formen, die die Kirchenmusik angenommen hat, und die wichtige Rolle, die sie immer im organisierten Gottesdienst gespielt hat, wird einen ergebenen Diener der Kirche davon überzeugen, dass ihre ordnungsgemäße Verwaltung heute ebenso wichtig ist wie in der Vergangenheit.

Einige Kapitel dieses Werks sind in leicht abgeänderter Form in der *American Catholic Quarterly Review* , der *Bibliotheca Sacra* und *Music erschienen* . Der Autor dankt den Herausgebern dieser Zeitschriften für die Verwendung dieses Materials in seiner vorliegenden Form.

KAPITEL I
PRIMITIVE UND ANTIKE RELIGIÖSE MUSIK

Leon Gautier schreibt zu Beginn seiner Geschichte der epischen Poesie Frankreichs den primitiven poetischen Ausdruck der Menschheit einem religiösen Impuls zu. „Stellen Sie sich vor", sagt er, „der erste Mensch in dem Augenblick, in dem er aus der Hand Gottes hervorgeht, in dem seine Vision zum ersten Mal auf seinem neuen Reich ruht." Stellen Sie sich, wenn möglich, die außerordentliche Lebendigkeit seiner Eindrücke vor, wenn sich die Pracht der Welt im Spiegel seiner Seele widerspiegelt. Berauscht, fast wahnsinnig vor Bewunderung, Dankbarkeit und Liebe, erhebt er seinen Blick zum Himmel, nicht zufrieden mit dem Schauspiel der Erde; Dann entdeckt er Gott im Himmel und schreibt ihm alle Ehre dieser Herrlichkeit und der Harmonien der Schöpfung zu, öffnet seinen Mund, das erste Stottern der Sprache entweicht seinen Lippen – er spricht; Ach nein, er singt, und das erste Lied des Herrn der Schöpfung wird eine Hymne an Gott, seinen Schöpfer, sein."

Wenn die Sprache der poetischen Extravaganz in ernsthafte historische Kompositionen aufgenommen werden darf, können wir dieses theatralische Bild als allegorisiertes Bild einer Wahrheit akzeptieren. Obwohl wir nicht mehr von einem „ersten Menschen" sprechen und obwohl wir die besten Gründe haben anzunehmen, dass die frühesten stimmlichen Bemühungen unserer anthropoiden Vorfahren eher ein sanft modulierter Liebesruf oder ein schriller Schlachtruf als ein *Sursum corda waren* ; Wenn wir jedoch von dem Stadium der menschlichen Entwicklung ausgehen, in dem die Kunst richtig beginnt, wenn die unvorhergesehenen Reaktionen auf einfache Empfindungen durch den stabileren und organisierteren Ausdruck eines selbstbewussten Seelenlebens ergänzt werden, dann finden wir das sicherlich am frühesten Gesangsversuche werden durch Motive veranlasst, die streng genommen als religiös bezeichnet werden müssen. Der Wilde ist ein sehr religiöses Wesen. In allen Beziehungen seines einfachen Lebens ist er durch einen strengen Kodex von Vorschriften geschützt, dessen Sanktion davon abhängt, dass er die Anwesenheit unsichtbarer Mächte und seine Pflichten ihnen gegenüber anerkennt. Er ahnt eine geheimnisvolle Präsenz, die so allgegenwärtig ist wie die Atmosphäre, die er atmet, und die in seiner kindlichen Fantasie vielfältige Formen annimmt, etwa von Geistern, vergöttlichten Vorfahren, anthropomorphen Göttern, verkörperten Einflüssen von Sonne und Wolken. In welche Gestalt diese Vorstellungen sich auch kleiden mögen, er verspürt ein Gefühl der Ehrfurcht, das manchmal als tiefe Angst, manchmal als Ehrfurcht und Liebe erscheint. Die Emotionen, die der primitive Mensch unter dem Druck dieser Ideen verspürt, sind die tiefgreifendsten und anhaltendsten, zu denen er fähig ist, und da sie Vorstellungen beinhalten, die von allen Mitgliedern des Stammes gemeinsam vertreten werden (denn es gibt keine Skeptiker oder Nonkonformisten). in der Gemeinschaft der Wilden) werden sie in ausgefeilten Zeremonienschemata formuliert. Das religiöse Gefühl sucht unweigerlich seinen Ausdruck in der Versammlung – „den Mitteln", wie Professor Brinton sagt, „durch die das stärkste Mittel im religiösen Leben, die kollektive Suggestion, auf den Geist ausgeübt wird" – die Liturgie, das Fest usw das Opfer. [1] Aufgrund bestimmter Gesetze des menschlichen Geistes, die überall, im höchsten zivilisierten Zustand wie beim Wilden, offensichtlich sind, wird das religiöse Gefühl, verstärkt durch kollektive Suggestion in der Versammlung, seinen Ausdruck nicht in der gewöhnlichen Art der Gedankenkommunikation finden , sondern in jenen rhythmischen und gebeugten Bewegungen und Kadenzen, die der natürliche Ausdruck starker geistiger Erregung sind, wenn sie auf sich selbst zurückgeworfen werden. Diese Gesten und Stimmbeugungen werden reguliert und systematisiert, damit sie dauerhaft erhalten bleiben und in ihrer Reaktion dazu dienen, die mentalen Zustände, durch die sie verursacht wurden, erneut zu stimulieren. Singen, Tanzen und Pantomime bilden die Mittel, mit denen der unzivilisierte Mensch auf der ganzen Welt seinen beherrschenden Ideen Ausdruck verleiht. Die nötige Gleichmäßigkeit in Bewegung und Akzent lässt sich am einfachsten durch rhythmische Schläge erreichen; und da diese Schläge deutlicher zu hören sind und auch angenehmer mit den Tönen der Stimme verschmelzen, wenn es sich um musikalische Klänge handelt, entsteht eine rohe Form der Instrumentalmusik. Hier haben wir Elemente öffentlicher religiöser Zeremonien, wie sie in den am höchsten organisierten und vergeistigtesten Gottesdiensten existieren – die Versammlung, bei der gemeinsame Motive gemeinsame Handlungen hervorrufen und reagieren, um eine gemeinsame Stimmung zu erzeugen, das Ritual mit seiner Instrumentalmusik und den daraus resultierenden Sinn der Teil des Teilnehmers der

Loslösung von materiellen Interessen und der persönlichen Gemeinschaft mit den unsichtbaren Mächten.

Der symbolische Tanz und der Chorgesang gehören zu den primitivsten, wahrscheinlich den primitivsten Formen der Kunst. Aus ihrer Verbindung gingen Musik, Poesie und dramatische Handlungen hervor. Bildhauerei, Malerei und Architektur wurden angeregt, wenn nicht sogar unter derselben Schirmherrschaft geschaffen. „Das Fest", sagt Prof. Baldwin Brown, „schafft den Künstler." [2] Feste bei primitiven Rassen, wie bei alten Kulturvölkern, sind alle ausgesprochen religiös. Singen und Tanzen sind untrennbar. Vokalmusik ist eine Art Gesang, der wegen seiner nervenerregenden Eigenschaft angenommen wurde und auch, um einer Masse von Teilnehmern zu ermöglichen, die Worte im Gleichklang auszusprechen, wenn verständliche Worte verwendet werden. Eine Kastentrennung zwischen Priesterschaft und Laien wurde schon in sehr frühen Zeiten vorgenommen. Das Ritual wird zu einer Art magischer Beschwörung; die Äußerungen des Zauberers, Propheten oder Priesters bestehen aus Sätzen mit mysteriöser Bedeutung oder unzusammenhängenden Ausrufen.

Das Hauptmerkmal der früheren Formen des Gottesdienstes ist der Tanz. Es nahm auch in den Riten der alten Kulturvölker einen herausragenden Platz ein und bleibt in dunkler Erinnerung in den Prozessionen und Altarzeremonien des modernen liturgischen Gottesdienstes erhalten. Seine Funktion war ebenso wichtig wie die der Musik in der modernen Kirche, und seine Wirkung war in vielerlei Hinsicht sehr ähnlich. In Verbindung mit der Anbetung wird der Tanz eingesetzt, um den Zustand geistiger Erheiterung zu erzeugen, der mit dem Verbrauch überschüssiger körperlicher Energie einhergeht, oder als symbolischer, halbdramatischer Ausdruck bestimmter religiöser Ideen. „Die hörbaren und sichtbaren Manifestationen der Freude", sagt Herbert Spencer, „die im Singen und Tanzen gipfeln, haben ihre Wurzeln in instinktiven Handlungen wie denen lebhafter Kinder, die, wenn sie in der Ferne einen nachsichtigen Verwandten sehen, auf ihn zulaufen und sich ihm anschließen." einander in Freudenschreien und unterbrechen ihren Lauf mit Sprüngen; und wenn statt eines nachsichtigen Verwandten, dem freudige Kinder begegnen, ein siegreicher Häuptling oder König mit Gruppen seines Volkes zusammentrifft, wird es mit ziemlicher Sicherheit saloppe und lautstarke Äußerungen hocherfreuter Gefühle geben, und diese müssen implizit zu Zeichen von Respekt und Respekt werden Loyalität – Wertzuschreibungen, die, auf eine höhere Macht erhoben, zur Anbetung werden." [3] Beispiele für solche Motive im heiligen Tanz finden sich in der festlichen Prozession der Frauen, angeführt von Miriam, nach dem Sturz der Ägypter, im Tanz Davids vor der Bundeslade und im Tanz des Knaben Sophokles um die Trophäen von Salamis. Aber der heilige Tanz beschränkt sich keineswegs auf die Entladung körperlicher Energie unter dem Einfluss der Freude. Der Trauertanz ist einer der häufigsten Bräuche dieser Art, und die Angst vor göttlichem Zorn und die Hoffnung auf Versöhnung durch Riten, die der beleidigten Macht gefallen, sind ein häufiger Anlass für rhythmische Entwicklung und heftige körperliche Demonstrationen.

Weitaus häufiger jedoch nimmt der heilige Tanz einen repräsentativen Charakter an und wird zu einem rudimentären Drama, entweder nachahmend oder symbolisch. Er stellt die Taten der Götter dar, oft unter der Annahme, dass die Gottheiten durch die mitfühlenden Bemühungen ihrer Anhänger unterstützt werden. Bestimmte Geheimnisse, die nur den Eingeweihten bekannt sind, werden durch körperliche Bewegungen symbolisiert. Die Tatsache, dass der Tanz symbolisch und lehrreich war, wie das Opferritual selbst, lässt uns verstehen, warum das Tanzen in der Anbetung so ernsthafter und intelligenter Nationen wie der Ägypter, Hebräer und Griechen eine solche Bedeutung hatte. Darstellungen religiöser Prozessionen und Tänze finden sich auf den Denkmälern Ägyptens und Assyriens. Der ägyptische Bauer opferte bei der Ernte seine Erstlingsfrüchte und tanzte, um den Göttern seine Dankbarkeit zu bekunden. Die Priester stellten in ihren Tänzen den Lauf der Sterne und Szenen aus der Geschichte von Osiris und Isis dar. Der Tanz der Israeliten in der Wüste um das goldene Kalb war wahrscheinlich eine Nachbildung von Merkmalen des ägyptischen Apiskults. Die Mythen vieler alter Völker stellen die Götter tanzend dar, und angebliche Nachahmungen dieser erhabenen Vorbilder hatten ihren Platz in den Zeremonien, die ihnen zu Ehren gewidmet waren. Der Tanz war immer ein Hinweis auf die höhere oder niedere Natur der religiösen Vorstellungen, die ihn förderten. In den reineren und erhabeneren Kulten war er voller Anmut und Würde. In den sinnlichen Kulten Phöniziens und Lydiens und bei den späteren griechischen Verehrern von Kybele und Dionysos spiegelte der Tanz die Ängste und Leidenschaften wider, die in blutigen, obszönen und rasenden Riten mündeten und in fast unglaubliche Schauspiele der Zügellosigkeit und des Aufruhrs ausarteten.

Bei den Griechen jedoch entwickelte der religiöse Tanz seine höchsten Möglichkeiten an Ausdruckskraft und Schönheit und wurde zur Würde einer schönen Kunst erhoben. Die Bewunderung der Griechen für die menschliche Form und ihr unaufhörliches Bemühen, ihre Symmetrie, Stärke und Anmut zu entwickeln, führten sie früh zu der Erkenntnis, dass sie an sich ein wirksames Mittel zum Ausdruck der Seele war und dass ihre Bewegungen und Haltungen dies konnten Arbeiten Sie mitfühlend an der Fantasie. Der Tanz wurde daher als gleichwertiger Begleiter von Musik und Poesie gepflegt; Pädagogen haben es als unverzichtbar für die höhere Disziplin der Jugend eingeschärft; es wurde von Philosophen gelobt und von Dichtern gefeiert. Es nahm einen herausragenden Platz bei öffentlichen Spielen, bei Prozessionen und Feiern, bei Mysterien und bei öffentlichen religiösen Zeremonien ein. Jede Form der Anbetung, von den hektischen Orgien der betrunkenen Anhänger des Dionysos bis zur reinen und ruhigen Anbetung von Phoebus Apollo, bestand zu einem großen Teil aus Tanz. Andrew Langs Bemerkung zum Zusammenhang zwischen Tanz und religiöser Feierlichkeit unter Wilden würde auch auf den hellenischen heiligen Tanz zutreffen, dass „dieses oder jenes zu tanzen bedeutet, mit diesem oder jenem Mythos vertraut zu sein, der in einem Tanz oder *Ballett dargestellt wird.*" '*Aktion* ." [4] Zu den bevorzugten Themen der pantomimischen Darstellung, verbunden mit Chorgesang, gehörten der Kampf zwischen Apollo und dem Drachen und die Leiden des Dionysos, dessen Gedenken den Ursprung des großartigen athenischen Dramas bildete. Es muss daran erinnert werden, dass der alte Tanz als Motiv den Ausdruck einer breiten Palette von Emotionen hatte und dazu verwendet werden konnte, Gefühle des Staunens, der Liebe und der Dankbarkeit zu symbolisieren. Regelmäßig geordnete Bewegungen, oft begleitet von Gesten, könnten durchaus einen Platz in religiösen Zeremonien haben, wie man sich damals die Götter und ihre Beziehungen zur Menschheit vorstellte; und darüber hinaus hatten rhythmische Entwicklungen und Ausdrucksgesten, verfeinert und moderiert durch den exquisiten Sinn für Proportionen, der dem griechischen Geist eigen war, zu einer Zeit, als sich die Musik in einem Rohzustand befand, zweifellos eine feierliche Wirkung auf die Teilnehmer und Betrachter, die der der Musik nicht unähnlich war im modernen christlichen Gottesdienst. Als Kunst unter dem Namen *Orchestratik kultiviert* , erreichte der Mimiktanz einen Grad an Eleganz und emotionaler Bedeutung, zu dem die moderne Zeit keine echte Parallele mehr bietet. Es war seines Platzes in der Gesellschaft der Poesie und Musik nicht unwürdig, mit der es sich zu jener Gesamtkunst vereinte, die im Goldenen Zeitalter einen so hohen Stellenwert in der griechischen Kultur einnahm.

Der hellenische Tanz, sowohl religiöser als auch theatralischer, wurde von den Römern übernommen, aber wie so vieles Edle der griechischen Kunst wurde er bei der Übernahme nur entwürdigt. Wie viele andere zeremonielle Bräuche des Heidentums gelangte er in die christliche Kirche, jedoch in abgewandelter Form und keineswegs zur allgemeinen Einhaltung. Er erschien bei Danksagungen und Feiern wichtiger Ereignisse in der Kirchengeschichte. An Sonntagen und Feiertagen führte der Priester oft den Tanz um den Altar an. Die Christen versammelten sich manchmal nachts vor den Kirchentüren und tanzten und sangen Lieder. Diese Tatsachen sind keineswegs abwertend für die Frömmigkeit der frühen Christen. Sie drückten einfach ihre Freude entsprechend der allgemeinen Mode der Zeit aus; und besonders bei jenen Anlässen, die wie beispielsweise Weihnachten Anpassungen alter heidnischer Feste waren, ahmten sie natürlich viele der altehrwürdigen Bräuche nach. Der christliche Tanz verkam jedoch schließlich; gewisse Aspekte wie die nächtlichen Festlichkeiten gaben Anlass zu Skandalen; die kirchlichen Autoritäten begannen, sie zu verurteilen, und der aufkommende Geist der Askese trieb sie in Ungnade. Der Tanz war eine gefährliche Erinnerung an die heidnische Anbetung mit all ihren Abscheulichkeiten; und da viele heidnische Glaubensvorstellungen und Bräuche mit den damit verbundenen Unmoralitäten jahrhundertelang als verführerische Falle für die schwächeren Brüder fortbestanden, bemühte sich die Kirche, alle gefährlichen Verbindungen aus religiösen Zeremonien zu entfernen und eine Liebe zu einer vertieften und spirituellen Anbetung zu wecken. Während des Mittelalters und sogar in verhältnismäßig jüngerer Zeit in Spanien und Spanisch-Amerika finden wir in der christlichen Kirche Überbleibsel des alten religiösen Tanzes, aber in den aufgeklärteren Ländern hat er praktisch aufgehört zu existieren. Die christliche Religion ist wahrhaftiger freudig als die griechische; doch der christliche Gläubige fühlt sich selbst in seinen zuversichtlichsten Momenten nicht mehr geneigt, seiner Freude in körperlichen Bewegungen freien Lauf zu lassen, denn in seine Verzückung mischt sich ein Gefühl der Ehrfurcht und Unterwerfung, das ihn auffordert, anzubeten, aber still zu sein. In christlichen Ländern finden häufig religiöse Prozessionen statt, aber die Teilnehmer tanzen nicht wie die Ägypter und Griechen während des Umzugs. Schon in der Antike finden wir vereinzelte Meinungen, dass öffentliches Tanzen unanständig sei. Nur in einem naiven und kindlichen Stadium der Gesellschaft wird Tanzen als Bestandteil des Gottesdienstes angemessen und unschuldig erscheinen. Mit zunehmender Reflexion wird die ungehemmte und auffällige Äußerung von Gefühlen in Rufen und heftigen Körperbewegungen als unwürdig erachtet; eine spirituellere Auffassung von der Natur der himmlischen Macht und der Beziehung des Menschen zu ihr erfordert, dass die Formen des Gottesdienstes verfeinert und gemäßigter werden. Sogar der weltliche Tanz hat aus ähnlichen Gründen viel von seiner alten Würde verloren, teilweise auch, weil die Differenzierung und hohe Entwicklung der Musik, die den Platz des Tanzes als gesellschaftliche Kunst einnahm, letzteren in den Bereich der überholten Dinge verbannt hat, die den intellektuellen Bedürfnissen des Menschen nicht mehr dienen.

Wenn wir uns dem Thema Musik in antiken religiösen Riten zuwenden, stellen wir fest, dass die Musik dort, wo der Tanz bereits einen hohen Grad künstlerischer Entwicklung erreicht hatte, noch in den Kinderschuhen steckte. Die einzige Verheißung seiner glänzenden Zukunft lag in der bereits erwiesenen Ehrfurcht und der universellen Verwendung in Gebeten und Lobpreisungen. Auf der vokalen Seite wurde es verwendet, um den Worten des amtierenden Priesters Feierlichkeit zu verleihen und den Tonfall bzw. den kirchlichen Akzent zu bilden, der zu allen Zeiten ein untrennbarer Bestandteil des liturgischen Gottesdienstes war. Soweit das Volk an religiösen Veranstaltungen beteiligt war, wurde Vokalmusik von ihm in Hymnen an die Götter oder in entsprechenden Refrains eingesetzt. In seiner instrumentalen Form wurde es verwendet, um den Sängern dabei zu helfen, die richtige Tonhöhe und den richtigen Rhythmus beizubehalten, die Schritte des Tanzes zu regulieren oder, in unabhängiger Funktion, auf die Nerven der Anbeter einzuwirken und ihr Ehrfurchtsgefühl vor dem Tanz zu steigern Anwesenheit der Gottheit. Es ist die nervöse Erregung, die bestimmte Arten musikalischer Darbietungen hervorrufen, die dafür verantwortlich ist, dass Beschwörungen, Exorzismen und die Zeremonien der Dämonenverehrung unter Wilden und Barbaren von rau klingenden Instrumenten begleitet werden; dass Folterungen, Hinrichtungen und Menschenopfer, wie die der alten Phönizier und Mexikaner, vom Lärm von Trommeln, Trompeten und Becken begleitet wurden. Sogar im hebräischen

Tempelgottesdienst konnten die Töne von Hörnern und Posaunen keinen anderen Zweck haben, als Gefühle der Ehrfurcht und des Schreckens zu verstärken.

Eine weitere, vielleicht noch wertvollere Funktion der Musik in alten Zeremonien war die, bestimmte Ideen durch eine damit verbundene Symbolik zu vermitteln. In bestimmten okkulten Bräuchen, wie denen der Ägypter und Hindus, stellte man sich Beziehungen zwischen Instrumenten oder Melodien und religiösen oder moralischen Vorstellungen vor, so dass die Melodie oder der zufällige Ton des Instruments dem Eingeweihten das damit verbundene Prinzip anzeigte und ihm so eine eigene Heiligkeit zugeschrieben wurde. Diese Symbolik konnte eingesetzt werden, um in feierlichen Momenten ethische Vorschriften oder religiöse Lehrsätze ins Gedächtnis zu rufen, und der Ton konnte ein doppelt so mächtiges Mittel werden, indem er die Wirkung lebhafter Ideen mit seiner inhärenten Eigenschaft der Nervenerregung verband.

Unser Wissen über die Verwendung von Musik bei den ältesten Völkern beschränkt sich hauptsächlich auf ihre Funktion bei religiösen Zeremonien. Alle antiken Gottesdienste waren rituell und wurden von einer Priesterschaft durchgeführt, und die Liturgien und zeremoniellen Riten waren eng mit der Musik verbunden. Die ältesten erhaltenen Literaturdokumente enthalten Hymnen an die Götter, und auf den ältesten Denkmälern sind Darstellungen von Instrumenten und Spielern zu finden. Zu den literarischen Aufzeichnungen, die auf dem Gelände von Ninive entdeckt wurden, gehören Sammlungen von Hymnen, Gebeten und Bußpsalmen, die an die assyrischen Gottheiten gerichtet und, wie ausdrücklich angegeben, für die öffentliche Anbetung bestimmt waren, und die Professor Sayce mit dem englischen Book of Common Prayer vergleicht. Auf den assyrischen Denkmälern sind Reliefs von Instrumentalisten zu sehen, manchmal einzeln, manchmal in Gruppen von beträchtlicher Zahl. Anspielungen in der Bibel deuten darauf hin, dass die Assyrer bei festlichen Anlässen Musik verwendeten, dass Hymnen an die Götter bei Banketten und Klagelieder bei Beerdigungen gesungen wurden. Die Könige unterhielten Kapellen an ihren Höfen und stellten eine beträchtliche Vielfalt an Instrumenten für den Götzenkult zur Verfügung. [5]

Es gibt zahlreiche Beweise dafür, dass Musik ein wichtiger Faktor in den religiösen Riten Ägyptens war. Die Zeugnisse geschnitzter und bemalter Wände von Gräbern und Tempeln, die

Papyrusaufzeichnungen und die Berichte von Besuchern zeigen uns, dass Musik in Ägypten vor allem eine heilige Kunst war, wie es auch in einem Land gewesen sein muss, in dem es, wie Ranke sagt, Musik gab war nichts weltliches. Die Musik lag in der Obhut der Priester, die die heiligen Hymnen und Melodien sorgfältig vor Neuerungen und fremden Eindringlingen schützten. [6] In der Musikwissenschaft, dem Wissen über die Einteilung des Monochords, den Tonartensystemen, der Notation usw. waren die Ägypter wahrscheinlich allen anderen Nationen voraus. Die Griechen haben sicherlich einen Großteil ihrer musikalischen Praxis von den Bewohnern des Nils übernommen. Sie verfügten über eine große Vielfalt an Instrumenten, vom kleinen klingelnden Sistrum bis zur üppig verzierten Harfe mit zwölf oder dreizehn Saiten, die den Interpreten überragte. Bei einem solchen Instrument scheint es, als hätte eine Art Harmonie erzeugt werden müssen, zumal der Spieler so dargestellt ist, als würde er beide Hände benutzen. Wenn dies jedoch der Fall wäre, hätte die Harmonie nicht auf ein wissenschaftliches System reduziert werden können, da sonst ein so bemerkenswerter Gebrauch der Aufmerksamkeit der griechischen Musiker, die einen großen Teil ihrer Kunst aus Ägypten bezogen, nicht entgangen wäre. Bei öffentlichen oder privaten Festen, religiösen Zeremonien oder Bestattungsriten kam die Musik nie zu kurz. Wie in allen alten Religionen wurden Prozessionen zu den Tempeln, bei denen Götterbilder und Opfergaben getragen wurden, von Tänzen sowie Gesangs- und Instrumentaldarbietungen begleitet. Bei öffentlichen Zeremonien wurden lyrische Gedichte gesungen, in denen Götter und Helden gepriesen wurden. Hymnen waren an die aufgehende und untergehende Sonne, an Ammon und die anderen Götter gerichtet. Laut Chappell gab es bei den Ägyptern den Brauch, den Göttern ohne Worte wie Vögel Weihnachtslieder zu singen oder zu singen – eine Praxis, die von den Griechen nachgeahmt wurde, von denen der Brauch auf die westliche Kirche übertragen wurde. [7] Das Hauptinstrument der Tempelverehrung war das Sistrum, und mit allen Tempeln in der Zeit des Neuen Reiches waren Gruppen weiblicher Sistrumspielerinnen verbunden, die als Insassen seines Harems in symbolischer Beziehung zum Gott standen und verschiedene Grade innehatten von Rang. Diese Frauen erhielten hohe Auszeichnungen, oft politischer Natur. [8]

Trotz der Einfachheit und häufigen Derbheit der antiken Musik schrieben die älteren Völker ihr einen Einfluss auf die moralische Natur zu, den der moderne Musikliebhaber seiner hochentwickelten Kunst niemals zuschreiben würde. Sie schrieben ihre Erfindung den Göttern zu und schrieben ihr wundertätige Eigenschaften zu. Die Hebräer waren das einzige antike kultivierte Volk, das der Musik keine übermenschliche Quelle zuschrieb. Die griechischen Mythen von Orpheus, Amphion und Arion sind nur Beispiele von Hunderten wunderbarer Geschichten über musikalische Wirkung, die in primitiven Legenden vorkommen. Dieser Glaube an die magische Kraft der Musik war mit der ebenso allgemeinen Meinung verbunden, dass Musik an sich bestimmte Vorstellungen und Leidenschaften ausdrücken und erregen und einen direkten moralischen oder unmoralischen Einfluss ausüben könne. Die Bedeutung, die die Griechen der Musik bei der Erziehung der Jugend zuschrieben, wie Philosophen und Gesetzgeber nachdrücklich bekräftigten, basiert auf diesem Glauben. Nicht nur bestimmte Melodien, sondern auch die verschiedenen Tonarten oder Tonarten waren für die Griechen von positivem Einfluss auf den Charakter. Der dorische Tonfall galt als kühn und männlich und inspirierte Tapferkeit und Stärke, der lydische als schwach und entnervend. Platon verurteilt im zweiten Buch der *Gesetze* die Ansicht, der Zweck der Musik sei es, Freude zu bereiten, als „unerträglich und blasphemisch". Er sieht einen direkten Zusammenhang zwischen Moral und bestimmten Formen von Musik und möchte, dass Musiker nur solche Melodien und Rhythmen komponieren, die den formbaren Geist zur Tugend hinführen. Plutarch sagt in seiner Abhandlung über Musik in seinen *Moralen* : „Die alten Griechen hielten es für erforderlich, den Geist der Jugend mit Hilfe der Musik zu formen und auf Anstand, Nüchternheit und Tugendhaftigkeit einzustimmen, da sie glaubten, dass der Einsatz von Musik eine wohltuende Wirkung habe, um zu allen ernsthaften Handlungen anzuregen." Er geht sogar so weit zu sagen, dass „die richtige Formung von aufrichtigen Manieren und höflichem Verhalten in einer fundierten musikalischen Ausbildung liege". Annahmen über direkte moralische, intellektuelle und sogar pathologische Wirkungen der Musik, die sich von einem ästhetischen Reiz unterscheiden, sind in antiken Schriften so zahlreich, dass wir sie nicht als bloße phantasievolle Übertreibungen abtun können, sondern zugeben müssen, dass Musik tatsächlich eine Macht über die Gefühle und Willensäußerungen besaß, die in ihrer späteren Entwicklung verloren gegangen ist. Die Erklärung für diese scheinbare Anomalie liegt wahrscheinlich zunächst in der Tatsache, dass Musik in der Antike keine freie, unabhängige

Kunst war und dass die Philosophen, wenn sie von Musik sprechen, sie in ihren Assoziationen mit Poesie, religiösen und patriotischen Bräuchen, moralischen und rechtlichen Vorschriften, historischen Beziehungen usw. denken. Musik, was die Stimme betrifft, war bloß eine betonte Sprachmodulation; sie war ein Sklave der Poesie; sie hatte keine eigenen rhythmischen Gesetze. Die Melodie vermittelte nicht allein ästhetischen Reiz, sondern verstärkte lediglich die sinnliche Wirkung gemessener Sprache und belebte das Denken. Mr. Spencers bekannter Ausdruck, dass „Kadenz der Kommentar des Gefühls zu den Aussagen des Verstandes ist", trifft sehr genau auf die Musiktheorien der Alten zu. Bestimmte Modi (d. h. Tonarten) wurden wegen der bequemen Tonhöhe für bestimmte Arten poetischen Ausdrucks verwendet, und da ein Gedicht immer in dem Modus gesungen wurde, der ihm zuerst zugewiesen wurde, wurden bestimmte Ideenklassen mit bestimmten Modi identifiziert. Assoziationen von Rassencharakteren führten zu ähnlichen Interpretationen. Der dorische Modus schien an der Strenge und Energie der kriegerischen dorischen Spartaner teilzuhaben; der lydische Modus und seine Melodien erinnerten an lydische Verweichlichung. [9] Auch Instrumentalmusik wurde in gleicher Weise durch Assoziation auf bestimmte Bedeutungen beschränkt. Sie war eine Begleitung zur Poesie, verbunden mit dem symbolischen Tanz, förmlichen gesellschaftlichen Vorschriften untergeordnet; Es erzeugte nicht die künstlerische Wirkung von Melodie, Harmonie und Form, sondern die nervöse Stimulation durch einen groben, unorganisierten Ton und wirkte auf Rezipienten, die nie gelernt hatten, Musik als etwas anderes als einen direkten emotionalen Erreger oder einen Verstärker bereits bestehender Ideen zu betrachten.

Eine andere Erklärung für die antike Ansicht, dass Musik eine beherrschende Macht über Gefühle, Gedanken und Verhalten besitzt, liegt in der Tatsache, dass Musik nur in ihren rohen Urelementen existierte; die Antike ging in ihrer Konzeption und Verwendung von Musik nie weit über den Punkt hinaus, an dem der Ton das Ergebnis einfacher Gefühlszustände war und an dem noch Vorstellungen von präziser intellektueller Bedeutung festhielten. Welche Theorie auch immer sich letztendlich über den Ursprung der Musik durchsetzen mag, es kann kein Zweifel daran bestehen, dass Musik in ihrem primitiven Zustand direkter das Ergebnis klar verwirklichter Gefühle ist als wenn sie sich zu einer freien, intellektualisierten und heterogenen Kunstform entwickelt. Je mehr Musik sich zu einer Kunst erhebt, desto mehr übt sie durch ihre Wirkung auf Intelligenzen, die sich an Form, Organisation und idealer Bewegung erfreuen, eine rein ästhetische Wirkung aus und verliert im gleichen Maße die emotionale Bestimmtheit, die in einfachen und spontanen Tonmodulationen vorhanden ist. Die frühesten Überlegungen zur Begründung musikalischer Wirkungen gehen immer davon aus, dass der Zweck der Musik darin besteht, genaue Ideen zu vermitteln oder zumindest bestimmte Emotionen auszudrücken. Die Musik war bei den Alten nicht so weit fortgeschritten, dass sie dieser naturalistischen Auffassung entkommen konnten. Sie konnten sich keinen höheren Zweck der Musik vorstellen, als den Geist in bestimmte Richtungen zu lenken, und so behaupteten sie, dass dies immer der Fall sei. Selbst im modernen Leben beweisen zahllose Beispiele, dass die Musik, die die größte Wirkung auf die Impulse ausübt, nicht die ausgereifte und komplexe Kunst der Meister ist, sondern die einfachen Melodien, die vom Volk ausgehen und Erinnerungen wecken, die allein die Macht haben, das Herz zu bewegen. Das Lied, das eine Gemeinde zu Tränen rührt, die patriotische Melodie, die die Begeisterung einer Versammlung am Vorabend einer politischen Krise entfacht, die Melodie, die eine Armee zu verzweifelten Anstrengungen anspornt, ist kein kunstvolles Kunstwerk, sondern eine einfache und offensichtliche Melodie, die ihre wahre Kraft in der Verbindung findet. All dies gilt insbesondere für Musik, die für religiöse Zwecke eingesetzt wird, und wir finden in solchen Tatsachen einen Grund, warum sie in alten Zeiten keine Fortschritte machen konnte, sicherlich keine, wo sie unter der Kontrolle einer organisierten sozialen Kaste stand. Denn der Priesterorden ist immer konservativ, und in der Antike versteinerte dieser Konservatismus die Melodie und gleichzeitig die Riten, an die sie sich hielt, zu stereotypen Formeln. Wo Musik mit einem Ritual verbunden ist, wird Innovation in dem einen missbilligt, da sie dazu neigt, die traditionelle Strenge des anderen zu lockern.

Ich habe diesen Punkt betont, weil dieser Versuch der religiösen Autoritäten im Altertum, die Musik im Gottesdienst zu einer untergeordneten Funktion zu deprimieren, das Zeichen einer Auffassung von Musik war, die in der Kirche bis in unsere Tage mehr oder weniger aktiv war. Sobald die musikalische Kunst ein gewisses Entwicklungsstadium erreicht, strebt sie danach, sich von der Knechtschaft des Wortes und der sichtbaren Handlung zu befreien und sich zu ihrem eigenen ungeteilten Ruhm zu erheben. Streng religiöse Anhänger haben diese Tendenz immer mit Argwohn betrachtet und sich ihr oft energisch widersetzt, da sie in der sinnlichen Faszination der Kunst ein Hindernis für die völlige Vertiefung in spirituelle Belange sahen. Der Konflikt zwischen den religiösen und den ästhetischen Prinzipien, der in der Geschichte der Gottesdienstmusik in der Neuzeit so aktiv war, trat im Altertum nie auf, außer in der späteren Periode der griechischen Kunst. Da dieser Ausbruch des rebellischen Geistes erst stattfand, als die hellenische Religion keine Kraft mehr in der Zivilisation war, waren seine Folgen nur im Bereich der weltlichen Musik zu spüren; Doch war dies kein Fortschritt, denn die christliche Kirche übernahm bald überall die musikalische Kultur und schaffte es über tausend Jahre hinweg, die Musik im antiken Sinne der Gebundenheit an Liturgie und Zeremoniell zu halten.

Teilweise als Folge dieser Unterwerfung der Musik durch ihre verbündeten Mächte, teilweise vielleicht auch als Ursache, wurde in der Antike nie eine Wissenschaft der Harmonie entwickelt. Dass Musik immer im Einklang und in Oktaven gespielt wurde, wie allgemein angenommen wird, ist jedoch unwahrscheinlich. Angesichts der Tatsache, dass die Ägypter über sechs Fuß hohe Harfen mit zwölf oder dreizehn Saiten besaßen und mit beiden Händen gespielt wurden, und dass die Denkmäler von Assyrien und Ägypten sowie die Aufzeichnungen über die Musikpraxis der Hebräer, Griechen und anderer Nationen uns eine große Vielfalt von Instrumenten zeigen, die in Gruppen von beträchtlicher Größe gruppiert waren, sind wir berechtigt anzunehmen, dass oft Kombinationen verschiedener Töne erzeugt wurden. Aber das Fehlen jeglicher außer den vagesten und dunkelsten Anspielungen auf die Erzeugung übereinstimmender Töne in den alten Abhandlungen und die schlüssigen Beweise in Bezug auf den allgemeinen Mangel an Freiheit und Entwicklung in der Musikkunst sind ein eindeutiger Beweis dafür, dass, welche Übereinstimmungen von Tönen auch immer gelegentlich erzeugt worden sein mögen, nichts Vergleichbares zu unserem heutigen kontrapunktischen und harmonischen System existierte. Die Musik, die in der Antike so überschwänglich gelobt wurde, bestand in der Regel aus einem einzigen Teil, Gesang, Gesang oder Rezitativ; Instrumentalmusik war ein roher und unsystematisierter Klang, teils eine mechanische Unterstützung der Stimme und des Tanzschritts, teils ein Mittel zur Nervenerheiterung. Die moderne Auffassung von Musik als einer freien, selbstbewussten Kunst, die nur ihren eigenen Gesetzen unterworfen ist und die Seele in Regionen reiner Kontemplation erhebt, wo alle zeitlichen Beziehungen in einer Flut selbstvergessener Verzückung verloren gehen – diese Auffassung war dem Geist der Antike unbekannt.

Der Student der Musik der christlichen Kirche wendet sich natürlich mit Neugier jenem der alten Völker zu, dessen Religion der Vorläufer des Christentums war und dessen heilige Literatur der Anbetung der Kirche den erhabensten Ausdruck ihres Vertrauens und ihrer Bestrebungen verliehen hat. Die Musik der Hebräer war, wie Ambros sagt, „Gottesdienst, keine Kunst". [10] Viele moderne Schriftsteller haben einen hohen Grad an Perfektion in der alten hebräischen Musik angenommen, aber nur aus sentimentalen Gründen, nicht weil es irgendwelche Beweise gibt, die eine solche Meinung stützen. Es gibt keinen Grund anzunehmen, dass die Musik bei den Hebräern weiter entwickelt war als bei den kultiviertesten ihrer Nachbarn. Ihre Musik war, wie die der alten Völker im Allgemeinen, völlig nebensächlich gegenüber poetischen Rezitationen und Tänzen; sie war unharmonisch, einfach und neigte dazu, rau und laut zu sein. Obwohl allgemein gebräuchlich, erlangte Musik bei ihnen nie so große Ehre wie bei den Griechen. Wir finden in den Heiligen Schriften kein Lob der Musik als Nährmittel der Moral, selten eine Spur einer Zuschreibung magischer Eigenschaften. Obwohl sie bei militärischen Operationen und Festen, privaten Feierlichkeiten usw. eine Rolle spielte, lag ihr Hauptwert in ihrer Verwendung für religiöse Zwecke. Für die Hebräer erlangten die Künste nur dann Bedeutung, wenn sie zur Verschönerung der Höfe Jehovas oder zur Lobpreisung seines Namens eingesetzt werden konnten. Musik war für sie ein wirksames Mittel, um Ehrfurcht zu erregen oder die Rhapsodien und tiefgründigen Ermahnungen der Psalmisten und Propheten direkter ins Herz zu tragen.

Aus der Zeit der Israeliten in Palästina sind keine authentischen Melodien überliefert. Es ist keine Abhandlung über hebräische Musiktheorie oder -praxis erhalten geblieben, falls es eine solche je gab. Weder die Bibel noch ein anderes altes Buch werfen ein klares Licht auf das hebräische Musiksystem. Wir können sicher sein, dass es Belege dafür gäbe, wenn die Hebräer etwas Besonderes oder der Praxis ihrer Zeitgenossen weit voraus gewesen wären. Alle Beweise und Analogien deuten darauf hin, dass das hebräische Lied ein mehr oder weniger melodiöser Gesang oder eine Kantillation im Gleichklang war, die eindeutig genug war, um durch Tradition fortgeführt zu werden, aber der Poesie völlig untergeordnet war und deren Rhythmus dem Akzent und dem Metrum des Textes folgte.

Was die Verwendung und Beschaffenheit hebräischer Instrumente betrifft, tappen wir nicht so sehr im Dunkeln, obwohl wir nur wenig über den Musikstil wissen, der auf ihnen gespielt wurde. Unser Wissen über die Instrumente selbst leitet sich von den Instrumenten ab, die auf den Denkmälern Assyriens und Ägyptens dargestellt sind und offensichtlich denen der Hebräer ähnelten. Die Hebräer haben nie ein Musikinstrument erfunden. Unter ihnen war keines davon im Einsatz, hatte aber sein Äquivalent bei Nationen, die älter in der Zivilisation waren. Daraus können wir schließen, dass die gesamte Musikpraxis der Hebräer zunächst von ihren frühen Nachbarn, den Chaldäern, und später von den Ägyptern übernommen wurde; obwohl wir annehmen können, dass es zu einigen Veränderungen gekommen sein könnte, nachdem sie eine unabhängige Nation geworden waren. Die erste Erwähnung von Musikinstrumenten in der Bibel findet sich in Gen. IV. 21, wo Jubal als „Vater aller, die mit *Kinnor* und *Ugab umgehen* " (übersetzt in der überarbeiteten Fassung „Harfe und Flöte") bezeichnet wird. Das Wort *Kinnor* kommt in späteren Büchern häufig vor und wird auf das von David verwendete Instrument angewendet. Dieses *Kinnor* von David und den Psalmisten war ein kleines tragbares Instrument und könnte zu Recht als Leier bezeichnet werden. Saiteninstrumente sind normalerweise die letzten, die von Naturvölkern entwickelt wurden, und die Verwendung des *Kinnor* impliziert einen beträchtlichen Grad musikalischen Fortschritts bei den entfernten Vorfahren der hebräischen Rasse in ihrer chaldäischen Urheimat. Das Wort *Ugab* kann entweder eine einzelne Röhre wie die Flöte oder Oboe oder eine verbundene Reihe von Pfeifen wie die Pan-Pfeifen oder die Syrinx der Griechen bedeuten. Es gibt nur eine weitere Erwähnung von Instrumenten vor dem Exodus, *nämlich.* , im Zusammenhang mit der Episode von Laban und Jakob, wo Ersterer seinen Schwiegersohn vorwurfsvoll fragt: „Warum bist du heimlich geflohen und hast mich gestohlen? und hast es mir nicht gesagt, damit ich dich mit Fröhlichkeit und mit Liedern und mit *Toph* hätte wegschicken können und *Kinnor* ?" [11] – das *Toph* ist eine Art kleine Handtrommel oder ein Tamburin.

Nach dem Exodus treten weitere Instrumente auf, die vielleicht aus Ägypten stammen: der *Shophar* , ein gebogenes Metallrohr oder Widderhorn, das man inmitten des Rauchs und Donnerns des Berges Sinai hörte [12] und dessen Klang die Mauern Jerichos zerstörte; [13] die *Hazozerah* , ein langes silbernes Rohr, das in der Wüste verwendet wurde, um den Zeitpunkt des Lagerabbruchs anzukündigen [14] und später von den Priestern im Gottesdienst, [15] bei Volksversammlungen und manchmal im Krieg verwendet wurde. [16] Der *Nebel* war entweder eine etwas größere Harfe als die *Kinnor* , oder möglicherweise eine Art Gitarre. Der *Chalil* , im Englischen mit „Pfeife" übersetzt, könnte eine Art Oboe oder Flageolett gewesen sein. Die Schar der Propheten, auf die Saul traf, rückte zum Klang von *Nebel, Toph, Chalil* und *Kinnor vor* . [17] Das Wort „Psalter", das in der englischen Version der Psalmen häufig vorkommt, ist manchmal Nebel , manchmal *Kinnor* , manchmal *Asor* , was eine Art *Nebel war* . Das „Instrument mit zehn Saiten" war auch *Nebel* oder *Asor* . Schlaginstrumente wie Trommel, Becken, Glocke und das ägyptische Sistrum (das aus einem kleinen Rahmen aus Bronze bestand, in den drei oder vier Metallstäbe lose eingesetzt waren und beim Schütteln ein klirrendes Geräusch erzeugten) waren ebenfalls allgemein gebräuchlich. Im Alten Testament werden etwa dreizehn Instrumente erwähnt, die den Hebräern bekannt waren, nicht mitgerechnet die in Dan. 3 erwähnten, deren Namen laut Chappell nicht von hebräischen Wurzeln abgeleitet sind. [18] Sie alle waren einfach und grob, doch von beträchtlichem Charakter und repräsentierten die drei Klassen, in die Instrumente auf der ganzen Welt eingeteilt werden, *nämlich* Saiteninstrumente, Blasinstrumente und Schlaginstrumente. [19]

Obwohl Musikinstrumente bei öffentlichen Festen, gesellschaftlichen Zusammenkünften und privater Erholung eine herausragende Rolle spielten, war ihr Einsatz im Zusammenhang mit religiösen Zeremonien weitaus wichtiger. Als die Macht der hebräischen Nation zunahm und ihre Eroberungen dauerhaft gesichert wurden, entwickelten sich die Künste des Friedens in größerer Fülle und Verfeinerung, und mit ihnen wurde die Verschönerung des liturgischen Gottesdienstes besser organisiert. Mit der Eroberung Jerusalems und der Errichtung der königlichen Residenz innerhalb seiner Wälle nahm die Anbetung Jehovas an Pracht zu; die Liebe zu Pomp und Prunk, die für David und noch mehr für seinen luxuriösen Sohn Salomo charakteristisch war, zeigte sich in den imposanten Riten und Zeremonien, die zur Ehre des Gottes des Volkes organisiert wurden. Die Epoche dieser beiden Herrscher war die, in der die nationale Kraft in der Blüte ihrer jugendlichen Kraft stand, der Nationalstolz durch ständige Triumphe angeregt worden war und auf die lange Zeit des Kampfes und der Angst ein herrlicher Frieden gefolgt war. Die barbarische Pracht der Gottesdienste und Festzüge war der natürliche Ausdruck der Freude und des Selbstvertrauens des Volkes. In all diesen Aufwallungen des Nationalgefühls nahm Chor- und Instrumentalmusik in brillantem und massivem Umfang einen herausragenden Platz ein. Die Beschreibung der langen Reihe öffentlicher Freudenfeiern, die in der Einweihung des Tempels Salomons gipfelten, beginnt mit der Wegführung der Bundeslade des Herrn von Gibea, als „David und das ganze Haus Israel vor dem Herrn spielten mit allerlei Instrumenten aus Tannenholz und mit Harfen (*Kinnor*) und mit Psaltern (*Nebel*) und mit Tamburinen (*Toph*), mit Kastagnetten (*Sistrum*) und mit Zimbeln (*Tzeltzelim*).“ [20] Und als die Bundeslade aus dem Haus Obed-Edoms in die Stadt Davids gebracht wurde, tanzte der König „aus vollem Halse“, und die Bundeslade wurde „unter Jauchzen und Posaunenschall“ heraufgebracht. [21] Sänger wurden unter Anführern aufgestellt und von Instrumentengruppen unterstützt. Die David zugeschriebene Ode wurde Asaph als Vorsteher des Chors der Leviten gegeben; Asaph schlug den Takt mit Zimbeln, und das königliche Loblied wurde von Massen ausgewählter Sänger zur Begleitung von Harfen, Leiern und Trompeten gesungen. [22] Bei der Organisation des Tempeldienstes wurde keinem Detail mehr Aufmerksamkeit gewidmet als der Vokal- und Instrumentalmusik. Wir lesen, dass viertausend Leviten bestimmt waren, den Herrn mit Instrumenten zu preisen. [23] Es gab auch zweihundertachtundachtzig geschickte Sänger, die neben dem Altar zur Instrumentalbegleitung sangen. [24]

Die Funktion der Instrumente im Tempeldienst wird auch im Bericht über die Wiederherstellung der Anbetung Jehovas durch Hiskia gemäß den Institutionen Davids und Salomons angedeutet. Beim Brandopfer wurde das Loblied zur Begleitung der „Instrumente Davids“ angestimmt, die Sänger stimmten den Psalm an und die Posaunen erklangen, und dies dauerte an, bis das Opfer verzehrt war. Als der Ritus beendet war, sangen die Leviten ein Loblied, während sich der König und das Volk verneigten. [25]

Mit der Errichtung des zweiten Tempels nach der Rückkehr aus dem babylonischen Exil wurde der liturgische Gottesdienst wiederhergestellt, wenn auch nicht in seiner ursprünglichen Pracht. Esra berichtet: „Als die Bauleute den Grundstein am Tempel des Herrn legten, stellten sie die Priester in ihren Gewändern mit Trompeten auf und die Leviten, die Söhne Asaphs, mit Zimbeln, um den Herrn zu preisen, wie es David, der König von Israel, befohlen hatte. Und sie sangen einer zum anderen, lobten und dankten dem Herrn und sprachen: Denn er ist gütig, denn seine Gnade währt ewig über Israel." [26] Und bei der Einweihung der Mauern Jerusalems, wie Nehemia berichtet, versammelten sich Instrumentalisten und Sänger in großer Zahl, um die Menge beim Lobpreisen und Danken Jehovas anzuführen. [27] Instrumente wurden offensichtlich für eigenständige Schnörkel und Signale sowie zur Begleitung der Sänger eingesetzt. Die Trompeten wurden nur in den Zwischenspielen verwendet; die Pfeifen und Saiteninstrumente verstärkten die Gesangsstimmen; Die Becken wurden vom Chorleiter verwendet, um den Rhythmus vorzugeben.

Ungeachtet der herausragenden Bedeutung von Instrumenten in allen Bräuchen des öffentlichen und privaten Lebens wurden sie stets als Beiwerk zum Gesang betrachtet. Dramatische Poesie war den Hebräern bekannt, wie Werke wie das Buch Hiob und das Hohelied zeigen. Es ist kein vollständiges Epos überliefert, wohl aber gewisse Anspielungen im Pentateuch, etwa die Erwähnung in Numeri xxi. 14 des „Buches der Kriege Jehovas" würde tendenziell zeigen, dass dieses Volk über eine Sammlung von Balladen verfügte, die zusammengenommen eigentlich ein Nationalepos darstellen würden. Aber ob lyrisch, episch oder dramatisch, die hebräische Poesie wurde nach dem allgemeinen Brauch der alten Nationen nicht mit der Sprechstimme, sondern im musikalischen Ton vorgetragen. Es wurde gesagt, dass der Minnesängerdichter der Typ dieser Rasse war. Die Lyrik lässt sich in zwei Klassen einteilen: erstens das, was Ausdruck individueller, subjektiver Gefühle ist, wobei der Dichter nur mit sich selbst kommuniziert und seinem Denken eine Farbe verleiht, die ausschließlich aus seiner persönlichen inneren Erfahrung stammt; und zweitens das, was Gefühle zum Ausdruck bringt, die von einer Organisation, Gemeinschaft oder Rasse geteilt werden, wobei der Dichter als Sprachrohr einer Masse fungiert, die von gemeinsamen Erfahrungen und Motiven angetrieben wird. Die zweite Klasse ist charakteristischer für ein Volk in früheren Kulturstadien, in denen das Individuum in der Gemeinschaft verloren geht, bevor die Tendenz zur Spezialisierung der Interessen zu einem Ausdruck führt, der eindeutig persönlich ist. In der gesamten Weltliteratur sind die hebräischen Psalmen die großartigsten Beispiele dieser zweiten Ordnung der Lyrik; und obwohl wir in ihnen viele Beispiele finden, in denen eine isolierte, rein subjektive Erfahrung zum Ausdruck kommt, so ist doch in allen die gleiche Sicht des Universums, die gleiche Vorstellung von der Beziehung des Menschen zu seinem Schöpfer, die gleiche umfassende und eindeutig nationale Auffassung vorhanden Bewusstsein, kontrollieren ihr Denken und ihre Ausdrucksweise. Und selbst von der ersten Klasse gibt es nur sehr wenige, die ein Hebräer von ernsthafter Frömmigkeit, der sein eigenes Herz erforscht, nicht als angemessene Erklärung seiner Not und Zuversicht annehmen könnte.

Alle patriotischen Lieder und religiösen Gedichte, die eigentlich Hymnen genannt werden, gehören zur zweiten Kategorie der Lyrik; und in den hebräischen Psalmen hat sich ein für alle Mal ein frommes Gefühl, das hier und da mit den Hoffnungen und Ängsten eines Patrioten verbunden ist, in Redeformen ausgedrückt, die die Möglichkeiten der Erhabenheit in der Sprache zu erschöpfen scheinen. Diese Psalmen wurden vertont und setzen Musik in ihrem Gedanken und ihrer technischen Struktur voraus. Ein Text, der sich am besten für eine musikalische Wiedergabe eignet, muss frei von allen Feinheiten der Bedeutung und übertriebenen Verfeinerungen der Ausdrucksweise sein; er muss eine kraftvolle Bewegung haben, seine Metaphern müssen allgemeine Beobachtungen berühren, seine Ideen müssen das allgemeine Bewusstsein und die Sympathie ansprechen. Diese Eigenschaften besitzen die Psalmen in höchstem Maße, und zusätzlich haben sie eine Erhabenheit des Gedankens, eine Großartigkeit der Bilder, eine Majestät und Kraft der Bewegung, die die erhabensten Energien eines musikalischen Genies hervorrufen, das es wagt, sich mit ihnen zu verbünden. In allen Nationen der Christenheit wurden sie zur Grundlage des musikalischen Dienstes der Kirche gemacht, und obwohl viele der größten Meister der Harmoniekunst sie mit den reichsten Schätzen ihrer Erfindungsgabe überhäuft haben, haben sie dennoch nur an der Oberfläche ihrer unergründlichen Inspiration gekratzt.

Über die Art und Weise, wie die Psalmen im alten hebräischen Gottesdienst wiedergegeben wurden, wissen wir wenig. Die gegenwärtigen Gesangsmethoden in den Synagogen helfen uns wenig weiter, denn es gibt keine Aufzeichnungen, anhand derer sie über die endgültige Etablierung des Synagogengottesdienstes hinaus zurückverfolgt werden können. Aus der Struktur der hebräischen Poesie sowie dem ununterbrochenen Gebrauch seit Beginn der christlichen Ära lässt sich schließen, dass die Psalmen antiphonal oder responsiv gesungen wurden. Diese als Parallelität bekannte Versform – die Wiederholung eines Gedankens in verschiedenen Worten oder die Gegenüberstellung zweier gegensätzlicher Gedanken, die einen Gegensatz bilden – durchdringt einen großen Teil der hebräischen Poesie und kann als ihr technisches Prinzip bezeichnet werden. Man könnte sagen, es ist ein Rhythmus des Denkens, eine Harmonie des Gefühls. Diese Parallelität ist häufiger doppelt, manchmal dreifach. Wir finden diese eigentümliche Struktur bereits in der Ansprache Lamechs an seine Frauen in Gen. IV. 23, 24, im Lied des Mose nach der Durchquerung des Roten Meeres, in der Triumphode an Debora und Barak, im Gruß der israelitischen Frauen an Saul und David, die von der Schlacht der Philister zurückgekehrt waren, im Buch Hiob, in einem großen Teil der rhythmischen, fantasievollen Äußerungen der Psalmisten und Propheten. Die orientalischen Christen sangen die Psalmen als Antwort; Diese Methode wurde im vierten Jahrhundert nach Mailand und sehr bald darauf nach Rom weitergegeben und in den liturgischen Kirchen der modernen Christenheit fortgeführt. Ob im antiken Tempelgottesdienst diese zweifache Äußerung auf einzelne Teile des Chores oder zwischen einem Präzentor und der gesamten Sängerschaft aufgeteilt wurde, dafür gibt es keinen Grund – beide Methoden wurden in der Neuzeit angewendet. Es ist nicht einmal sicher, dass die Psalmen in abwechselnden Halbversen gesungen wurden, denn in der heutigen jüdischen Kirche ist es üblicher, am Ende eines Verses zu teilen. Es ist offensichtlich, dass der Gesang nicht gemeinschaftlich war und dass sich der Anteil der Menschen, sofern sie überhaupt teilnahmen, auf kurze Antworten beschränkte, wie in der christlichen Kirche in der Zeit, die auf das apostolische Zeitalter folgte. Obwohl die weibliche Stimme in der weltlichen Musik sehr geschätzt wird, war sie laut Talmud im Tempelgottesdienst nicht erlaubt. Im Alten Testament gibt es nichts, was dem widerspricht, außer, wie einige vermuten, der Hinweis auf die drei Töchter Hemans in 1. Chronik. xxv. 5, wo wir lesen: „Und Gott gab Heman vierzehn Söhne und drei Töchter." und in Vers 6: „Alle diese waren unter der Hand ihres Vaters zum Singen im Hause des Herrn." Es ist jedoch wahrscheinlich, dass die Erwähnung der Töchter beiläufig ist und nicht als Behauptung gedacht ist, dass sie tatsächlich Mitglieder des Tempelchors waren, denn wir können uns nicht vorstellen, warum in ihrem Namen eine Ausnahme hätte gemacht werden sollen. Die gesamte Schlussfolgerung aus den Beschreibungen des Tempelgottesdienstes und der Aufzählung der Sänger und Spieler geht sicherlich dahin, dass im liturgischen Gottesdienst nur die männliche Stimme verwendet wurde. In der Heiligen Schrift gibt es viele Anspielungen auf „Sängerinnen", aber sie beziehen sich eindeutig nur auf häusliche Lieder oder auf Prozessionen und Feiern außerhalb des heiligen Bereichs. Bemerkenswert ist sicherlich, dass der Ausschluss der weiblichen Stimme, der sich im gesamten Mittelalter in der katholischen Kirche, in der Ostkirche, in der deutschen protestantischen Kirche und im Kathedralgottesdienst der anglikanischen Kirche durchgesetzt hat, auch in der Kirche durchgesetzt wurde Tempelanbetung Israels. Unter den strengeren Hütern religiöser Zeremonien aller Zeiten herrschte weithin die Überzeugung vor, dass in der weiblichen Stimme etwas Sinnliches und Leidenschaftliches (ich verwende diese Worte in ihrer einfacheren ursprünglichen Bedeutung) steckt – etwas, das im Widerspruch zu der Strenge des Ideals steht, die in ihr vorherrschen sollte die Musik des Gottesdienstes. Vielleicht wird auch die Verbindung von Männern und Frauen in der Sympathie für ein so emotionales Amt wie das des Liedes als schädlich für die vollständige Vertiefung des Geistes empfunden, die die heilige Funktion erfordert. Diese beiden Gründe haben zweifellos in so vielen historischen Epochen dazu geführt, dass alle Ämter im Hause Gottes in den Händen des männlichen Geschlechts blieben. Andererseits gab es in den sinnlicheren Kulten des Heidentums kein solches Verbot.

Es gibt unterschiedliche Meinungen hinsichtlich des Melodiestils, der beim Vortrag der Psalmen im Gottesdienst im Tempel in Jerusalem verwendet wird. War es eine bloß intonierte Deklamation, im Wesentlichen ein Monoton mit sehr leichten Tonhöhenänderungen, wie der „kirchliche Akzent" der katholischen Kirche? Oder war es eine freiere, melodischere Wiedergabe, wie in den kunstvolleren Teilen des Catholic Plain Song? Die modernen Juden neigen zu der letztgenannten Meinung, dass das Lied eine echte Melodie sei und tatsächlich dem universellen Prinzip des Gesangs als einer Art von Vokalismus gehorche, der im Rhythmus dem Text untergeordnet sei, jedoch reichlich Bewegung habe und einen deutlich melodischen Charakter besitze. Es wurde vermutet, dass bestimmte Inschriften am Kopf einiger Psalmen Titel bekannter Melodien, vielleicht weltlicher Volkslieder, sind, zu denen die Psalmen gesungen wurden. Wir finden *z. B.* an der Spitze von Ps. xxii. die Inschrift: „Nach dem Liedanfang, Hind of the Dawn." Ps. lvi. hat: „Nach dem Lied Die stille Taube in fernen Ländern." Andere haben „Nach Lilien" (Ps. xlv. und lxix.) und „Zerstöre nicht" (Ps. lvii.-lix.). Wir können die Annahme, dass viele Psalmen zu weltlichen Melodien gesungen wurden, nicht von *vornherein* ablehnen, denn wenn wir die Geschichte der Musik im christlichen Zeitalter verfolgen, werden wir feststellen, dass Musiker immer wieder profane Weisen für die Hymnen des Christentums übernommen haben Kirche. Tatsächlich gibt es kaum einen Zweig der christlichen Kirche, der dies nicht schon einmal getan hat, und selbst die strengen Juden der Neuzeit haben die gleichen Mittel eingesetzt, um ihren Vorrat an religiösen Melodien zu erweitern.

Dass die Psalmen mit Hilfe von Instrumenten gesungen wurden, scheint durch Überschriften wie „Mit Saiteninstrumenten" und „Den Flöten" angedeutet zu werden, obwohl gegen diese Übersetzungen Einwände erhoben wurden. Solche Hinweise sind jedoch nicht nötig, um dies zu beweisen, denn die Beschreibungen der Anbetung im Alten Testament scheinen eindeutig zu sein. Die Instrumente wurden zur Begleitung der Stimmen und auch für Präludien und Zwischenspiele verwendet. Das Wort „Selah", das so oft am Ende eines Psalmvers vorkommt, wird von vielen Autoritäten als ein instrumentales Zwischenspiel oder eine instrumentale Verzierung verstanden, während die Sänger einen Moment lang schwiegen. Ein Autor sagt, dass sich die Menschen an dieser Stelle zum Gebet verneigten. [28]

Dies ist im Allgemeinen das Allerbeste, was man über die Funktion der Musik im Gottesdienst Israels in seiner Blütezeit sagen kann. Mit dem Zerfall der Nation, ihrem allmählichen politischen Niedergang, dem Einzug der Götzenanbetung, der babylonischen Verbannung, der Eroberung durch die Römer, dem Verschwinden poetischer und musikalischer Inspiration und der Ersetzung der ursprünglichen nationalen Aufrichtigkeit und Inbrunst durch Formalität und Routine war es unvermeidlich, dass die großen musikalischen Traditionen verblassten, bis zur Zeit der Geburt Christi nur noch wenig von dem aufwendigen Ritual übrig blieb, das einst den Kohorten von Priestern und Leviten anvertraut worden war. Die trauernden Verbannten, die ihre Harfen an die Weiden Babylons hängten und sich weigerten, in einem fremden Land die Lieder Zions zu singen, vergaßen die durch solch süße und bittere Erinnerungen geweihten Melodien sicherlich nie; aber im Laufe der Jahrhunderte gingen sie unter den fremden Völkern verloren, bei denen die zerstreuten Israeliten ihre Heimat fanden. Viele davon blieben eine Zeit lang in den Synagogen erhalten, die in den späteren Jahren der jüdischen Ansiedlung in Palästina in großer Zahl in allen Städten und Dörfern errichtet wurden. Der Gottesdienst in der Synagoge war ein liturgischer Gottesdienst, der aus Segenssprüchen, dem Singen von Psalmen und anderen Bibelstellen mit Antworten des Volkes, Lesungen aus dem Gesetz und den Propheten sowie Predigten bestand. Die Instrumentalmusik des Tempels und der ersten Synagogen verschwand schließlich, und der größte Teil, wenn nicht die gesamten alten Psalmmelodien verschwanden ebenfalls mit der Zerstreuung der Leviten, die ihre besonderen Verwalter waren. Viele Einzelheiten alter Rituale und Bräuche müssen trotz aller Wechselfälle erhalten geblieben sein, aber die letzte Katastrophe, die einen verlassenen, untröstlichen Rest der Kinder Judas in fremde Länder trieb, muss unvermeidlich alles bis auf ein winziges Fragment des schönen Restes der nationalen Kunst zerstört haben, indem sie alle Bedingungen hinwegfegte, unter denen eine nationale Kunst leben kann.

Ist noch etwas von dem reichen musikalischen Gottesdienst übrig, der fünfzehnhundert Jahre lang täglich von der Stiftshütte und dem Tempel zum Thron des Gottes Israels aufstieg? Eine Frage, die oft gestellt wird, aber keine eindeutige Antwort hat. Vielleicht sind in der Synagoge heute noch ein paar Töne einer alten Melodie oder ein Hornsignal erhalten, das mit einem im Lager oder im Tempelhof geblasenen identisch ist, ein Splitter eines mächtigen Gebäudes, das von der Flut der Jahrhunderte überschwemmt wurde. Wie man es von einem Volk erwarten würde, das so hartnäckig an althergebrachten Bräuchen festhält, erklärt die Stimme der Tradition, dass die Intonationen des rituellen Gesangs in der Synagoge Überbleibsel von Formen sind, die im Tempel in Jerusalem verwendet wurden. Diese Intonationen sind sicherlich orientalischer Natur und sehr alt, aber dass sie auf die Zeit Davids zurückgehen, kann weder bewiesen noch widerlegt werden. Ein Gesangsstil wie die bekannte „Kantillation" könnte leicht erhalten bleiben, möglicherweise sogar eine vollständige Melodie, doch diese Annahme widerspricht einem so großen Alter, wie es die Juden mit verzeihlichem Stolz für einige ihrer seltsamen, archaischen Melodien in Anspruch nehmen.

Von den Liedern, die dieses gläubige Volk in seiner frühen Heimat so liebte, ist, abgesehen vielleicht von wenigen Fragmenten, nichts übrig geblieben. Wir können über die eingebildete Schönheit dieser Musik spekulieren; das ist ganz natürlich. *Omne ignotum pro magnifico* . Wir wissen, dass sie ihren Zuhörern oft das Herz erschütterte, aber unsere Kenntnis der vergleichsweise Rauhigkeit aller orientalischen Musik, der alten und der modernen, lehrt uns, dass ihre Wirkung im Wesentlichen aus einfachen unisono klingenden Tonfolgen bestand, verbunden mit Poesie von einzigartiger Erhabenheit und Vehemenz und verbunden mit liturgischen Handlungen, die beim Zuhörer ein überwältigendes Gefühl der Ehrfurcht hervorrufen sollten. Das Interesse, das jeder an der religiösen Musik der Hebräer empfinden muss, liegt nicht an ihrer Bedeutung in der Kunstgeschichte, sondern an ihrem Platz in der Kulturgeschichte. Sicherlich wurde die Kunst der Musik nie höher gewürdigt, nie wurde ihre Wirksamkeit als Mittel, das Herz zu den leidenschaftlichsten spirituellen Erfahrungen zu erwecken, überzeugender demonstriert, als als die Seher und Psalmisten Israels in ihr eine unverzichtbare Hilfe jener Appelle, Bekenntnisse, Lobpreisungen und frommen Verzückungen sahen, in denen die ganze Nachwelt unter dem Impuls religiöser Ekstase die höchste Errungenschaft der Sprache erlebt hat. Wenn man „die Harfe, die der königliche Minnesänger spielte" als Symbol des hebräischen Andachtsliedes im Allgemeinen betrachtet, sind Byrons Worte wahr:

„Es hat Männer aus Eisenform weich gemacht,

Es gab ihnen Tugenden, die nicht ihre eigenen waren;

Kein Ohr so stumpf, keine Seele so kalt,

Das fühlte sich nicht an, feuerte nicht auf den Ton,

Bis Davids Leier mächtiger wurde als sein Thron."

Diese Musik war ein Vorbote des vollkommeneren Ausdrucks der christlichen Kunst, zu deren Vorbild sie wurde. Inspiriert von den großartigsten Traditionen, ausgestattet mit Glaubwürdigkeiten, die gleichberechtigt mit der Poesie sind und im Ausdruck des menschlichen Bewusstseins seiner Bedürfnisse und seiner unendlichen Privilegien gültig sind – und so für ihre zukünftige Mission geweiht, ging die Seele der Musik von hebräischen Priestern an weiter Apostel und christliche Väter und so weiter bis hin zu den Heiligen und Hierarchen, die den Grundstein für die erhabene Struktur der Anbetungsmusik einer späteren Zeit legten.

KAPITEL II
RITUAL UND GESANG IN DER FRÜCHRISTLICHEN KIRCHE 50–600 n. Chr

Die Epoche der Apostel und ihrer unmittelbaren Nachfolger ist die Epoche, um die die heftigsten Kontroversen geführt wurden, seit die moderne Kritik die überragende Bedeutung dieser Epoche in der Geschichte der Lehre und der kirchlichen Regierung erkannte. Sie ist kaum eine Glaubens- oder Staatsform, sondern hat versucht, ihre Zustimmung durch die Lehren und Bräuche jener Kirchen zu erlangen, die ihre Systeme am direktesten von den persönlichen Jüngern des Gründers erhielten. Eine weniger streitbare, aber kaum weniger anhaltende Neugier gilt den Formen und Methoden des Gottesdienstes, die von den christlichen Gemeinden praktiziert werden. Der Aufstieg von Liturgien, Riten und Zeremonien, der Ursprung und die Verwendung von Hymnen, die Grundlage des liturgischen Gesangs, der Grad der Beteiligung der Laien an den Lobpreis- und Gebetsdiensten – diese und viele andere eng damit verbundene Untersuchungsthemen besitzen weit mehr als nur ein antiquarisches Interesse; Sie sind mit der Geschichte dieses bemerkenswerten Übergangs vom homogenen, demokratischeren System des apostolischen Zeitalters zu der hierarchischen Organisation verbunden, die unter den westlichen Päpsten und östlichen Patriarchen gereift und gefestigt wurde. Im Zusammenhang mit dieser administrativen Entwicklung und in ihren Ursachen entstand ein ausgeklügeltes System von Riten und Zeremonien, teils eine Entwicklung von innen heraus, teils ein Erbe alter Gewohnheiten und Veranlagungen, die schließlich in unveränderlichen Arten hingebungsvollen Ausdrucks formuliert wurden. Die Musik beteiligte sich an dieser rituellen Bewegung; es wurde schnell liturgisch und klerikal, die Laien hörten auf, sich an der Verehrung des Liedes zu beteiligen und überließen dieses Amt einem Chor, der sich aus dem kleinen Klerus zusammensetzte, und ein gut organisiertes Korpus von Gesängen, das in jedem Moment des Gottesdienstes angewendet wurde, bildete fast den gesamten Gottesdienst Substanz der Anbetungsmusik und blieb es tausend Jahre lang.

Es liegt in der Natur der Sache, dass eine neue Energie in die Musikkunst einfließen muss, wenn sie in den Dienst der Religion Christi gestellt wird. Ein neuer Beweggrund, ein neuer Geist, der den Griechen, Römern oder sogar den Hebräern unbekannt war, hatte von dem religiösen Bewusstsein Besitz ergriffen. Zur Anbetung derselben Höchsten Macht, vor der sich der Jude in ehrfurchtsvoller Verehrung verneigte, gesellte sich die Anerkennung einer Gabe, auf die der Jude noch immer vage hoffte; und diese Gabe brachte eine Gewissheit und damit eine Glückseligkeit mit sich, die den Gläubigen der alten Ordnung nie zuteil wurde.

Der Christ fühlte sich als auserwählter Miterbe eines auferstandenen und in den Himmel aufgefahrenen Herrn, der durch seinen Tod und seine Auferstehung Leben und Unsterblichkeit ans Licht gebracht hatte. Die Hingabe an einen persönlichen, ewig lebenden Erlöser übertraf und verdrängte oft jede andere Loyalität – gegenüber Vaterland, Eltern, Ehemann, Ehefrau oder Kind. Diese Religion war daher nachdrücklich eine der Freude – einer Freude, die so alles verzehrte, so vollkommen befriedigend war und so auf den erhabensten Hoffnungen basierte, die der menschliche Geist hegen kann, dass selbst die ekstatische Anbetung von Apollo oder Dionysos im Vergleich dazu melancholisch und hoffnungslos erscheint. Doch war es keine Freude, die dazu neigte, sich in lauten Demonstrationen zu erschöpfen. Sie war mit einem so tiefen Gefühl persönlicher Unwürdigkeit und der feierlichsten Verantwortung vermischt, gemildert durch Gefühle der Ehrfurcht und des Staunens angesichts unergründlicher Geheimnisse, dass die Äußerungen davon in Maßen gehalten und in Formen ausgedrückt werden mussten, die spirituelle und ewige Beziehungen angemessen versinnbildlichen konnten. Und so wie die Bildhauerei die Kunst war, die die humanistischen Vorstellungen der griechischen Theologie am besten verkörperte, wurden Poesie und Musik zu den Künsten, in denen das Christentum ein Ausdrucksmittel fand, das seinem Genie am besten entsprach. Diese beiden Künste mussten sich daher, wenn sie von so erhabenen und durchdringenden Ideen wie denen des Evangeliums beeinflusst wurden, schließlich verwandeln und Anzeichen einer erneuerten und aufstrebenden Aktivität zeigen. Das Wesen der göttlichen Offenbarung in Jesus Christus musste einen mitreißenderen Ton anschlagen, als Ton und emotionale Sprache jemals zuvor geklungen hatten. Das Genie des Christentums, das neue Seelentiefen öffnete und wie keine andere Religion die höheren Möglichkeiten der Heiligkeit im Menschen belebte, war besonders geeignet, größere Manifestationen musikalischer Erfindungsgabe hervorzurufen. Die Religion Jesu offenbarte

Gott in der Universalität seiner Vaterschaft und seiner Allgegenwart in der Natur und im menschlichen Gewissen. Gott muss im Geiste und in Wahrheit angebetet werden, als jemand, der die Menschen durch seine unmittelbare Wirkung auf das Herz in Gemeinschaft mit sich zieht. Diese Religion hatte einen Appell, dem nur durch die Reinigung des Herzens und durch Versöhnung und Vereinigung mit Gott durch die Verdienste des gekreuzigten Sohnes entsprochen werden konnte. Der Gläubige empfand die Möglichkeit einer direkten und liebevollen Verbindung mit der Unendlichen Macht als eine Erregung der tiefsten Wurzeln seines Wesens. Dieses neue Bewusstsein musste sich in Ausdrucksformen äußern, die in der Antike kaum zu erahnen waren, und Literatur und Kunst erlebten eine Wiedergeburt. Besonders die Musik, die Kunst, die in besonderer Weise in der Lage zu sein scheint, die dringendsten Sehnsüchte des Geistes widerzuspiegeln, empfand die belebende Kraft des Christentums als die Kraft, die sie aus ihrer alten Knechtschaft befreien und in eine grenzenlose Sphäre des Handelns führen sollte.

Doch nicht sofort konnte die musikalische Kunst voll entwickelt und diesen neuen Anforderungen entsprechend entstehen. Um zur Vollkommenheit zu gelangen, braucht eine Kunst mehr als ein Motiv. Das Motiv, die Vision, das nach Verwirklichung strebende Gefühl mögen vorhanden sein, aber darüber hinaus muss man Material und Form beherrschen, und eine solche Beherrschung wächst langsam und mühsam. Dies gilt insbesondere für die Kunst der Musik; musikalische Formen haben keine Vorbilder in der Natur wie Malerei und Bildhauerei, keinen assoziativen Symbolismus wie Poesie, keine Orientierung an Nützlichkeitserwägungen wie Architektur, sondern müssen, soweit menschliches Werk das überhaupt kann, das Ergebnis tatsächlicher freier Schöpfung sein. Und doch ist diese Schöpfung eine fortschreitende Schöpfung; ihre Formen entwickeln sich aus bereits bestehenden Formen, wenn Ausdrucksanforderungen entstehen, denen die alten nicht genügen. Vorbilder müssen gefunden werden, aber naturgemäß kann die Kunst ihre Anregungen nie außerhalb ihrer selbst finden. Und obwohl die christliche Musik eine Entwicklung und nicht das plötzliche Produkt einer außergewöhnlichen Inspiration sein muss, dürfen wir dennoch nicht annehmen, dass die frühe Kirche gezwungen war, ihre Melodien aus jenen rohen Elementen zu entwickeln, in denen die Anthropologie die erste Stufe des musikalischen Fortschritts beim primitiven Menschen entdeckt. Die christlichen Kirchenväter bezogen, wie die Gründer jedes historischen

Systems religiöser Musik, ihre Anregungen und vielleicht auch einen Teil ihres eigentlichen Materials aus religiösen und weltlichen Quellen. Das Prinzip der antiken Musik, dem die frühchristliche Musik entsprach, war die Unterordnung der Musik unter die Poesie und die Tanzfigur. Harmonie war in der Antike praktisch unbekannt, und ohne Kenntnisse der Stimmführung ist keine unabhängige Musikkunst möglich. Das Lied der Antike war der eingeschränkteste aller melodischen Stile, *nämlich* der Gesang oder das Rezitativ. Das wesentliche Merkmal sowohl des Gesangs als auch des Rezitativs ist, dass die Töne dem Takt und Akzent des Textes angepasst sind und die Wörter aus Rücksicht auf melodische Phrasen und Perioden niemals wiederholt oder prosodisch verändert werden. Im wahren Gesang hingegen sind die Worte den Erfordernissen musikalischer Strukturgesetze untergeordnet, und die musikalische Phrase, nicht das Wort, ist die herrschende Kraft. Das von den christlichen Vätern übernommene Prinzip war das des Gesangs, und die christliche Musik konnte sich erst in Richtung moderner künstlerischer Errungenschaften bewegen, als im Laufe der Zeit ein neues technisches Prinzip und eine neue Auffassung der Beziehung zwischen Musik und Poesie eingeführt werden konnten.

In Theorie, Stil, Gebrauch und wahrscheinlich bis zu einem gewissen Grad auch in den tatsächlichen Melodien steht die Musik der Urkirche in einer ununterbrochenen Linie mit der Musik der vorchristlichen Antike. Der relative Anteil jüdischer und griechischer Musikpraxis ist nicht bekannt. Zu Beginn gab es keinen formellen Bruch mit der alten jüdischen Kirche; die Jünger versammelten sich regelmäßig im Tempel zu Andachtsübungen; die Anbetung in ihren privaten Zusammenkünften war der der Synagoge nachempfunden, die Christus selbst implizit gebilligt hatte. Der synagogische Kodex wurde von den Christen durch die Einführung des Eucharistiegottesdienstes, des Vaterunsers, der Taufformel und anderer Institutionen geändert, die durch die neuen Lehren und die „geistigen Gaben" veranlasst wurden. Beim letzten Abendmahl Christi mit seinen Jüngern, als das wichtigste liturgische Ritual der Kirche eingeführt wurde, sang die Gesellschaft ein Kirchenlied, das zweifellos das „große Hallel" der jüdischen Passahfeier war. [29] Die Judenchristen hielten mit ererbter Ehrfurcht an den ehrwürdigen Formen der Anbetung ihrer Väter fest; sie hielten den Sabbat, die drei täglichen Gebetsstunden und einen Großteil des mosaischen Rituals ein. In

Bezug auf musikalische Bräuche findet sich in frühen Aufzeichnungen der deutlichste Hinweis auf die Fortführung alter Formen in den gelegentlichen Hinweisen auf die Gewohnheit des antiphonalen oder repetitiven Singens der Psalmen. In der apostolischen Kirche wurden auch feste Gebetsformen verwendet, die in erheblichem Maße den Psalmen und den Segenssprüchen des Synagogenrituals nachempfunden waren. Dass die hebräischen Melodien zur gleichen Zeit übernommen wurden, kann nicht nachgewiesen werden, aber es kann als notwendige Schlussfolgerung angenommen werden.

Mit der Verbreitung des Evangeliums unter den Heiden, der zunehmenden Feindseligkeit zwischen Christen und Juden, der Zerstückelung der jüdischen Nationalität und dem Sturz jüdischer Institutionen, denen die hebräischen Christen bis zu einem gewissen Grad verbunden geblieben waren, lockerte sich die Abhängigkeit vom jüdischen Ritual und die Anbetung der Kirche geriet unter den Einfluss hellenischer Systeme und Traditionen. Die griechische Philosophie und griechische Kunst dominierten, obwohl beide im Niedergang begriffen, das intellektuelle Leben des Ostens, und es war unmöglich, dass die Lehre, die Anbetung und die Regierung der Kirche nicht allmählich von ihnen durchdrungen wurden. Der heilige Paulus schrieb in griechischer Sprache; die frühesten Liturgien sind in griechischer Sprache verfasst. Die Stimmung des Gebets und des Lobpreises war natürlich hebräisch; die Psalmen bildeten die Grundlage aller lyrischen Ausdrucksformen, und die Hymnen und Liturgien waren in hohem Maße von ihrer Ausdrucksweise und ihrem Geist geprägt. Die Formschönheit und Flexibilität der griechischen Kunst, die innere Begeisterung der hebräischen Bestrebungen, die Liebe zum Zeremoniell und zur Symbolik, die nicht auf eine einzelne Nation beschränkt war, sondern ein allgemeines Merkmal der Zeit darstellte, all dies trug zum Aufbau der komplexen und eindrucksvollen Struktur der späteren Anbetung der östlichen und westlichen Kirchen bei.

Das Singen von Psalmen war von Anfang an Teil des christlichen Gottesdienstes, und bestimmte besondere Psalmen wurden schon früh für bestimmte Tage und Anlässe festgelegt. Zu welchem Zeitpunkt Hymnen zeitgenössischen Ursprungs hinzugefügt wurden, wissen wir nicht. Offensichtlich während des Lebens des heiligen Paulus, denn wir finden, dass er die

Epheser und Kolosser zum Gebrauch von „Psalmen, Hymnen und geistlichen Liedern" ermutigte. [30] Natürlich spielt er in diesen Ermahnungen nicht speziell auf den öffentlichen Gottesdienst an (im ersten Fall „mit euch selbst reden" und „in euren Herzen singen und melodieren", im zweiten Fall „einander belehren und ermahnen"), Es ist jedoch kaum anzunehmen, dass die geistliche Ausübung, von der er spricht, von den Gottesdiensten ausgeschlossen wäre, die zu dieser Zeit täglich begangen wurden. Die Aufforderung, durch Lieder zu lehren und zu ermahnen, stimmt auch mit anderen Beweisen überein, dass ein Hauptmotiv für das Singen von Kirchenliedern in vielen Kirchen die Unterweisung in den Lehren des Glaubens war. Es scheint, dass bei den frühen Christen, wie auch bei den Griechen und anderen antiken Nationen, moralische Vorschriften und die Unterweisung in religiösen Mysterien oft in poetischer und musikalischer Form umgesetzt wurden, da sie dadurch eindrucksvoller und leichter zu merken waren.

Es ist zu beachten, dass der heilige Paulus in jeder der oben zitierten Passagen unter drei verschiedenen Begriffen auf religiöse Lieder anspielt, *nämlich:* : ψαλμοί , ὕ μνοι und ᾧ δα ὶ πνευματικαί . Die übliche Annahme ist, dass die Begriffe nicht synonym sind, sondern dass sie sich auf eine dreifache Klassifizierung der Lieder der frühen Kirche beziehen: 1. die eigentlich so genannten alten hebräischen Psalmen; 2, Hymnen aus dem Alten Testament, die nicht in den Psalter aufgenommen wurden und seitdem Gesänge genannt werden, wie die Danksagung der Hanna, das Lied des Mose, der Psalm der drei Kinder aus der Fortsetzung des Buches Daniel, die Vision von Habakuk , usw.; und 3. Lieder, die von den Christen selbst komponiert wurden. Die letzte dieser drei Klassen weist uns auf die Geburtszeit der christlichen Hymnodie hin. Die lyrische Inspiration, die von diesem Tag bis heute nie nachgelassen hat, begann in dem Moment zu wirken, in dem die Missionsarbeit der Kirche begann. In der Freiheit und Ungezwungenheit der religiösen Versammlung, wie sie unter den hellenischen Christen herrschte, wurde es für die Gläubigen zur Praxis, leidenschaftliche Ausbrüche beizutragen, die man in einem rudimentären Zustand als Lieder bezeichnen könnte. In Momenten höchst aufgeladener Andachtsekstase nahm diese spontane Äußerung die Form gebrochener, zusammenhangloser, unverständlicher Ausrufe an, wahrscheinlich in kadensiertem, halbrhythmischem Ton, der Verzückung und mystische Erleuchtung zum Ausdruck brachte. Dies war die „Glossolalie" oder „Gabe der Zungenrede", auf die der heilige Paulus im ersten

Brief an die Korinther als eine Praxis anspielte, die unter bestimmten Einschränkungen als erbaulich für die Gläubigen anerkannt werden sollte. [31]

Dr. Schaff definiert die Gabe der Zungenrede als „eine Äußerung, die aus einem Zustand unbewusster Ekstase beim Sprecher hervorgeht und für den Hörer unverständlich ist, sofern sie nicht interpretiert wird." Das Zungenreden ist ein unfreiwilliges, psalmartiges Gebet oder Lied, das aus einer spirituellen Trance heraus in einer besonderen, vom Heiligen Geist inspirierten Sprache gesprochen wird. Die Seele ist fast völlig passiv, ein Instrument, auf dem der Geist seine himmlischen Melodien spielt." „Es ist eher emotional als intellektuell, die Sprache der aufgeregten Fantasie, nicht der kühlen Reflexion." [32] Der heilige Paulus war selbst ein Kenner dieser einzigartigen Form der Anbetung, wie er selbst in 1. Kor. xiv. 18; aber mit seiner gewohnten kühlen Urteilskraft warnt er die aufgeregten korinthischen Christen, dass nüchterne Belehrung nützlicher sei, dass das eigentliche Ziel aller Äußerungen im allgemeinen öffentlichen Gottesdienst die Erbauung sei, und gebietet als wirksame Zurückhaltung: „Wenn jemand in einer Zunge redet, lass einen interpretieren; aber wenn es keinen Dolmetscher gibt, soll er in der Kirche schweigen; und lass ihn zu sich selbst und zu Gott reden." [33] Mit der Regelung des Gottesdienstes in festgelegter liturgischer Form wurde dieses unvorhergesehene Aufwallen der Gefühle beseitigt, aber wenn es, wie es wahrscheinlich war, analog zu der in der orientalischen Vokalmusik, sowohl in der Antike als auch in der Moderne, so verbreiteten Praxis des Vortragens war Lange wortlose Tonschnörkel als Ausdruck der Freude, dann hat es sich gewissermaßen in den „Jubeln" des katholischen liturgischen Gesangs erhalten, die im Frühmittelalter ausgedehnter waren als heute. Chappell findet Spuren einer Praxis, die den „Jubelfeiern" im alten Ägypten ähnelt. „Dieser Brauch, Weihnachtslieder zu singen oder ohne Worte wie Vögel zu den Göttern zu singen, wurde von den Griechen kopiert, die offenbar mit vier Vokalen gesungen haben. Den Vokalen war wahrscheinlich in beiden Fällen eine anerkannte Bedeutung zugeordnet, als Ersatz für bestimmte Worte des Lobes – wie es der Fall war, als der Brauch auf die westliche Kirche übertragen wurde." [34] Dies mag Licht auf die dunkle Natur der Glossolalie werfen oder auch nicht, aber es ist nicht anzunehmen, dass die korinthischen Christen diesen Brauch erfunden haben, da wir Spuren davon im Gottesdienst der alten heidnischen Nationen finden; und soweit es sich um einen ungehemmten Gefühlsausbruch handelte, muss es bis zu einem gewissen Grad musikalisch gewesen sein und bedurfte lediglich der Regulierung und der Anwendung eines bestimmten Tonartensystems, um, wie die mittelalterliche Sequenz unter etwas ähnlichen Bedingungen, zu einer etablierten Ordnung zu werden heiliges Lied.

Aus einem musikalischen Impuls, von dem die Glossolalie eines von vielen Zeichen war, verbunden mit dem Geist der Prophezeiung oder Belehrung, entstanden die Hymnen der jungen Kirche, deren schwache Umrisse in der Dämmerung dieser dunklen Periode zu erscheinen beginnen. Die Anbeter Christi konnten sich nicht mit den hebräischen Psalmen zufrieden geben, denn trotz ihres inspirierenden und erbaulichen Charakters beschäftigten sie sich nicht mit den Tatsachen, auf denen der neue Glaube beruhte, außer wenn sie als Vorzeichen der späteren Dispensation interpretiert werden könnten. Es wurden Hymnen benötigt, in denen Christus direkt gefeiert wurde und die Auffassung seiner unendlichen Gaben in einer Sprache zum Ausdruck kam, die die Gläubigen sowohl stärkte als auch als bekehrendes Mittel wirkte. Es wäre gegen jede Analogie und gegen die universellen Tatsachen der menschlichen Natur, wenn dies nicht der Fall wäre, und wir können annehmen, dass ein christliches Volkslied, wie es uns das nachapostolische Zeitalter offenbart, im ersten Jahrhundert zu erscheinen begann. Einige Gelehrte glauben, dass gewisse dieser primitiven Hymnen oder Fragmente davon in den Briefen des Heiligen Paulus und in der Offenbarung des Johannes einbalsamiert sind. [35] Einige meinen, die großartige Beschreibung der Anbetung Gottes und des Lammes in der Apokalypse sei durch die in den Ostkirchen bereits liturgisch gewordene Art der Anbetung angeregt worden. Sicherlich besteht eine offenkundige Ähnlichkeit zwischen dem Bild von jemandem, der auf einem Thron sitzt und von vierundzwanzig Ältesten und einer Schar Engeln umgeben ist, wie es in der Apokalypse geschildert wird, und dem Bericht im zweiten Buch der Apostelkonstitutionen über den Thron des Bischofs in der Mitte des Kirchengebäudes, mit den Presbytern und Diakonen auf jeder Seite und den Laien dahinter. In diesem zweiten Buch der Konstitutionen, das natürlich aus einer späteren Zeit als der apostolischen Zeit stammt, wird das Singen von Hymnen nicht erwähnt. Der Anteil des Volkes beschränkt sich auf die Antworten am Ende der Psalmversen, die von jemandem gesungen werden, der zu diesem Amt ernannt wurde. [36] Die priesterliche und liturgische Bewegung hatte bereits den unabhängigen Gesang des Volkes von den Hauptgottesdiensten ausgeschlossen. Diejenigen, die annehmen, dass das Amt des Gesangs in der frühen Kirche freiwillig der Gesamtheit der Gläubigen übertragen wurde, haben einige Gründe für ihre Annahme; aber wenn wir in der Lage sind, zwischen privatem und öffentlichem Gottesdienst zu unterscheiden, und wissen könnten, wie früh es war, dass festgelegte Formen und Liturgien angenommen wurden, scheint es, dass die Zeit, in der den Laien ein Anteil an anderen als den untergeordneten Ämtern gestattet wurde, höchstens sehr kurz war. Das früheste Zeugnis, das als eindeutig bezeichnet werden kann, findet sich in dem berühmten Brief des jüngeren Plinius aus Bithynien an Kaiser Trajan im Jahr 112, in dem die Christen beschrieben werden, wie sie vor Tagesanbruch zusammenkamen und abwechselnd (invicem) Hymnen auf Christus sangen. Man kann mit einigem Grund davon ausgehen, dass sich dies auf einen Wechselgesang oder Wechselgesang bezieht, ähnlich dem, den Philo in seinem Bericht über den Gottesdienst der jüdischen Sekte der Therapeutae im ersten Jahrhundert beschreibt. In der Kirche hielt sich lange die Tradition, dass Ignatius, Bischof von Antiochia im zweiten Jahrhundert, den Wechselgesang in die Kirchen dieser Stadt einführte, nachdem er durch eine Vision von Engeln, die auf diese Weise sangen, dazu bewegt worden war. Aber wir müssen nur auf den Gottesdienst der alten Hebräer zurückblicken, um Hinweise auf diese Praxis zu erhalten. Dieser Wechselgesang scheint in den syrischen Kirchen am weitesten verbreitet gewesen zu sein und wurde von dort nach Mailand und Rom gebracht und durch den Gebrauch in diesen Städten in die dauerhafte Gewohnheit der westlichen Kirche eingeführt.

Obwohl das Singen von Psalmen und Hymnen durch die Gläubigen zweifellos die Gewohnheit der Kirchen war, als sie sich noch in ihrem ursprünglichen Zustand als informelle Versammlungen von Gläubigen zur gegenseitigen Beratung und Erbauung befanden, beraubte der stetige Fortschritt des Ritualismus und das Wachstum priesterlicher Ideen die Menschen unweigerlich jeglicher Initiative im Gottesdienst und konzentrierte die Aufgaben der öffentlichen Andacht, einschließlich des Gesangs, ausschließlich in den Händen der Geistlichen. In der Mitte des vierten Jahrhunderts, wenn nicht früher, war die Veränderung abgeschlossen. Die einfache Organisation des apostolischen Zeitalters hatte sich durch logische Abstufungen zu einer kompakten Hierarchie von Patriarchen, Bischöfen, Priestern und Diakonen entwickelt. Die Geistlichen waren nicht länger Diener oder Vertreter des Volkes, sondern hatten eine vermittelnde Position als Kanäle, durch die die göttliche Gnade zu den Gläubigen gelangte. Die großen östlichen Liturgien, wie jene, die die Namen des heiligen Jakobus und des heiligen Markus tragen, waren, wenn auch noch nicht vollständig formuliert und niedergeschrieben, in allen wesentlichen Punkten vollständig und als Inhalt des öffentlichen Gottesdienstes übernommen. Der Hauptgottesdienst war in zwei Teile gegliedert, von denen die Katechumenen und Büßer vom zweiten Teil, dem eigentlichen Eucharistiefeier, ausgeschlossen waren. Die Gebete, Lesungen und Gesänge, aus denen die Liturgie hauptsächlich bestand, wurden von Priestern, Diakonen und einem offiziell eingesetzten Chor vorgetragen, während die Gemeinde sich nur in wenigen Antworten und Ausrufen vereinte. In der Liturgie des Heiligen Markus, der alexandrinischen, die in Ägypten und den Nachbarländern verwendet wurde, finden wir den Menschen eine Reihe von Antworten zugeteilt: „Amen", „Kyrie eleison", „Und deinem Geist" (als Antwort auf „Friede sei mit allen" des Priesters); „Wir erheben sie zum Herrn" (als Antwort auf „Lasst uns unsere Herzen erheben" des Priesters); und „Im Namen des Herrn; Heiliger Gott, heiliger Mächtiger, heiliger Unsterblicher" nach der Trisagion; „Und aus dem Heiligen Geist wurde er Fleisch" nach dem Opfergebet; „Heilig, heilig, heilig Herr" vor der Wandlung; „Vater unser im Himmel" usw.; vor der Kommunion: „Ein heiliger Vater, ein heiliger Sohn, ein heiliger Geist, in der Einheit des Heiligen Geistes, Amen"; bei der Entlassung: „Amen, gepriesen sei der Name des Herrn."

In der Liturgie des Heiligen Jakob, der Liturgie der Jerusalemer Kirche, wird dem Volk ein ganz ähnlicher Anteil zugeteilt, in vielen Fällen mit identischem Text. Weitaus häufiger wird jedoch der Chor erwähnt, der den Trisagion-Hymnus vorträgt, der in der Liturgie des Heiligen Markus vom Volk gesungen wird. Neben dem „Hallelulia" gibt es den Hymnus an die Jungfrau Maria: „Schmecke und sehe, wie freundlich der Herr ist" und „Der Heilige Geist wird über dich kommen, und die Kraft des Höchsten wird dich überschatten."

Ein großer Teil des Gottesdienstes, wie diese Liturgien zeigen, bestand aus Gebeten, während derer die Menschen schwiegen. Bei den Antworten war die Gemeinde direkter beteiligt als in der heutigen katholischen Kirche, denn jetzt fungiert der Chor als ihr

Vertreter, während das Kyrie eleison zu einem der Chorteile der Messe geworden ist und das Dreimal Heilige in das Chor-Sanctus aufgegangen ist. Aber im liturgischen Gottesdienst beschränkte sich der Anteil der Menschen, was auch immer bei nicht-liturgischen Bräuchen der Fall gewesen sein mag, auf diese wenigen kurzen Ausrufe und vorgeschriebenen Sätze, und nichts, was dem Gemeindelied der protestantischen Kirche entspräche, ist zu finden. Noch vor dieser letzten Ausgabe der rituellen Bewegung beschränkte sich der Gesang der Menschen auf Psalmen und Lobgesänge, eine Einschränkung, die gerechtfertigt und vielleicht dadurch verursacht war, dass man den Konvertiten mit diesem sehr subtilen und überzeugenden Mittel leicht doktrinäre Launen und mystische Extravaganzen einflößen konnte . Der Konflikt der orthodoxen Kirchen mit den Gnostikern und Arianern zeigte deutlich die Gefahr einer unbegrenzten Freiheit bei der Produktion und dem Singen von Hymnen, denn diese furchterregenden Ketzer zogen viele Menschen durch die Chorgesänge, die sie überall zu Missionierungszwecken einsetzten, vom Glauben der Apostel ab. Das Konzil von Laodicea (das zwischen 343 und 381 stattfand) verfügte in seinem 13. Kanon: „Außer den ernannten Sängern, die auf die Ambo steigen und aus dem Buch singen, sollen keine anderen in der Kirche singen." [37] Die genaue Bedeutung dieses Verbots ist nicht geklärt, denn die Teilnahme des Volkes am Kirchengesang hörte zu dieser Zeit nicht ganz auf. Wie repräsentativ dieses Konzil im Allgemeinen war oder wie weitreichend seine Autorität war, ist nicht bekannt; aber die Bedeutung dieses Dekrets wurde von Musikhistorikern übertrieben, denn es dient bestenfalls nur als Register einer Tatsache, die eine unvermeidliche Folge der universellen hierarchischen und rituellen Tendenzen der Zeit war.

Die Geschichte der Musik der christlichen Kirche beginnt eigentlich mit der Einführung des liturgischen Gesangs der Priester, der offenbar schon im vierten Jahrhundert das Volkslied im öffentlichen Gottesdienst verdrängt hatte. Über den Charakter der Gesangsmelodien dieser Zeit in der Ostkirche oder über ihre Quellen verfügen wir nicht über sichere Informationen. Viele vergebliche Mutmaßungen wurden zu dieser Frage angestellt. Einige sind überzeugt, dass die starke Einfügung hebräischen Gefühls und der hebräischen Ausdrucksweise in die frühesten Hymnen und die Übernahme des hebräischen Psalters in den Gottesdienst zwangsläufig auch das Erbe der alten Tempel- und Synagogenmelodien implizieren. Andere nehmen an, dass die

Anspielung des hl. Augustinus auf den Brauch in Alexandria unter dem hl. Athanasius, der „eher Sprechen als Singen glich", [38] ein Beispiel für die Praxis der orientalischen und römischen Kirchen im Allgemeinen war und dass der spätere Gesang sich aus dieser vagen Gesangssprache entwickelte. Andere, wie Kiesewetter, übertreiben die Abneigung der Christen gegen alles, was mit Judentum und Heidentum in Verbindung gebracht wird, und betrachten die ursprünglichen christlichen Melodien als eine gänzlich neue Erfindung, als ein echtes christliches Volkslied. [39] Keine dieser Annahmen kann jedoch mehr als eine lokale und zeitweilige Anwendung haben; die jüdisch-christlichen Gemeinden in Jerusalem und den Nachbarstädten haben zweifellos einige ihrer überlieferten Melodien in den neuen Gottesdienst übernommen; ein Vorurteil gegen hochentwickelte Melodien, das darauf schließen lässt, dass die sinnlichen Kulte des Heidentums auch unter den strengeren Gemeinden existiert haben könnten; hier und da könnten neue Melodien entstanden sein, um die improvisierten Texte zu untermalen, die in der Kirche fortbestehen. Aber die Beweislast und Analogie legen die Annahme nahe, dass der liturgische Gesang der Kirche sowohl des Ostens als auch des Westens teilweise in seiner Form und fast vollständig in seinem Geist und seiner Zusammensetzung der griechischen und griechisch-römischen Musikpraxis entnommen wurde.

Doch es bedarf nur spärlicher Kenntnisse der christlichen Archäologie und Liturgien, um zu zeigen, dass ein Großteil der Form, Zeremonie und Dekoration im Gottesdienst der Kirche die Übernahme von Merkmalen war, die in der Antike in den Glaubensrichtungen und Bräuchen existierten, die die neue Religion verdrängte. Der praktische Genius, der griechische Metren für christliche Hymnen übernahm und die Stile von Basiliken, Scholae und Wohnarchitektur modifizierte, um eine geeignete Form des Kirchenbaus zu schaffen, würde nicht an den Melodien und Gesangsmethoden nörgeln, die so gut als musikalisches Gewand für die Liturgien geeignet schienen. Die griechische Musik befand sich zu dieser Zeit tatsächlich in einigen ihrer Phasen im Niedergang. Sie hatte nichts an Reinheit gewonnen, als sie in die Hände römischer Lüstlinge gelangte. Das Zeitalter der Virtuosen, das auf Brillanz und Sensationslust abzielte, war auf die klassischen Traditionen der Strenge und Zurückhaltung gefolgt. Diese Veränderung war jedoch vor allem in der Instrumentalmusik zu spüren, und diese zu berühren, verschmähten die christlichen Kirchen. Es war der Rest dessen, was rein und ehrwürdig war, aus der Tradition des Apollontempels und des athenischen Tragödientheaters; es war die Form des Gesangs, die strenge Philosophen wie Plutarch lobten, die in den Dienst des Evangeliums gestellt wurde. Vielleicht wurde sogar dies in der christlichen Praxis auf einfache Begriffe reduziert; sicherlich sind die ältesten Gesänge, die man nachweisen kann, die einfachsten, und das früheste Tonleitersystem der italienischen Kirche scheint der Melodie nur einen sehr engen Rahmen zu lassen. Wir können uns daher unsere genaueste Vorstellung von der Natur der frühchristlichen Musik machen, indem wir die Aufzeichnungen der griechischen Praxis und der griechischen Ansichten über die Natur und Funktion der Musik in der Zeit der Blütezeit der griechischen Poesie studieren, denn sicherlich versuchten die christlichen Väter nicht, darüber hinauszugehen; und vielleicht nahmen sie in ihrem Eifer, alles zu vermeiden, was in der Tonkunst anrüchig war, jene Phasen als ihren Maßstab an, die sich am leichtesten mit der inneren und demütigen Art der Frömmigkeit vereinen ließen, die der Glaube des Evangeliums einschärfte. Diese Hypothese impliziert keine Note-für-Note-Übernahme griechischer und römischer Melodien, sondern nur deren Anpassung. So wie Luther und die anderen Begründer der Musik der deutschen protestantischen Kirche Melodien aus dem katholischen Gesang und den deutschen und böhmischen religiösen und weltlichen Volksliedern übernahmen und sie so umformten, dass sie zu den Takten ihrer Hymnen passten, so waren die frühen christlichen Chorsänger natürlich dazu bewegt, mit den Melodien zu verfahren, die sie übertragen wollten. Viele Änderungen waren notwendig, denn während die griechischen und römischen Lieder metrisch waren, waren die christlichen Psalmen, Antiphonen, Gebete, Antworten usw. unmetrisch; und während die heidnischen Melodien immer mit einer Instrumentalbegleitung gesungen wurden, war der Kirchengesang ausschließlich vokal. Durch den Einfluss dieser doppelten Veränderung der technischen und ästhetischen Grundlage war der liturgische Gesang zugleich freier, aufstrebender und vielfältiger als sein Vorbild und nahm jene rhythmische Flexibilität und zarten Schattierungen an, in denen auch der einzigartige Charme des heutigen katholischen Gesangs so stark besteht.

Angesichts der Kontroversen über den Einsatz von Instrumentalmusik im Gottesdienst, die in den protestantischen Kirchen Großbritanniens und Amerikas so heftig waren, ist es eine interessante Frage, ob die Urchristen Instrumente verwendeten. Wir wissen, dass Instrumente im hebräischen Tempeldienst und in den Zeremonien der Griechen eine wichtige Funktion erfüllten. An diesem Punkt wurde jedoch mit allen bisherigen Praktiken gebrochen, und obwohl die griechischen Konvertiten manchmal Leier und Flöte verwendeten, wurde die Verwendung von Instrumenten im Gottesdienst grundsätzlich verurteilt. Viele der Kirchenväter erwähnen Instrumente nicht, wenn sie von religiösen Liedern sprechen; andere, wie Clemens von Alexandria und der heilige Chrysostomus, beziehen sich nur auf sie, um sie anzuprangern. Clement sagt: „Wir verwenden nur ein Instrument, *nämlich.* , das Wort des Friedens, mit dem wir Gott ehren, nicht mehr das alte Psalter, die Trompete, die Trommel und die Flöte." Chrysostomus ruft aus: „David sang früher in Psalmen, auch wir singen heute mit ihm; er hatte eine Leier mit leblosen Saiten, die Kirche hat eine Leier mit lebenden Saiten. Unsere Zungen sind die Saiten der Leier, zwar mit einem anderen Ton, aber mit einer entsprechenderen Frömmigkeit." Der heilige Ambrosius bringt seine Verachtung für diejenigen zum Ausdruck, die Leier und Psalter spielen, anstatt Hymnen und Psalmen zu singen; und der heilige Augustinus beschwört die Gläubigen, ihr Herz nicht den Theaterinstrumenten zuzuwenden. Die religiösen Führer der frühen Christen waren der Ansicht, dass die Verwendung der sinnlichen, nervenerregenden Wirkung von Instrumentalklängen in ihrer mystischen, spirituellen Anbetung eine Inkongruenz und sogar Obszönität darstellen würde. Ihr hoher religiöser und moralischer Enthusiasmus benötigte keine Unterstützung durch äußere Reize; Die reine mündliche Äußerung war der angemessenere Ausdruck ihres Glaubens. Dieses Vorurteil gegen Instrumentalmusik, das sich aus der Natur ihres ästhetischen Eindrucks ergab, wurde durch die Assoziation von Instrumenten mit abergläubischen heidnischen Riten und insbesondere mit den verderblichen Szenen, die üblicherweise im degenerierten Theater und Zirkus dargestellt werden, verstärkt. „Eine christliche Jungfrau", sagt der heilige Hieronymus, „sollte nicht einmal wissen, was eine Leier oder eine Flöte ist oder wozu sie dient." Es bedarf keiner weiteren Rechtfertigung für solche Verbote als den schamlosen Darbietungen, die zur Zeit des Römischen Reiches auf der Bühne üblich waren, wie sie auf den Seiten von Apuleius und anderen Beschreibern der damaligen Sitten dargestellt werden. Diejenigen, die die Hüter der Moral der kleinen christlichen Gemeinden übernahmen, waren gezwungen, die strengsten Maßnahmen anzuwenden, um zu verhindern, dass ihre Schützlinge die moralische Pest einatmeten, die ungehindert an den Orten öffentlicher Vergnügungen kursierte; Vor allem müssen sie darauf bestehen, dass jede Erinnerung an diese Verderbnisse, sei es eine ansonsten harmlose Harfe oder Flöte, aus den allgemeinen religiösen Handlungen ausgeschlossen werden sollte.

Die Übertragung des Gesangsamts von der allgemeinen Gemeinde auf einen offiziellen Chor bedeutete kein Ende der Produktion von Hymnen für den allgemeinen Gebrauch, denn man muss immer zwischen liturgischen und nicht-liturgischen Gesängen unterscheiden, und nur bei ersteren wurde den Leuten geboten, sich der Teilnahme an allem außer den vorgeschriebenen Antworten zu enthalten. Andererseits wurde mit der Zunahme der Zeremonien und Feste das Hymnenwesen gefördert und schnell wurden lyrische Lieder zur privaten und gesellschaftlichen Erbauung, für die Stunden des Gebets und für Prozessionen, Pilgerfahrten, Weihefeiern und andere gelegentliche Feiern produziert. Wie gezeigt wurde, hatten die Christen von Anfang an ihre Hymnen, aber mit Ausnahme von ein oder zwei kurzen Texten, einigen Fragmenten und den großen liturgischen Hymnen, die auch von der westlichen Kirche übernommen wurden, sind sie verloren gegangen. Clemens von Alexandria aus dem 3. Jahrhundert wird oft als der erste bekannte christliche Hymnendichter bezeichnet; aber das einzelne Gedicht, das Loblied auf den Logos, das ihm diesen Titel eingebracht hat, ist strenggenommen gar kein Hymnus. Ab dem vierten Jahrhundert stieg die Flut der orientalischen Hymnen stetig an und erreichte ihren Höhepunkt im achten und neunten Jahrhundert. Die östlichen Hymnen werden in zwei Schulen eingeteilt – die syrische und die griechische. Aus der Gruppe der syrischen Dichter sind Synesius, geboren um 375, und Ephraem, der 378 in Edessa starb, die berühmtesten. Ephraem war der größte Lehrer seiner Zeit in der syrischen Kirche und ihr produktivster und fähigster Hymnist. Am besten erinnert man sich an ihn als Gegner der Anhänger von Bardasanes und Harmonius, die viele durch den Charme ihrer Hymnen und Melodien zu ihren gnostischen Irrtümern verführt hatten. Ephraem begegnete diesen Schismatikern auf ihrem eigenen Gebiet und komponierte eine große Anzahl von Liedern im Geiste der Orthodoxie, die er den Chören seiner Anhänger zum Singen an Sonn- und Feiertagen überließ. Die Hymnen Ephraems waren bei der syrischen Kirche sehr beliebt und werden von den maronitischen Christen noch immer geschätzt. Die syrische Schule der Hymnendichtung starb im fünften Jahrhundert aus und die poetische Inspiration der Ostkirche fand ihren Kanal in der griechischen Sprache.

Vor der Zeit der griechischen christlichen Dichter, deren Namen in die Geschichte eingegangen sind, erschienen die großen anonymen unmetrischen Hymnen, die noch heute einen herausragenden Platz in den Liturgien der katholischen und protestantischen Kirchen sowie der Ostkirche einnehmen. Die bekanntesten davon sind die beiden Glorias – das Gloria Patri und das Gloria in excelsis; das Ter Sanctus oder der Cherubim-Hymnus, den Jesaja in einer Vision hörte; und das Te Deum. Das Magnificat oder der Dankgottesdienst Marias und das Benedicite oder das Lied der drei Kinder wurden schon früh von der Ostkirche übernommen. Das Kyrie eleison erscheint als Antwort des Volkes in den Liturgien des Heiligen Markus und des Heiligen Jakob. Es wurde schon sehr früh in die römische Liturgie übernommen; die Hinzufügung des Christe eleison soll von Gregor dem Großen vorgenommen worden sein. Das Gloria in excelsis, die „größere Doxologie", ist, mit Ausnahme des Te Deums, der edelste der frühchristlichen Hymnen. Es ist der Engelsgesang aus Lukas 2,14, mit Zusätzen, die spätestens im 4. Jahrhundert vorgenommen wurden. „Im Himmel begonnen, auf Erden vollendet." Es wurde zuerst in der Ostkirche als Morgenhymne verwendet. Dem Te Deum laudamus wird oft ein westlicher Ursprung zugeschrieben. Einer populären Legende zufolge wurden Ambrosius und Augustinus bei der Taufe des hl. Augustinus vom Bischof von Mailand dazu inspiriert, es in abwechselnden Versen zu improvisieren. Eine andere Tradition schreibt die Urheberschaft dem hl. Hilarius im 4. Jahrhundert zu. Seine ursprüngliche Form ist unbekannt, aber es wird allgemein angenommen, dass es durch Anfügungen an ein griechisches Original entstanden ist. Bestimmte darin enthaltene Phrasen finden sich auch in den früheren Liturgien. Die gegenwärtige Form des Hymnus ist wahrscheinlich so alt wie das 5. Jahrhundert. [40]

Von den wenigen kurzen, anonymen Liedern und Fragmenten, die uns aus dieser düsteren Zeit überliefert sind, ist eine griechische Hymne, die manchmal im privaten Gottesdienst beim Anzünden der Lampen gesungen wurde, das vollkommenste. Es wurde vielen englischen Lesern durch Longfellows wunderschöne Übersetzung in „The Golden Legend" bekannt gemacht:

„O frohes Licht

Vom unsterblichen Vater,

Und vom Himmlischen

Heilig und gesegnet

Jesus, unser Retter!

Nun zum Sonnenuntergang

Wieder hast du uns gebracht;

Und den Abend sehen

Dämmerung, wir segnen dich,

Lobe dich, verehre dich

Vater allmächtig!

Sohn, der Lebensspender!

Geist, der Tröster!

Jederzeit würdig

Der Anbetung und des Staunens!

Die Epoche der großen anonymen Hymnen überlappt sich und geht darüber hinaus mit der Ära der griechischen Hymnisten, deren Namen und Werke bekannt sind und die einen riesigen Vorrat an Texten für die Gottesdienste der Ostkirche beisteuerten. Achtzehn Quartobände, sagt Dr. JM Neale, sind mit diesem riesigen Vorrat an religiöser Poesie gefüllt. Dr. Neale, dem die englischsprachige Welt das wenige Wissen über diese Hymnen hauptsächlich zu verdanken hat, teilt sie in drei Epochen ein:

1. „Die Zeit der Entstehung, als sich diese Dichtung allmählich von der Knechtschaft der klassischen Metren befreite und ihre verschiedenen Stile erfand und vervollkommnete; diese Periode endete etwa im Jahr 726 n. Chr."

2. „Das der Vollkommenheit, das fast mit der Zeit des Bilderstreits von 726-820 zusammenfällt."

3. „Das der Dekadenz, als die Kraftlosigkeit eines verweichlichten Hofes und die Auflösung eines verfallenden Reiches die kirchliche Poesie nach und nach zu einem gestelzten Bombast reduzierten, großen Worten wenig Bedeutung gaben, Beinamen

auf Beinamen häuften und Gemeinplätze austricksten." in der Diktion immer prächtiger, bis Sinn und Einfachheit vergeblich gesucht werden; 820-1400." [41]

Die Zentren der griechischen Hymnen in ihrer Glanzzeit waren Sizilien, Konstantinopel und Jerusalem und Umgebung, insbesondere das Kloster St. Saba, wo St. Cosmas und St. Johannes von Damaskus, die beiden größten griechischen christlichen Dichter, lebten. Die Hymnisten dieser Epoche bewahrten viel vom Erzählstil und der Objektivität der früheren Autoren, insbesondere in den Hymnen, die zur Feier der Geburt, der Epiphanie und anderer Ereignisse im Leben Christi geschrieben wurden. In anderen findet sich eine eher nachdenkliche und introspektive Qualität. Die erbitterten Kämpfe, der Hass und die Verfolgungen des Bilderstreits hinterließen auch bei vielen von ihnen deutliche Spuren in einer häufigen Tendenz, Versuchungen und Gefahren zu übertreiben, in einem tiefen Gefühl der Sünde, einem Bewusstsein der Notwendigkeit von Buße zur Erlangung der Erlösung und einer gewissen furchtsamen Erwartung des Gerichts. Diese Haltung, die sich so sehr vom Frieden und Vertrauen früherer Zeiten unterscheidet, kommt am deutlichsten in dem düsteren und kraftvollen Trauergesang zum Ausdruck, der dem heiligen Johannes von Damaszener zugeschrieben wird („Nimm den letzten Kuss"), und in der Hymne des Jüngsten Gerichts des heiligen Theodor von Studium. In letzterem schlägt der Dichter mit zitternder Hand den Ton an, der vierhundert Jahre später mit so imposanter Majestät im Dies Irae des heiligen Thomas von Celano erklang.

Die katholische Hymnologie gehört, zumindest was die Verwendung des Rituals betrifft, eigentlich einer späteren Periode an. Die Hymnen des hl. Hilarius, des hl. Damasus, des hl. Augustinus, des hl. Ambrosius, des hl. Prudentius, des hl. Fortunatus und des hl. Gregor, die später das Stundengebet so verschönerten, waren ursprünglich für die private Andacht und für zusätzliche Zeremonien gedacht, da Hymnen erst im 10. oder 11. Jahrhundert in Rom in das Stundengebet eingeführt wurden, einer Tendenz folgend, die erstmals im 7. Jahrhundert vom Konzil von Toledo verbindlich anerkannt wurde.

Die Geschichte der christlichen Dichtung und Musik im Osten endet mit der Trennung der östlichen und westlichen Kirchen.

Von da an lag eine eisige Seuche auf dem Boden, den die Apostel mit solchem Eifer und eine Zeit lang mit so großartigem Erfolg kultiviert hatten. Der fatale Streit um Ikonen, der Widerstand durch die Eroberungen der mohammedanischen Macht, die erdrückende Last des byzantinischen Luxus und der Tyrannei und jene heimtückische Apathie, die in der Atmosphäre des Orients zu wohnen scheint und früher oder später in jedes große Unterfangen eindringt, es schwächt und verdirbt – all dies untergrub das spirituelle Leben der östlichen Kirche. Auf den ursprünglichen Enthusiasmus folgte Fanatismus, und aus dem Fanatismus gingen wiederum Formalismus, Bigotterie und Stagnation hervor. Nur unter den Nationen, die in Westeuropa auf den vom Römischen Reich gelegten Grundlagen eine neue Zivilisation errichten sollten, konnten politische und soziale Bedingungen geschaffen werden, die der Ausbreitung des göttlichen Lebens des Christentums freien Spielraum ließen. Erst im Westen konnten die Motive, die geeignet waren, eine christliche Kunst zu inspirieren, nach einem langen Kampf gegen byzantinischen Formalismus und Konventionen zu einem prophetischen künstlerischen Fortschritt führen. Der Versuch, christliche Ideen und traditionelle heidnische Methoden miteinander zu versöhnen, bildete die Grundlage der christlichen Kunst, doch die neuen Erkenntnisse über spirituelle Dinge und die daraus resultierenden tieferen Gefühle verlangten nach neuen Idealen und Prinzipien sowie neuen Themen. Die Natur und Bestimmung der Seele, die Schönheit und Bedeutung, die in geheimer Selbsterforschung und in von neuer Hoffnung entfachtem Streben liegen, wurden, statt der Schönheit der äußeren Form, zum Gegenstand der Betrachtung und zum endlosen Thema der Kunst. Architektur und Skulptur wurden symbolisch, die Malerei zur Darstellung von Ideen, die neues Leben in der Seele anregen sollten, Poesie und Musik zum direkten Zeugnis und zur unmittelbaren Manifestation der Seele selbst.

Mit den Edikten Konstantins zu Beginn des vierten Jahrhunderts, die das Christentum praktisch zum dominierenden Religionssystem des Reiches machten, leitete die rasche Entfaltung der aufgestauten Energie der Kirche eine Ära ein, in der rituelle Pracht mit der raschen Zunahme weltlicher Macht Schritt hielt. Die hierarchische Entwicklung hatte bereits einen parallelen Verlauf zu denen des Ostens genommen, und jetzt, da die Kirche frei war, ihren Organisationstalent zu entfalten, dessen sie sich bereits deutlich bewusst geworden war, ging sie einen

Schritt weiter als das orientalische System, indem sie das Papsttum als einziges Oberhaupt etablierte, von dem die untergeordneten Mitglieder ihre Rechtmäßigkeit ableiteten. Dies war keine Zeit, in der eine demokratische Form der Kirchenregierung von Dauer sein konnte. In den Ideen dieser Zeit war dafür kein Platz. In den wütenden Stürmen, die das Römische Reich überwältigten, in der Neuordnung der politischen und sozialen Verhältnisse in ganz Europa, mit den Erschütterungen und häufigen Triumphen der Wildheit, die sie unvermeidlich begleiteten, war es notwendig, dass die Kirche als einziger Verfechter und Bewahrer von Zivilisation und Rechtschaffenheit all ihre Kräfte konzentrierte und in Lehre, Gottesdienst und Regierung zu einem einzigen, kompakten, einheitlichen, spirituellen Staat wurde. Die Dogmen der Kirche mussten von einer offiziellen Klasse formuliert, bewahrt und bewacht werden, und die unwissende und wankelmütige Masse des einfachen Volkes musste gelehrt werden, den Regeln ihrer geistlichen Herren ehrfürchtig und bedingungslos zu gehorchen. Die Darlegung der Theologie, die Lehre vom immer neuen Opfer Christi auf dem Altar, die Theorie der Sakramente im Allgemeinen, all dies beinhaltete die Vorstellung eines vermittelnden Priestertums, das seine Autorität durch direkte Übertragung von den Aposteln erhielt. Aus solchen Bedingungen und Tendenzen gingen auch die aufwendigen und ehrfurchtgebietenden Riten hervor, die festgelegten Liturgien, die die zentralen Dogmen des Glaubens einbalsamierten, und die gesamte Maschinerie eines Gottesdienstes, der selbst als objektiv wirksam angesehen wurde, vom Heiligen Geist inspiriert und sowohl zur Erbauung des Gläubigen als auch als Opfer der Kirche an ihren Erlöser bestimmt war. Bei der Entwicklung der äußeren Bräuche des Gottesdienstes mit ihrem aufwendigen symbolischen Zeremoniell ist der Studierende oft überrascht, wie verschwenderisch die Kirche ihre Formen und Dekorationen aus dem Heidentum und Judentum bezog. Aber es gibt nichts daran, das Verwunderung erregen müsste, nichts, was unter den Bedingungen der Zeit nicht unvermeidlich war. Lanciani sagt: „Indem die Kirche Riten und Bräuche akzeptierte, die ihren Grundsätzen und ihrer Moral nicht zuwiderliefen, zeigte sie ebenso viel Takt und Weitsicht und trug zur friedlichen Durchführung der Umwandlung bei." [42] Der heidnische oder jüdische Konvertit war nicht gezwungen, sich von all seinen angestammten Vorstellungen über die Natur des Gottesdienstes zu trennen. Er fand seine Liebe zu Prunk und Glanz befriedigt durch die Zeremonien einer Religion, die viele der schönen

Aspekte des irdischen Lebens mit der Vermittlung spiritueller Wahrheiten zu verbinden wusste. Und so halfen Symbolik und der Appell an die Sinne dabei, das Christentum einer Welt zu empfehlen, die noch nicht auf einen Glauben vorbereitet war, der nur eine stille, unaufdringliche Erfahrung erfordern sollte. Die Unterweisung musste die Bevölkerung in Formen erreichen, die ihren ererbten Veranlagungen entsprachen. Die Kirche, die sich daher inmitten des Heidentums etablierte, übernahm viele Riten und Bräuche aus der klassischen Antike und nahm äußerlich sowohl ihres Gottesdienstes als auch ihrer Regierung Formen an, die sowohl Beiträge von außen als auch Entwicklungen von innen waren. Diese Übernahmen blieben jedoch keineswegs ein bedeutungsloser oder unpassender Überrest toter Aberglauben. Ihnen wurde eine lehrreiche Symbolik verliehen; Sie wurden mit wunderbarer Kunst in das Gesamtgewand eingearbeitet, mit dem sich die Kirche für ihr weltliches und geistliches Amt kleidete, und wurden zu bewussten Zeugen der Wahrheit und Schönheit des neuen Glaubens.

Das Gedenken an Märtyrer und Beichtväter ging in die Bitte um ihre Hilfe als Fürsprecher Christi über. Sie wurden zu Schutzheiligen von Einzelpersonen und Orden, und ihnen wurden an bestimmten Orten und an bestimmten Tagen Ehrungen erwiesen, die eine Vielzahl besonderer ritueller Bräuche beinhalteten. Feste wurden vervielfacht und traten an die Stelle der alten römischen Luperkalien und Saturnalien und der mystischen Riten des Heidentums. Wie bei den Kulturvölkern der Antike wurde auch im christlichen Rom das Fest, das alle verfügbaren Dekorationsmittel requirierte, zur Grundlage einer raschen Entwicklung der Kunst. Unter all diesen Bedingungen wurde die Musik der Kirche in Italien zu einer liturgischen Musik, und wie im Osten überließen die Laien die Hauptämter des Gesangs einem Chor, der aus untergeordneten Geistlichen bestand und von der geistlichen Autorität ernannt wurde. Die Gesangsmethode war zweifellos nicht einheimisch, sondern leitete sich, wie bereits angedeutet, direkt oder indirekt aus der östlichen Praxis ab. Milman behauptet, dass die Liturgie der römischen Kirche in den ersten drei Jahrhunderten griechisch war. Wie auch immer dies gewesen sein mag, wir wissen, dass sowohl syrische als auch griechische Einflüsse zu dieser Zeit in der italienischen Kirche stark waren. Einige Päpste im siebten Jahrhundert waren Griechen. Bis zur Spaltung der Kirche in ihre endgültige östliche und westliche Teilung war die Interaktion zwischen den beiden Teilen stark, und beide Teile waren in Bräuchen und Kunst weitgehend gemeinsam. Die Eroberungen der muslimischen Macht im siebten Jahrhundert trieben viele syrische Mönche nach Italien, und ihre liturgische Praxis, halb griechisch, halb semitisch, konnte es nicht verfehlen, sich bei ihren adoptierten Brüdern bemerkbar zu machen.

Ein bemerkenswertes Beispiel für die Übertragung orientalischer Bräuche in die italienische Kirche ist die Einführung des Wechselgesangs in der Mailänder Kirche auf Veranlassung des heiligen Ambrosius, des Bischofs dieser Stadt. Der heilige Augustinus, der Schüler und Freund des heiligen Ambrosius, hat über dieses Ereignis berichtet, von dem er persönlich Kenntnis hatte. „Es war ungefähr ein Jahr oder nicht viel länger", erzählt er, „seit Justina, die Mutter des Knabenkaisers Justinian, deinen Diener Ambrosius im Interesse seiner Ketzerei verfolgte, zu der sie von den Arianern verführt worden war. " [Diese Verfolgung sollte den heiligen Ambrosius dazu bewegen, einige der Kirchen der Stadt den Arianern zu übergeben.] „Die frommen Leute hielten Wache in der Kirche und bereiteten sich darauf vor, mit ihrem Bischof, deinem Diener, zu sterben. Zu dieser Zeit wurde eingeführt, dass nach Art der Ostkirche Hymnen und Psalmen gesungen werden sollten, damit das Volk nicht in der Langeweile des Kummers verkümmere, ein Brauch, der von damals bis heute beibehalten wurde und von vielen nachgeahmt wird – ja , von fast allen deinen Gemeinden im Rest der Welt." [43]

Der Konflikt zwischen dem Heiligen Ambrosius und den Arianern ereignete sich im Jahr 386. Vor der Einführung des antiphonalen Gesangs wurden die Psalmen wahrscheinlich in Form einer halbmusikalischen Rezitation vorgetragen, ähnlich der von Augustinus erwähnten Praxis, die in Alexandria unter dem Heiligen Athanasius vorherrschend war, nämlich „mehr Sprechen als Singen". Dass zur Zeit des Heiligen Augustinus in Mailand ein kunstvollerer und gefühlsbetonterer Stil üblich war, beweist die sehr interessante Passage im zehnten Buch der *Bekenntnisse* , in der er die Wirkung der Kirchenmusik auf ihn selbst analysiert, da er fürchtete, ihr Zauber habe ihn von seiner frommen Vertiefung in die heiligen Worte zu einer rein ästhetischen Befriedigung verleitet. Er versäumte es jedoch nicht, der Musik, die ihn so berührte, die gebührende Ehre zu erweisen: „Wie weinte ich über deine Hymnen und Lobgesänge, bis ins Innerste getroffen von den Stimmen deiner melodischen Kirche!" Diese Stimmen drangen in meine Ohren, und die Wahrheit drang in mein Herz, und daraus strömte eine fromme Ergriffenheit, und meine Tränen rannen herab, und ich war glücklich." [44]

Die antiphonale Psalmodie wurde nach dem Muster der in Mailand verwendeten Psalmodie von Papst Coelestin, der zwischen 422 und 432 regierte, in das Gottesamt in Rom eingeführt. Ungefähr zu dieser Zeit finden wir Hinweise auf eine systematischere Entwicklung des liturgischen Priestergesangs. Die Geschichte des päpstlichen Chores reicht bis ins fünfte Jahrhundert zurück. Leo I., der im Jahr 461 starb, gab dem Gottesamt eine dauerhafte Organisation, indem er eine Gemeinschaft von Mönchen gründete, die sich besonders dem Dienst der kanonischen Stunden widmeten. Im Jahr 680 erschienen plötzlich die vom heiligen Benedikt gegründeten Mönche von Monte Cassino in Rom und verkündeten die Zerstörung ihres Klosters durch die Langobarden. Papst Pelagius empfing sie gastfreundlich und gab ihnen eine Wohnung in der Nähe der Lateranbasilika. Dieser Kreuzgang diente dazu, die päpstliche Kapelle mit Sängern zu versorgen. In Verbindung mit dem Sängerkollegium, das den geistlichen Titel eines Subdiakons trug, befand sich eine Einrichtung für Knaben, die für den Dienst im päpstlichen Chor ausgebildet werden sollten und auch in anderen Zweigen unterrichtet wurden. Diese Schule empfing Schüler aus den wohlhabendsten und angesehensten Familien sowie eine Reihe der ersten Päpste, darunter Gregor II. und Paul I. erhielten innerhalb seiner Mauern Unterricht.

Mitte oder Ende des sechsten Jahrhunderts hatte die mittelalterliche Epoche der Kirchenmusik ihren Anfang genommen. Eine große Anzahl liturgischer Gesänge wurde klassifiziert und systematisiert und die Lehre ihrer Form und die Tradition ihrer Wiedergabe in die Hände von Mitgliedern des Klerus gegeben, die speziell auf ihre Kultur zugeschnitten waren. Die Liturgie, die im Wesentlichen während oder kurz vor der Herrschaft Gregors des Großen (590-604) fertiggestellt wurde, erhielt durchgehend einen musikalischen Rahmen, und dieser liturgische Gesang wurde ebenso wie die Liturgie selbst zum Gesetz der Kirche gemacht, und die ersten Schritte waren Es wird angenommen, dass allen Gemeinden im Westen ein einheitliches Ritual und ein einheitlicher Gesang auferlegt werden.

Daher wurde in den ersten sechs Jahrhunderten, als die Kirche ihre Kräfte für ihre siegreichen Konflikte organisierte und ausbildete, die endgültige Richtung ihrer Musik, wie auch ihrer gesamten Kunst, bewusst eingeschlagen. Indem sie die Unterstützung von Instrumenten ablehnte und zum ersten Mal eine ausschließlich vokale Kunst entwickelte und sich von den Beschränkungen des antiken Versmaßes löste, das in der griechischen und griechisch-römischen Musik die Melodie gezwungen hatte, mit dem strengen prosodischen Takt Schritt zu halten, trennte sich die christliche Musik von dieser Seite Mit der heidnischen Kunst warf er die Last des Ausdrucks nicht wie die griechische Musik auf den Rhythmus, sondern auf die Melodie und fand in dieser absoluten Gesangsmelodie ein neues Kunstprinzip, dessen natürliche Frucht die gesamte Anbetungsmusik der modernen Christenheit ist. Noch wichtiger als diese besonderen Formen und Prinzipien, die sie begreifen und erfordern, ist das wahre Ideal der Musik, das von den Vätern der Liturgie ein für alle Mal verkündet wurde. Dieses Ideal liegt in der Unterscheidung des kirchlichen Stils vom weltlichen Stil, im Ausdruck der universellen Stimmung des Gebets und nicht im Ausdruck individueller, schwankender, leidenschaftlicher Gefühle, mit denen sich die weltliche Musik befasst – dieser entrückte, durchdringende, erhabene Ton, der … unternimmt keinen Versuch einer detaillierten Darstellung von Ereignissen oder oberflächlichen Geisteszuständen, sondern scheint eher die Grundgefühle von Demut, Ehrfurcht, Hoffnung und Liebe zu symbolisieren, die alle besonderen Erfahrungen in der gemeinsamen Gabe vermischen, die aus dem Herzen der Kirche zu ihr aufsteigt Herr und Meister. Durch die Vermeidung einer leidenschaftlichen Betonung von Details zugunsten eines Ausdrucks, der dem großen Geist des Gottesdienstes entstammt, entgeht die Kirchenmusik der Gefahr, ein fremdes dramatisches Element in die heilige Zeremonie einzuführen, und bekräftigt ihre edlere Kraft, eine Atmosphäre zu schaffen, aus der alle hervorgehen weltliche Bräuche und Assoziationen verschwinden. Diese großartige Idee wurde schon früh in den Geist der Kirche eingeprägt und war der Ursprung all dessen, was in den Schöpfungen der kirchlichen Musik am edelsten und erbaulichsten war.

Kapitel III:
Die Liturgie der katholischen Kirche

Die Behauptung, dass ein großer Teil des außergewöhnlichen Zaubers, den sie stets auf die Gemüter der Menschen ausgeübt hat, in der Schönheit ihrer Liturgie und der feierlichen Pracht ihrer Formen zu finden ist, stellt keine Abwertung des Ehrenzeichens der katholischen Kirche dar der Anbetung und die herrlichen Produkte künstlerischen Genies, mit denen diese Formen verschönert wurden. Jeder, der sich daran gewöhnt hat, bei der Hochmesse häufig Orte katholischer Gottesdienste zu besuchen, insbesondere die Kathedralen der alten Welt, ob er mit der Idee dieses Gottesdienstes einverstanden ist oder nicht, muss von etwas besonders Majestätischem, Erhabenem und Beeindrucktem beeindruckt gewesen sein sich im Spektakel bewegen; Er muss sich gefühlt haben, als sei er von einer unwiderstehlichen Faszination aus seinem gewohnten Gedankenkreis herausgezogen worden, getragen von einer spirituellen Flut, die sich unerforschten Regionen zuwendet. Die Musik, die die mystische Zeremonie durchdringt, ist vielleicht der Hauptauslöser dieser mentalen Reaktion durch den besonderen Zauber, den die Musik aufgrund ihrer Natur auf die Emotion auszuüben vermag. Musik scheint im katholischen Ritual fast über ihre normale Wirksamkeit hinaus zu wirken. Es kann ohne Unangemessenheit mit der Musik der dramatischen Bühne verglichen werden, da es sich dabei um Beiwerk und poetische Assoziationen handelt. Die Musik ist ein so wesentlicher Bestandteil des gesamten Andachtsakts, dass die Eindrücke der Liturgie, der Zeremonie, der Architektur, der Dekoration und die erhabenen Erinnerungen an eine ehrwürdige Vergangenheit unmerklich herangezogen werden, um sie den Tönen des Priesters, des Chors und der Orgel zu verleihen eine Größe, die nicht ihre eigene ist. Das ist der Grund, warum katholische Musik, selbst wenn sie kitschig und aufsehenerregend ist oder gleichgültig aufgeführt wird, eine gewisse Noblesse ausstrahlt. Die Zeremonie ist immer imposant, und die Musik, die den Gottesdienst wie eine Atmosphäre umhüllt, muss zwangsläufig etwas von der Würde des Ritus, dem sie dient, absorbieren. Und wenn die Musik an sich das Produkt höchster Genialität ist und mit Ehrfurcht und Geschick wiedergegeben wird, ist die Wirkung auf einen sensiblen Geist feierlicher als bei jeder anderen Art musikalischer Erfahrung.

Dieses Geheimnis der Assoziation und des künstlerischen Rahmens muss immer berücksichtigt werden, wenn wir die besondere Kraft der Musik der katholischen Kirche messen wollen. Wir müssen beachten, dass Musik nur eines von vielen Mitteln zur Beeindruckung ist und nicht allein, sondern im Verbund mit verstärkenden Kräften agieren soll. Diese Maßnahmen – die alle Elemente der Zeremonie umfassen, die das Auge und die Vorstellungskraft beeinflussen – sollen sich gegenseitig ergänzen und verstärken; und wenn wir die Anziehungskraft analysieren, die die katholische Kirche seit jeher auf Geister sehr unterschiedlicher Kultur ausübt, können wir nicht umhin, die vollendete Geschicklichkeit zu bewundern, mit der sie an die universelle Empfänglichkeit für Ideen von Schönheit, Erhabenheit und Geheimnis appelliert, wie sie in ihr zum Ausdruck kommen Klang und Form. Die Vereinigung der Künste im Interesse einer unmittelbaren und ungeteilten Wirkung, von der wir in den letzten Jahren so viel gehört haben, wurde von der katholischen Kirche vor Jahrhunderten erreicht. Sie errichtet die prächtigsten Gebäude, schmückt ihre Wände mit Meisterwerken der Malerei, füllt jeden sichtbaren Winkel mit Skulpturen aus Holz und Stein, erfindet ein Ritual von genialer Vielfalt und verschwenderischer Pracht, übergießt dieses Ritual mit Musik, die abwechselnd unterwirft und erregt, und richtet all dies aus bedeutet, dass jeder die Wirkung des anderen verstärkt und gleichzeitig die Wahrnehmungen erfasst. Beim Einsatz dieser künstlerischen Mittel hat die Kirche jeden Grad der Erleuchtung und jede Stimmungslage berücksichtigt. Für das Vulgäre hat sie grelle Zurschaustellung, für das Abergläubische Staunen und Verheimlichen; Für die Feinen und Nachdenklichen kleidet sie ihre Lehren in das schönste Gewand und macht den Gottesdienst zu einem ästhetischen Vergnügen. Ihre Anbetung konzentriert sich auf ein Geheimnis – die wahre Präsenz – und dieses Geheimnis verschönert sie mit allen Verlockungen, die verblüffen, erfreuen und fesseln können.

Symbolik und künstlerische Dekoration – in deren Verwendung die katholische Kirche alle anderen religiösen Institutionen außer ihrer Schwesterkirche im Osten übertroffen hat – sind keine bloßen äußeren Zusätze, als ob man sie ohne wesentlichen Verlust weglassen könnte; sie sind die natürliche Folge ihres Geistes und Genies, die angemessene äußere Manifestation der Idee, die ihre Kultur und ihre Anbetung durchdringt. Geister, die keiner äußeren Belebung bedürfen, sondern sich gerne über zeremonielle Bräuche erheben und unmittelbaren Kontakt mit der göttlichen Quelle des Lebens suchen, sind verhältnismäßig selten. Mystizismus ist nichts für die Masse; die Mehrheit der Menschheit verlangt, dass spirituelle Einflüsse in Gestalt von Greifbarem zu ihnen gelangen; es bedarf eines gewissen Nervenkitzels, um sie aus ihren gewohnten materiellen Gewohnheiten aufzurütteln. Da die katholische Kirche diese Tatsache erkannt und eine große Anzahl von Ideen in ihr System aufgenommen hat, die zwangsläufig einer objektiven Darstellung bedürfen, damit sie verwirklicht und wirksam werden können, ist sie aufgrund ihres extremen Gebrauchs von Bildern und Symbolen sogar des Götzendienstes bezichtigt worden. Aber vielleicht hat sie darin mehr Weisheit bewiesen als diejenigen, die sie tadeln. Sie weiß, dass die Äußerlichkeiten religiöser Bräuche mit einem großen Maß an sinnlichem Charme ausgestattet sein müssen, wenn sie die Gefühle der Mehrheit der Menschheit gewinnen sollen. Sie weiß, dass spirituelles Streben und die Erregung der Sinne im tatsächlichen öffentlichen Gottesdienst nie völlig getrennt werden können, und sie würde das Risiko eingehen, das Erste dem Zweiten unterzuordnen, anstatt einen Gottesdienst der bloßen Intellektualität anzubieten, der frei ist von jenen Überzeugungen, die künstlerisches Genie bietet und die so stark sind, das Herz in Ehrfurcht und Unterwerfung zu beugen.

Beim Studium des katholischen Systems der Riten und Zeremonien sowie ihrer Motive und Entwicklung wird uns das große Problem des Verhältnisses von Religion und Kunst deutlich. Die katholische Kirche hat sich nicht damit zufrieden gegeben, für jeden Andachtsimpuls feste Formen und Handlungen vorzuschreiben – sie hat sich zum Ziel gesetzt, diese Formen und Handlungen schön zu machen. Es gab keine Phase der Kunst, die diesem Objekt gewidmet werden konnte und ihr nicht die erlesensten seiner Errungenschaften geboten hätte. Und zwar nicht nur zur Dekoration, nicht einfach zur Unterwerfung des Geistes durch Faszination der Sinne, sondern vielmehr getrieben von einer inneren Notwendigkeit, die eine logische Verbindung der besonderen Kräfte der Kunst mit den Zielen und Bedürfnissen der Kirche herbeigeführt hat. Wie auch immer die Einstellung zu den Ansprüchen dieser großen Institution sein mag, niemand mit Vernunft kann leugnen, dass die Welt noch nie etwas Schöneres oder Majestätischeres gesehen hat als dieses erhabene Bauwerk, bestehend aus Architektur, Skulptur usw Malerei und geprägt von Poesie und Musik, die die Kirche im Mittelalter schuf und in dauerhafter Form zur staunenden

Bewunderung aller nachfolgenden Zeiten festigte. Jeder, der es im Hinblick auf die Erforschung seiner Motive studiert, muss zugeben, dass es ein Werk aufrichtiger Überzeugung war. Es entsprang keinem „eitlen oder oberflächlichen Gedanken"; Es zeugt von etwas im Herzen des Katholizismus, das es nie versäumt hat, die leidenschaftlichste Zuneigung zu erregen und die höchsten Anstrengungen künstlerischen Könnens hervorzurufen. Dieses wunderbare Produkt der katholischen Kunst, unermesslich in seiner Vielfalt, hat sich um die Riten und Verordnungen der Kirche versammelt und von ihnen seinen Geist, seine Formen und seine Tendenzen übernommen – eine Architektur, um einen geeigneten Bereich für den Gottesdienst zu errichten und zu symbolisieren die Vorstellung vom sichtbaren Reich Christi in der Zeit und vom ewigen Reich Christi im Himmel; Skulptur, die dieses Heiligtum schmückt und wie das heilige Gebäude selbst in engster Beziehung zum Zentrum des kirchlichen Lebens steht und daraus seinen Zweck und seine Norm ableitet; Malerei erfüllt eine ähnliche Funktion und dient auch definitiver der Belehrung, indem sie die Lehren und Traditionen des Glaubens anschaulich veranschaulicht und die Gedanken des Gläubigen stärker auf ihren moralischen Sinn und ihre ideale Schönheit lenkt; Poesie und Musik, der Atem der Liturgie selbst, der unmittelbar auf das Herz einwirkt und das latente Gefühl der Ehrfurcht in lebendige Gefühle der Freude und Liebe entfacht. Bei der Anwendung von Riten und Zeremonien mit ihrem prächtigen künstlerischen Rahmen, bei der großen Betonung, die auf vorgeschriebene Formen und äußere Gottesdienste gelegt wird, wurde die katholische Kirche von einer Überzeugung angetrieben, von der sie keinen Augenblick abgewichen ist. Diese Überzeugung ist zweifach: erstens, dass der Gläubige dadurch bei der Darbringung eines innigen, inbrünstigen und aufrichtigen Gottesdienstes unterstützt wird; und zweitens, dass es nicht nur angemessen, sondern eine Pflicht ist, dass alles Kostbarste, das Produkt der höchsten Entwicklung der Kräfte, die Gott dem Menschen gegeben hat, als Zeugnis der Liebe und Verehrung des Menschen dargebracht werden sollte – dass die Ausgaben für Reichtum für die Errichtung und Dekoration von Gottes Heiligtümern und die Anerkennung höchster künstlerischer Fähigkeiten bei der Schaffung von Formen der Schönheit seiner unermesslichen Herrlichkeit und uns selbst als seinen abhängigen Kindern würdig sind. Kardinal Gibbons sagt: „Die Zeremonien der Kirche machen den Gottesdienst nicht nur feierlicher, sondern fesseln und fesseln auch unsere Aufmerksamkeit und erheben sie zu Gott." Unser Geist ist so aktiv, so flüchtig und voller Ablenkungen, unsere Vorstellungskraft ist so wankelmütig, dass wir einige äußere Objekte brauchen, auf die wir unsere Gedanken richten können. Wahre Hingabe muss innerlich sein und von Herzen kommen; aber wir dürfen nicht daraus schließen, dass die äußere Anbetung zu verurteilen ist, weil die innere Anbetung als wesentlich vorgeschrieben wird. Im Gegenteil, die Riten und Zeremonien, die in der Anbetung Gottes und in der Verwaltung der Sakramente vorgeschrieben sind, werden von der richtigen Vernunft diktiert und im alten Gesetz vom allmächtigen Gott und im neuen von Christus und seinen Aposteln sanktioniert. " [45] „Nicht durch den menschlichen Verstand", sagt ein Autor im *Caecilien Kalendar* , „wurde das Ritual erfunden, der Mensch weiß nicht, woher es kam." Sein Ursprung liegt außerhalb der Erfindungen des Menschen, ebenso wie die Ideen, die er präsentiert. Die Liturgie entstand mit dem Glauben, die Rede mit dem Gedanken. Was der Körper für die Seele ist, das ist die Liturgie für die Religion. Alles in den Bräuchen der Kirche, von den geheimnisvollen Zeremonien der Messe und des Karfreitags bis zum Ruf der Abendglocke zum Gebet, ist nichts anderes als der beredte Ausdruck des Inhalts der Erlösung des Sohnes Gottes." [46]

Da das Ritual ein Gebet ist, das Opfer der Kirche an Gott durch Gedenken und Darstellung sowie durch direkte Anrufung, so fügt sich die gesamte Zeremonie, Handlung wie Wort, in diese Vorstellung des Gebets ein, nicht nur als Verschönerung, sondern als konstituierender Faktor. Daher der weitverbreitete Gebrauch von Symbolik und sogar von halbdramatischer Darstellung. „Wenn ich von der dramatischen Form unserer Zeremonien spreche", sagt Kardinal Wiseman, „beziehe ich mich überhaupt nicht auf äußere Zurschaustellung; und ich wähle dieses Epitheton aus dem Grund, dass mir die Armut der Sprache keine andere Bedeutung bietet. Das Ziel und die Kraft der dramatischen Poesie bestehen darin, dass sie nicht bloß beschreibend, sondern darstellend ist. Ihr Wesen besteht darin, die Vorstellungskraft und die Seele zu dem hin zu tragen, was andere gesehen haben, und durch ihre Worte in uns solche Eindrücke zu erwecken, wie wir sie bei dieser Gelegenheit gefühlt haben könnten. Der Gottesdienst der Kirche ist überaus poetisch, die dramatische Kraft durchdringt den Gottesdienst auf höchst ausgeprägte Weise und muss für sein richtiges Verständnis im Auge behalten werden. So bezieht sich beispielsweise der gesamte Gottesdienst für die

Toten, Offizium, Exequien und Messe auf den Augenblick des Todes und führt die Vorstellungskraft in die furchtbare Krise der Trennung von Seele und Körper." „In ähnlicher Weise bereitet uns die Kirche während der Adventszeit auf die Erinnerung an die Geburt unseres geliebten Erlösers vor, als stünde sie noch bevor. Wenn das Fest naht, wird dieselbe ideale Rückkehr zu dem Augenblick und den Umständen der Geburt unseres göttlichen Erlösers zum Ausdruck gebracht; alle Herrlichkeiten des Tages werden der Seele so vor Augen geführt, als ob sie wirklich stattfänden." „Dieses Prinzip, das den Gottesdienst zu jeder anderen Jahreszeit belebt, beherrscht am bemerkenswertesten den Gottesdienst der Karwoche und verleiht ihm Leben und Seele. Es soll nicht bloß gedenk- oder historisch sein; es ist streng genommen repräsentativ." [47] „Die Traditionen und Regeln der Kirchenkunst", sagt Jakob, „sind keineswegs willkürlich, sie sind keine äußere Anhäufung, sondern sie gehen von innen nach außen über, sie sind organisch aus dem leitenden Geist der Kirche, aus den Anforderungen ihres Gottesdienstes gewachsen. Darin liegt die Berechtigung des Symbolismus und der symbolischen Darstellung in der kirchlichen Kunst. Die Kirche aus Stein muss ein sprechendes Bild der lebendigen Kirche und ihrer Mysterien sein; die Bilder an den Wänden und auf den Altären sind nicht bloße Zierde für das Auge, sondern für das Herz ein Buch voller Belehrung, eine Predigt voller Wahrheit. Und dadurch wird die Kunst dazu erhoben, an der Erbauung der Gläubigen mitzuwirken; sie wird zu einer tiefgründigen Lehrerin für Tausende, zu einer Trägerin und Bewahrerin großer Ideen für die Jahrhunderte." [48] „Unsere heilige Kirche", sagt ein deutscher Priester, „die die Natur und die Bedürfnisse der Menschheit vollkommen versteht, stellt uns göttliche Wahrheit und Gnade in sinnlicher Form vor, damit sie auf diese Weise von uns leichter erfasst und sicherer angeeignet werden können. Das Gesetz der Sinneswahrnehmung, das einen so wichtigen Faktor in der menschlichen Erziehung darstellt, bildet auch ein Grundgesetz im Handeln der heiligen Kirche, wodurch sie versucht, uns aus diesem irdischen materiellen Leben in das übernatürliche Leben der Gnade zu erheben. Sie verleiht uns daher die erlösende Gnade in den heiligen Sakramenten in Verbindung mit äußeren Zeichen, durch die die innere Gnade angedeutet und vollbracht wird, wie zum Beispiel die innere Reinigung der Seele von der Sünde in der Taufe durch die äußere Reinigung des Körpers. In ähnlicher Weise sieht das Auge des unterrichteten Katholiken in den symbolischen Zeremonien des heiligen Messopfers die ergreifende Darstellung des Sündenfalls, unserer Erlösung und schließlich unserer Verherrlichung bei der Wiederkunft unseres Herrn. Aus diesem Grundgesetz der sinnlichen Darstellung ist die gesamte Liturgie der Kirche entstanden, *d. h.* die Summe aller religiösen Handlungen und Gebete zur Ehre Gottes und zur Mitteilung seiner Gnade an uns, und diese ganze ausdrucksvolle Liturgie bildet zugleich das feierliche Zeremoniell im Heiligtum des himmlischen Königs, in dem er unsere Anbetung empfängt und uns die reichlichsten Zeichen seiner Gunst schenkt." [49]

Diese Zitate geben ausreichend Aufschluss über die Denkweise der katholischen Kirche in Bezug auf die Verwendung ritueller und symbolischer Zeremonien. Die Hauptabsicht ist die Belehrung und Erbauung des Gläubigen, aber es ist offensichtlich, dass ein notwendiges Element dieser Erbauung der Gedanke ist, dass der Ritus ein zusammengesetzter Akt der Anbetung, ein Gebet, eine Opfergabe an den allmächtigen Gott ist. Dies ist die Theorie der katholischen Kunst, die Ansicht, die fromme Kirchenmänner seit jeher über die Funktion künstlerischer Formen im Gottesdienst vertreten. Dass alle Produkte religiöser Kunst in katholischen Gemeinden allein von diesem Motiv angetrieben wurden, wäre zu viel gesagt. Das Prinzip „Kunst um der Kunst willen", das dem traditionellen kirchlichen Prinzip genau widerspricht, hat sich oft in Zeiten rückläufigen Eifers bemerkbar gemacht, und Künstler haben traditionelle Themen aus Gewohnheit oder Politik verwendet und sie als ebenso gute Grundlage wie alle anderen empfunden für Experimente zur Erzielung sinnlicher Reize in Form, Textur und Farbe. Soweit jedoch unveränderliches Dogma, liturgische Einheit und konsequente Tradition die künstlerischen Bemühungen beherrschten, wurde der individuellen Entschlossenheit genug Raum gegeben, um die Kunst davor zu bewahren, zu einem hieratischen Formalismus zu versteinern, aber nicht genug, um den Glauben, die Moral oder die Loyalität der Herde zu gefährden. Wer daher den Geist des Katholizismus kennen möchte, muss einen großen Teil seines Studiums seiner Kunst widmen. Aus der zentralen Genialität dieser Institution, die sich nicht nur in ihren Lehren und Traditionen, sondern auch in ihrem erhabenen Glauben an ihre eigene göttliche Ordination und Führung und an ihre Ideale der Heiligkeit zeigt, sind ihre Liturgie, ihre Zeremonien und die unendlich vielfältigen Dinge hervorgegangen Manifestationen seiner symbolischen, historischen und hingebungsvollen Kunst. Die katholische

Kirche hat sich zum Ziel gesetzt, auf der Erde ein sichtbares Abbild des geistigen Reiches Gottes zu erwecken und für ihre Jünger ein Zuhause zu bauen, das in seiner Pracht an die Herrlichkeit erinnert, die denen bereitet wird, die den Glauben bewahren.

Die gesamte katholische Kunst, soweit sie im strengen Sprachgebrauch als Kirchenkunst bezeichnet werden darf, unterscheidet sich von der größeren und unbestimmteren Kategorie der religiösen Kunst und bezieht ihren Charakter nicht aus der persönlichen Bestimmung einzelner Künstler, sondern aus Vorstellungen und Modelle, die traditionell und kanonisch geworden sind. Diese traditionellen Gesetze und Formen haben sich organisch aus den Bedürfnissen des katholischen Gottesdienstes entwickelt; Sie beziehen ihre Sanktion und weitgehend auch ihren Stil aus der Lehre und auch aus dem Zeremoniell. Der Mittelpunkt des gesamten kirchlichen Lebens ist der Altar, auf dem die großen Gottesdienste verrichtet werden. Architektur, Malerei, Dekoration, Musik – sie alle werden durch die Liturgie, der sie dienen, in einer Einheit des Eindrucks erfasst. Die kirchliche Kunst ist aus der Kirche selbst heraus entstanden und hat ihre Lebenskraft aus den Ideen geschöpft, die in der Liturgie ihre bleibende und prägnanteste Verkörperung gefunden haben. Auf der Liturgie und den damit verbundenen zeremoniellen Veranstaltungen muss jedes Studium des von der katholischen Kirche offiziell genehmigten Systems des künstlerischen Ausdrucks basieren.

Die katholische Liturgie oder der Text der Messe ist nicht das Werk einer Einzelperson oder einer Konferenz. Sie ist ein Wachstum, eine Entwicklung. Festgelegte Gebetsformen kamen in Gebrauch, sobald die Apostel die ersten christlichen Gemeinden gründeten. Das Dogma der Eucharistie war der Hauptfaktor, der der Liturgie ihre endgültige Form gab. Durch einen logischen Prozess der Auswahl und Integration wurden bestimmte Gebete, Bibelstellen, Hymnen und Antworten miteinander verwoben, bis das Ganze die Form eines sogenannten religiösen Gedichts erhielt, in dem die Beziehung Christi zur Kirche und die emotionale Haltung der Kirche im Hinblick auf seine ständige Gegenwart als Osteropfer und Hohepriester zum Ausdruck kamen. Dieses große Gebet der katholischen Kirche besteht hauptsächlich aus Beiträgen der

Ostkirche aus den ersten vier Jahrhunderten. Seine wesentlichen Merkmale wurden von der römisch-katholischen Kirche übernommen und ins Lateinische übertragen, und nach einem Prozess der Sichtung und Neuordnung mit einigen Ergänzungen war seine Form gegen Ende des sechsten Jahrhunderts im Wesentlichen so fertiggestellt, wie sie heute ist. Die Liturgie ist daher die Stimme der Kirche, beladen mit ihrer Tradition, widerhallend mit dem gebieterischen Ton ihrer apostolischen Autorität, beredt mit der Sehnsucht und der Zusicherung unzähliger Märtyrer und Bekenner, das mystische Zeugnis des Auftrags, von dem die Kirche glaubt, dass er ihr vom Heiligen Geist auferlegt wurde. Es ist daher nicht überraschend, dass fromme Katholiken diese Liturgie als göttlich inspiriert betrachten, erhaben über jede bloße menschliche Rede, als Sprache der Heiligen und Engel, als wahrhaft himmlisches Gedicht; und dass katholische Schriftsteller den Wortschatz der Begeisterung bei der Darlegung ihrer spirituellen Bedeutung beinahe erschöpft haben.

Das Beharren auf der Verwendung einer unveränderlichen Sprache in der Messe und allen anderen Gottesdiensten der katholischen Kirche ist zwangsläufig mit dem Konzept der Katholizität und Unveränderlichkeit verbunden. Eine universelle Kirche muss eine universelle Sprachform haben; Nationalsprachen implizieren Nationalkirchen; die Annahme der Volkssprache wäre der erste Schritt zur Auflösung. Der Katholik, in welches fremde Land er auch wandert, ist überall zu Hause, sobald er ein Heiligtum seines Glaubens betritt, denn er hört denselben Gottesdienst in derselben Sprache, begleitet von denselben Zeremonien, die ihm seit seiner Kindheit vertraut sind. Diese universelle Sprache muss zwangsläufig das Lateinische sein. Im Gegensatz zu allen lebenden Sprachen unterliegt es niemals Veränderungen, und daher besteht keine Gefahr, dass sich durch eine Änderung der Konnotation von Wörtern ein Missverständnis verfeinerter Punkte der Lehre oder der Einhaltung einschleicht. Latein ist die ursprüngliche Sprache der katholischen Kirche, die Sprache der Gelehrsamkeit und Diplomatie in der Zeit der kirchlichen Bildung, die Sprache, der das Ritual, die Glaubensartikel, die Gesetzesverordnungen, die Schriften der Kirchenväter, alte Konzilsbeschlüsse usw. anvertraut wurden. Die einzigen Ausnahmen von der Regel, die Latein als liturgische Sprache vorschreibt, finden sich in bestimmten orientalischen Gemeinden, wo aus lokalen Gründen andere Sprachen zugelassen sind, *nämlich* Griechisch, Syrisch,

Chaldäisch, Slawisch, Walachisch, Armenisch, Koptisch und Äthiopisch. In jedem dieser Fälle ist die liturgische Sprache jedoch nicht die Volkssprache, sondern die alte Form, die in anderen Zusammenhängen außer Gebrauch geraten ist. [50]

Die Messe ist der feierlichste Ritus unter den Ämtern der katholischen Kirche und verkörpert die Grundlehre, auf der das katholische Gottesdienstsystem hauptsächlich beruht. Es ist das Hauptsakrament, der ständige Kanal der Gnade, der zwischen Gott und seiner Kirche stets offen gehalten wird. Es ist eine ausführliche Weiterentwicklung des letzten Abendmahls Christi mit seinen Jüngern und die Erfüllung der ewigen Anweisung, die der Meister seinen Anhängern auferlegt hat. Entwickelt unter der Kontrolle des Opfergedankens, der sich aus der zentralen Vorstellung des alten jüdischen Evangeliums ergab und schon sehr früh in die Tradition der Kirche eingebettet war, wurde das Amt der Messe nicht nur zu einem bloßen Gedenken an die Versöhnung Golgatha, sondern eine ständige Erneuerung auf dem Altar durch die Kraft, die der Heilige Geist dem Priestertum verleiht. Für den Protestanten wurde Christus ein für alle Mal am Kreuz geopfert, und der Gläubige nimmt durch Reue und Glauben an die Vorteile teil, die diese transzendente Tat mit sich bringt; aber für den Katholiken wird dieses Opfer immer dann wiederholt, wenn die eucharistischen Elemente Brot und Wein mit bestimmten Gebeten und Formeln am Altar dargebracht werden. Die Erneuerung des Sühneprozesses erfolgt durch das wiederkehrende Wunder der Transsubstantiation, durch das Brot und Wein in den Leib und das Blut Christi umgewandelt werden. Auf diese Weise interpretiert die katholische Kirche die Worte Jesu wörtlich: „Dies ist mein Leib; das ist mein Blut; Wer mein Fleisch isst und mein Blut trinkt, hat ewiges Leben." Wenn die wundersame Verwandlung durch die Wiederholung der Einsetzungsworte Christi durch den Priester stattgefunden hat, werden die geweihte Hostie und der Kelch vom Priester im Namen und zum Wohle der anwesenden und abwesenden Gläubigen, für die gebetet wird, Gott dargebracht geschaffen wird und die im Glauben an den Nutzen dieser Opferhandlung teilhaben. „Das Messopfer", sagt Kardinal Gibbons, „ist identisch mit dem Kreuzesopfer, beide haben dasselbe Opfer und denselben Hohepriester – Jesus Christus." Der einzige Unterschied besteht in der Art der Opfergabe. Christus wurde blutig am Kreuz geopfert; in der Messe wird er unblutig dargebracht. Am Kreuz hat er unser Lösegeld erkauft, und im eucharistischen Opfer wird der Preis dieses Lösegeldes auf unsere

Seelen angewendet." [51] Diese Konzeption ist der Grundstein der gesamten Struktur des katholischen Glaubens, das überwesentliche Dogma, das von Jahrhundert zu Jahrhundert in Erklärungen von Prälaten, Theologen und Synoden wiederholt und im Sinne einer verbindlichen Definition durch das Konzil ein für alle Mal bekräftigt wird von Trient. Alle, die an dieser mystischen Zeremonie teilnehmen, entweder als Zelebranten und Geistliche oder als indirekte Teilnehmer durch den Glauben, haben daher Anteil an ihrer übernatürlichen Wirksamkeit. Es ist für sie ein Opfer des Lobes, des Flehens und der Versöhnung.

Die ganze aufwendige Messezeremonie, die für Laien ein Rätsel ist, ist an keiner Stelle eitel oder repetitiv. Jedes Wort hat seine passende Beziehung zum Ganzen; jede Geste und Kniebeuge, jeder Gewandwechsel hat seine symbolische Bedeutung. Alle Elemente des Ritus verschmelzen unter dem Einfluss dieses zentralen Akts der Weihe und Opferung zu einer Einheit. Alle Lehren, Gebete, Antworten und Hymnen sollen darauf hinführen, die Amtsträger und das Volk auf die Teilnahme daran vorbereiten und ihnen seine Bedeutung und Wirkung einprägen. Die architektonische, skulpturale und dekorative Schönheit von Altar, Chor und Apsis findet ihre Berechtigung als würdiger Rahmen für die erhabene Zeremonie und als passender Schrein, der die Gegenwart des Herrn beherbergt. Die Zurschaustellung von Lichtern und Gewändern, die würzigen Weihrauchwolken, die Feierlichkeit des Priestergesangs und der Pomp der Chormusik dienen ausschließlich dazu, den Eindruck des Rituals zu verstärken und den Geist in eine angemessene Stimmung der Anbetung zu versetzen.

Es gibt verschiedene Arten von Messen, die sich in bestimmten Details oder in der Art der Aufführung oder in Bezug auf die Anlässe, denen sie gewidmet sind, unterscheiden, wie zum Beispiel das Hochamt, das feierliche Hochamt, die Tiefmesse, die Totenmesse oder die Totenmesse , Messe der Vorgeheiligten, Hochzeitsmesse, Votivmesse usw. Die größte Abweichung von der gewöhnlichen Messform findet sich in der Requiemesse, wo das Gloria und das Credo weggelassen werden und ihre Plätze durch die mittelalterliche Gerichtshymne Dies Irae zusammen ersetzt werden mit bestimmten besonderen Gebeten für verstorbene Seelen. Im Hinblick auf den üblichen Gottesdienst an Sonn-, Fest- und Feiertagen gibt es keinen Unterschied in den

Worten der Hochmesse, der feierlichen Hochmesse und der Tiefmesse, sondern nur in der Art der Aufführung und dem Grad der Ausschmückung. Die Tiefmesse wird mit leiser Stimme und in der Art der gewöhnlichen Rede gehalten, wobei auf die üblichen Zeichen der Feierlichkeit verzichtet wird; Es gibt keinen Gesang und keine Chormusik. Das Hochamt wird von Zelebrant und Chor durchgehend musikalisch gehalten. Die feierliche Hochmesse wird mit noch größerer ritueller Zurschaustellung und mit einem Diakon, einem Unterdiakon und einem ganzen Korps untergeordneter Geistlicher aufgeführt.

Die Gebete, Teile der Heiligen Schrift, Hymnen und Antworten, aus denen die katholische Liturgie besteht, bestehen sowohl aus Teilen, die unveränderlich gleich sind, als auch aus Teilen, die sich jeden Tag des Jahres ändern. Die unveränderlichen Teile bilden das sogenannte Ordinarium der Messe. Die veränderlichen oder „eigentlichen" Teile umfassen die Introitus, Kollekten, Episteln und Lesungen, Graduale, Traktate, Evangelien, Offertorien, Geheimnisse, Präfationen, Kommunionen und Postkommunion . Jeder Tag des Jahres hat seine besondere und unverwechselbare Form, je nachdem, ob er an ein Ereignis im Leben unseres Herrn erinnert oder dem Andenken eines Heiligen, Märtyrers oder Bekenners gewidmet ist. [52] Die Messe kann an jedem Tag des Jahres gefeiert werden, außer am Karfreitag, dem großen Trauertag der Kirche.

Der folgende Abriss der Messzeremonie bezieht sich auf das Hochamt, das als Typus der Messe im Allgemeinen angesehen werden kann. Dabei ist zu bedenken, dass im gesamten Amt gesungen bzw. gesungen wird.

Nach dem Eintreten des amtierenden Priesters und seiner Diener spricht der Zelebrant die Worte: „Im Namen des Vaters und des Sohnes und des Heiligen Geistes, Amen" und rezitiert dann den 42. Psalm (43. in der protestantischen Version). Als nächstes folgt das Sündenbekenntnis und die Bitte um Vergebung. Nach einigen kurzen Gebeten und Antworten wird der Introitus gesungen – eine kurze Bibelstelle, normalerweise aus einem Psalm. Dann singt der Chor das Kyrie eleison, Christe eleison. Der erste dieser Ausrufe wurde in der Ostkirche in frühester Zeit als Antwort des Volkes verwendet. Er wurde schon sehr früh in die Liturgien der Westkirche übernommen und ist eines der beiden Beispiele für das Überleben von Phrasen der ursprünglichen griechischen

Liturgien im lateinischen Offizium. Das Christe eleison wurde
etwas später hinzugefügt.

Auf das Kyrie folgt unmittelbar der Gesang des Gloria in excelsis
Deo durch den Chor. Dieser Hymnus, auch die große Doxologie
genannt, ist griechischen Ursprungs und ist der Engelsgesang aus
Kapitel 2 des Lukasevangeliums, mit Ergänzungen, die spätestens
im vierten Jahrhundert vorgenommen wurden. Er wurde
spätestens in der zweiten Hälfte des sechsten Jahrhunderts in die
römische Liturgie übernommen, da er, mit gewissen
Einschränkungen verbunden, im Sakramentar von Papst Gregor
dem Großen erscheint.

Als nächstes werden die Kollekten rezitiert – kurze, dem Tag
entsprechende Gebete, in denen um Gottes Segen gefleht wird.
Dann folgt die Lesung der Epistel, eines Psalmvers, der Graduale
genannt wird, des Halleluja oder, wenn dieser ausgelassen wird,
des Tractus (der normalerweise auch ein Psalmvers ist) und bei
bestimmten Festen ein Hymnus namens Sequence. Als nächstes
wird das für den Tag vorgesehene Evangelium rezitiert. Wenn
eine Predigt gehalten wird, ist sie direkt nach dem Evangelium an
der Reihe.

Anschließend wird das Glaubensbekenntnis – Credo – vom Chor
gesungen. Dieses Symbol basiert auf dem Glaubensbekenntnis,
das 325 vom Konzil von Nicäa angenommen und 381 vom
Konzil von Konstantinopel geändert wurde, ist jedoch weder mit
dem Glaubensbekenntnis von Nicäa noch mit dem
Glaubensbekenntnis von Konstantinopel völlig identisch. Der
wichtigste Unterschied zwischen dem Glaubensbekenntnis von
Konstantinopel und dem heutigen römischen
Glaubensbekenntnis besteht in der Hinzufügung der Worte „und
vom Sohn" (filioque) in das römische Glaubensbekenntnis in der
Erklärung über die Prozession des Heiligen Geistes. Das
vorliegende Glaubensbekenntnis ist in Spanien seit 589 in
Gebrauch und wurde, wie es scheint, guten Quellen zufolge im
Jahr 1014 in die römische Liturgie übernommen.

Nach einem Satz, der normalerweise einem Psalm entnommen ist
und Offertorium genannt wird, beginnt der feierlichste Teil der
Messe mit der Opfergabe der Hostie, der zeremoniellen
Zubereitung der Elemente Brot und Wein, mit Gebeten,
Räucherungen und Waschungen.

Da nun alle für die Vollendung des Opferakts bereit sind, wird die Zuschreibung der Danksagung und des Lobes, die sogenannte Präfation, dargelegt, die je nach Jahreszeit variiert, aber mit dem Sanctus und Benedictus endet, die vom Chor gesungen werden.

Das Sanctus, auch Trisagion oder Dreimal Heilig genannt, ist der Cherubshymnus, den Jesaja in einer Vision hörte, wie in Jes. beschrieben. vi. 3. Der Benedictus ist der Jubelruf der Menge, die Christus bei seinem Einzug in Jerusalem begegnete. Die Verbindung dieser beiden Passagen hat eine poetische Bedeutung. Der Gesegnete, der im Namen des Herrn kommt, ist der Herr selbst, der Gott Sabaoths, von dessen Herrlichkeit Himmel und Erde erfüllt sind.

Der Kanon der Messe beginnt nun mit Gebeten, dass das heilige Opfer von Gott angenommen werde und den Anwesenden zugute komme. Der Akt der Weihe wird durch die Verkündigung der Einsetzungsworte Christi vollzogen, und die heilige Hostie und der Kelch, die nun zu Objekten höchster Hingabe und Verehrung geworden sind, werden vor die knienden Gläubigen erhoben und mit den beeindruckendsten Gelübden der Annahme Gottes verpflichtet und Anrufungen.

> Als Beispiel für die Vornehmheit des Denkens und die Schönheit der Ausdrucksweise, die in den katholischen Ämtern zu finden sind, kann das Gebet unmittelbar nach der Kelchweihe zitiert werden:

> „Darum, o Herr, wir, deine Diener, und auch dein heiliges Volk, erinnern uns an das gesegnete Leiden desselben Christus, deines Sohnes, unseres Herrn, an seine Auferstehung von den Toten und an seine bewundernswerte Himmelfahrt und opfern es deiner erhabensten Majestät Die Gaben, die uns geschenkt wurden, sind eine reine Hostie, eine heilige Hostie, eine unbefleckte Hostie, das heilige Brot des ewigen Lebens und der Kelch der ewigen Erlösung.

> „Darauf gewährst du, mit gnädigem und heiterem Gesichtsausdruck zu blicken und sie anzunehmen, da es dir gnädig gefiel, die Gaben deines gerechten Dieners Abel und das Opfer unseres Patriarchen Abraham und das, was dein Hohepriester Melchisedech darbrachte, anzunehmen.“ Dir sei ein heiliges Opfer und ein unbeflecktes Opfer.

„Wir flehen Dich in aller Bescheidenheit an, Allmächtiger Gott, befehle, dass diese Dinge durch die Hände Deiner heiligen Engel zu Deinem Altar in der Höhe getragen werden, vor den Augen Deiner göttlichen Majestät, damit alle, die an diesem Altar am heiligsten Leib und Blut Deines Sohnes teilhaben, mit aller himmlischen Gnade und Segnung erfüllt werden."

Inmitten der Gebetsreihe nach der Wandlung singt der Chor das Agnus Dei, einen kurzen Hymnus, der schon sehr früh in die römische Liturgie eingeführt wurde. Dann kommuniziert der Priester, und diejenigen aus der Gemeinde, die durch Beichte und Absolution auf das erhabene Privileg vorbereitet wurden, knien am Altargitter nieder und empfangen aus den Händen des Zelebranten die geweihte Hostie. Die Nachkommunion, ein kurzes Gebet um Schutz und Gnade, die Entlassung [53] und der Segen sowie die Lesung der ersten vierzehn Verse des Johannesevangeliums beschließen die Zeremonie.

Zwischen den Gebeten, Lesungen, Antworten, Hymnen usw., die die Liturgie ausmachen, gibt es eine große Anzahl von Bekreuzigungen, Ehrerbietungen, Weihrauchsalbungen, Gewandwechseln und anderen liturgischen Handlungen, die alle für den Uneingeweihten ein Rätsel sind, aber nicht willkürlich oder bedeutungslos, denn jede dieser Handlungen hat eine symbolische Bedeutung, die nicht nur die Gemeinde beeindrucken, sondern vor allem den Priestern selbst ein Gefühl für die Bedeutung der Arbeit vermitteln soll, die sie verrichten. Die Komplexität des Zeremoniells, die Schnelligkeit der Äußerungen und die häufige Unhörbarkeit der Worte des Priesters sowie die Tatsache, dass der Text in einer toten Sprache verfasst ist, stehen nicht im Widerspruch zu dem Zweck, für den die Messe konzipiert wurde. Denn sie wird nicht als vom Volk ausgehend betrachtet, sondern als eine Verordnung, die für das Volk und in seinem Namen von einer Priesterschaft vollzogen wird, deren Funktion darin besteht, die Kirche in ihrer vermittelnden Funktion zu vertreten. Die Messe ist nicht einfach ein Gebet, sondern auch eine halbdramatische Handlung – eine Handlung, die in sich selbst eine Wirksamkeit *ex opere operato besitzt* . Diese Idee macht es unnötig, dass die Gläubigen das Amt im Detail befolgen; es genügt, dass sie mit dem Zelebranten in Glauben und frommer Sympathie zusammenarbeiten. Hohe

Autoritäten erklären, dass der gewinnbringendste Empfang des Ritus darin besteht, einfach die Handlung des amtierenden Priesters am Altar zu beobachten und den Geist vorbehaltlos den heiligen Emotionen hinzugeben, die durch eine völlige Hingabe an die Betrachtung des anbetungswürdigen Mysteriums hervorgerufen werden. Die sakramentale Theorie der Messe als Mittel, durch das dem gläubigen Empfänger Gnade von oben mitgeteilt wird, lässt ihm auch die Freiheit, während des Verlaufs der Zeremonie private Andacht zu üben. Wenn man die Gläubigen in den Kirchenbänken oder vor einem Altar an der Seitenwand knien sieht, Rosenkränze befingernd oder mit Blicken auf Gebetbücher fixiert, sind es nicht die Worte der Messe, die sie wiederholen. Die Messe ist das Gebet der Kirche als Ganzes, aber sie geht nicht von der Gemeinde aus. Die Theorie der Messe erfordert nicht einmal die Anwesenheit von Laien, und in der Praxis verstoßen private und einsame Messen, obwohl sie selten sind, in keiner Weise gegen die Disziplin der katholischen Kirche.

KAPITEL IV
DER RITUALGESANG DER
KATHOLISCHEN KIRCHE

Wenn wir die Worte der katholischen Liturgie aus dem Messbuch lesen, müssen wir bedenken, dass sie zum Singen und in begrenztem Maße auch zum Ausleben geschrieben wurden und dass wir ihre wahre Kraft nur dann erfassen können, wenn sie musikalisch wiedergegeben werden und in Verbindung mit den ihnen entsprechenden Zeremonien stehen. Denn die katholische Liturgie ist in Konzeption und Geschichte eine musikalische Liturgie; Wort und Ton sind untrennbar miteinander verbunden. Die unmittelbare Wirkung der Musik auf die Emotionen ergänzt und verstärkt die Wirkung des Textes und der dogmatischen Lehre auf das Verständnis, und die Zeremonie am Altar macht den Eindruck durch die sichtbare Darstellung noch direkter. Alle Fähigkeiten werden daher von dieser zusammengesetzten Kraft aus Sprache, Musik und Körperbewegung erfasst; keines von beiden ist an irgendeiner Stelle unabhängig von den anderen, denn sie sind alle gleichermaßen Bestandteile des poetischen Ganzen, in dem Handlung zum Gebet und Gebet zur Handlung wird.

Die Musik der katholischen Kirche in ihrer heutigen Form ist das Ergebnis eines langen Entwicklungsprozesses. Obwohl dieser Prozess kontinuierlich war, gipfelte er dreimal in besonderen Formen, die alle mit drei umfassenden Ideen des musikalischen Ausdrucks zusammenfielen, die chronologisch aufeinander folgten und die gesamte Geschichte der modernen Musik in klar abgegrenzte Epochen unterteilen. Diese Epochen sind (1) die des unisono-Gesangs, (2) der unbegleiteten Chormusik und (3) der gemischten Solo- und Chormusik mit Instrumentalbegleitung.

(1) Der Zeitraum, in dem der unisono-Gesang die einzige Form der Kirchenmusik war, erstreckt sich von der Gründung der römischen Gemeinde bis etwa zum Jahr 1100 und fällt mit der jahrhundertelangen Missionarsarbeit unter den nördlichen und westlichen Nationen zusammen, als die römische Liturgie triumphierend ihre Autorität gegenüber den verschiedenen lokalen Bräuchen geltend machte.

(2) Die Periode des unbegleiteten kontrapunktischen Chores, der auf mittelalterlichen Tonarten- und Melodiesystemen basiert, umfasst die Ära der europäischen Souveränität der katholischen

Kirche, einschließlich der Periode der Gegenreformation des 16. Jahrhunderts. Diese Kunstphase, die in den Werken von Palestrina in Rom, von Orlandus Lassus in München und den Gabrielis in Venedig ihren Höhepunkt fand, erlebte keinen Niedergang und wich erst dann einem Stil, der in scharfem Kontrast dazu stand, als sie eine unumstößliche historische Bedeutung erlangte Position.

(3) Der Stil, der heute in der Chormusik der katholischen Kirche vorherrscht, *nämlich* gemischte Solo- und Chormusik mit freier Instrumentalbegleitung, basierend auf den modernen transponierenden Tonleitern, entstand im 17. Jahrhundert als Ergebnis der Säkularisierung der Kunst in der Renaissance. Er wurde von der katholischen, lutherischen und anglikanischen Kirche übernommen und unter dem Einfluss neuer Anforderungen an den musikalischen Ausdruck, die bereits den dramatischen und den Konzertstil hervorgebracht hatten, zu seiner heutigen Form geformt.

Der unisono Gesang ist, obwohl er in den meisten Gemeinden auf die Teile der Liturgie beschränkt ist, die vom Priester gesungen werden, immer noch die einzige offiziell anerkannte Form der liturgischen Musik. Obwohl im Laufe der historischen Entwicklung der Musikkunst Vertreter der späteren Phasen der Musik in die Kirche aufgenommen wurden, existieren sie dort, so könnte man sagen, nur durch Duldung – der Gesang bleibt immer noch die rechtliche Grundlage der gesamten Anordnung der Gottesdienstmusik. Die Gesangsmelodien sind keine bloße musikalische Begleitung; sie sind der Lebensatem der Worte. Der Text ist in Diktion und Bedeutung so erhaben und nimmt an der Heiligkeit der Opferfunktion teil, der er dient, dass er in Tönen vorgetragen werden muss, die ihm besonders geweiht sind. Diese wechselseitige Beziehung von Ton und Sprache ist so eng, dass diese beiden Elemente im Laufe der Zeit zu einer so vollständigen Einheit verschmolzen sind, dass eine Auflösung nicht einmal in Gedanken möglich ist. Es besteht kein Zweifel, dass die Gesangsmelodien, wie sie heute existieren, nur Modifikationen, in den meisten Fällen nur geringfügige Modifikationen, jener sind, die ursprünglich mit den verschiedenen Teilen der Liturgie verbunden waren. Als irgendeine Form von Text im Messbuch oder Brevier ihren Platz fand, wurde ihm sofort die richtige Melodie zugewiesen. Diese Tatsache macht den katholischen liturgischen Gesang in einem besonderen und eigentümlichen Sinne zu einem unverwechselbaren Kirchenlied. Er ist nicht, wie die meiste andere Kirchenmusik, die künstlerische Schöpfung von Einzelpersonen, die den Gottesdienst mit Beiträgen von außen bereichern und ihnen eine Qualität verleihen, die aus dem persönlichen Gefühl und den künstlerischen Methoden des Komponisten stammt. Er ist eher eine Art religiöses Volkslied, das aus dem inneren Heiligtum der Religion hervorgeht. Er ist abstrakt, unpersönlich; sein Stil ist streng kirchlich, sowohl in seiner innewohnenden Feierlichkeit als auch in seiner alten Verbindung, und er trägt, wie das Ritual selbst, die Sanktion einer unanfechtbaren Autorität. Die Ehrfurcht, die die Kirche dem liturgischen Gesang als einer besonders heiligen Form der Äußerung entgegenbringt, wird deutlich durch die Tatsache, dass zwar seitens des Chors keine Einschränkung der Wahlfreiheit besteht, vom Priester jedoch bei der Ausübung seines Dienstes am Altar nie eine andere Form des Gesangs gehört wurde oder jemals gehört werden darf.

Wenn wir während der Hochmesse oder Vesper eine katholische Kirche betreten, bemerken wir, dass die Worte des Priesters in musikalischen Tönen vorgetragen werden. Dieses Lied scheint uns in vielerlei Hinsicht anders zu sein als jede andere Musikform, die wir kennen. Auf den ersten Blick scheint es eintönig, seltsam, fast barbarisch, aber wenn wir uns daran gewöhnt haben, ist die Wirkung sehr feierlich und beeindruckend. Viele, die sich in der Materie nicht auskennen, stellen sich vor, dass der Priester diese Kadenzen improvisiert hat, aber nichts könnte weiter von der Wahrheit entfernt sein. Bestimmte Teile dieses Gesangs sind sehr schlichte, lange Wortreihen, die in einer einzigen Note rezitiert werden und mit sehr einfachen melodischen Wendungen eingeleitet und beendet werden; Andere Teile sind blumig und haben einen größeren Umfang als der einfache Gesang, oft mit vielen Noten pro Silbe. Manchmal singt der Priester allein, ohne Antwort oder Begleitung; manchmal werden seine Äußerungen von einem Knabenchor im Altarraum oder einem gemischten Chor auf der Empore beantwortet; In bestimmten Teilen des Gottesdienstes unterstützt die Orgel den Gesang mit Harmonien, die auf einem anderen Grundprinzip von Tonart und Tonleiter zu beruhen scheinen, als es bei der modernen Akkordfolge üblich ist. In seiner rhythmischen Freiheit ähnelt es einem dramatischen Rezitativ, ist jedoch in Farbe und Ausdruck weit weniger dramatisch oder charakteristisch und gleichzeitig strenger und flexibler. Für jemanden, der die gesamte Konzeption und den Geist des katholischen Gottesdienstes versteht, ist die Verwendung dieser Art der Äußerung von einzigartiger

Angemessenheit, und wenn sie richtig wiedergegeben wird, fügt sie sich am besten in die architektonische Pracht von Altar und Heiligtum, mit Weihrauch, Lichtern und Gewändern ein , zeremonielle Handlungen und alle Verzierungen, die dem katholischen Ritual Unterscheidung und Feierlichkeit verleihen. Dies ist der berühmte liturgische Gesang, auch Gregorianischer Gesang, Plain Song oder Choral genannt, und die besondere und eigenartige Gesangsform, in die die katholische Kirche ihre Liturgie seit sicherlich fünfzehnhundert Jahren kleidet.

Diese besondere und feierliche Form des Liedes ist die musikalische Rede, in der ursprünglich das gesamte Ritual der katholischen Kirche wiedergegeben wurde und auf die sich ein großer Teil des Rituals bis heute beschränkt. Es wird immer einstimmig gesungen, mit oder ohne Instrumentalbegleitung. Es ist unmetrisch, aber nicht unrhythmisch; Es folgt der Phrasierung, der Betonung und dem natürlichen Tonfall der Stimme beim Rezitieren des Textes und idealisiert diese gleichzeitig. Es handelt sich um eine Art gesteigerte Form der Sprache, eine musikalische Deklamation, deren Ziel es ist, die emotionalen Kräfte der gewöhnlichen gesprochenen Sprache zu verstärken. Es verhält sich zu wahren Liedern oder Melodien in etwa dem gleichen Verhältnis wie Prosa zu Versen, weniger leidenschaftlich, nachdenklicher, aber dennoch in der Lage, das Herz wie Beredsamkeit zu bewegen.

Der Gesang scheint die natürliche und grundlegende Form der Musik zu sein, die in allen liturgischen Systemen auf der ganzen Welt, ob alt oder modern, verwendet wird. Das Opferlied der Ägypter, der Hebräer und der Griechen war ein Gesang, und dies ist die Form der Musik, die von der Ostkirche, der anglikanischen Kirche und jedem System übernommen wurde, in dem Gottesdienste in allgemeiner und vorgeschriebener Form dargebracht werden. Die Gesangsform wurde gewählt, weil sie keinen eigenständigen künstlerischen Eindruck hinterlässt, sondern in strikter Unterordnung zu den heiligen Worten gehalten werden kann; Seine einzige Funktion besteht darin, den Text stärker auf die Aufmerksamkeit und die Emotionen zu übertragen. In diesem Verhältnis von Text und Ton unterscheidet sich der Gesang von der wahren Melodie. Letzteres gehorcht den musikalischen Gesetzen der Struktur und des Rhythmus; Die Musik steht im Vordergrund und ist das Textaccessoire, und damit der musikalische Fluss nicht behindert wird, werden die Worte oft verlängert oder wiederholt und können mit einem flexiblen Rahmen verglichen werden, auf dem die Klangdekoration angezeigt wird. Im Gesang hingegen kehrt sich dieses Verhältnis von Text und Ton um; Es gibt keine Wiederholung von Wörtern, die Gesetze der Struktur und des Rhythmus sind rhetorische Gesetze, und die Musik setzt sich niemals durch, um die Bedeutung des Textes zu verbergen oder zu unterwerfen. Die „Jubel" oder „Melismen", die in den Chorteilen des Plain Song-Systems häufig vorkommen, insbesondere in den reicheren Melodien der Messe, scheinen auf den ersten Blick diesem Prinzip zu widersprechen; In diesen blumigen melodischen Phrasen scheint sich der Sänger einer Art inspirierter Verzückung hinzugeben und den Gefühlen freien Lauf zu lassen, die die heiligen Worte in ihm hervorgerufen haben. Hier scheint die musikalische Äußerung für einen Moment von der Abhängigkeit von Wort und Symbol befreit zu sein und ihre eigenen besonderen Vorrechte des Ausdrucks geltend zu machen, indem sie die Konzeption übernimmt, die der modernen figurativen Musik zugrunde liegt. Diese gelegentlichen Gefühlsausbrüche, die im Gesang erlaubt sind, sind jedoch nur vorübergehend; Sie entlasten das, was sonst eine unveränderte Sparmaßnahme wäre, die nicht im Geiste der katholischen Kunst in Betracht gezogen wird. Sie verletzen nicht das allgemeine Prinzip der Universalität und Objektivität im Gegensatz zum individuellen subjektiven Ausdruck – Unterordnung unter Wort und Ritus statt rein musikalischer Selbstbehauptung –, das die theoretische Grundlage des liturgischen Gesangssystems darstellt.

Chant ist ein Sprachgesang, wahrscheinlich die früheste Form der Vokalmusik; es geht aus den Modulationen leidenschaftlicher Sprache hervor; Sie resultiert aus der Notwendigkeit, diese Modulationen zu regulieren und aufrechtzuerhalten, wenn bestimmte Erfordernisse eine gemeinsame und eindrucksvolle Form der Äußerung erfordern, wie etwa bei religiösen Riten, öffentlicher Freude oder Trauer usw. Die Notwendigkeit, große Räume zu füllen, erfordert fast zwangsläufig die Verwendung ausgewogener Kadenzen. Die poetische Rezitation wird bei alten und primitiven Völkern nie in der üblichen Tonhöhe der Stimme rezitiert, sondern immer in musikalischen Akzenten, die durch ein Ordnungsprinzip gesteuert werden. Unter der Autorität einer ständigen Unternehmensinstitution werden diese Beugungen auf ein System reduziert und allen auferlegt, deren Aufgabe es ist, die öffentlichen Zeremonien des Gottesdienstes durchzuführen. Dies ist der Ursprung des liturgischen Gesangs der alten Völker und in historischer Fortsetzung auch der gregorianischen

Melodie. Der katholische Gesang ist eine Projektion des Altargesangs Griechenlands, Judäas und Ägyptens in die moderne Kunst und reicht durch diese Nationen zurück bis zu jener Epoche unbekannter Abgeschiedenheit, als die Menschheit erstmals begann, sich unsichtbare Mächte vorzustellen, die angerufen oder besänftigt werden konnten. Ein großer Teil der Eindrücklichkeit des liturgischen Gesangs ist daher auf seine historischen religiösen Assoziationen zurückzuführen. Sie stellt ein Bindeglied zwischen der antiken und der christlichen Religion dar und verewigt bis in unsere Tage ein Ideal geistlicher Musik, das so alt ist wie die religiöse Musik selbst. Es ist eine bemerkenswerte Tatsache, dass erst in den letzten sechshundert oder siebenhundert Jahren und nur innerhalb der Grenzen der Christenheit eine künstliche Form der Anbetungsmusik entstanden ist, in der sich musikalische Formen von der Unterwerfung unter die rhetorischen Gesetze der Sprache befreit haben unter der formgebenden Kraft inhärenter musikalischer Gesetze aufgebaut und so den schöpferischen Impulsen einer eigenständigen Kunst mehr oder weniger freien Spielraum gegeben. Die Vorstellung, die im gregorianischen Choral verwirklicht wird und die bis zum Aufkommen des modernen polyphonen Systems ausschließlich vorherrschte, ist die einer Musik, die dem Ritus und der Liturgie unterworfen ist, deren eigene Reize verschmolzen sind und die, soweit es die bewusste Absicht betrifft, in der Musik verloren geht überragende Bedeutung von Text und Handlung. Aus diesem Grund, zusammen mit der historischen Beziehung von Gesang und Liturgie, haben die Herrscher der katholischen Kirche immer so eifrig für die Einheitlichkeit des liturgischen Gesangs sowie für seine Ewigkeit gekämpft. Heutzutage gibt es sogar Kirchenmänner, die die Abkehr von allen modernen Formen harmonisierter Musik und die Wiederherstellung des Unisono-Gesangs in allen Einzelheiten des Gottesdienstes fordern. Eine so asketische und klösterliche Vorstellung kann sich nie durchsetzen, aber jemand, der sich völlig in den Geist der Plain-Song-Melodien vertieft hat, kann zumindest mit der Ehrfurcht nachfühlen, die eine solch reaktionäre Haltung mit sich bringt. In diesen Tönen liegt eine feierliche, überirdische Süße, die diejenigen unwiderstehlich anspricht, die sich an sie gewöhnt haben. Sie haben jahrhundertelang den unvermeidlichen Vergleich mit jeder anderen Form der Melodie, ob religiös oder weltlich, aufrechterhalten, und es gibt Grund zu der Annahme, dass sie weiterhin jede mögliche Rivalität aufrechterhalten werden, bis sie schließlich jede andere Form der Musik, die es jetzt gibt, überleben.

Niemand kann sich anhand der Beispiele, die man normalerweise in katholischen Kirchen hört, eine richtige Vorstellung von diesem großartigen System des einfachen Liedes machen, denn nur ein winziger Teil davon wird heutzutage allgemein verwendet. Nur in bestimmten Klöstern und einigen Kirchen, in denen klösterliche Ideen vorherrschen und wo Priester und Chorsänger begeisterte Schüler des alten liturgischen Liedes sind, können wir musikalische Darbietungen hören, die uns den wahren Reichtum dieses mittelalterlichen Schatzes offenbaren. Was wir normalerweise hören, sind nur die einfacheren Intonationen des Priesters bei seinem Gottesdienst und die acht „Psalmtöne", die abwechselnd von Priester und Chor gesungen werden. Diese „Psalmtöne" oder „gregorianischen Töne" sind einfache melodische Formeln mit variablen Endungen und werden zu den lateinischen Psalmen und Lobgesängen gesungen. Wenn sie richtig vorgetragen und von einem Organisten unterstützt werden, der das Geheimnis der Begleitung kennt, sind sie außerordentlich schön. Sie sind jedoch nur ein Hinweis auf den reichen Vorrat an Melodien, von denen einige sehr kunstvoll und gut strukturiert sind und die in den Gesangbüchern enthalten sind und die nur besonderen Schülern bekannt sind. Zu diesem großen Kompendium gehören die Gesänge, die früher den Teilen der Liturgie zugeordnet waren, die heute üblicherweise in modernen Umgebungen gesungen werden - Kyrie, Gloria, Credo, Sanctus, Benedictus, Agnus Dei und die variablen Teile der Messe wie Introitus, Graduale, Präfationen, Offertorien, Sequenzen usw., neben den Hymnen, die bei der Vesper und den anderen kanonischen Stunden gesungen werden. Nur wenige haben jemals die umfangreichen Bände erforscht, die dieses einzigartige Vermächtnis des Mittelalters enthalten; Wer jedoch auch nur mit solchen Studien begonnen hat oder die blumigen Gesänge würdig im traditionellen Stil vorgetragen gehört hat, kann leicht die Begeisterung verstehen, die diese Klänge in den Köpfen derjenigen wecken, die gerne bis zu den innersten Stätten katholischer Frömmigkeit vordringen möchten.

BEISPIEL GREGORIANISCHER TÖNE. ERSTER TON MIT SEINEN ENDEN.

BEISPIEL EINES BLUMIGEN GESANGS.

Die Theorie und Praxis des liturgischen Gesangs ist eine Wissenschaft von großer Dimension und großer Schwierigkeit. Im Laufe der Jahrhunderte hat sich ein riesiger Bestand an Gesangsmelodien angesammelt, und es liegt in der Natur der Sache, dass viele Varianten der älteren Melodien – also derjenigen, die vor der Entwicklung eines präzisen Notationssystems komponiert wurden – entstanden sind, so dass die Überprüfung von Texten erforderlich ist , der Vergleich von Autoritäten und die Anwendung von Wiedergabemethoden auf die Bedürfnisse des komplexen Zeremoniells machen dieses Fach zu einem sehr wichtigen Zweig der Liturgiewissenschaft.

Der Plain Song kann in einfache und kunstvolle Gesänge unterteilt werden. In der ersten Klasse sind die Melodien größtenteils silbenförmig (eine Note pro Silbe), selten mit mehr als zwei Noten pro Silbe. Die einfachsten von allen sind die Töne, die bei der Übermittlung bestimmter Gebete, der Epistel, der Prophezeiung und des Evangeliums verwendet werden und technisch als „Akzente" bezeichnet werden und die nur wenig von der Monotonie abweichen. Die wichtigsten der melodischeren einfachen Gesänge sind die bereits erwähnten „gregorianischen Töne". Die zu den Versen und Antworten gesungenen Beugungen werden ebenfalls zu den einfachen Gesängen gezählt.

Die kunstvollen Gesänge unterscheiden sich stark in Länge, Umfang und Ausarbeitungsgrad. Einige dieser Melodien sind außerordentlich blumig und viele von großer Schönheit. Sie bilden die Originalfassungen für alle Teile der Messe, die nicht zu den einfachen Gesängen gezählt werden, *nämlich* Kyrie, Gloria, Introitus, Präfationen, Kommunion usw., neben den Sequenzen und Hymnen. Einige dieser Gesänge sind so kunstvoll, dass man fast sagen könnte, sie gehören einer eigenen Klasse an. Die Untersuchung vieler dieser ausgedehnten Melodien wird oft eine entschiedene Annäherung an die Regelmäßigkeit der Form durch die Wiederholung bestimmter melodischer Figuren offenbaren. „Im Mittelalter", sagt P. Wagner, „kannte man keine Begleitung; es bestand nicht die geringste Notwendigkeit dafür. Die Substanz des musikalischen Inhalts, den wir heute der Interpretation durch Harmonie überlassen, legten die alten Musiker auf die Melodie. Letztere allein brachte die künstlerisch erweckte Fantasie vollständig zum Ausdruck. In dieser Hinsicht sind die Melismen, die die Erweiterungen der Melodietöne tragen, ein notwendiges Darstellungsmittel in der mittelalterlichen Kunst; sie gehen logisch aus dem Prinzip der unisono gesungenen Melodie hervor." „Textwiederholung ist in der unisono gesungenen Musik des Mittelalters so gut wie unbekannt. Während moderne Sänger einen besonders betonten Gedanken oder ein Wort wiederholen, wiederholen die alten Melodiker eine Melodie oder Phrase, die die Grundstimmung des Textes auf eindrucksvolle Weise zum Ausdruck bringt. Und sie wiederholen sie nicht nur, sondern sie lassen sie sich entfalten und entlocken ihr neue Melodietöne. Diese Methode ist sicherlich nicht weniger kunstvoll als die spätere Textwiederholung; sie kommt auch dem natürlichen Ausdruck des andächtig inspirierten Herzens näher." [54]

Der rituelle Gesang hat seine besonderen Ausführungsgesetze, die ein langes Studium seitens desjenigen erfordern, der ihn meistern möchte. In den besten Seminaren wird großer Wert auf die reinste Art und Weise gelegt, den Gesang vorzutragen, und es wurden unzählige Abhandlungen zu diesem Thema verfasst. Das erste Desiderat ist eine genaue Aussprache des Lateinischen und eine einfache und deutliche Artikulation. Die Noten haben keinen festen und messbaren Wert und sollen nicht die Dauer der Töne angeben, sondern nur die Modulation der Stimme steuern. Die Länge jedes Tons wird nur durch die richtige Länge der Silbe bestimmt. In diesem Prinzip liegt die eigentliche Essenz des gregorianischen Chorals, und es ist der Punkt, an dem er in völligem Widerspruch zur Theorie der modernen gemessenen Musik steht. Die Gliederung des Gesangs ergibt sich ausschließlich aus dem Text. Der Rhythmus ist also der der Sprache, des Prosatextes, auf den die Gesangstöne gesetzt sind. Der Rhythmus ist ein natürlicher Rhythmus, eine Abfolge von Silben, die durch Akzent, unterschiedliche Tonhöhen und Tonverlängerungen zu ausdrucksstarken Gruppen zusammengefasst werden. Die Grundregel für das Singen lautet: „Singen Sie die Wörter mit Noten so, als würden Sie sie ohne Noten sprechen." Dies bedeutet nicht, dass die Äußerung steif und mechanisch ist wie in einer gewöhnlichen Konversation; Es kommt zu einer Verstärkung des natürlichen Tonfalls und zu einer Gruppierung der Töne, wie bei leidenschaftlicher Rede oder der raffiniertesten Deklamation. Wie die Noten und Unterteilungen sind auch die Pausen ungleich und unermesslich und werden nur durch den Sinn der Worte und die Notwendigkeit des Atmens bestimmt.

In den langen, blumigen Passagen, die oft auf einem einzigen Vokal vorkommen, gelten analoge Regeln. Der Text und die

Gesetze der natürlichen Rezitation müssen über die Melodie herrschen. Die Jubelrufe dürfen nicht einfach als musikalische Verzierungen aufgefasst werden, sondern ihre Schönheit hängt im Gegenteil von den melodischen Akzenten ab, denen sie in untergeordneter Position beigefügt sind. Diese blumigen Passagen werden nie gedankenlos oder ohne Bedeutung eingeführt, sondern dienen ausschließlich dazu, den Gedanken zu betonen, mit dem sie verbunden sind; „sie lassen die Seele beim Singen den tieferen Sinn der Worte ergründen und die in ihnen verborgenen Geheimnisse kosten." [55] Die einzelnen Figuren müssen getrennt und voneinander unterschieden und miteinander in Verbindung gebracht werden, wie die Wörter, Klauseln und Sätze einer Rede. Sogar diese blumigen Passagen hängen vom Einfluss der Worte und ihrem Gebetscharakter ab.

Die oben genannten Prinzipien betreffen den Rhythmus des Gesangs. Andere Ausdruckselemente müssen ebenfalls berücksichtigt werden, wie z. B. das Verlängern und Verkürzen von Tönen, Crescendi und Diminuendi, subtile Änderungen der Stimmqualität oder der Klangfarbe, um unterschiedlichen Gefühlen gerecht zu werden. Die Art und Weise des Singens wird auch von den zeitlichen und örtlichen Bedingungen beeinflusst, etwa vom Grad der Feierlichkeit des Anlasses sowie von den Abmessungen und akustischen Eigenschaften des Gebäudes, in dem die Zeremonie stattfindet.

Beim Singen der mittelalterlichen Hymnenmelodien, von denen es in den katholischen Ordensbüchern viele schöne Beispiele gibt, werden die oben genannten Rhythmus- und Ausdrucksregeln entsprechend dem regelmäßigeren metrischen Charakter modifiziert, den die Melodien aus den Versen erhalten. Sie sind jedoch nicht so starr, wie es die Taktstriche der modernen Notation andeuten würden, und folgen denselben Rhythmusgesetzen, die auch bei gesprochener Rezitation gelten würden.

Der liturgische Gesang der katholischen Kirche wurde bereits unter seiner populäreren Bezeichnung „Gregorianische" erwähnt. Während des gesamten Mittelalters und bis in unsere Tage galt nichts in der Geschichte allgemein als zweifelsfreier als die Tatsache, dass der katholische Gesang aufgrund der Arbeit, die Papst Gregor I., genannt der Große, für ihn geleistet hat, Anspruch auf diese Bezeichnung hat. Dieser bedeutende Mann, der von 590 bis 604 regierte, war der fähigste unter den frühen Pontifex, die die politische Linie formulierten, die die Barbaren des Nordens und Westens bekehrte, die geistige und politische Autonomie des Römischen Stuhls herbeiführte und seine Vorherrschaft über alle Kirchen des Westens bestätigte.

Über diese echten Verdienste hinaus wird ihm von den Historikern im Allgemeinen ein entscheidender prägender Einfluss auf den liturgischen Gesang zugeschrieben, mit dem er jedoch wohl kaum etwas zu tun hatte. Seine angebliche Arbeit in dieser Abteilung wurde in die folgenden vier Details unterteilt:

(1) Er befreite das Kirchenlied von den Fesseln der griechischen Prosodie.

(2) Er sammelte die bereits vorhandenen Gesänge, fügte weitere hinzu, versah sie mit einem Notationssystem und schrieb sie in einem Buch nieder, das später „Antiphonar des Heiligen Gregor" genannt wurde und das er am Altar der St. Peter-Kirche befestigte , damit es in allen Zweifelsfällen hinsichtlich der wahren Form des Gesangs als maßgeblicher Maßstab dienen kann.

(3) Er gründete eine Gesangsschule, in der er Unterricht gab.

(4) Er fügte den vier zuvor bestehenden vier neue Tonleitern hinzu und vervollständigte so das Tonsystem der Kirche.

Die wichtigste Quelle für diese Aussagen ist die Biographie Gregors I., die von Johannes dem Diakon um 872 verfasst wurde. Einzelne Anspielungen auf diesen Papst als Begründer des liturgischen Gesangs tauchen schon vor der Zeit des Johannes auf, die früheste findet sich in einem von Papst Hadrian I. angesprochenen Manuskript . an Karl den Großen in der zweiten Hälfte des achten Jahrhunderts, fast zweihundert Jahre nach Gregors Tod. Die Beweise, die darauf hindeuten, dass Gregor I. mit dieser wichtigen Arbeit des Sichtens, Ordnens und Notierens der liturgischen Melodien nichts zu tun haben konnte, werden deutlich, sobald sie unparteiisch untersucht werden. In Gregors sehr umfangreicher Korrespondenz, die jede bekannte Phase seiner ruhelosen Tätigkeit abdeckt, gibt es keine Anspielung auf ein solches Werk in Bezug auf die Musik der Kirche, was mit ziemlicher Sicherheit der Fall gewesen wäre, wenn er sich vorgenommen hätte, eine Einheitlichkeit in der Kirchenmusik herbeizuführen musikalische Praxis aller Kirchen unter seiner Leitung. Die Behauptungen von Johannes dem Diakon werden durch kein früheres Dokument bestätigt. Kein Epitaph Gregors, keine zeitgenössischen Aufzeichnungen, keine alten Lobreden des Papstes berühren die Frage. Isidor von Sevilla, ein Zeitgenosse Gregors, und der Ehrwürdige Beda im nächsten Jahrhundert, interessierten sich besonders für den liturgischen Gesang und schrieben darüber, erwähnen Gregor jedoch in diesem Zusammenhang nicht. Die Dokumente, auf die Johannes seine Behauptung stützt, das sogenannte Gregorianische Antiphonar, stimmen nicht mit dem kirchlichen Kalender der tatsächlichen Zeit Gregors I. überein.

Als Antwort auf diese und andere Einwände gibt es keine Antwort außer der Legende, die Johannes der Diakon in sein Werk einbezog und die gegen Ende des 11. Jahrhunderts allgemein akzeptiert wurde. Dass diese Legende entstanden ist, ist nicht verwunderlich. Es ist in einem unkritischen Zeitalter keine Seltenheit, dass die Leistung vieler Geister in einer ganzen Epoche der gebieterischsten Persönlichkeit dieser Epoche zugeschrieben wird, und eine solche Persönlichkeit war im sechsten und siebten Jahrhundert Gregor der Große.

Was ist nun der Ursprung des sogenannten gregorianischen Chorals? Es gibt kaum eine interessantere Frage in der gesamten Musikgeschichte, denn dieser Gesang ist die Grundlage der gesamten großartigen Struktur des mittelalterlichen Kirchengesangs und in gewissem Sinne aller modernen Musik und lässt sich lückenlos bis in die frühesten Ursprünge zurückverfolgen Jahre der christlichen Kirche, der beständigsten und fruchtbarsten Kunstform, die die moderne Welt je gekannt hat. Die umfassendste Studie, die diesem obskuren Thema gewidmet wurde, wurde von Gevaert, Direktor des Brüsseler Musikkonservatoriums, durchgeführt, der starke Darstellungen vorbrachte, um zu zeigen, dass das Musiksystem der frühen Kirche Roms weitgehend vom weltlichen abgeleitet war Formen der Musik, die im privaten und gesellschaftlichen Leben der Römer zur Zeit des Kaiserreichs praktiziert wurden und nach der Eroberung dieses Landes im Jahr 146 v. Chr. aus Griechenland nach Rom gebracht wurden. „Niemand zweifelt heute daran", sagt Gevaert, „ dass die Modi und Melodien der katholischen Liturgie ein kostbares Überbleibsel antiker Kunst sind." „Der christliche Gesang hat seine modalen Tonleitern bis zur Zahl Vier und seine melodischen Themen aus der Musikpraxis des Römischen Reiches übernommen, insbesondere aus dem Gesang, der zur Kithara, dem besonderen Musikstil, der im Privatleben gepflegt wird, begleitet wurde . Die ältesten Denkmäler des liturgischen Gesangs reichen bis in die Zeit zwischen dem 4. und 5. Jahrhundert zurück, als die Formen des Gottesdienstes in ihrer heutigen Form zu verharren begannen. Wie die lateinische Sprache gelangte auch die griechisch-römische Musik in die katholische Kirche. Vokabular und Syntax sind beim heidnischen Symmachus und seinem Zeitgenossen St. Ambrosius gleich; Die Modi und Regeln der musikalischen Komposition sind in den Hymnen, die Mesomedes an die Gottheiten des Heidentums richtet, und in den Kantilenen der christlichen Sänger identisch." „Die Zusammenstellung und Komposition der liturgischen Lieder, die traditionell dem heiligen Gregor I. zugeschrieben wird, ist in Wahrheit ein Werk der hellenischen Päpste am Ende des siebten und zu Beginn des achten Jahrhunderts." Das Antiphonarium Missarum erhielt seine endgültige Form zwischen 682 und 715; das Antiphonarium Officii wurde bereits unter Papst Agathon (678-681) festgelegt." Im vierten Jahrhundert waren laut Gevaert bereits Antiphonen im Osten bekannt. Der heilige Ambrosius soll sie in den Westen verpflanzt haben. Papst Coelestin I. (422-472) gilt als Begründer des Wechselgesangs in der römischen Kirche. Leo der Große (440-461) verlieh dem Lied Beständigkeit, indem er in der Nähe des Petersdoms eine Gesangsschule gründete. So wuchs vom fünften Jahrhundert bis zur zweiten Hälfte des siebten Jahrhunderts der Schatz der Melodie zusammen mit der Entfaltung der Liturgie. Die vier authentischen Modi waren Adaptionen der vier von den Griechen verwendeten Modi. Die ältesten Gesänge sind die einfachsten, und von den heute existierenden Gesängen lassen sich die Antiphonen des Stundengebets am weitesten bis zum Übergang von der griechisch-römischen Praxis zur christlichen Kirche zurückverfolgen. Die üppigen Gesänge wurden später eingeführt und waren wahrscheinlich der Beitrag der griechischen und syrischen Kirche. [56]

Die christlichen Gesänge waren jedoch keine bloßen Reproduktionen profaner Melodien. Die Grundlage des Gesangs ist mit der griechischen Melodie verwandt; das christliche Lied ist von viel reicherer melodischer Bewegung und trägt in all seinen Formen den Beweis des überschwänglichen spirituellen Lebens, dessen gewählter Ausdruck es ist. Die heidnische Melodie wurde zu einem Instrument gesungen; die christliche Melodie war unbegleitet und konnte daher einen besonderen rhythmischen und melodischen Charakter entwickeln, der von keinen Gesetzen außer denen des reinen stimmlichen Ausdrucks abhängig war. Auch die Tatsache, dass die christlichen Melodien auf unmetrische Texte gesetzt wurden, während die griechische Melodie ganz auf Verse beschränkt war, kennzeichnete die Befreiung des liturgischen Liedes von der Knechtschaft der strengen Prosodie und gab der melodischen und rhythmischen Entwicklung ein breiteres Feld.

Es wäre zu viel gesagt, Gevaert habe seine These vollständig dargelegt. Die Unmöglichkeit, die genaue Urform der ältesten Gesänge zu verifizieren, und das fast vollständige Verschwinden der griechisch-römischen Melodien, die als Vorläufer oder Anregung der frühchristlichen Tonformeln gelten, machen einen positiven Beweis in einem solchen Fall unmöglich. Gevaert scheint sich hauptsächlich auf die Übereinstimmung der Modi oder Tonarten zu verlassen, die zwischen den ältesten Kirchenmelodien und denen besteht, die im Kithara-Gesang am häufigsten verwendet werden. Es wurden andere, mehr oder weniger plausible Erklärungen vorgebracht, und es ist nicht unmöglich, dass die einfacheren Melodien bei einer Idealisierung des natürlichen Sprachakzents entstanden sein könnten, um gemessene und angenehme Kadenzen zu erzielen. Beide Methoden – tatsächliche Anpassungen älterer Melodien und die spontane Aussprache offensichtlicherer Melodieformeln – könnten bei der Entstehung der früheren liturgischen Gesänge eine Rolle gespielt haben. Angesichts der Gesetze, die sich in der Entwicklung der gesamten Kunst als gültig erwiesen haben, wäre die Annahme, dass die kirchlichen Melodien aus Elementen stammen, die im Umfeld der frühen Kirche vorhanden waren, auch ohne dokumentarische Beweise logisch und vernünftig.

Es gibt keinen Beweis für die Existenz eines bestimmten Notationssystems vor dem siebten Jahrhundert. Die Sänger, Priester, Diakone und Mönche komponierten mit Hilfe ihres Gedächtnisses, wenn sie dem Text des Gottesdienstes Melodien beifügten, und ihre Melodien wurden aus dem Gedächtnis übermittelt, wenn auch wahrscheinlich mit Hilfe willkürlicher Merkzeichen. Die Möglichkeit hierfür wird ohne weiteres eingeräumt, wenn wir bedenken, dass es sich besondere Mönchsorden zur alleinigen Aufgabe machten, diese Melodien zu bewahren, zu singen und zu lehren. In der Verwirrung und dem Elend nach dem Untergang des Gotenkönigreichs in der Mitte des sechsten Jahrhunderts wurde die Kirche zu einem Zufluchtsort vor den Übeln der Zeit. Mit der Wiederbelebung des

religiösen Eifers und dem Zuwachs an Stärke blühte die Kirche
auf, Basiliken und Klöster vermehrten sich, die Zahl und Pracht
der Feierlichkeiten nahm zu und mit anderen liturgischen
Elementen wurde der Gesang erweitert. Mehrere Päpste im
siebten Jahrhundert waren begeisterte Liebhaber der
Kirchenmusik und ließen ihr ihre Autorität voll ausspielen. Zu
ihnen gehörte Gregor II. und Gregor III., von denen einer dem
Gesang möglicherweise versehentlich seinen Namen gab.

Das Tonsystem, auf dem die Musik des Mittelalters basierte, war
das modale oder diatonische. Das moderne System
transponierender Tonleitern, bei dem jede Dur- oder Moll-
Tonleiter dieselbe Abfolge von Schritten und Halbschritten wie
ihre Artgenossen enthält, reicht nicht weiter zurück als bis zur
ersten Hälfte des 17. Jahrhunderts. Das mittelalterliche System
umfasst theoretisch vierzehn, in der Praxis jedoch zwölf
verschiedene Modi oder Tonarten, die als Kirchentonarten oder
gregorianische Tonarten bezeichnet werden. Diese Modi werden
in zwei Klassen unterteilt – die „authentischen" und die
„plagalen". Der Tonumfang jedes der authentischen Modi liegt
zwischen dem Grundton, der als „Schlusston" bezeichnet wird,
und der darüber liegenden Oktave und umfasst die Noten, die
durch die weißen Tasten des Klaviers dargestellt werden, mit
Ausnahme von Kreuzen und Bs. Der erste authentische Modus
beginnt mit D, der zweite mit E und so weiter. Jeder authentische
Modus ist mit einem Modus verbunden, der als Plagal bezeichnet
wird. Dieser besteht aus den letzten vier Noten des authentischen
Modus, die eine Oktave tiefer transponiert sind, gefolgt von den
ersten fünf Noten des authentischen Modus, wobei das „Finale"
in beiden Modi dasselbe ist. Die Modi werden manchmal eine
Quinte tiefer oder eine Quarte höher transponiert, indem das B
abgemildert wird. Während der Epoche der Entstehung des
liturgischen Gesangs waren nur die ersten acht Modi (vier
authentische und vier plagale) in Gebrauch. Die ersten vier
authentischen Modi wurden allgemein dem heiligen Ambrosius,
dem Bischof von Mailand im vierten Jahrhundert, zugeschrieben,
und die ersten vier plagalen dem heiligen Gregor, aber es gibt
keine historische Grundlage für diese Überlieferung. Die letzten
beiden Modi wurden dem System später hinzugefügt. Die
griechischen Namen sind diejenigen, unter denen die Modi
allgemein bekannt sind, und weisen auf eine hypothetische
Verbindung mit dem antiken griechischen Tonleitersystem hin.

AUTHENTISCHE MODI PLAGALE MODI

I. Dorisch. II. Hypodorisch.

III. Phrygisch. IV. Hypophrygisch.

V. Lydisch. VI. Hypolydisch.

VII. Mixo-lydisch. VIII. Hypo-mixo-lydisch.

AUTHENTISCHE MODI PLAGALE MODI

IX. Äolisch. X. Hypo-äolisch.

XI. Ionisch. X. Hypoionisch.

Anzunehmen, dass der Gesang in dieser Zeit genau so gesungen wurde, wie er in den heutigen Offiziumbüchern steht, hieße, einen sehr charakteristischen und allgemein verbreiteten Brauch im Mittelalter zu ignorieren. Dem mittelalterlichen Sänger wurde kein Privileg freier zugestanden, als der Melodie jede beliebige Verzierung hinzuzufügen, die er sich spontan ausdenken konnte. Das Recht, das italienische Opernsänger bis in die jüngste Vergangenheit hinein beanspruchten, die Phrasen mit Trillern, Kadenzen usw. zu verzieren und sogar die geschriebenen Noten selbst zu verändern, ist nur die Fortführung einer Praxis, die in der mittelalterlichen Kirche allgemein verbreitet war und die, soweit wir wissen, aus der fernen Antike stammen könnte.

Tatsächlich ist die Forderung, die Noten genau so zu singen, wie sie geschrieben sind, eine moderne Idee; bis weit ins 19. Jahrhundert hinein wurde keine solche Regel als ausnahmslos verbindlich anerkannt. Zu Händels Zeiten und danach war es keine Seltenheit, sogar in „Ich weiß, dass mein Erlöser lebt" im „Messias" freie Verzierungen einzubringen. Im Mittelalter schrieben sich die Sänger in Kirche und Kloster großes Verdienst für ihre Erfindungsgabe und stimmliche Geschicklichkeit zu, mit der sie die einfachen Noten des Gesangs mit improvisierten Verzierungen würzen konnten. „Darüber hinaus gab es im liturgischen Text eine Reihe von Wörtern, die die Sänger nach Belieben ausschmücken durften. Einer alten christlichen Tradition zufolge folgten auf bestimmte Gesänge eine Reihe von Noten, die auf bedeutungslosen Vokalen gesungen wurden; diese Noten, Neumen oder *Jubili genannt* , brachten, einem poetischen Gedanken entsprechend, den Glauben und die Anbetung der Gläubigen zum Ausdruck, die scheinbar keine Worte fanden, um ihre Gefühle auszudrücken. Diese Lautäußerungen oder Ausschmückungen waren manchmal länger als die Gesänge selbst, und viele Autoren beklagten sich über die Bedeutung, die diesen stimmlichen Fantasien beigemessen wurde." [57] Unter den Merkzeichen, die vor der Erfindung des Notensystems und des Notensystems die vom Sänger zu beachtenden Tonhöhenänderungen anzeigten, gab es viele, die unmissverständlich auf die traditionellen Schnörkel hinweisen, die ein integraler Bestandteil des Plain-Song-Systems geworden waren. Viele dieser Schnörkel überlebten und wurden in die weltliche Musik übernommen, nachdem die Gesangsmethode einfacher und strenger geworden war. Eine ähnliche Freiheit wurde auch in der späteren Periode des mehrstimmigen Gesangs praktiziert, und nicht nur im groben frühen Kontrapunkt des dreizehnten und vierzehnten Jahrhunderts, sondern sogar in der hochentwickelten und spezialisierten Chormusik des sechzehnten Jahrhunderts gaben die Verzierungen, die auf ein System reduziert und durch Tradition überliefert wurden, dieser Kunst einen Stil und eine Wirkung, deren Natur heute aus dem Wissen der Menschen verschwunden ist.

Dies war die Art des Liedes, das im siebten und achten Jahrhundert auf den Altären römischer Basiliken und in den Kreuzgängen von Klöstern erklang und das bis heute die anerkannte offizielle Rede der katholischen Kirche in ihren rituellen Funktionen geblieben ist. Nirgendwo wurde es materiell verändert oder ergänzt, bis es im 12. und 13. Jahrhundert zur Grundlage einer neuen harmonischen Kunst in Nordeuropa wurde. Im Zusammenhang mit den Missionsbemühungen, die seit der Zeit Gregors des Großen von Rom ausgingen, begann sich der Gesang nach römischem Brauch über ganz Europa auszudehnen. Augustinus, der Abgesandte Gregors, der 597 nach England ging, um die Sachsen zu bekehren, trug den römischen Gesang mit sich. „Die Gruppe der Mönche", sagt Green, „betrat Canterbury, trug ein silbernes Kreuz mit einem Bild von Christus vor sich und sang gemeinsam die Klänge der Litanei ihrer Kirche." [58] Und obwohl der aufgeschlossene Gregor Augustinus anwies, nicht darauf zu bestehen, die in den älteren britischen Kirchen bereits verwendete Liturgie durch den römischen Gebrauch zu ersetzen, falls ein solcher Versuch Feindseligkeit hervorrufen würde, wurde der römische Gesang sowohl in Canterbury als auch in York übernommen.

Der römische Gesang wurde schließlich im gesamten Herrschaftsgebiet der Kirche als wesentliches Element der römischen Liturgie akzeptiert. Beide hatten die gleichen Kämpfe und die gleichen Triumphe. Die Vertrautheit mit dem Kirchenlied wurde zu einem unverzichtbaren Bestandteil der Ausrüstung jedes Geistlichen, ob klösterlich oder weltlich. Kein Missionar durfte Rom verlassen, der darin nicht versiert war. Um es zu lernen, unternahmen Mönche gefährliche Reisen aus den entlegensten Gegenden nach Rom. Jedes in den wilden Wäldern Deutschlands, Galliens oder Großbritanniens gegründete Kloster wurde sofort zu einer Gesangsschule, und Tag und Nacht erklangen die heiligen Klänge im Einklang mit den Melodien der weit entfernten heiligen Stadt. Der angelsächsische Mönch Winfrid, später Bonifatius genannt, der berühmte Missionar der Deutschen, etablierte die römische Liturgie in Thüringen und Hessen und widmete unermüdliche Bemühungen der Vermittlung des gregorianischen Gesangs an seine barbarischen Proselyten. In Spanien zählt Ildefonso, etwa 600, zu den eifrigen Förderern des heiligen Gesangs nach römischem Brauch. Der bedeutendste und erfolgreichste von allen, der sich für die ausschließliche Autorität des römischen Gesangs gegenüber den Mailänder, Gallikanischen und anderen konkurrierenden Formen einsetzte, war Karl der Große, König der Franken von 768 bis 814, dessen beharrliche Bemühungen, den gregorianischen Gesang in alle einzupflanzen Kirche und Schule in seinen weiten Herrschaftsgebieten waren ein wichtiger Teil seiner Arbeit im

Interesse der liturgischen Einheitlichkeit nach römischem Vorbild.

Unter den Klosterschulen, die in der düsteren Zeit des Frühmittelalters solch unschätzbare Dienste für die Zivilisation leisteten, nimmt das Kloster St. Gallen in der Schweiz einen besonders herausragenden Platz ein. Dieses Kloster wurde im siebten Jahrhundert von dem irischen Mönch gegründet, nach dem es benannt wurde, erlangte schnell einen guten Ruf als Zentrum der Frömmigkeit und Gelehrsamkeit und zählte im achten, neunten und zehnten Jahrhundert einige der bedeutendsten Gelehrten seiner Zeit zu seiner Bruderschaft. Um 790 wurden auf Wunsch des Monarchen zwei Mönche, die mit allen Lehren des liturgischen Gesangs vertraut waren, von Rom in das Reich Karls des Großen geschickt. Einer von ihnen, Romanus, wurde von den Mönchen von St. Gallen empfangen und bewirtet und konnte überredet werden, bei ihnen als Lehrer des Kirchengesangs nach dem Antiphonar zu bleiben, das er aus Rom mitgebracht hatte. St. Gallen erlangte bald Berühmtheit als Ort, an dem die reinsten Traditionen des römischen Gesangs gelehrt und praktiziert wurden. Schubiger hat in seinem äußerst interessanten Werk *Die Sängerschule St. Gallens vom VIII.-XII. Jahrhundert* hat einen ausführlichen Bericht über die Methoden des Andachtsgesangs in St. Gallen gegeben, der als Veranschaulichung der allgemeinen Praxis unter den frommen Mönchen des Mittelalters dienen könnte:

„In der Regierungszeit Karls des Großen (803) befahl das Konzil von Aachen allen Klöstern den Gebrauch des römischen Liedes, und ein späteres Kapitular forderte, dass die Mönche dieses Lied bei der Gottesdienstzeremonie tagsüber vollständig und in der richtigen Reihenfolge aufführen sollten sowie nachts. Anderen Vorschriften zufolge waren die Mönche von St. Gallen während der Herrschaft Ludwigs des Frommen (um 820) verpflichtet, täglich die Messe zu feiern und auch alle kanonischen Stunden zu feiern. Die feierlichen Melodien der alten Psalmodie erklangen täglich in vielfältigen und präzise geordneten Antworten; um Mitternacht eröffnete der Klang des Invitatoriums, Venite exultamus Domino, den Gottesdienst der nächtlichen Mahnwachen; die langen, fast traurigen Töne der Antworten wechselten sich mit der intonierten Rezitation der Lektionen ab; In den Räumen des Tempels erklangen an Sonn- und Festtagen am Ende des nächtlichen Gottesdienstes die erhabenen Klänge des ambrosianischen Lobgesangs (Te Deum laudamus); mit der ersten Morgendämmerung begann die Morgenanbetung mit Psalmen und Antiphonen, Hymnen und Gebeten; Diesen folgten in gebührender Reihenfolge die übrigen Ämter der Tagesstunden. Das Volk wurde täglich durch den Introitus eingeladen, an den heiligen Mysterien teilzunehmen; sie hörten in feierlicher Stille die um Gnade flehenden Töne der Kyrie; An Feiertagen ließen sie sich von dem Lied inspirieren, das einst von der Schar der Engel gesungen wurde. nach dem Graduale hörten sie die Melodien der Sequenz, die in jubelnden Chorklängen den Zweck des Festes verherrlichten, und danach die einfachen Rezitativtöne des Glaubensbekenntnisses; Im Sanctus wurden sie aufgefordert, in den Lobpreis des Dreimal Heiligen einzustimmen und die Barmherzigkeit des Lammes anzuflehen, das die Sünden der Welt hinwegnimmt. Es handelte sich um Lieder, die um die Mitte des 9. Jahrhunderts an Fest- oder Feiertagen in der Klosterkirche St. Gallen erklangen. Wie viel Wert die Väter dieses Klosters auf Schönheit und Erbauung im Gesang legten, geht aus den alten Vorschriften hervor, in denen eine klare Aussprache der Wörter und eine einheitliche Wiedergabe vorgeschrieben sind und die Beschleunigung oder Verzögerung der Zeit scharf gerügt wird."

Schubiger sagt weiter, dass drei Arten der Aufführung des Gesangs angewandt wurden, *nämlich* eine sehr feierliche für die höchsten Festtage, eine weniger feierliche für Sonntage und Heiligentage und eine gewöhnliche für Feiertage. Den verschiedenen Gesängen wurde ein angemessener Charakter verliehen, *z. B.* ein tiefer und trauriger Ausdruck im Totengebet, ein Ausdruck von Zärtlichkeit und Süße für die Hymnen Kyrie, Sanctus und Agnus Dei und ein würdevoller Charakter (cantus gravis) für die Antiphonen, Antworten und Halleluja. Alles, was die strenge und wohlklingende Wiedergabe des Liedes stören könnte, war streng verboten. Schroffe, unmusikalische Stimmen durften nicht mitwirken. Deutlichkeit, genaue Übereinstimmung aller Sänger in Bezug auf den Takt und Reinheit der Intonation wurden unnachgiebig gefordert.

Anlässlich des Besuchs des Kaisers oder eines anderen hohen Würdenträgers im Kloster wurden besondere Gottesdienste mit Prozessionen und entsprechenden Hymnen eingeführt. Alle öffentlichen Bräuche, die Gründung eines Gebäudes, der Empfang heiliger Reliquien, die Weihe einer Glocke oder eines Altars – sogar viele der vorgeschriebenen Routineaufgaben des Klosterlebens, wie Wasser holen, Lampen anzünden oder Feuer anzünden – alle hatte seine besondere Form des Liedes. Es war nicht Begeisterung, sondern nüchterne Wahrheit, die Ekkehard V. zu der Aussage veranlasste, dass die Vorsteher dieses Klosters „durch ihre Lieder und Melodien, aber auch durch ihre Lehren die Kirche Gottes erfüllten, nicht nur in Deutschland, sondern in ganz." Länder von einem Meer zum anderen, mit Pracht und Freude."

Im Kloster St. Gallen entstand die Klasse liturgischer Hymnen, die Sequenzen genannt werden und einige der schönsten Beispiele mittelalterlicher Hymnen enthalten. Schon sehr früh wurde es Brauch, das Halleluja des Graduale zu einem blumigen Gesang zu singen, wobei der letzte Vokal zu einem äußerst kunstvollen Notenschmuck ausgedehnt wurde. Notker Balbulus, ein bedeutendes Mitglied der St. Galler Bruderschaft im 9. Jahrhundert, kam auf Anregung eines zu Besuch weilenden Mönchs auf die Idee, die langatmige Schlusskadenz des Halleluja praktisch zu nutzen. Er erweiterte und modifizierte diese melodischen Passagen und versah sie mit Texten, wodurch er eine kurze Form eines Prosa-Hymnus schuf. Sein nächster Schritt bestand darin, sowohl Noten als auch Text zu erfinden und seinen Gesängen durch die gelegentliche Wiederholung einer melodischen Note eine gewisse grobe Form zu verleihen. Er bewahrte eine lose Verbindung zum Halleluja, indem er den Modus und die ersten paar Töne beibehielt. Diese Experimente fanden großen Anklang bei den Brüdern von St. Gallen; andere folgten Notkers Beispiel, und die Sequenzmelodien erhielten an Festtagen und verschiedenen feierlichen Anlässen einen Ehrenplatz im Ritual. Der Brauch verbreitete sich; Papst Nikolaus I. erlaubte im Jahr 860 die Übernahme des neuen Hymnenstils in die Liturgie. Die frühen Sequenzen waren in rhythmischer Prosa verfasst, aber in den Händen der kirchlichen Dichter der folgenden Jahrhunderte wurden sie in gereimten Versen geschrieben. Die Sequenz unterschied sich daher von anderen lateinischen Hymnen nur dadurch, dass sie an bestimmten Festtagen als reguläres Mitglied der Liturgie in das Offizium der Messe aufgenommen wurde. Ihre Zahl stieg so stark an, dass ein

Sichtungsprozess für notwendig erachtet wurde, und anlässlich der Messbuchreform durch Pius V. nach dem Konzil von Trient blieben nur fünf übrig, *nämlich* Victimae paschali, gesungen am Ostersonntag, Veni Sancte Spiritus ist für Pfingstsonntag vorgesehen; Lauda Sion für Fronleichnam; Stabat Mater dolorosa für den Freitag der Karwoche und Dies Irae, das einen Teil der Totenmesse bildet.

Viele schöne und ergreifende Geschichten sind uns überliefert, die die leidenschaftliche Liebe der Mönche zu ihren Liedern und die fromme, ja abergläubische Ehrfurcht, die sie ihnen entgegenbrachten, illustrieren. Dazu gehören die Geschichten des armorikanischen Mönchs Hervé aus dem sechsten Jahrhundert, der, von Geburt an blind, durch seine improvisierten Lieder zum Inspirator und Lehrer seiner Brüder und zum Schutzpatron der Bettelmönche wurde, die seine Legende noch heute in bretonischen Versen singen. Seine Mutter, so erzählt eine Geschichte, besuchte ihn eines Tages im Kloster und sagte beim Näherkommen: „Ich sehe eine Prozession von Mönchen herankommen und höre die Stimme meines Sohnes. Gott sei mit dir, mein Sohn! Wenn ich mit Gottes Hilfe in den Himmel komme, wirst du davor gewarnt werden und die Engel singen hören." Am selben Abend starb sie und ihr Sohn hörte beim Gebet in seiner Zelle den Gesang der Engel, die ihre Seele im Himmel willkommen hießen. [59] Einer anderen Legende zufolge, die Gregor von Tours erzählt, hatte eine Mutter ihren einzigen Sohn in ein Kloster in der Nähe des Genfer Sees gebracht, wo er Mönch wurde und besonders geschickt darin war, den liturgischen Gottesdienst zu singen. „Er wurde krank und starb; seine Mutter kam verzweifelt, um ihn zu begraben, und kam jede Nacht zurück, um an seinem Grab zu weinen und zu klagen. Eines Nachts sah sie den Heiligen Mauritius in einem Traum, der versuchte, sie zu trösten, aber sie antwortete ihm: ‚Nein, nein; solange ich lebe, werde ich immer um meinen Sohn, mein einziges Kind, weinen!' ‚Aber', antwortete der Heilige, ‚er darf nicht beweint werden, als wäre er tot; er ist bei uns, er freut sich des ewigen Lebens, und morgen, bei der Frühmesse im Kloster, wirst du seine Stimme im Chor der Mönche hören; und nicht nur morgen, sondern jeden Tag, solange du lebst.' Die Mutter stand sofort auf und wartete ungeduldig auf den ersten Klang der Frühglocke, um zur Kirche der Mönche zu eilen. Als der Vorsänger die Antwort angestimmt hatte und die Mönche im vollen Chor die Antiphon anstimmten, erkannte die Mutter sofort die Stimme ihres Kindes. Sie dankte Gott und hörte für den Rest ihres Lebens jeden Tag, sobald sie sich dem Chor näherte, die Stimme ihres geliebten Sohnes, die sich in die süße und heilige Melodie des liturgischen Gesangs mischte." [60]

Als Jahrhunderte vergingen und diese alten Melodien, die so viel heiliges Gedächtnis sammelten, in ihrer Integrität von Generation zu Generation betender Mönche weitergegeben wurden, ist es kein Wunder, dass das Gefühl wuchs, dass auch sie vom Heiligen Geist inspiriert wurden. Im Mittelalter herrschte lange Zeit die Legende, dass Gregor der Große eines Nachts eine Vision hatte, in der ihm die Kirche in Gestalt eines prächtig gekleideten Engels erschien, auf dessen Mantel die gesamte Musikkunst mit allen Formen geschrieben stand seine Melodien und Noten. Der Papst betete zu Gott, er möge ihm die Kraft geben, sich an alles zu erinnern, was er sah; und nachdem er erwacht war, erschien eine Taube, die ihm die Gesänge diktierte, die ihm zugeschrieben werden. [61] Ambros zitiert einen mittelalterlichen lateinischen Chronisten, Aurelian Reomensis, der berichtet, dass ein blinder Mann namens Victor, der eines Tages vor einem Altar im Pantheon in Rom saß, durch direkte göttliche Inspiration die Antwort Gaude Maria und durch ein zweites Wunder sofort verfasste erhielt sein Augenlicht. Eine andere Geschichte aus derselben Quelle erzählt, wie ein Mönch des Klosters St. Victor auf einem benachbarten Berg Engel die Antwort Cives Apostolorum singen hörte und nach seiner Rückkehr nach Rom seinen Brüdern das Lied so beibrachte, wie er es gehört hatte . [62]

Um die Gefühle gegenüber dem liturgischen Gesang zu erklären, die in diesen Legenden und den begeisterten Lobpreisungen mittelalterlicher und moderner Schriftsteller zum Ausdruck kommen, müssen wir uns nur daran erinnern, dass die Melodie in Gedanken nie von den Worten getrennt war, dass diese Worte Gebet und Lobpreis waren, die Gott besonders annehmbar waren, weil sie ihm durch seine eigene Gabe der Musik zuströmten. Für die mittelalterlichen Mönche war das Gebet die höchste Übung, die der Mensch ausüben konnte, die wirksamste aller Handlungen, das wichtigste menschliche Mittel zur Erlösung der Welt. Das Gebet war die von Gott bestimmte Aufgabe, für die sie auserwählt waren. Daher entstand die Vielzahl religiöser Gottesdienste in den Klöstern, die Einhaltung der sieben täglichen Gebetsstunden in einigen Klöstern in Frankreich, wie früher in Syrien und Ägypten, bis hin zum sogenannten *laus perennis* , bei dem Gruppen von Brüdern, die sich zu festgelegten Wachen gegenseitig ablösten, wie das heilige Feuer der Vesta Tag und Nacht ununterbrochen Gesang übten.

So war der liturgische Gesang im Zeitalter des Glaubens, bevor die Erfindung des Kontrapunkts und die ersten Schritte in der modernen Musikwissenschaft neue Konzepte und Methoden in der Gottesdienstmusik nahelegten. Es stellt heute ein einzigartiges und wertvolles Erbe aus einer Zeit dar, die in ihrer Unwissenheit, ihrem Aberglauben, ihrer Barbarei der Manieren und ihrer Rücksichtslosigkeit im politischen Ehrgeiz den stärksten Beweis für den göttlichen Ursprung eines Glaubens liefert, der über solche Gegensätze triumphieren konnte. Für den gläubigen Katholiken hat der Gesang eine Heiligkeit, die sogar über seinen ästhetischen und historischen Wert hinausgeht, aber sowohl Nichtkatholiken als auch Katholiken können ihn als direkte Schöpfung und Zeichen einer Denkweise verehren, die wie in keiner anderen Epoche seitdem gedacht wurde Gebet und Lobpreis sind die dringendste Pflicht eines Christen und ein unfehlbares Mittel, um die Gunst Gottes zu erlangen.

Der katholische liturgische Gesang hat wie alle anderen monumentalen Kunstformen oft unter den Wechselfällen des Geschmacks gelitten, die selbst jene verführt haben, deren offizielle Verantwortung sie zu den besonderen Hütern dieses heiligen Schatzes zu machen schien. Selbst heute gibt es viele Geistliche und Kirchenmusiker, die nur eine vage Vorstellung von der Fülle an lieblicher Melodie und tiefem religiösen Ausdruck haben, die in diesem riesigen Korpus mittelalterlicher Musik steckt. Wo eine Zeit lang rein ästhetische Überlegungen vorherrschten, wie dies oft sogar in einer Kirche der Fall ist, in der Tradition und Symbolik einen so starken Einfluss ausüben wie in der katholischen, wurde diese archaische Melodieform vernachlässigt. Wie bei allen älteren Formen (z. B. *dem A-cappella-* Chor des 16. Jahrhunderts und dem deutschen rhythmischen Choral) konnte sich seine strenge Sprache nicht gegen die Faszination des modernen, brillanten und emotionalen Stils der Kirchenmusik durchsetzen, der aus der Instrumentalkunst und der italienischen Arie hervorgegangen ist. Unter diesem letztgenannten Einfluss und dem Fortbestehen der Verachtung des 17. Jahrhunderts für alles Mittelalterliche und „Gotische" wurde der Gesang lange Zeit als Produkt eines barbarischen Zeitalters verachtet und nur aus widerwilliger Ehrerbietung gegenüber der kirchlichen Autorität überhaupt aufrechterhalten. In den letzten Jahrzehnten jedoch ist, wahrscheinlich als Detail des Wiedererwachens des Studiums der großen Werke älterer Kunst auf allen Gebieten, eine Reaktion zugunsten einer erneuerten Kultur des gregorianischen Gesangs zu erkennen. Die Tendenz zum Sensationsjournalismus in der Kirchenmusik hat nun begonnen nachzulassen. Das wahre Ideal scheint der Vergangenheit anzugehören. Zusammen mit der neuen Wertschätzung von Palestrina, Bach und den älteren Komponisten der anglikanischen Kirche kommt der katholische Gesang zu seinem Recht und ein aufgeklärter moderner Geschmack beginnt die melodische Schönheit, die liturgische Angemessenheit und die erbauliche Kraft zu erkennen, die im alten Unisono-Gesang liegen. Diese Bewegung steht gerade erst am Anfang; in den meisten Kirchenzentren herrscht noch Apathie und infolgedessen eine Verfälschung der alten Formen sowie Rohheit und Kälte in der Ausführung. Es wurde jedoch bereits viel erreicht, und in der geduldigen und scharfsinnigen Gelehrsamkeit, die die Mönche von Solesmes und die Kirchenmusiker von Paris, Brüssel und Regensburg auf dem Gebiet der Textkritik an den Tag legten, in dem enthusiastischen Eifer, der in vielen Kirchen und Seminaren Europas und Amerikas für die Erlangung eines reinen und ausdrucksstarken Vortragsstils gezeigt wurde, und in der Wiederherstellung des einfachen Liedes in Teilen des Rituals, aus denen es lange verbannt worden war, sehen wir Anzeichen einer Bewegung, die verspricht, nicht nur auf diesem speziellen Gebiet fruchtbar zu sein, sondern als direkte Folge auch auf anderen Gebieten der Kirchenmusik, die zu lange vernachlässigt worden sind.

Der historische Status des gregorianischen Gesangs als Grundlage der großartigen Struktur der katholischen Kirchenmusik bis zum Jahr 1600, des anglikanischen Gesangs und zu einem großen Teil der Hymnenmelodie oder des Chors des deutschen Volkes ist der Gelehrten seit jeher bekannt. Das wiederbelebte Studium ist das Ergebnis einer erwachten Wahrnehmung seiner liturgischen Bedeutung und seiner inhärenten Schönheit. Der Einfluss seiner besonders feierlichen und erhabenen Qualität hat begonnen, in die Chorwerke der besten katholischen Komponisten der jüngsten Zeit einzudringen. Auch protestantische Kirchenmusiker beginnen, Vorteile im Studium der Melodie, des Rhythmus, des Ausdrucks und sogar der Tonalität des gregorianischen Liedes zu finden. Und jeder Liebhaber der Kirchenmusik wird beim Hören ihrer edlen Klänge neue Freude und Erhebung finden. Er muss jedoch mitfühlend zuhören, jeden Vergleich mit den modernen Stilen, an die er gewöhnt ist, aus seinem Kopf verbannen und sich dessen historische Beziehungen und liturgische Funktion klar vor Augen halten. Für jemanden, der seinen Geist so auf seinen besonderen Geist und Sinn einstimmt, wird das gregorianische Plain Song des erhabenen Platzes würdig erscheinen, den es in der Verehrung der erhabensten kirchlichen Institution der Geschichte einnimmt.

KAPITEL V
DIE ENTWICKLUNG DER
MITTELALTERLICHEN CHORMUSIK

Es wurde bereits darauf hingewiesen, dass die Musik der katholischen Kirche drei typische Phasen oder Stile durchlaufen hat, von denen jede in sich abgeschlossen und durch klar markierte Linien begrenzt ist und in Bezug auf die Zeiteinteilung ziemlich genau mit den drei großen Epochen korrespondiert, in die die Geschichte der Kirche eingeteilt ist Die westliche Kirche könnte gespalten sein. Diese Phasen oder Schulen des kirchlichen Gesangs schließen sich bei weitem nicht gegenseitig aus, da sowohl die erste als auch die zweite nach der Einführung der dritten bestehen blieben, so dass heute in fast jeder katholischen Gemeinde mindestens zwei der drei Formen verwendet werden. Der gregorianische Gesang wurde im Gesang des Priesters und in den antiphonalen Psalmen und Antworten verwendet, und in den übrigen Ämtern wurde entweder die zweite oder dritte Form übernommen. [63]

Da Harmonie während der ersten tausend Jahre oder länger der christlichen Ära unbekannt war und Instrumentalmusik keine eigenständige Existenz hatte, war das gesamte umfangreiche System der Gesangsmelodien rein unisono und unbegleitet, wobei sein Rhythmus normalerweise dem des Textes untergeordnet war. Ohne Harmonie verliert die Melodie bald ihren Lauf, und wenn dieser antiken melodischen Methode kein neues Prinzip hinzugefügt worden wäre, wäre die europäische Musik erstarrt oder hätte sich endlos weiter kopiert. Doch etwa im 11. Jahrhundert tauchte eine neue Konzeption auf, in der die Gewissheit über die gesamte großartige Kunst der modernen Musik lag. Dieses neue Prinzip war das der Harmonie, der Kombination von zwei oder mehr gleichzeitigen und voneinander abhängigen Teilen. Die Bedeutung dieser Entdeckung bedarf keiner Betonung. Es führte nicht nur zu einer künstlerischen Handlungsfähigkeit, deren Umfang und Vielfalt praktisch unbegrenzt ist, sondern es machte Musik auch zum ersten Mal zu einer freien Kunst, deren Rhythmus- und Strukturgesetze nicht mehr mit denen der Sprache identisch waren, sondern aus den vorhandenen Kräften gespeist wurden liegt in seiner eigenen Natur. Aus dem Drang heraus, zwei oder mehrere Stimmen völlig frei von den Zwängen des Wortakzents und der Prosodie zusammenzufügen, entstand die zweite große Schule der

Kirchenmusik, die sich ebenfalls unabhängig von der Instrumentalbegleitung rein vokal entwickelte und im Kontrapunkt ihren Ausgang nahm Chormusik, die in der zweiten Hälfte des 16. Jahrhunderts ihre Reife erlangte.

Diese mittelalterliche Schule der *polyphonen A-* cappella-Musik ist für den Schüler kirchlicher Kunst in vielerlei Hinsicht attraktiver als selbst der weitaus ausgefeiltere und brillantere Stil, der heute vorherrscht. Die moderne Kirchenmusik scheint aufgrund ihrer Vielfalt, ihres Glanzes und ihres dramatischen Pathos von den Farbtönen des Irdischen geprägt zu sein, die selbst die strengste Auffassung kirchlicher Kunst widerlegen. Es ist Teil des Zweifels und der Unruhe eines skeptischen und rebellischen Zeitalters, es ist die Musik leidenschaftlicher Sehnsucht, in die sich Echos weltlicher Verlockungen mischen, es ist nicht der verhaltene Ton frommer Gewissheit und Selbstverleugnung. Der in den Zeitaltern des Glaubens entwickelte Chorgesang ist von den Akzenten jener ruhigen Ekstase des Vertrauens und der himmlischen Vorfreude durchdrungen, die der mittelalterlichen Kunst den exquisiten Charme der Naivität und Aufrichtigkeit verleihen, der nie wieder durch dasselbe Medium verwirklicht werden kann, weil es das Unbewusste ist Ausdruck einer bedingungslosen Einfachheit der Überzeugung, die aus den höheren Manifestationen des menschlichen kreativen Intellekts für immer verschwunden zu sein scheint.

Solch eine pathetische Andeutung haftet der religiösen Musik des Mittelalters nicht weniger spürbar an als der Skulptur, der Malerei und der Hymnodie derselben Epoche und macht sie zusammen mit ihrer einzigartigen künstlerischen Perfektion und Erhabenheit des Tons vielleicht zu der typischsten und schönsten Musik überhaupt alle Formen der katholischen Kunst. Und doch ist es für die Allgemeinheit der Studenten der Kirchen- und Kunstgeschichte von allen Produkten des Mittelalters das am wenigsten bekannte. Jeder intellektuelle Mann, den wir auswählen könnten, würde sich selbst als gering gebildet bezeichnen, wenn er nicht mit mittelalterlicher Architektur und bildender Kunst vertraut wäre; Dennoch würde er sich wahrscheinlich überhaupt nicht schämen, völlige Unkenntnis des riesigen Schatzes liturgischer Musik zu bekennen, der im fünfzehnten und sechzehnten Jahrhundert die weihrauchgeschwängerte Luft jener Kathedralen und Kapellen erfüllte, in denen seine ehrfürchtigen Füße so gerne wandern. Die Wunder der mittelalterlichen Architektur, die Errungenschaften der gotischen Bildhauer und der religiösen Maler von Florenz, Köln und Flandern sind ihm vertraut, aber die musikalischen Handwerker der Niederlande, von Paris, Rom und Venedig, die jedes Gebet, jede Hymne bekleideten , und Bibellektion mit Klängen von einzigartiger Schönheit und Zärtlichkeit, sind nur Namen, wenn ihm ihre Namen überhaupt bekannt sind. Dennoch dürften ihre Werke in ihrer schieren Masse zweifellos der gesamten Musik jeglicher Art in nichts nachstehen, die in den drei Jahrhunderten nach ihrer Ära geschrieben wurde; während diese Schule in ihrer technischen Beherrschung und Anpassung an ihren besonderen Zweck nicht unwürdig ist, mit der brillanteren und vielseitigeren Kunst der Gegenwart verglichen zu werden.

Die Zeit vom 12. Jahrhundert bis zum Ende des 16. Jahrhunderts war geprägt von außerordentlicher musikalischer Aktivität. Die Tausenden von Kathedralen, Kapellen, Pfarrkirchen und Klöstern verlangten unaufhörlich nach neuen Fassungen der Messe und der Gottesdienste. Bis um das Jahr 1500 die Kunst des Notendrucks eingeführt wurde und Musikverlage gegründet wurden, gab es nur wenige Duplikate oder Austausche von Musikkompositionen, und so musste jede bedeutende kirchliche Einrichtung über ein eigenes Korps von Komponisten und Kopisten verfügen. Der religiöse Enthusiasmus und die lebhafte intellektuelle Aktivität des Mittelalters konnten sich im Gesang ebenso frei entfalten wie in jedem anderen Mittel zur Verschönerung des kirchlichen Zeremoniells. Diese Bedingungen, zusammen mit dem Fehlen einer Opernbühne, eines Konzertsystems oder eines musikalischen Publikums, führten dazu, dass die fruchtbaren musikalischen Impulse dieser Zeit der Kirche zugutekamen. Die Kirchenmusiker vertonten auch eine große Zahl von Madrigalen, Chansons, Villanellen und dergleichen zur Unterhaltung der aristokratischen Gönner, doch war dies nur eine nebensächliche Ablenkung von ihren ernsteren Pflichten als Ritualkomponisten. Sowohl in Qualität als auch Quantität war die mittelalterliche Chormusik nicht unwürdig, mit den architektonischen, bildhauerischen, malerischen und textilen Erzeugnissen verglichen zu werden, die in derselben Epoche und unter derselben Schirmherrschaft entstanden. Die Welt hat nie eine so vertiefte Hingabe an eine einzige künstlerische Idee erlebt, und seit dem goldenen Zeitalter der griechischen Bildhauerei hat es auch nie eine andere Kunstform gegeben, die so erhaben im Ausdruck und so perfekt in der Ausführung war wie der polyphone Kirchenchor in den Jahren seiner Reife. Dieser Stil der Tonkunst, der von Männern wie Josquin des Prés, Orlandus

Lassus, Willaert, Palestrina, Vittoria, den Anerios, den Gabrielis und Lotti zur Vollendung gebracht wurde, ist eines Vergleichs mit den gotischen Kathedralen, in deren Epoche er entstand, und mit den späteren Triumphen der Renaissancemalerei, in denen er seinen Höhepunkt erreichte, nicht unwürdig.

Von dieser bemerkenswerten genialen Leistung weiß der oben erwähnte gebildete Mann wenig oder nichts. Wie ist es möglich, könnte er fragen, dass eine Kunstschule, deren Ergebnisse so reichhaltig sind und die bei den Eingeweihten so viel Bewunderung hervorrufen kann, fünf so glänzende Jahrhunderte lang ganz Europa beherrscht haben kann und dennoch so wenig Eindruck im Bewusstsein hinterlassen hat der modernen Welt, wenn sie wirklich die hohen künstlerischen Verdienste besäße, die ihr nachgesagt werden? Die Antwort ist nicht schwer. Für die Welt im Allgemeinen existiert Musik nur so, wie sie aufgeführt wird, und die Schwierigkeit und Kosten der musikalischen Darbietung führen in der Regel dazu, dass Kompositionen vernachlässigt werden, die keine öffentliche Nachfrage hervorrufen. Kirchenmusik ist weniger anfällig für die Tyrannei der Mode als weltliche Musik, aber selbst in diesem Bereich tendieren wechselnde Geschmäcker und der kompromissbereite politische Geist dazu, dem Neuen den Hof zu machen und das Veraltete zu vernachlässigen. Die Revolution des Musikgeschmacks und der Musikpraxis, die zu Beginn des 17. Jahrhunderts stattfand – eine Revolution, die so umfassend war, dass sie die gesamte Vorstellung von der Natur und dem Zweck der Musik veränderte – trieb die gesamte Musikproduktion in neue Richtungen und die komplexe, strenge Kunst des Mittelalters Die Kirche geriet unter der Faszination der neuen italienischen Melodie und dem lebendigen Rhythmus und der Klangfarbe des Orchesters in Vergessenheit. Seitdem hat die Flut der Erfindungen nie lange genug angehalten, um es der gesamten Welt zu ermöglichen, ihre Gedanken auf die verlassenen Schätze der Vergangenheit zu richten. Darüber hinaus wurde von dieser Vielzahl alter Werke nur ein verhältnismäßig kleiner Teil jemals gedruckt, ein großer Teil davon ist verloren gegangen, der größte Teil liegt im Staub der Bibliotheken begraben; Alles, was zugänglich ist, muss aus einem abstrusen und veralteten Notationssystem befreit werden, und die Aufführungsmethoden, die einen Großteil seiner Wirkung bedingten, müssen unter der unsicheren Führung der Tradition wiederhergestellt werden. Die Verwendung des Chorgesangs in der heutigen Zeit bereitet Sänger nicht darauf vor, mit den besonderen Schwierigkeiten des *A-*

cappella- Stils fertig zu werden; Um seine Angemessenheit und Schönheit zu erkennen, bedarf es einer besonderen Bildung und einer ungewöhnlichen Gefühlsweise. Dennoch ist seine inhärente Vitalität so groß, so magisch ist seine Anziehungskraft auf jemanden, der in völlige Harmonie mit seinem Geist gekommen ist, so wahr ist es als Vertreter der mystischen, unterwürfigen Art von Frömmigkeit, die in einem rationalistischen Zeitalter immer dazu neigt, sich wieder durchzusetzen die Gegenwart, dass die Geister der Kirchenmänner nach und nach zu ihr zurückkehren und dass Gelehrte und Musikdirektoren sie aus ihrer Abgeschiedenheit herauslocken. Zu seinem Studium werden Gesellschaften gegründet, Chöre in einigen der einflussreichsten Kirchenzentren nehmen mittelalterliche Werke in ihr Repertoire auf, Zeitschriften und Schulen setzen sich für sein Interesse ein, und sein Einfluss dringt in die moderne Messe und Hymne ein und verleiht dem Modernen etwas bildet eine erhabenere und spirituellere Qualität. Nach und nach wird die Welt der Kultur im Hinblick auf die einzigartige Schönheit und Raffinesse dieser Kunstform aufgeklärt. und das intelligentere Studium des Mittelalters, das nun an die Stelle der früheren voreingenommenen Fehlinterpretation getreten ist, entwickelt eine Geisteshaltung, die zu einer mitfühlenden Reaktion auf dieses exquisiteste und charakteristischste aller Produkte des mittelalterlichen Genies fähig ist.

Um die volle Bedeutung dieser Schule katholischer Musik in ihrer Reifephase im 16. Jahrhundert zu erfassen, muss man ihren Ursprung und ihr Wachstum nachzeichnen. Die konstruktive Kritik der Gegenwart beruht auf dem Grundsatz, dass wir Werke und Kunstrichtungen nicht verstehen können, ohne ihre Ursachen und ihr Umfeld zu kennen. Wenn wir die Geschichte des mittelalterlichen Chorgesangs untersuchen, werden wir feststellen, dass er als Reaktion auf ein instinktives Verlangen nach einer umfassenderen Form der Musik als dem Unisono-Gesang entstand. Liturgische Notwendigkeiten können in keiner Weise die Erfindung des Stimmgesangs erklären, denn auch heute noch ist der gregorianische Gesang die einzige offiziell anerkannte Form ritueller Musik in der katholischen Kirche. Es war ein unbewusster Impuls, der einen reicheren musikalischen Ausdruck vorhersagte, der nicht sofort verwirklicht werden konnte – eine blinde Revolte des europäischen Geistes gegen die Knechtschaft an eine antike und restriktive Ausdrucksform. Denn der gregorianische Gesang war seiner Natur nach eine unbegleitete Melodie, die rhythmisch durch Prosaakzent und -maß kontrolliert wurde, und war unfähig, sich weiterzuentwickeln, und es war unmöglich, dass die Musik stillstand, während alle anderen Künste die Wehen des Wachstums durchmachten . Die Bewegung, die die Kunst des Chorgesangs aus den latenten Kräften des liturgischen Gesangs hervorbrachte, war identisch mit der Tendenz, die Architektur, Skulptur und Malerei der Gotik und Renaissance aus der römischen und byzantinischen Kunst entwickelte. Ohne Unterstützung nimmt die Melodie bald ihren Lauf; Harmonie, Musik in Teilen, mit Kontrast von Konsonanz und Dissonanz, Dynamik sowie Licht und Schatten, muss die Melodie ergänzen und dem einfachen Charme von Ton und Rhythmus opulentere Ressourcen hinzufügen. Die Wissenschaft der Harmonie war, zumindest im modernen Sinne, in der Antike unbekannt, und der gregorianische Gesang war nur die Projektion des antiken Brauchs in die moderne Welt. Die Geschichte der modernen europäischen Musik beginnt daher mit den ersten authentischen Beispielen des Gesangs in zwei oder mehr halbunabhängigen Stimmen, wobei diese Stimmen einer eindeutigen Proportionalnotation unterzogen wurden.

Etwa ein Jahrhundert bevor die Wissenschaft des Stimmensatzes in der Musikpraxis Fuß fasste, stößt man auf eine seltsame, barbarische Form der Musik. Ein Manuskript aus dem 10. Jahrhundert, das früher Hucbald von St. Armand zugeschrieben wurde, der jedoch ein Jahrhundert früher lebte, gibt den ersten klaren Bericht mit Aufführungsregeln über eine Abweichung von der Sitte des unisono Singens, bei der die Stimmen des Chors, anstatt alle die gleichen Noten zu singen, gemeinsam durch Oktaven und Quarten oder Oktaven und Quinten getrennt sind; oder aber eine zweite Stimme begleitet die erste mit einer Bewegung, die manchmal gerade, manchmal schräg und manchmal entgegengesetzt ist. Der Autor dieses Manuskripts erhebt keinen Anspruch auf die Erfindung dieser Gesangsart, sondern spielt darauf an, als sei sie bereits wohlbekannt . Es wurde viel über die Frage nach dem Ursprung und Zweck der ersten Form dieses barbarischen Orgunums oder dieser Diaphonie, wie sie genannt wurde, spekuliert. Einige vermuten, dass es vom Klang des alten keltischen Saiteninstruments Crowth oder Crotta inspiriert wurde, das in Quinten gestimmt war und ein flaches Griffbrett hatte; andere sehen darin eine Nachahmung der frühen Orgel mit ihren mehreren Pfeifenreihen, die wie ein modernes Mixturregister in Quinten klingen; wieder andere wiederum nehmen mit einigem Grund an, dass es sich um ein Überbleibsel einer bei den Griechen und Römern praktizierten

Mode handelte. Die Bedeutung des Organums in der Musikgeschichte wurde jedoch stark überschätzt, denn genau genommen war es überhaupt keine Harmonie oder Stimmgesang, sondern nur eine andere Art von Unisono. Selbst die zweite Form des Organums war dem endgültigen Ziel nur wenig näher, denn die begleitende Tonreihe war nicht frei genug, um als organisches Element in einer harmonischen Struktur bezeichnet zu werden. Sobald jedoch der begleitenden Stimme auch nur ein kleines bisschen ungezwungenes Eigenleben zugestanden wurde, wurden die ersten Schritte in der echten Stimmführung unternommen und eine neue Epoche in der Musikgeschichte hatte begonnen.

BEISPIEL FÜR ORGANUM ODER DIAPHONIE, ERSTE ART

BEISPIEL FÜR ORGANUM ODER DIAPHONIE, ZWEITE ART

Der freiere und vielversprechendere Stil, der aus der Tretmühle des Organums hervorging, wurde in seinen Anfangsstadien Discant (lat. *discantus*) genannt und beschränkte sich zunächst ganz auf eine unregelmäßige Mischung aus Oktaven, Unisono, Quinten und Quarten, mit gelegentlichen Terzen als eine Art Zugeständnis an die Kritik des natürlichen Gehörs an der antiken Theorie. Zunächst wurden nur zwei Stimmen verwendet. Gelegentliche Folgen paralleler Quinten und Quarten, das Erbe des Organums, blieben lange erhalten, wurden jedoch nach und nach als hohl und unbefriedigend eliminiert, und das Prinzip der Gegenbewegung, das die eigentliche Seele aller modernen Harmonie und Kontrapunkts ist, etablierte sich langsam. Als Schlüssel zu aller mittelalterlichen Musik muss man bedenken, dass die Praxis der Tonkombination keinerlei Vorstellung von Akkorden beinhaltete, wie sie die moderne Theorie auffasst. Das charakteristische Prinzip des weitaus überwiegenden Teils der Musik der letzten drei Jahrhunderte ist die Harmonie, technisch so genannt, *d. h.* Akkorde, fest oder verteilt, aus denen sich die Melodie in erster Linie entwickelt. Homophonie, Monodie – ein Teil trägt die Melodie, während alle anderen als Stütze und sozusagen auch als Farbmaterial dienen – ist heute das vorherrschende Postulat. Die Chormusik Europas bis ins 17. Jahrhundert basierte dagegen auf Melodie; der Komponist dachte nie an seine Kombination als Akkorde, sondern arbeitete, könnte man sagen, horizontal und verwebte mehrere halb unabhängige Melodien zu einem flexiblen und harmonischen Gewebe. [64]

Der Übergang vom Organum zum Diskant erfolgte um das Jahr 1100. An die Erfindung der einzelnen Melodien wurde eine Zeit lang nicht gedacht. Nicht nur der *Cantus firmus* (das Hauptthema), sondern auch der Kontrapunkt (der melodische „Vizekandidat") wurde entlehnt, wobei der zweite Faktor häufig ein Volkslied war, das nach den einfachen Gesetzen des Wohlklangs verändert wurde, um zur Gesangsmelodie zu passen dann zugelassen. In Bezug auf die Wörter kann der Diskant in zwei Klassen eingeteilt werden: Die Wörter können in beiden Teilen gleich sein; oder eine Stimme sang den Text des Kirchenamtes und die andere den Text des weltlichen Liedes, dem die Begleitmelodie entnommen war. Im zwölften Jahrhundert versuchten die Mönchsmusikanten, die durch die zufriedenstellenden Ergebnisse ihrer zweistimmigen Diskantmusik zu kühneren Höhenflügen angeregt wurden, dreistimmige Versuche, mit zunächst kindisch unbeholfenen Ergebnissen, die aber zunehmend leichter und geschmeidiger wurden. Die freie Erfindung der Begleitstimmen trat an die Stelle der Sitte, den gesamten melodischen Rahmen zu übernehmen, denn während zwei entlehnte Themen zueinander passen konnten, war es praktisch unmöglich, drei zu finden, die dies ohne nahezu vollständige Änderung tun würden. Mit der Entwicklung einer wissenschaftlichen Schreibweise mit der Kombination von Parallel- und Gegenbewegung wich der Begriff Diskant dem Kontrapunkt (lat. *punctus contra punctum*). An die Erfindung des *Cantus firmus war* aber nie gedacht ; Diese stammte ausnahmslos aus einem Ritualbuch oder einer Volksmelodie, und die ganze

Kunst des Komponierens bestand darin, melodische Figuren zu erfinden, die sich mit ihr zu einer angenehmen Synthese verbanden. Diese kontrapunktischen Mittel, zunächst einfach und oft hart, wurden unter dem unvermeidlichen Gesetz der Evolution freier und wohlklingender, gleichzeitig aber auch komplexer. Der ursprüngliche Diskant war eine Note gegen eine Note; später durfte die Begleitstimme mehrere Töne gegen einen der *Cantus firmus singen* . Eine andere frühe Form bestand aus durch Pausen unterbrochenen Noten. Im zwölften Jahrhundert waren solche Fortschritte gemacht worden, dass Terzen und Sexten reichlich zugelassen wurden, dissonante Intervalle geschaffen wurden, um Konsonanzen aufzulösen, aufeinanderfolgende Quinten vermieden wurden, Übergangsnoten und Ausschmückungen in den Begleitstimmen verwendet wurden und die Anfänge des doppelten Kontrapunkts und der Imitation begannen erschien. Im 13. Jahrhundert wurden kaum Fortschritte erzielt; Musik war immer noch hauptsächlich eine Frage der scholastischen Theorie, ein mechanisches Handwerk. Bei der Handhabung von drei gleichzeitigen, unabhängigen Teilen wurde eine beträchtliche Geschicklichkeit erreicht. Gegenläufige und parallele Bewegung, die sich zur Abwechslung abwechselt, Kontrast von Konsonanz und Dissonanz, ein Notationssystem, mit dem sowohl Zeitwerte als auch Tonhöhenunterschiede angegeben werden können, zusammen mit der Anerkennung der Bedeutung des Rhythmus als Bestandteil der musikalischen Wirkung, – All dies deutete auf die Zeit hin, in der das Material der Tonkunst in der Hand des Komponisten plastisch sein würde und er es in Formen von fließender Anmut und voller Bedeutung formen könnte. Dieses Endziel war noch in weiter Ferne; Die langweilige, mühsame Runde der Lehrzeit muss sich auch im 14. Jahrhundert fortsetzen, und das gesamte bewusste Ziel der Bemühungen muss auf die Erfindung wissenschaftlicher Kombinationen gerichtet sein, die letztendlich ein Vehikel für die freiere Tätigkeit der Vorstellungskraft darstellen könnten.

BEISPIEL EINES DISCANT IN DREI TEILEN MIT UNTERSCHIEDLICHEN WÖRTERN (12. JAHRHUNDERT).

Von Coussemaker, *Histoire de l'harmonie au moyen age* . Übersetzt in moderne Notation.

Die Zeit vom 11. bis zum 15. Jahrhundert war daher keine Zeit der expressiven Kunst, sondern eher eine Zeit langsamer und mühsamer Experimente. Das Problem bestand darin, die halbunabhängigen melodischen Teile so anzupassen, dass ein ungehindertes Leben in allen Stimmen erhalten bleiben konnte und dennoch die kombinierte Wirkung jederzeit rein und schön war. Je größer die Anzahl der Teile, desto größer ist die Fähigkeit, sie zu einem vielfältigen, reichen und wohlklingenden Muster zusammenzufügen. Jeder dieser Teile könnte für einen Moment den Platz des führenden Teils einnehmen, dem die anderen durch die Labyrinthe des Entwurfs folgen mussten. Daher der Begriff polyphon, *also* vielstimmig. Obwohl jeder Gesangsteil in diesem lebendigen musikalischen Gefüge genauso wichtig war wie jeder andere, orientierte sich doch jeder Abschnitt an einer einzigen Melodie – einem Fragment eines gregorianischen Gesangs oder einer Volksmelodie und wurde Cantus *firmus genannt*, der auch als Tenor bekannt ist, von *teneo*, halten – und die Stimme, die diese Melodie ausgab, wurde Tenorstimme genannt. In den späteren Phasen dieser Kunst wurde die erste Äußerung des Themas gleichgültig einer der Stimmstimmen zugeordnet.

Nachdem man sich darauf verlassen konnte, zwei oder mehr Stimmen gleichzeitig singen zu können, bestand der nächste Schritt darin, eine Stimme nach der anderen einzubringen. Nun war eine Methode nötig, um die Einheit inmitten der Vielfalt zu wahren, und diese wurde in der als „Imitation" bekannten Technik gefunden, bei der eine Stimme der anderen in gleichen oder ungefähren Intervallen folgt, wobei die Stimme zuerst für eine kurze Strecke als Modell dient und dann vielleicht eine andere mit einer neuen melodischen Figur die Führung übernimmt. Das komplizierte Netzwerk der Stimmen entpuppte sich so als zusammenhängender Organismus und nicht als zufällige Verbindung von Noten, wobei die Erfindung des Komponisten und der Eindruck des Zuhörers von einem bewussten Plan gesteuert werden, dem jede melodische Stimme untergeordnet ist.

Als mehrere Stimmen zusammen verwendet wurden, wurde es zwingend notwendig, Tonhöhe und Länge der Noten genau festzulegen. So entwickelte sich aus den antiken Merkzeichen, die während der ausschließlichen Herrschaft des unisono-Gesangs nützliche Dienste geleistet hatten, allmählich ein System von Noten mit Quadratkopf sowie ein Notensystem aus Linien und Zwischenräumen. Doch statt Einfachheit herrschte jahrhundertelang eine verwirrende Komplexität. Es wurden viele Notenschlüssel verwendet, die ihre Position auf dem Notensystem wechselten, um die Noten innerhalb der Linien zu halten; es wurden viele und tiefgründige Feinheiten eingeführt, und die Frage nach Rhythmus, Tonartbeziehungen, kontrapunktischer Struktur und Gesangsmethode wurde zu einer abstrusen und schwer verständlichen Angelegenheit. Das Komponieren glich mehr algebraischer Berechnung als freier Kunst; Symbole der Dreifaltigkeit und Einheit, des Vollkommenen und Unvollkommenen wurden in die Notation verwickelt, zur Freude des genialen Mönchsgeistes und zur Verzweiflung des Neulings und des modernen Studenten mittelalterlicher Manuskripte. Am Anfang war der Fortschritt am langsamsten. Das Zusammenfügen mehrerer Teile mit einigermaßen Leichtigkeit zu erlernen, erschien als endlose Aufgabe und noch viele Generationen nach den ersten Versuchen waren die Ergebnisse rau und ungehobelt.

Selbst wenn man die Hindernisse für eine schnelle Entwicklung berücksichtigt, die in der Natur der Musik als der abstraktesten aller Künste liegen, scheint es schwer zu verstehen, warum es so lange dauern sollte, bis sie Schönheit und Ausdruck erlangte. Zu beiden gab es einen kürzeren Weg, den die Kirchenmusiker jedoch nicht nehmen wollten. Überall um sie herum blühte ein üppiges Grün anmutiger, ausdrucksstarker Melodien im Gesang und Instrumentalspiel des einfachen Volkes. Aber die mönchischen Musiker und Chorsänger lehnten es ab, dem Beispiel von etwas so Kunstlosem und Offensichtlichem zu folgen. Im schulischen Zeitalter waren sie Musikscholastiker; Subtilität und feine pedantische Unterscheidungen waren ihr Stolz. Sie waren vom Formalen und Technischen fasziniert und schienen den Ansprüchen des Natürlichen und Einfachen gegenüber gleichgültig zu sein, während sie gleichzeitig von einer Leidenschaft für komplizierte strukturelle Probleme mitgerissen wurden.

Das Wachstum einer solchen Kunst ohne Vorbilder muss zwangsläufig schmerzhaft langsam sein. Viele der Experimentatoren im Kloster verbrachten ihr Leben damit, eine junge Kunst zu pflegen, ohne genügend Fortschritte zu sehen, um einen starken Glauben an die Zukunft des Bantlings zu rechtfertigen. Ihre zappelnde Hilflosigkeit ist oft erbärmlich, aber nicht genug, um ein Lächeln über die Sinnlosigkeit ihrer Bemühungen zu überwinden. Praxis und Theorie arbeiteten nicht immer gut zusammen. Beim Studium der Chormusik des Mittelalters müssen wir feststellen, dass die Sänger es nicht für nötig hielten, sich auf die tatsächlich geschriebenen Noten zu beschränken, wie auch beim liturgischen Gesang. In dieser prägenden Zeit, von der wir sprechen, war es das Privileg der Sänger, die geschriebenen Phrasen nach Belieben zu variieren und zu dekorieren. Diese Verzierungen wurden manchmal sorgfältig durchdacht, in die angegebene Art der Übergabe integriert und als

Traditionen weitergegeben. [65] Aber es ist offensichtlich, dass diese Variationen in den frühen Tagen des Kontrapunkts oft spontan improvisiert wurden. Das Ergebnis dieser Angewohnheit von Sängern, die die Gesetze der musikalischen Konsonanz und Proportionen nicht kannten und deren Ohren ebenso stumpf waren wie ihr Verstand, könnte man sich leicht vorstellen, selbst wenn wir nicht die empörten Aussagen vieler Musiker vor Augen hätten und Kirchenmänner dieser Zeit. Jean Cotton sagt im 11. Jahrhundert, er könne die Sänger nur mit betrunkenen Männern vergleichen, die zwar den Weg nach Hause finden, aber nicht wissen, wie sie dorthin gelangen. Der gelehrte Theoretiker Jean de Muris aus dem 14. Jahrhundert ruft aus: „Wie können Menschen das Gesicht haben, Diskant zu singen, die nichts von der Kombination von Klängen wissen!" Ihre Stimmen durchstreifen den *Cantus firmus* , ohne Rücksicht auf irgendeine Regel; Sie werfen ihre Töne durch Zufall ab, so wie ein ungeschickter Werfer einen Stein schleudert und in hundert Würfen einmal das Ziel trifft." Während er über den Missbrauch grübelt, wächst sein Zorn. „O Rauheit, oh Bestialität! Einen Esel für einen Mann halten, ein Böckchen für einen Löwen, ein Schaf für einen Fisch. Sie können eine Konsonanz nicht von einer Dissonanz unterscheiden. Sie sind wie ein Blinder, der versucht, einen Hund zu schlagen." Ein anderer Zensor apostrophiert die Sänger folgendermaßen: „Gehört solches Ochsengebrüll in die Kirche?" Glaubt man, dass Gott durch einen solchen Aufruhr gnädig sein kann?" Oelred, der schottische Abt von Riverby im 12. Jahrhundert, schimpft über die Sänger, weil sie die Töne in jeder Art von Verzerrung durcheinander bringen, das Wiehern von Pferden imitieren oder (was in seinen Augen das Schlimmste von allem ist) ihre Stimmen wie die von Frauen schärfen . Er erzählt, wie die Sänger absurde Gesten einsetzen, um die Wirkung ihrer absurden Klänge zu verstärken, indem sie bei jeder Note ihren Körper wiegen, ihre Lippen verdrehen, ihre Augen verdrehen und ihre Finger beugen. Mehrere Päpste, vor allem Johannes XXII., versuchten, diese Vergehen zu unterdrücken, aber der improvisierte Diskant war ein zu faszinierendes Spielzeug, als dass man ihn fallen ließe, und Spott und päpstliche Zurechtweisung waren gleichermaßen machtlos.

Solche Missbräuche waren natürlich nicht universell, vielleicht nicht allgemein – darüber können wir nichts sagen; Sie veranschaulichen jedoch den chaotischen Zustand der

Kirchenmusik in den drei oder vier Jahrhunderten nach der ersten Einführung des Stimmgesangs. Der Kampf um Licht war hartnäckig, und Musik, so grob und schleppend sie auch sein mochte, erhielt in der Zeit, in der die gotischen Kathedralen gebaut wurden, allen, die mit der katholischen Religion identifiziert wurden, ein hohes Maß an Ehrfurcht. Es gab keine Musikform, die mit dem Lied der Kirche mithalten konnte – weltliche Musik war bestenfalls ein Spielzeug, keine Kunst. Das gesamte Bestreben der gelehrten Musiker war auf die Bereicherung des Kirchendienstes gerichtet, und die wohlhabenden und mächtigen Fürsten Frankreichs, Italiens, Österreichs, Spaniens und Englands wandten das Mäzenatentum der Musik an ihren Höfen in die gleiche Richtung wie das Mäzenatentum die Kirche. In den Fürstenkapellen Nordfrankreichs und den ihnen angeschlossenen Schulen wurde die neue Kunst des Kontrapunkts erstmals gepflegt. Soweit sich die Linie des Fortschritts verfolgen lässt, entstand die Kunst in Paris oder Umgebung und verbreitete sich langsam über das angrenzende Land. Die Heimat der gotischen Architektur war die Heimat der mittelalterlichen Chormusik, und das Erscheinungsdatum dieser beiden Produkte ist dasselbe. Die Fürsten von Frankreich und Flandern (der Begriff „Frankreich" bezeichnete damals die Herrschaftsgebiete der kapetischen Dynastie) vertraten treu die Interessen der religiösen Musik, und die Theoretiker und Komponisten dieser Zeit waren sowohl Beamte der weltlichen Regierung als auch der Kirche. Wir sollten natürlich annehmen, dass die Kirchenmusik von einem so frommen König wie Robert von Frankreich (11. Jahrhundert) aktiv unterstützt würde, der seine geliebte Frau auf Befehl von Papst Gregor V. verwarf, weil sie seine Cousine zweiten Grades war, die sich selbst hielt rein und großmütig inmitten einer wilden und korrupten Zeit, und der viele wunderschöne Hymnen komponierte, darunter (wie allgemein anerkannt) die exquisite Sequence Veni Sancte Spiritus. Er war es gewohnt, den Chor in seiner Kapelle mit Stimme und Gesten zu leiten. Auf all seinen Reisen hatte er eine kleine Gebetskammer in Form eines Zeltes dabei, in der er zu den festgelegten Tageszeiten zum Lob Gottes sang. Ludwig IX. Außerdem machte er, würdig heiliggesprochen für die Heiligkeit seines Lebens, die Pflege des Kirchengesangs zu einer seiner dringendsten Aufgaben. Jeden Tag hörte er zwei Messen, manchmal drei oder vier. Zu den kanonischen Stunden wurden von seinem Kapellenchor Hymnen und Gebete gesungen, und selbst auf seinen Kreuzzügen marschierten seine

Chorsänger vor ihm her und sangen das Tagesgebet, und der König, ein Priester an seiner Seite, sang mit leiser Stimme nach ihnen. Herrscher mit genau entgegengesetztem Charakter, die schlauesten und gewalttätigsten in einer Zeit der List und Brutalität, waren eifrige Förderer der Kirchenmusik. Sogar in dieser Zeit des Gemetzels und des Elends, als das französische Königtum die Vorherrschaft über die Körper der großen Vasallen errang und im Hundertjährigen Krieg mit England um seine Existenz kämpfte, entwickelte sich die Musikkunst stetig weiter, und die königlichen und königlichen Herrschaften schritten fort herzogliche Kapellen blühten auf. Unter solchen Bedingungen und unter solch einer Schirmherrschaft wurden in Frankreich und den Niederlanden versierte Musiker herangezogen, die von dort aus auszogen, um ganz Europa die edle Kunst des Kontrapunkts zu lehren.

Um das Jahr 1350 hatte die Kirchenmusik ihre Fesseln abgelegt und die Bühne betreten, die bald zur Reife führen sollte. Mit Beginn des 15. Jahrhunderts entstanden Kompositionen, die es wert waren, als künstlerisch bezeichnet zu werden. Diese waren nach modernen Maßstäben noch kaum schön, sicherlich hatten sie kaum oder gar keinen charakteristischen Ausdruck, aber sie hatten begonnen, geschmeidig und sanft zu klingen, was zeigte, dass die Noten unter die Kontrolle des Komponisten geraten waren und dass er kein unbeholfener Lehrling mehr war . Vom Anfang des 15. Jahrhunderts datieren wir die Epoche der künstlerischen Polyphonie, die an Reinheit und Würde schritt, bis sie in der vollendeten Kunst des 16. Jahrhunderts ihren Höhepunkt erreichte. Ein so großer Teil der Väter und Hohepriester des mittelalterlichen Kontrapunkts gehörte den Bezirken an, die heute zu Nordfrankreich, Belgien und Holland gehören, dass der Zeitraum zwischen 1400 und 1550 in der Musikgeschichte als „Zeitalter der Niederlande" bekannt ist. " Mit grenzenloser Geduld und List beschäftigten sich die französischen und niederländischen Musikkünstler mit den Problemen des Kontrapunkts und schufen Werke von enormer Menge und oft verblüffender Komplexität. Zahlreiche Schüler wurden in den Klöstern und Kapellenschulen ausgebildet, wurden ihrerseits Meister und übten beherrschenden Einfluss in den Kirchen und Klöstern in ganz Europa aus. Die Komplexität des Partiturschreibens nahm stetig zu, nicht nur in Bezug auf die Kombination von Noten, sondern auch in den Mitteln zur

Angabe ihrer Verwendung. Es kam oft vor, dass jede Stimme zu einem Taktzeichen singen musste, das sich von dem der anderen Stimmen unterschied. Doppelter und dreifacher Rhythmus wechselten sich ab, der Wert gleicher Noten variierte je nach den Umständen; Es wurde eine hochentwickelte Symbolik erfunden, die als „Rätselkanons" bekannt ist und es den Adepten ermöglicht, Begleitstimmen zum *Cantus firmus zu improvisieren* . und der Kontrapunkt, einfach und doppelt, verstärkt und vermindert, direkt, umgekehrt und rückläufig, wurde zugleich zum Zweck und Mittel des musikalischen Bemühens. Der Rhythmus war unklar und die Worte verloren sich fast hoffnungslos im Netz sich überschneidender Stimmen. Der *Cantus firmus* , der oft in Töne von bedeutungsvoller Länge ausgedehnt wurde, verlor jegliche Ausdruckskraft und wurde nur noch wie ein Faden behandelt, auf dem dieses eng gewebte Gewebe aufgereiht war. Komponisten beschäftigten sich bevorzugt mit der mechanischen Seite der Musik; Sie waren ziemlich einfallslos und in die Lösung technischer Probleme vertieft. Und so häuften sie ihre Handwerkskollegen immer wieder mit Schwierigkeiten an, indem sie Musik eher für das Auge als für das Ohr, für das logische Vermögen und nicht für die Fantasie oder das Gefühl machten.

Es wäre jedoch ein Irrtum anzunehmen, dass solch mühsame Kunstfertigkeit das einzige Merkmal der wissenschaftlichen Musik des 15. Jahrhunderts war. Dieselben Komponisten, die sich an der Ausübung dieser Art von schulischer Subtilität erfreuten, versorgten ihre Chöre auch mit einer Unmenge an vier-, fünf- und sechsstimmiger Musik, die aus heutiger Sicht in der Tat komplex und schwierig ist, aber den damals ausgebildeten Chorsängern vollkommen zur Verfügung stand. In dieser Musik wurde nach einer feierlichen Andachtswirkung, einer melodischen Stimmführung und der Anordnung der Phrasen in kühnere und symmetrischere Muster gestrebt. Selbst unter den Meistern der Erschaffung musikalischer Labyrinthe finden wir Anzeichen einer Erkenntnis des wahren Endziels der Musik, einer Seele, die in den verworrenen Strängen ihrer Polyphonie wohnt, einer Anmut und Innerlichkeit des Ausdrucks, vergleichbar mit der poetischen Suggestivität, die durch die naiven und oft groben Formen der gotischen Skulptur hindurchscheint. Die wachsende Vorliebe der strengen Kirchenmusiker für die Vertonung weltlicher Gedichte – Madrigale, Chansons, Villanellen und dergleichen – im polyphonen Stil führte nach und nach zu einem einfacheren Aufbau, einer deutlicheren Melodie und einem charakteristischeren und treffenderen Ausdruck, was sich auf

Messe und Motette auswirkte, indem eine direktere und flexiblere Behandlungsmethode gefördert wurde. Der Stile *famigliare* , bei dem sich das Lied Note für Note, Silbe für Silbe bewegt und so an moderne Akkordfolgen erinnert, ist keine Erfindung Palestrinas, mit dessen Namen er gemeinhin in Verbindung gebracht wird, sondern erscheint an vielen Stellen in den Werken seiner niederländischen Meister.

Die kontrapunktische Chormusik des Mittelalters erreichte ihre Vollendung in der Mitte des 16. Jahrhunderts. Fünfhundert Jahre lang war diese Kunst gewachsen und hatte ständig neue Ranken hervorgebracht, die sich in üppigen und immer weiter ausgedehnten Formen verflochten, bis sie die gesamte westliche Christenheit überzogen. Nun wurde es einem Mann, Giovanni Pierluigi, genannt Palestrina, übertragen, diesem Wunder mittelalterlichen Genies den letzten Schliff zu geben und ihm alles zu verleihen, was seine besondere Natur in Bezug auf technische Vollkommenheit, klangliche Reinheit und Majestät und erhabenen, frommen Ausdruck zuließ. Palestrina war mehr als ein makelloser Künstler, mehr als ein Andrea del Sarto; er war so repräsentativ für jenen inneren Geist, der sich in den aufrichtigsten Werken katholischer Kunst zum Ausdruck gebracht hat, dass man sagen kann, das Herz der Institution, der er sein Leben widmete, finde in seiner Musik eine Stimme.

Palestrina wurde wahrscheinlich 1526 (Autorität von Haberl) geboren und starb 1594. Er verbrachte fast sein gesamtes künstlerisches Leben als Musikdirektor in Rom im Dienste der Päpste und war zeitweise auch Sänger in der päpstlichen Kapelle. Er bereicherte jeden Teil des Rituals mit Kompositionen, der Katalog seiner Werke umfasste 95 Messen. Zu seinen Zeitgenossen in Rom gehörten Männer wie Vittoria, Marenzio, die Anerios und die Naninis, die im gleichen Stil wie Palestrina arbeiteten. Zusammen bilden sie die „römische Schule" oder die „Palestrina-Schule", und alles, was man über Palestrinas Stil sagen kann, würde in etwas abgeschwächter Form auf die Schriften dieser gesamten Gruppe zutreffen.

Palestrina ist aufgrund eines Mythos, der bis vor wenigen Jahren allgemein als historische Tatsache galt, als „Retter der Kirchenmusik" in die Geschichte eingegangen. Die erste Form der Legende besagte, dass das reformierende Konzil von Trient (1545–1563) ernsthafte Überlegungen anstellte, die Chormusik der Kirche überall abzuschaffen und die gesamte liturgische Musik auf den einfachen Unisono-Gesang zu reduzieren; Dieses Urteil wurde auf Antrag von Papst Marcellus II. ausgesetzt. bis Palestrina ein Werk schaffen konnte, das frei von allen anstößigen Merkmalen sein sollte; dass eine Messe seiner Komposition – die Messe von Papst Marcellus – vor einer Kommission von Kardinälen aufgeführt wurde und dass ihre Schönheit und Raffinesse die Juroren so beeindruckten, dass die polyphone Musik beibehalten und Palestrinas Stil als das vollkommenste Modell künstlerischer Musik proklamiert wurde. Diese Geschichte wurde nach und nach reduziert, bis sich herausstellte, dass sich das Konzil von Trient damit begnügte, den Bischöfen lediglich zu empfehlen, „alle Musikkompositionen, in denen etwas Unreines oder Laszives beigemischt ist", aus den Kirchen auszuschließen, ohne jedoch den Versuch zu machen, zu definieren, was war mit „unrein" und „lüstern" gemeint. Die Kommission der Kardinäle war nur für einige kleinere Fragen der Disziplin im päpstlichen Chor zuständig, und wenn Palestrina die betreffende Messe vor ihnen singen ließ (was zweifelhaft ist), war sie sicherlich einige Jahre zuvor komponiert worden.

Bestimmte Missbräuche, die dort korrigiert werden mussten, gab es in dieser Zeit zweifellos in der Kirchenmusik. Die vorherrschende Praxis, für den *Cantus firmus Themen aus weltlichen Liedern zu übernehmen* , mit manchmal den ersten paar Worten des ursprünglichen Liedes am Anfang – wie in der Messe von „The Armed Man", der „Adieu, my Love"-Messe usw. – war unter dem Gesichtspunkt des Anstands sicherlich anstößig, obwohl die Absicht nie profan war und der Eindruck, den man erhielt, nicht sakrilegisch war. Darüber hinaus war der Gesang der Kirche zeitweise so künstlich und raffiniert geworden, dass er den wahren Zweck der Gottesdienstmusik nicht mehr erkennen konnte. Aber unter all den Klagen kommt nur eine einzige häufig vor, und zwar die, dass die heiligen Worte in der kunstvollen kontrapunktischen Verflechtung der Stimmen nicht verstanden werden konnten. In der Geschichte jeder Kirche, in allen Epochen, bis hin zur Gegenwart, hat es immer eine Partei gegeben, die alles, was wie Kunst aussieht, um der Kunst willen herabwürdigt und sich nur mit der einfachsten und rohesten Form der Musik zufrieden gibt, die den Ton angibt Die Rezeption des heiligen Textes geht so weit über die Sinnesfreude hinaus, dass ihnen jede künstlerische Ausschmückung als Profanierung erscheint. Diese Klasse war auf dem Konzil von Trient vertreten, war aber nie in der Mehrheit und trat nie für die völlige

Abschaffung der Figurenmusik ein. Es wurde keine Reform eingeleitet, außer einer Reform, die sich zwangsläufig aus der ständig zunehmenden Verfeinerung der Kunst und der Durchsetzung der edleren Traditionen der Kirche in der Gegenreformation ergeben hätte. Zu dieser Zeit gab es zweifellos eine Steigerung des Ideals der Kirchenmusik, und das Genie Palestrinas war einer der wirksamsten Faktoren bei seiner Förderung; aber es war ein natürliches Wachstum, keine gewaltsame Richtungsänderung.

Der Verlust des Nimbus der besonderen Seligsprechung, den einige frühe Verehrer Palestrinas der Messe des Papstes Marcellus zu verleihen versuchten, hat ihren Ruhm in keiner Weise getrübt. Sie ist des Ruhmes, den sie so zweifelhaft erlangt hat, nicht unwürdig. Obwohl ihr Autor sie viele Male erreichte, übertraf er sie nie, und nur wenige werden geneigt sein, die Auszeichnung zu bestreiten, die sie immer als das vollkommenste Produkt mittelalterlicher Musikkunst in Anspruch genommen hat. Ihr Stil war nicht neu; sie markiert nicht den Beginn einer neuen Ära, wie einige nur wenig in der Musikgeschichte bewanderte Autoren angenommen haben, sondern den Höhepunkt einer alten. Sie ist im Wesentlichen im Stil der niederländischen Schule gehalten, die die Mythenschöpfer als vom Konzil von Trient verurteilt darstellen würden. Josquin des Prés, Orlandus Lassus, Goudimel und viele andere hatten Musik im gleichen Stil geschrieben, ebenso keusch und gedämpft, mit dem gleichen Ideal im Sinn und fast ebenso vollkommen schön. Es ist kein einfaches Werk, das den Text klar und deutlich hervortreten lässt, wie es die Legende verlangen würde. Es ist ein Meisterwerk der Konstruktion, reich an technischen Feinheiten, das sich von den reinsten Werken der Niederländer nur dadurch unterscheidet, dass es noch feiner gefärbt und melodisch süßer ist, als es die besten von ihnen erreichen konnten. Es war die Qualität der melodischen Anmut, mit der Palestrina seine niederländischen Meister übertraf. Melodie ist, wie wir wissen, die besondere Begabung der Italiener, und Palestrina, ein typischer Sohn Italiens, krönte die niederländische Wissenschaft mit einer ätherischen Anmut der Bewegung, die das vierhundertjährige Streben der kontrapunktischen Kunst ein für alle Mal vollendete und sie unter den künstlerischen Schöpfungen des Mittelalters hervorstechen ließ, vielleicht als die göttlich strahlendste von allen.

Auf den ersten Blick mag es seltsam erscheinen, dass eine Form, die das tiefste und aufrichtigste religiöse Gefühl verkörperte, das jemals in Tönen ausgedrückt wurde, in einem Zeitalter perfektioniert werden sollte, in dem alle anderen Künste zu einem großen Teil sinnlich und weltlich geworden waren und die katholische Kirche nicht nur von ihren Feinden, sondern auch von vielen ihrer trauernden Freunde wegen ihres politischen Ehrgeizes, ihrer Habgier und Korruption verurteilt wurde. Das Papsttum erntete in diesem Moment die unvermeidliche Ernte geistiger Gleichgültigkeit und moralischen Verfalls und befand sich in einer Zeit des Kampfes, der Verwirrung und der Demütigung. Der lutherische, kalvinistische und anglikanische Aufstand hatte dem Heiligen Stuhl einige seiner schönsten Herrschaftsgebiete entrissen, und die verbliebenen befanden sich in einem Zustand politischer und intellektueller Unruhe. Dass eine Reform „in Kopf und Gliedern" tatsächlich notwendig war, wird nicht nur durch die Anschuldigungen feindlicher Zeugen belegt, sondern auch durch die Forderungen vieler der standhaftesten Prälaten der Zeit und die Zugeständnisse unanfechtbarer katholischer Historiker. Doch wie sich im weiteren Verlauf zeigte, war es weit mehr der Kopf, der einer Operation bedurfte als die Gliedmaßen. Die Lust an sinnlichen Genüssen, die persönliche und familiäre Bereicherung und der Prunk und Luxus weltlicher Macht, die das Papsttum im 15. und in der ersten Hälfte des 16. Jahrhunderts zu einem Begriff in Europa gemacht hatten, der Niedergang des Glaubens an die frühen Ideale der Kirche, die Exzesse körperlicher und emotionaler Ausschweifungen, die mit der Renaissance als natürliche Reaktion auf die mittelalterliche Unterdrückung aufkamen – all dies hatte in Rom und seinen Abhängigkeiten einen moralischen Verfall hervorgerufen, der kaum übertrieben werden kann. Doch die Behauptung, die katholische Kirche als Ganzes oder gar in Rom sei gänzlich der Korruption und dem Formalismus verfallen, wird hinreichend widerlegt durch die erhabene Manifestation moralischer Kraft, die sich in der katholischen Reaktion und der Gegenreformation äußerte, durch die Beschlüsse des Konzils von Trient und durch die Taten moralischer Helden wie Karl Borromäus, Philipp Neri, Ignatius von Loyola, Franz Xaver, Theresia von Jesus, Franz von Sales, Vinzenz von Paul sowie den Gründern und Führern der Kapuziner, Theatiner, Ursulinen und anderer wohltätiger religiöser Orden, deren Leben und Errungenschaften nicht nur dem Katholizismus, sondern der gesamten Menschheit Ruhm bringen.

Die großen Kirchenkomponisten des 16. Jahrhunderts waren mit solchen Geistern verwandt, und die wieder auflebende Frömmigkeit der Zeit fand ihr angemessenstes Symbol im Bereich der Kunst in den Messen und Hymnen von Palestrina und seinen Mitstreitern. Diese Männer wurden in den Klöstern und Chören erzogen. Die Kirche war ihr einziger Schutzpatron, und sie konnten sich kein größeres Privileg vorstellen, als ihre Kräfte in den Dienst dieser erhabenen Institution zu stellen, in die ihr Leben einfloss. Sie ließen sich von den politischen und doktrinären Gärungen der Zeit nicht beunruhigen. Kein Tätigkeitsbereich konnte einen Menschen vollständiger von weltlichen Einflüssen befreien als die Beschäftigung als Kirchenmusiker jener Zeit. Die abstrakte Natur der Musik als Kunst, zusammen mit der fesselnden Routine eines liturgischen Dienstes, hielt diese Männer sozusagen nahe am inneren Heiligtum ihrer Religion, wo die kirchlichen Traditionen am stärksten und reinsten waren. Die Kirchenmusik des 15. und 16. Jahrhunderts blieb von den Einflüssen unberührt, die andere Formen der italienischen Kunst so sehr dem Stolz und der Sinnesbefriedigung dienten. Die Musik besaß aufgrund ihrer Beschränkungen keine Möglichkeit, den Appetit eines Alexander VI., den luxuriösen Geschmack eines Leo X. oder den übermäßigen Stolz eines Julius II. zu schmeicheln. Sie konnte sich notgedrungen ungehindert entlang der strengen Tradition entwickeln. Kunstformen scheinen oft einem Gesetz unterworfen zu sein, das verlangt, dass sie, wenn sie einmal in Gang gesetzt wurden, ihren Lauf unabhängig von den Veränderungen in ihrer Umgebung nehmen müssen. Diese beiden Faktoren – der Zwang einer fortschreitenden Kunst, die nach Vollendung verlangt, und die unverfälschten Quellen der Frömmigkeit, aus denen die Liturgie und ihre musikalische Gestaltung ihr Leben bezogen – erklären die großartigen Leistungen der religiösen Musik in den Händen der katholischen Komponisten des 16. Jahrhunderts unter Bedingungen, die auf den ersten Blick für die Pflege einer so reinen und strengen Kunst ungünstig erscheinen.

Unter solchen Einflüssen, angetrieben von einem Eifer für die Herrlichkeit Gottes und die Ehre seiner Kirche, brachte die Polyphonie der niederländischen Schule ihre vollendete Blüte im „Palestrina-Stil" hervor. In den Werken dieser späteren Schule können wir zwei verschiedene Behandlungsarten unterscheiden: (1) die komplizierte Struktur und Festigkeit der niederländischen

Arbeit; (2) den „vertrauten Stil“, in dem sich die Stimmen in gleichmäßigen Schritten ohne kanonische Nachahmungen bewegen. In den größeren Kompositionen haben wir eine Mischung und Abwechslung dieser beiden, und die scholastische niederländische Polyphonie erscheint geklärt und in plastischere Umrisse gegossen, um ein verfeinertes Ausdrucksmittel zu erreichen.

Die ausgeprägte Unähnlichkeit zwischen der Musik der mittelalterlichen Schule und der Musik der Gegenwart lässt sich zu einem großen Teil durch die Unterschiede zwischen den Tonarten und harmonischen Systemen erklären, auf denen sie maßgeblich basieren. Im modernen System bieten die Beziehung der Noten zu den antithetischen Tonzentren von Tonika und Dominante und die Freiheit der Modulation von einer Tonart zur anderen durch die Einführung von Noten, die in der ersten nicht existieren, Möglichkeiten für Wirkungen, die vorhanden sind nicht in Musik erhältlich, die auf den gregorianischen Tonarten basiert, da sich diese Tonarten nicht in den verwendeten Noten unterscheiden (da sie nur die durch die weißen Tasten des Pianoforte plus B-Dur dargestellten Noten umfassen), sondern nur im Verhältnis von die Intervalle bis zur Note, die den Grundton oder „Schluss“ bildet. Die Komposition von Musik, die auf dem letztgenannten System basiert, ist streng genommen melodisch und nicht harmonisch im modernen technischen Sinne, und die daraus resultierenden Klangkombinationen werden nicht als Akkorde aufgefasst, die auf einem bestimmten Grundton aufbauen, sondern eher als Konsequenzen davon die Verbindung horizontal bewegter Reihen einzelner Noten. Die Harmonie wirkt daher für das nach den Gesetzen der modernen Musik geschulte Ohr sowohl vage als auch eintönig, da ihr nicht nur fast rein diatonisch, sondern auch die stabilen Drehpunkte fehlen, die dem modernen Ton Symmetrie, Kontrast und Zusammenhalt verleihen Struktur. Das alte System lässt chromatische Änderungen zu, jedoch nur in geringem Umfang, hauptsächlich um einen Leitton in einer Kadenz bereitzustellen oder um ein unerwünschtes melodisches Intervall zu vermeiden. Folglich gibt es kaum Abwechslung oder positive Farbqualität. Es gibt keine ausgeprägte Leitmelodie, der die anderen Stimmen untergeordnet sind. Das Thema besteht aus einigen gesangsartigen Tönen, die unter der Kontrolle des Prinzips der „Nachahmung“ schnell von einer Stimme nach der anderen übernommen werden. Aus den gleichen Gründen kommt die Abfolge von Phrasen, Perioden und Abschnitten, die das architektonische Formprinzip der modernen Musik ausmacht, nicht vor. Selbst im „vertrauten Stil", bei dem sich die Stimmen wie Akkordblöcke gleicher Länge zusammenbewegen, ist das implizite Prinzip in allen Stimmen melodisch, nicht die Melodie darüber und die Begleitung darunter; und der Fortschritt wird nicht von der Notwendigkeit geleitet, sich um sich gegenseitig unterstützende Tonzentren zu drehen.

In diesem „vertrauten Stil", den wir bis in die Zeit der Niederländer zurückverfolgen können, finden wir eine entfernte Vorwegnahme des modernen harmonischen Gefühls. Ein vages Gefühl für die Komplementärfarben von Grundton und Dominante, das vielleicht aus der Popmusik stammt, mit der die wissenschaftlichsten Komponisten des 15. und 16. Jahrhunderts stets engen Kontakt pflegten, ist manchmal für kurze Momente offensichtlich, wird aber nie systematisch zu Ende geführt . Dieser schlichte Stil wird in Hymnen und kurzen Sätzen in Verbindung mit Texten mit besonders traurigem oder flehendem Ausdruck verwendet, wie zum Beispiel der Improperia und dem Miserere, oder, um den Kontrast zu schaffen, in den ruhigeren Passagen von Messen oder Motetten. Es ist ein Stil, der besonders zart und anmutig ist und sich in den süßesten modernen lateinischen und englischen Hymnenmelodien widerspiegelt. Ohne chromatische Veränderungen ist es die ruhigste Form der Musik, die es gibt, und suggeriert die Zuversicht und Ruhe des Geistes, die die raffinierteste Essenz der Andachtsstimmung darstellt.

BEISPIEL FÜR DEN EINFACHEN STIL (*stile famigliare*).
PALESTRINA.

Der komplizierte Stil ist in der Regel in größeren Werken vorherrschend – Messen, Motetten und den längeren Hymnen. Erst nach sorgfältiger Analyse können wir die wunderbare Kunst würdigen, die in ihre Herstellung eingeflossen ist. Bei der Untersuchung von Werken dieser Art stellen wir fest, dass die Partitur aus vier oder mehr Stimmen besteht, aber normalerweise nicht mehr als acht. Das auffälligste Merkmal des Designs ist, dass jede Stimme völlig unabhängig von den anderen zu sein scheint; die Melodie liegt nicht in einer Stimme, während die anderen als Begleitung fungieren, sondern jede Stimme ist genauso eine Melodie wie jede andere; jede Stimme folgt ihrem leichten, ungehinderten Weg, mal fungiert die eine als Anführerin, mal die andere, die Stimmen kreuzen sich oft, jede Melodie scheint in Bezug auf den Zeitpunkt des Beginns, Höhepunkts und Endes völlig ohne Rücksicht auf ihre Partner zu sein, die Stimmen unterliegen anscheinend keinem gemeinsamen Gesetz der Betonung oder des Rhythmus, sondern jede ist mit ihrem eigenen individuellen Fortschritt beschäftigt. Die Vorwärtsbewegung ist wie eine Reihe von Wellen; kaum ist der Geist auf eine gerichtet, verliert er sich in der geordneten Verwirrung der folgenden. Die Musik scheint auch keinen bestimmten Rhythmus zu haben. Jeder einzelne Stimmteil ist tatsächlich rhythmisch, so wie ein Prosasatz rhythmisch sein kann, aber da die melodischen Bestandteile in verschiedenen Teilen des Taktes einsetzen, einer in einem Moment seinen Höhepunkt erreicht, der andere in einem anderen, wobei sich die Teile oft kreuzen, so dass, während der Geist auf eine Melodie gerichtet sein kann, die die Führung zu übernehmen scheint, eine andere, die von unten heraufgekommen ist, über das Feld hereinbricht – das Ergebnis all dessen ist, dass die Aufmerksamkeit ständig von einem Tonzentrum abgelenkt und auf ein anderes verlagert wird, und das gesamte Schema des Entwurfs scheint formlos, eine schwankende Masse, die ohne zusammenhängenden Plan hin und her schwankt. Der Musik mangelt es nicht an dynamischen Veränderungen oder Geschwindigkeitsänderungen, aber diese Kontraste sind oft so subtil abgestuft, dass nicht ersichtlich ist, wo sie beginnen oder enden. Die Gesamtwirkung ist gemessen, gedämpft, feierlich. Wir erschrecken nie, es gibt nichts, was die Nerven zum Pochen bringt. Doch wenn wir diese Musik immer wieder hören, ihre Eigenschaften analysieren und alle Vorurteile ausblenden, überkommen uns nach und nach Gefühle der Überraschung, dann des Staunens, dann der Bewunderung. Diese zart abgestuften Harmonien entwickeln ungeahnte Schönheiten.

Ohne scharfe Kontraste von Dissonanz und Konsonanz sind sie
dennoch voller wechselnder Lichter und Farbtöne, wie eine Wiese
im Wind und Sonnenschein, die dem unvorsichtigen Auge nur als
Masse aus gleichbleibendem Grün erscheint, dem geschärften
Sinn jedoch eine unendliche Modulation der Farbskala offenbart.
An der Oberfläche liegt keine Melodie hervor, doch die gesamte
harmonische Substanz ist voller wogender Melodie, wobei jede
Stimme ihre selbstbewusste, ungehinderte Bewegung inmitten der
raffinierten Komplexität fortsetzt, deren Bestandteil sie ist.

FRAGMENT VON KYRIE AUS DER MESSE VON PAPST
MARCELLUS. NOVELLOS EDITION. PALESTRINA.

Wenn wir die technischen Methoden und die Endziele dieses wunderbaren Stils weiter betrachten, stellen wir fest, dass in seiner

Höhepunktperiode die Krone der mittelalterlichen kontrapunktischen Kunst auf ihrer ästhetischen Seite in der Erlangung der Schönheit der Tonwirkung an und für sich liegt – der Befriedigung von das sinnliche Ohr, reiche und subtil modulierte Klangqualität, nicht in den einzelnen Knaben- und Männerstimmen, sondern in der Verteilung und Kombination von Stimmen unterschiedlicher *Klangfarbe*. Die Meisterschaft, die Orchesterkomponisten in den letzten hundert Jahren angestrebt haben – die Vereinigung und der Kontrast von Saiten- und Blasinstrumenten zur Erzeugung von Eindrücken auf das Ohr, die denen ähneln, die die Farbe eines Rembrandt oder eines Tizian auf das Auge hervorruft – Dies wurde auch von den Tonmeistern der römischen und venezianischen Schulen angestrebt und, soweit die knappen Mittel reichten, in wunderbarem Maße erreicht. Wir müssen uns daran erinnern, dass der Chor nicht auf eine Begleitung angewiesen war und die sinnliche Schönheit des Tons daher nicht nur aus der individuellen Qualität der Stimmen resultieren muss, sondern noch mehr aus der Art und Weise, wie die Noten gruppiert wurden. Die Verteilung der Komponenten eines Akkords, um den größtmöglichen Klang zu erzeugen; der Wechsel der tieferen Stimmen mit den höheren; die Eliminierung von Stimmen, je näher ein Abschnitt seinem Ende kam, bis die Harmonie bei der letzten Silbe auf zwei höhere Stimmen im *Pianissimo reduziert wurde*, als würde die Spannung in der oberen Luft verschwinden; die Auflösung der verworrenen Polyphonie in einen Sonnenstrahl offener goldener Akkorde; das subtile Eindringen verschleierter Dissonanzen in die fließend schimmernde Harmonie; die geschickte Mischung der Stimmregister zur Erzeugung exquisiter Licht- und Schattenkontraste – diese und viele andere Mittel wurden zur Erzielung zarter und glänzender Klangtöne eingesetzt, mit Ergebnissen, zu denen der moderne Chorsatz keine Parallele bietet. Der Höhepunkt dieser Tendenz konnte erst erreicht werden, als die Kunst, Stimmen nach regelmäßigen, aber flexiblen Mustern zu verflechten, vollständig beherrscht war und die Komponisten gelernt hatten, ihre Stimmen mit der Sicherheit zu führen, mit der der Stecher seine Linien nachzeichnet, um sie zu Mustern zu formen Schönheit.

Die einzigartige Perfektion der Arbeit Palestrinas hat dazu beigetragen, die geringe Aufmerksamkeit, die die Welt heute der Musik des 16. Jahrhunderts schenkt, fast ausschließlich auf ihn zu lenken; Dennoch war er nur ein Meister unter einer stattlichen Anzahl, deren Leistungen seinen eigenen nur geringfügig unterlegen waren – *primus inter pares* . Orlandus Lassus in München, Willaert und die beiden Gabrielis, Andrea und Giovanni, und Croce in Venedig, die Naninis, Vittoria und die Anerios in Rom, Tallis in England, das sind Namen, die nicht verblassen, wenn man sie neben die des „Prinzen" stellt Der Musik." Insbesondere Venedig war ein würdiger Rivale Roms auf dem Gebiet des Kirchengesangs. Der Katalog ihrer Musiker, die im 16. und frühen 17. Jahrhundert ihre Blütezeit erlebten, enthält die Namen von Männern, die in ihrer Kunst wahre Herrscher waren und Palestrina in der Wissenschaft nicht nachstanden, was den vergleichsweisen Mangel an überaus raffinierter Zartheit und Zittern kompensierte Pathos, das die Römer durch eine stärkere Betonung von Kontrast, Farbvielfalt und charakteristischem Ausdruck auszeichnete. Es war, als hätten diese Meister der venezianischen Musik die Pracht der venezianischen Malerei nachgeahmt, wenn auch in reduzierten Farbtönen. Indem die Venezianer und nicht die Römer in ihre Werke Wirkungstechniken einbauten, die eine kommende Revolution in der Musikkunst vorwegnahmen, bildeten sie das Bindeglied zwischen mittelalterlicher und moderner Kirchenmusik. In der venezianischen Schule erleben wir, dass der Sieg über die unbeschreibliche Ruhe und die entfernte Unpersönlichkeit der Römer eine individuellere Qualität hat – eine Anspannung, die fast von Leidenschaft und Stress geprägt ist, und eine weitaus größere Klangfülle und Pracht. Chromatische Veränderungen, zunächst unregelmäßig und unsystematisiert, kommen nach und nach zum Einsatz, um eine größere Intensität zu erreichen; Dissonanzen werden deutlicher und kündigen den Wechsel des Tonartensystems mit all seinen Konsequenzen an. Die kontrapunktische Stimmenführung, in deren raffinierten Labyrinthen sich der Gefühlsausdruck durch die Melodie zu verlieren versuchte, tendierte unter dem anderen Ideal der Venezianer dazu, sich zu massiveren Harmonien zu verdichten, wobei die Konturen kühner wurden und die Melodie deutlicher hervortrat. Bereits in den ersten Jahrzehnten des 16. Jahrhunderts hatte Venedig damit begonnen, die Fesseln des mittelalterlichen Chorrechts zu lockern und das Ohr durch einen freieren Umgang mit Dissonanzen auf eine neue Wahrnehmungsordnung vorzubereiten. Auch die beispiellose Bedeutung, die die venezianischen Kirchenkomponisten der Orgel beimaßen, und die Entstehung der Anfänge eines eigenständigen Orgelstils trugen wesentlich zur Förderung der neuen Tendenzen bei. Mit dieser breiteren Sichtweise, der individuelleren Prägung und dem selbstbewussteren Streben nach Brillanz teilte die Musik Venedigs einfach jene Impulse, die sich in den prächtigen Gemälden ihrer großen Maler und in der königlichen Pracht ihrer öffentlichen Spektakel manifestierten.

Die nationale Liebe zu Prunk und zeremonieller Zurschaustellung zeigte sich bei den kirchlichen Festen kaum weniger als bei den weltlichen Umzügen, und alles, was das Äußere der kirchlichen Feierlichkeiten verschönern konnte, wurde eifrig angenommen. Alle bedeutendsten Mitglieder der Linie der venezianischen Kirchenkomponisten waren als Chorleiter und Organisten mit der Markuskirche verbunden und verliehen ihren Kompositionen eine Klangbreite und Farbwärme, die ganz im Einklang mit dem historischen und künstlerischen Ruhm standen dieses herrlichen Tempels. Der Gründer der venezianischen Schule aus dem 16. Jahrhundert war Adrian Willaert, ein Niederländer, der von 1527 bis 1563 Kapellmeister am Markusdom war. Er war es, der als Erster diese Methode anwendete, die zu einem bemerkenswerten Merkmal der Musik des Markusdoms wurde, den Chor zu spalten und so durch antiphonalen Chorgesang neuartige Kontrast- und Höhepunkteffekte zu erzielen. Den Hinweis erhielt Willaert durch den Bau der Kirche, die zwei einander gegenüberliegende Musikemporen mit jeweils einer Orgel enthält. Der freiere Einsatz von Dissonanzen, der so charakteristisch für den Abenteuergeist der venezianischen Komponisten war, wurde erstmals in den Schriften von Willaert zu einem bedeutenden Merkmal.

Die Tendenz, weniger Wert auf die innere Komplexität und mehr auf harmonische Stärke, markante Klangfarben und kumulative Erhabenheit zu legen, ist bei Willaerts Nachfolgern in St. Markus – Cyprian de Rore, Claudio Merulo und den beiden Gabrielis – noch deutlicher. Andrea und Giovanni Gabrieli führten die großartige Tonkunst Venedigs zu beispiellosen Höhen, indem sie den beiden Chören Willaerts einen dritten hinzufügten und abwechselnden Chorgesang, Stimmenkombinationen und Stimmenmassen in noch raffinierterer Fülle einsetzten. Winterfeld, der Haupthistoriker dieser Epoche, beschreibt die Aufführung eines zwölfstimmigen Psalms durch G. Gabrieli folgendermaßen: „Drei Chöre, einer mit tiefen Stimmen, einer mit höheren und der dritte, der aus den vier üblichen Stimmen besteht, sind voneinander getrennt. Wie ein zärtliches, inbrünstiges Gebet beginnt das Lied im tieferen Chor: ‚Gott sei uns gnädig und segne uns.‘ Dann fährt der mittlere Chor mit ähnlichem Ausdruck fort: ‚Und lass sein Antlitz über uns leuchten.‘ Der höhere Chor setzt mit den Worten ein: ‚Damit man deinen Weg auf Erden erkennt.‘ Mit voller Stimme erklingt nun aus allen drei Chören der Satz ‚Deine rettende Gesundheit unter allen Völkern.‘ Die Worte ‚Deine rettende Gesundheit‘ werden mit besonderem Ernst vorgetragen, und es ist zu beachten, dass diese Äußerung nicht von allen Chören zusammen kommt, noch von einem einzigen, sondern von ausgewählten Stimmen aus jedem Chor in volltönigen, ineinander verwobenen Teilen. Wir werden nicht versuchen zu beschreiben, wie energisch und feurig das Lied ‚Lass alle Völker dich loben, o Gott‘ abwechselnd aus den Chören strömt; wie geschmackvoll der Meister die Worte ‚Lass die Völker froh sein und vor Freude singen‘ durch Veränderung des Takts und Beschränkung auf ausgewählte Stimmen aus allen Chören verkündet; wie die Worte ‚Und Gott wird uns segnen‘ in feierlichen Chorgesängen ausgesprochen werden. Die Sprache könnte nur eine schwache Vorstellung von der Großartigkeit dieser Musik geben.“ [66]

So großartig Giovanni Gabrieli auch als Meister aller Geheimnisse des mittelalterlichen Kontrapunkts und der speziellen Anwendungen der venezianischen Schule war, so hat er doch einen noch bedeutenderen Status als der führende Begründer der modernen Instrumentalkunst, die im 16. Jahrhundert in der Markuskirche ihren Anfang nahm. Diese Männer erkannten, dass die Orgel eine größere Funktion haben könnte als nur hier und da die Stimmen zu unterstützen, und sie begannen mit unabhängigen Aufführungen zu experimentieren, wo das Ritual solche Neuerungen zuließ. So erleben wir die ersten Aufkeimungen eines lustvollen Wachstums von Instrumentalformen, wenn man sie überhaupt Formen nennen kann – Canzonen (die moderne Fuge im Keim), Toccaten, Ricercare (zunächst nichts anderes als auf die Orgel übertragener Vokalkontrapunkt), Fantasien usw. – weitschweifige, amorphe, inkohärente Stücke, die jedoch von enormer Bedeutung sind, da sie das Versprechen und die Kraft einer neuen Kunst in sich tragen. Unter diesen weitsichtigen Experimentatoren war Giovanni Gabrieli zweifellos der wichtigste. Als vollendeter Meister der antiken Formen legte er den ersten Pfeiler des Bogens, der zwei Epochen verbinden sollte. Er ehrte die alten Traditionen durch seine Errungenschaften in der Chormusik und führte seine Schüler dazu, Ausdrucksmöglichkeiten zu erkennen, die den Bedürfnissen eines neuen Zeitalters entsprachen.

Bevor wir uns von der mittelalterlichen kontrapunktischen Schule verabschieden, verdient noch ein anderer Komponist von höchstem Rang unsere Aufmerksamkeit. Orlandus Lassus (ursprünglich flämisch Roland de Lattre, italienisiert Orlando di Lasso) war ein Musiker, dessen Genie ihm einen Platz im selben inneren Kreis wie Palestrina und Gabrieli einräumte. Er lebte von 1520 bis 1594. Sein wichtigstes Arbeitsfeld war München. In Kraft, Vielfalt und Bandbreite der Themen und der Behandlung übertrifft er Palestrina, steht dem großen Römer jedoch in Pathos, Adel und spiritueller Inbrunst nach. Seine Musik ist im Hinblick auf ihre Zeit bemerkenswert für ihre Energie, scharfen Kontraste und kühnen Experimente mit chromatischen Veränderungen. „Orlando", sagt Ambros, „ist ein Janus, der auf die große Vergangenheit der Musik zurückblickt, in der er aufwuchs, aber auch nach vorn auf die bevorstehende Epoche." Obwohl er ein unübertroffener Meister des Kontrapunkts war, verließ er sich stark auf einfachere und verdichtetere harmonische Bewegungen. Die Zahl seiner Werke erreicht 2337, von denen 765 weltlich sind. Seine Motetten nehmen einen wichtigeren Platz ein als seine Messen, und in vielen der ersteren finden sich Elemente, die so direkt und kraftvoll im Ausdruck sind, dass man sie fast als dramatisch bezeichnen kann. Seine Madrigale und Chorlieder sind besonders bemerkenswert für ihren verschwenderischen Gebrauch von Chromatik und auch für einen lustvollen, manchmal rauen Humor, der seine große Sympathie für die populären Strömungen zeigt, die in der gelehrten Musik seiner Zeit stark vertreten waren. Lassus hat in der Entwicklung der Musik eine größere Bedeutung als Palestrina, denn dessen Aufgehen in liturgischen Pflichten hielt ihn in viel engeren Grenzen. Palestrinas Musik ist vom Geist des liturgischen Gesangs durchdrungen; die von Lassus von der rassigeren Qualität des Volksliedes. Lassus hatte, obwohl seine religiöse Hingabe nicht in Frage gestellt werden kann, das Temperament eines Weltbürgers; Palestrina das eines Mannes des Klosters. Palestrinas Musik erreicht einen Höhepunkt der Ekstase, den Lassus nie erreichte; letzterer ist im Hinblick auf die Tendenzen der Zeit lehrreicher.

Wenn wir uns erneut der Analyse des Chors aus dem 16. Jahrhundert zuwenden und versuchen, noch tiefer in das Geheimnis seines Charmes einzudringen, müssen wir zugeben, dass es nicht seine rein musikalischen Qualitäten oder die bei seiner Herstellung zum Ausdruck gebrachte Gelehrsamkeit und Klugheit sind, die für seinen Charme verantwortlich sind lange

Vorherrschaft oder für die Begeisterung, die es in einem so fernen Zeitalter wie unserem oft hervorgerufen hat. Seine ästhetische Wirkung lässt sich nie ganz von den Eindrücken seiner religiösen und historischen Assoziationen trennen. Nur der gläubige katholische Ruf spürt seine volle Bedeutung, denn für ihn teilt sie die Heiligkeit der Liturgie – sie ist nicht einfach nur ohrenschmeichelnde Harmonie, sondern Gebet; nicht nur eine Dekoration der heiligen Zeremonie, sondern ein integraler Bestandteil des Opfers des Lobes und des Flehens. Und unter den Protestanten loben diejenigen am wärmsten, deren Meinung zur Kirchenmusik liturgisch und streng ist. In einem Konzertsaal, im angedeuteten Wettbewerb mit moderner Chormusik, ist seine Wirkung schwach. Gerade weil religiöse Musik – rituelle religiöse Musik – mit dem Feierlichsten und Andeutendsten in den Traditionen und Verordnungen eines alten Glaubens identifiziert wird, findet diese antiquierte Kunstform ihren Reiz für den modernen Geschmack. Keine andere Phase der Musik ist so abhängig von ihrer Umgebung.

Es besteht kein Zweifel daran, dass die katholische Kirche immer, wenn auch mit großen Schwankungen und Widersprüchlichkeiten, versucht hat, ein bestimmtes Ideal oder einen bestimmten Standard in Bezug auf die Kunstformen aufrechtzuerhalten, die sie in ihrer Bildungsarbeit einsetzt. Die jahrhundertelangen häufigen Anordnungen von Päpsten, Prälaten, Konzilien und Synoden haben in dieser Frage immer den gleichen Ton vertreten. Sie haben ihre Anhänger eindringlich daran erinnert, dass die Kirche eine positive Norm oder einen positiven Kanon in der kirchlichen Kunst anerkennt, dass es einen praktischen Unterschied zwischen kirchlicher und weltlicher Kunst gibt und dass es eine fromme Pflicht seitens der Kirchenmänner ist, diese Unterscheidung unantastbar zu bewahren. Die Kirche hatte jedoch nie den Mut zu dieser Überzeugung. Wie JA Symonds sagt, ist sie immer Kompromisse eingegangen; und so hat jede Kirche Kompromisse gemacht. Der Vormarsch säkularer Stile und Ausdrucksweisen war immer unaufhaltsam, außer hier und da in sehr begrenzten Zeiten und an sehr begrenzten Orten. Die Geschichte der Kirchenkunst, insbesondere der Kirchenmusik, ist die Geschichte des Konflikts zwischen der kirchlichen Kunstauffassung und dem Volksgeschmack.

Was ist also die Theorie der kirchlichen Kunst, die die Oberhäupter der katholischen Kirche in ihren Grundsätzen aufrechterhalten und in der Praxis so oft ignoriert haben? Was waren die Ursachen und Folgen der Verweltlichung der religiösen Kunst, insbesondere der Musik? Diese Fragen sind für den Studenten der Kirchenmusik von größtem praktischen Interesse, und die Antworten darauf werden den Mittelpunkt bilden, um den sich von nun an alles drehen wird, was ich über katholische Musik zu sagen habe.

Die strikte Vorstellung von religiöser Kunst, wie sie im Denken der katholischen Kirche immer mehr oder weniger deutlich vertreten war, besteht darin, dass sie nicht zur Ausschmückung der Kultstätten da ist (obwohl die Befriedigung der Sinne nicht als unwürdig erachtet wird). (zufälliges Ende), sondern vielmehr zur Erbauung, Belehrung und Inspiration. Wie ein maßgeblicher katholischer Schriftsteller feststellte: „Kein Zweig der Kunst existiert nur um seiner selbst willen. Kunst ist ein Diener, und sie dient entweder Gott oder der Welt, dem Ewigen oder dem Zeitlichen, dem Geist oder dem Fleisch. Die kirchliche Kunst muss ihre Herrschaft und Form allein aus der Kirche beziehen." „Diese Regeln und Bestimmungen [in Bezug auf die Kirchenkunst] sind keineswegs willkürlich, keine äußere Ergänzung; Sie sind organisch von innen nach außen gewachsen, aus dem Geist, der die Kirche leitet, aus ihren Ansichten und aus den Bedürfnissen ihres Gottesdienstes. Und hierin liegt die Berechtigung ihrer Symbolik und ihres symbolischen Ausdrucks in der kirchlichen Kunst, solange diese innerhalb der Grenzen der Tradition bleibt. Die Kirche aus Stein muss eine sprechende Manifestation der lebendigen Kirche und ihrer Geheimnisse sein. Die Bilder an den Wänden und auf den Altären sind kein bloßer Schmuck zur Freude des Auges, sondern für das Herz ein Buch voller Belehrung, eine Predigt voller Wahrheit. Und hierdurch wird die Kunst zu einem Instrument der Erbauung für den Gläubigen erhoben, sie wird zu einem tiefgründigen Ausleger für Tausende, zu einem Übermittler und Bewahrer großer Ideen für alle Jahrhunderte." [67] Die katholische Kirche würde in ihrer Kunst das Wörtliche dem Idealen, das Besondere dem Allgemeinen, das Definitive dem Symbolischen unterordnen. „Der Ausdruck ‚Emanzipation des Einzelnen'", sagt Jakob noch einmal, „wird in der Kirche nicht gehört. Die Kunstgeschichte lehrt, dass die Kirche sich nicht der individuellen Auffassung widersetzt, sondern lediglich jene falsche Freiheit einschränkt, die die Kunst zum Diener persönlicher Launen oder der Mode machen würde."

Die Wahrheit dieses Prinzips als grundlegender Kanon der kirchlichen Kunst wird nicht wesentlich dadurch beeinträchtigt, dass es nur in bestimmten Zeiträumen und unter günstigen Bedingungen strikt durchgesetzt wurde. Wann immer die Kunst einen bestimmten Entwicklungspunkt erreicht, gelingt es der individuellen Entschlossenheit ausnahmslos, sich von der Tradition zu lösen. Die Erlangung der Technik, die mit dem unvermeidlichen Stolz auf die Technik einhergeht, befreit ihre Besitzer. Der Geist der italienischen religiösen Maler des 14. und frühen 15. Jahrhunderts, die sich damit zufrieden gaben, ihre Fähigkeiten den Bildungszwecken der Kirche zu unterwerfen, konnte angesichts der wachsenden Freude an neuen technischen Problemen und der Vision der neuen Felder, die der Kunst angesichts der Realität offen standen, nicht länger bestehen. Auf die konventionelle Behandlung der Memmis und Fra Angelicos folgte die naturalistische Darstellung der Raphaels, der Da Vincis und der Tizians. Dasselbe Ergebnis trat ein, wo die reine Kunst verfallen ist oder wo nie eine echte Wertschätzung der Kunst existierte. Das Stadium der Kirchenkunst in ihrer reinsten und erbaulichsten Form ist daher nur vorübergehend. Es existiert in der Jugendphase einer Kunst, bevor das Erlangen technischer Fertigkeiten den Wunsch nach ihrer ungehinderten Ausübung weckt und wenn religiöse Ideen gleichzeitig dominieren und allgegenwärtig sind. Auch darf die Aufrichtigkeit des religiösen Motivs in dieser Phase der künstlerischen Entwicklung nicht bezweifelt werden, wenn wir entdecken, dass die technischen Methoden mit denen der weltlichen Kunst derselben Periode identisch sind. Tatsächlich ist dieser allgemeine und konventionelle Stil, den die Kirche für ihre Zwecke geeignet findet, am charakteristischsten, wenn die Künstler praktisch keine Wahl bei ihren Methoden haben. Das Motiv der gotischen Kathedralenbauer war nicht weniger religiös, weil ihre Bau- und Dekorationsweisen auch in der städtischen und häuslichen Architektur der Zeit üblich waren. Ein ausgeprägter kirchlicher Stil hat sich nie in Rivalität mit zeitgenössischen Tendenzen in der weltlichen Kunst entwickelt, sondern nur im Einklang mit ihnen. Die historischen Kirchenstile sind auch weltliche Stile, die bis zum höchstmöglichen Grad an Verfeinerung und Pracht getragen werden. Diese Stile bleiben in der Kirche bestehen, nachdem sie in den Veränderungen der weltlichen Kunst verschwunden sind; Sie werden mit der Zeit und durch die Ehrfurcht, die der Anspruch auf übernatürliche Mission hervorruft, geheiligt, und

die Welt beginnt schließlich, sie als von Natur aus und nicht nur
als konventionell religiös zu betrachten.

A-cappella- Musik des 16. Jahrhunderts angewendet werden .
Tatsächlich gibt es kein besseres Beispiel; ihre Bedeutung und
Wirkung können nicht anders verstanden werden. Dieser
hochorganisierte, strenge und unpersönliche Stil, der unter
scheinbar ganz natürlichen Bedingungen heranwuchs und von
Laien ebenso wie von Geistlichen gefördert wurde, entsprach
schon vor seiner Reife dem von der Kirche gehegten Ideal
liturgischer Kunst; und jetzt, da er im Lauf des musikalischen
Fortschritts völlig isoliert geworden ist, erscheint diese
Übereinstimmung im Vergleich dazu noch offensichtlicher. Es
hat keine andere Form von Chormusik gegeben, die so objektiv
und unpersönlich, so frei von Stress und Leidenschaft war und so
deutlich einen erhabenen, vergeistigten Gefühlszustand
widerspiegelte. Aufgrund ihrer technischen Form und ihrer
besonderen emotionalen Anziehungskraft ist diese Musik
hervorragend geeignet, den Eindruck der katholischen Mysterien
zu verstärken. Die fromme Stimmung, die besonders durch die
katholischen religiösen Übungen gefördert wird, ist versunken
und mystisch; der Gläubige strebt danach, sich in einen
Rückzugsort im inneren Heiligtum religiöser Kontemplation
zurückzuziehen, wo kein Echo der Welt widerhallt und wo die
Seele von der bebenden Ekstase der halb enthüllten himmlischen
Herrlichkeit erschüttert werden kann. Es ist das Bewusstsein der
Nähe und Realität der unsichtbaren Welt, das jenen Schöpfungen
des katholischen Genies, in denen dieses Ideal am direktesten
symbolisiert wurde, eine so zarte und zurückhaltende Schönheit
verleiht. Von dieser klösterlichen Stimmung ist die Kirchenmusik
des Palestrina-Zeitalters die subtilste und suggestivste
Verkörperung, die jemals in der Kunst verwirklicht wurde. Sie ist
so weit wie möglich von profaner Suggestion entfernt; in ihrer
unbeschreiblichen Ruhe und einem unbeschreiblichen Ton
gezüchtigter Begeisterung, frei von jeder Spur von Kampf, mit
dem sie vibriert, ist sie das angemessenste Sinnbild jener ewigen
Ruhe, nach der sich der Gläubige sehnt.

Es ist jedoch nicht wahr, wie oft behauptet wird, dass diese
Musikform völlig charakterlos ist und dass der Stil von Kyrie,
Gloria, Crucifixus, Resurrexit und der Motetten und Hymnen,
unabhängig von ihrem Thema, immer derselbe ist. Die alten
Meister waren sowohl Künstler als auch Kirchenmänner und
wussten, wie sie ihr etwas unauffälliges Material an die

offensichtlicheren Kontraste des Textes anpassen konnten; und bei der tatsächlichen Aufführung war ein viel größerer Spielraum in Bezug auf *Nuancen* und Tempowechsel zulässig, als in der Partitur angegeben werden konnte. Wir wissen auch, dass den Chorsängern große Freiheit bei der Verwendung mehr oder weniger blumiger Verzierungen auf den geschriebenen Noten eingeräumt wurde, die manchmal improvisiert, manchmal sorgfältig erfunden, gelehrt und als vorgeschriebener Code weitergegeben wurden, dessen Tradition bis auf wenige Fälle verloren gegangen ist. Doch hielten gerade die Gesetze der gregorianischen Tonarten und das strenge kontrapunktische System derartige Ausflüge in die Ausdruckswelt in engen Grenzen, und die traditionelle Auffassung kirchlicher Kunst verbot alles, was einer drastischen, beschreibenden Buchstäblichkeit auch nur nahe kam.

Diese mittelalterliche polyphone Musik konnte ihr exklusives Prestige nicht lange behaupten, obwohl sie das vollständigste Beispiel der Kunst für die perfekte Anpassung der Mittel an einen bestimmten Zweck darstellt. Sobald die veränderte weltliche Musik stark genug war, um auf die Kirche einzuwirken, musste sie durch einen neuen Stil ersetzt werden. Es wurde festgestellt, dass eine Andachtserfahrung, die nicht weit von der spirituellen Trance entfernt war, die alles war, was die alte Musik ausdrücken konnte, nicht die einzige Geisteshaltung war, die im Gottesdienst zulässig war. Die neugeborene Kunst strebte danach, den Worten einen treffenderen und detaillierteren Ausdruck zu verleihen, und warum sollte diese Erlaubnis nicht auch der Kirchenmusik gewährt werden? Die musikalische Revolution des 17. Jahrhunderts beinhaltete die Entwicklung einer Kunst des Sologesangs und ihrer Vorherrschaft über den Chor, die Ersetzung des gregorianischen Modalsystems durch die modernen Dur- und Moll-Transpositionsskalen, eine homophone Harmoniemethode für die mittelalterliche Polyphonie Musik für *A cappella* , weltliche und dramatische Musik für religiöse Musik, der Aufstieg der Instrumentalmusik als eigenständige Kunst, die Übertragung des Mäzenatentums von der Kirche auf die Aristokratie und schließlich auf das einfache Volk. Alle modernen Gesangs- und Instrumentalformen, die in jüngster Zeit zur Reife gelangt sind, erschienen plötzlich im Embryo am Ende des 16. oder zu Beginn des 17. Jahrhunderts. Der alte Stil der Kirchenmusik kam tatsächlich nicht zum Stillstand. Die großen alten Formen wurden weiterhin von Männern gepflegt, die stolz darauf waren, den Mantel von

Palestrina zu tragen; und im 18. und 19. Jahrhundert hatten die Traditionen der römischen und venezianischen Kirchenmusikschulen genügend Vitalität, um Werke zu inspirieren, die des Vergleichs mit ihren ehrwürdigen Vorbildern nicht unwürdig waren. Die Töne dieser späteren Jünger sind jedoch nur ein dürftiger Nachhall der vielfältigen Stimmen der Vergangenheit. Die Instrumentalmesse und die Motette, verschönert mit allen neu entdeckten Mitteln der Melodie, Harmonie, des Rhythmus und der Klangfarbe, führten die Kunst der Kirche mit wehenden Bannern in weite Eroberungsregionen, und der *kontrapunktische A-cappella* -Chor blieb zurück, a stattliches Denkmal an den zurückweichenden Ufern des Mittelalters.

[NOTIZ. Ein sehr wichtiger Faktor bei der Wiederbelebung des Interesses an der mittelalterlichen polyphonen Schule ist die St. Cäcilia-Gesellschaft, die 1868 in Regensburg von Dr. Franz perfekte Verbindung zwischen Musik und Liturgie zu schaffen und eine Barriere gegen das Eindringen dramatischer und virtuoser Tendenzen zu errichten. Blühende Zweige dieser Gesellschaft gibt es in vielen der wichtigsten Kirchenzentren Europas und Amerikas. Sie ist Schirmherrin von Musikschulen, hat Zeitschriften, Bücher und Musikkompositionen herausgegeben und ihre Ansichten mit großem Nachdruck propagiert.

Nicht weniger intelligent und ernsthaft ist die Schola Cantorum von Paris, die durch musikalische Darbietungen, Ausgaben musikalischer Werke, Vorträge und Veröffentlichungen von Büchern und Aufsätzen einen starken Einfluss auf die Kirchenmusik in der französischen Hauptstadt und von dort in der ganzen Welt ausübt.]

KAPITEL VI
DIE MODERNE MUSIKALISCHE MESSE

Für jemanden, der es gewohnt ist, die Kunstgeschichte im Lichte des Evolutionsgesetzes zu studieren, scheint der Kontrast zwischen dem vorherrschenden modernen Stil der katholischen Kirchenmusik und dem des Mittelalters auf den ersten Blick sehr schwer zu erklären. Das Wachstum des *A-cappella-* Chores, der im 16. Jahrhundert seine Vollendung erreichte, lässt sich auf einen stetigen Entwicklungsprozess zurückführen, bei dem jeder Schritt eine logische Konsequenz einer früheren Erfindung war. Aber wenn wir in das folgende Zeitalter vordringen und nach einer Form katholischer Musik suchen, die als natürlicher Abkömmling und Nachfolger des ehrwürdigen mittelalterlichen Stils angesehen werden kann, stoßen wir auf etwas, das wie ein Bruch in der Kontinuitätslinie erscheint. Die antike Form behält ihre Existenz das ganze 17. Jahrhundert und einen Teil des 18. Jahrhunderts hindurch, wird aber langsam in den Hintergrund gedrängt und schließlich durch einen Stil, der, wenn wir nur auf dem Gebiet der Kirchenkunst suchen, zum Vorschein kommt, ganz aus dem Feld gedrängt keinen Vorläufer haben. Der neue Stil steht in jeder Hinsicht im Gegensatz zum alten. Anstelle von Formen, die polyphon in der Struktur, vage und unbestimmt im Plan sind und auf einem antiken Tonartensystem basieren, sind die neuen Kompositionen homophon, eindeutig und abschnittsweise im Plan und offenbaren ein völlig neuartiges Tonalitätsprinzip, das sowohl Gesangssoli als auch Chöre enthält , und unterstützt von einer kostenlosen Instrumentalbegleitung. Diese beiden gegensätzlichen Phasen der religiösen Musik scheinen hinsichtlich der technischen Organisation nichts gemeinsam zu haben, und es ist völlig offensichtlich, dass der jüngere Stil nicht aus dem älteren hervorgegangen sein kann. Kaum weniger divergieren sie hinsichtlich des Ausdrucksideals: Der antike Stil weicht nie von einer gemäßigten, leidenschaftslosen Einheitlichkeit ab, der moderne ist reich an Vielfalt und Kontrast und strebt stets nach einer Art dramatischer Darstellung von Stimmungen. Für einen Vertreter der alten Schule würde dieser blumige, begleitete Stil wie ein Eindringling aus einer völlig fremden Erfahrungssphäre erscheinen, und das Staunen wächst, wenn wir entdecken, dass er demselben nationalen Boden entsprang wie der, auf dem sein Vorgänger reifte und war wird ebenfalls von einer Institution geschätzt, die die Unveränderlichkeit in allen wesentlichen Punkten zu einem Grundprinzip gemacht hat. Woher kam der

Impuls, der eine so tiefgreifende Veränderung in einer großen historischen Kunstform bewirkte, bei der wir erwarten konnten, dass liturgische Notwendigkeiten und kirchliche Traditionen einen hartnäckigen Konservatismus verordnen würden? Welche neue Vorstellung hatte den menschlichen Geist so mächtig erfasst, dass sie sogar einen großen Teil des Musiksystems der katholischen Kirche revolutionieren konnte? Gab es eine lange Vorbereitung auf eine Veränderung, die so plötzlich erscheint? Gab es Ursachen, die unter der Oberfläche wirkten, Vorstadien, so dass die Verletzung des Gesetzes der Kontinuität nur scheinbar und nicht real war? Diese Fragen lassen sich leicht beantworten, wenn wir den nutzlosen Versuch aufgeben, den Ursprung des modernen Kirchenstils in der Ritualmusik der Vorperiode zu finden; und wenn wir alle musikalischen Bedingungen der damaligen Zeit untersuchen, werden wir schnell feststellen, dass es sich dabei um einen Eingriff in die Kirche musikalischer Methoden handelte, die unter rein weltlichen Vorzeichen gefördert wurden. Der gregorianische Choral und der mittelalterliche *A-cappella-* Chor wurden innerhalb der Kirche geboren und gepflegt und entstanden direkt aus der Notwendigkeit, musikalische Kadenzen an die rhythmischen Phrasen der Liturgie anzupassen. Der moderne Schnitt- und Blumenstil hingegen war eine Ergänzung von außen und wurde nicht als Reaktion auf irgendwelche liturgischen Anforderungen eingeführt. Dem Ursprung und der Zugehörigkeit nach war es ein weltlicher Stil, den die Kirche aus einer Notwendigkeit heraus übernahm, die sie schließlich in eine Tugend umwandeln wollte.

Diese gewaltsame Umkehrung der Traditionen der katholischen Musik war lediglich ein Detail jener universellen Revolution in der musikalischen Praxis und im Ideal, die den Übergang vom 16. zum 17. Jahrhundert kennzeichnete. Die gelehrte Musik Europas war jahrhundertelang fast ausschließlich in der Obhut kirchlicher und fürstlicher Kapellen gewesen, und ihre Musiker hatten hauptsächlich geistliche Ämter inne. Die Berufsmusiker, die in kirchliche Aufgaben vertieft waren, hatten immer mehr Messen, Motetten zu Motetten und Hymnen zu Hymnen hinzugefügt, bis die Kirche einen so großen Vorrat an geistlichen Liedern angehäuft hatte, dass er noch heute Bewunderung und Verzweiflung moderner Gelehrter hervorruft. Diese Werke, obwohl sie jede Stufe der Konstruktion von der einfachsten bis zur kompliziertesten aufwiesen, waren alle nach Prinzipien komponiert, die aus der mittelalterlichen Vorstellung melodischer Kombination abgeleitet waren. Die weltlichen Lieder, die diese

Komponisten in großer Zahl produzierten, waren trotz ihrer größeren Flexibilität und Leichtigkeit ebenfalls für Chor, meist unbegleitet, geschrieben und theoretisch nach dem gleichen System aufgebaut wie die Kirchenstücke. Es gab nichts, was Opern oder Symphonien ähnelte; es gab keine Orchester, die diesen Namen verdient hätten; Klavier-, Violin- und Orgelspiel im modernen Sinne war noch nicht einmal im Traum möglich; Sologesang steckte noch in den hilflosen Kinderschuhen. Wenn wir im Licht unserer heutigen Erfahrung bedenken, wie viele Emotionen, die sich natürlicherweise im Ton ausdrücken, durch das Fehlen einer echten weltlichen Musikkunst unerfüllt blieben, können wir die Dringlichkeit der Forderung verstehen, die am Ende des 16. Jahrhunderts die Barrieren niederriss, die die Strömungen der Musikproduktion einschränkten, und die Musik in das weite Gebiet universeller menschlicher Interessen hinausriss. Der Geist der Renaissance hatte alle anderen Kunstformen dazu gebracht, an den vielfältigen Aktivitäten und Freuden des modernen Lebens teilzuhaben, zu einer Zeit, als die Musik noch ein zufriedener Bewohner des Klosters war. Aber es war unmöglich, dass auch die Musik früher oder später nicht die verklärende Wirkung des neuen menschlichen Impulses spüren würde. Der ruhige, strenge Ausdruck des klerikalen Stils, die unbestimmten Formen, die gregorianischen Tonarten, die freie Dissonanz und geregelte chromatische Veränderungen ausschlossen, waren nicht in der Lage, mehr als eine Ideenordnung wiederzugeben. Ein völlig neues System musste her, oder die Musik musste ihre Unfähigkeit eingestehen, in das umfassendere Gefühlsleben einzutreten, das der Menschheit erst kürzlich offenbart worden war.

Der Genialität Italiens entsprach der Nachfrage. Gewöhnlich folgt auf die Vollendung irgendeiner Kunstform eine Periode des Verfalls; Künstler werden zu bloßen Nachahmern, Inspiration und schöpferische Kraft sterben aus, die Kunst wird zum Handwerk; Neues Wachstum tritt nur in einer anderen Zeit oder in einer anderen Nation und unter völlig anderen Vorzeichen auf. Dies wäre vielleicht bei der Kirchenmusik in Italien der Fall gewesen, wenn nicht eine Methode, die der, die so lange in der Kirche vorherrschte, diametral entgegengesetzt war, eine neue Schule eröffnet und ihren Siegeszug schließlich auch auf die ehrwürdigen Bereiche der Kirche selbst ausgeweitet hätte. Die Opern- und Instrumentalmusik – die beiden Strömungen, in die sich die weltliche Musik spaltete – schossen wie aus verborgenen Quellen direkt neben den alten Formen hervor, die damals gerade ihren vollen Glanz erlangten, als wollten sie zeigen, dass das italienische Musikgenie so reichlich vorhanden war Energie, die niemals zerfallen könnte, aber wenn sie in einer Richtung an ihre äußersten Grenzen stößt, könnte sie sofort in eine andere, noch brillantere und produktivere Richtung vordringen.

Die Erfindung der Oper um das Jahr 1600 wird gewöhnlich als das Ereignis von größter Bedeutung in der Übergangsperiode der modernen Musikgeschichte angesehen, doch war sie nur das auffälligste Symptom einer radikalen, umfassenden Tendenz. Während des größten Teils des 16. Jahrhunderts war man auf der Suche nach einem Musikstil, der für die Solostimme geeignet war und sich zur Darstellung der Veränderungen und Entwicklungen der Emotionen eignete, die mit einer dramatischen Darstellung verbunden sind. Das Volkslied, das nur zum Ausdruck einer einzigen einfachen Gemütsverfassung geeignet ist, war natürlich unzureichend. Die alte Kirchenmusik war hervorragend geeignet, das Bewusstsein des Menschen in seiner Beziehung zum Göttlichen auszudrücken – was fehlte, war ein Mittel, um die Emotionen des Menschen in seiner Beziehung zu seinen Mitmenschen auszudrücken. Lyrik und dramatische Dichtung blühten, aber es gab keine richtige lyrische oder dramatische Musik. Die Renaissance hatte in allen anderen Bereichen der Kunst ihre gewaltige Arbeit geleistet, aber was die Musik betraf, gab es im 14. und 15. Jahrhundert keine Renaissance. Es gibt viele Gründe, warum der Geist der Renaissance bis ins späte 16. Jahrhundert keinen nennenswerten Einfluss auf die Welt der Musik hatte. Musikalische Formen sind in ihrer Konzeption rein subjektiv; sie finden in der Natur keine Vorbilder oder auch nur Anregungen, und die Schwierigkeit, aus einer fast endlosen Zahl möglicher Kombinationen die befriedigendsten Tonanordnungen auszuwählen, zusammen mit der Notwendigkeit ständiger Anpassungen des Geistes, um den Wert der Formen zu schätzen, die er selbst erschafft, macht die musikalische Entwicklung zu einer Angelegenheit von besonderer Langsamkeit und Schwierigkeit. Die Begeisterung für die Antike, die der Wiederbelebung des Wissens und den neuen Ambitionen in Malerei und Bildhauerei eine klare Richtung gab, konnte in der musikalischen Erfindung wenig praktischen Wert haben, da die antike Musik, die sonst als Leitfaden gewählt worden wäre, völlig verloren gegangen war. Das Verlangen nach einem Stil des Sologesangs, der für dramatische Zwecke geeignet war, versuchte, mit Mitteln Befriedigung zu finden, die kindlich unzureichend waren. Nachahmungen von Volksliedern, die Kunst, einen Teil eines Madrigals zu singen, während die anderen Teile von Instrumenten gespielt wurden, waren einige der vergeblichen Versuche, das Problem zu lösen. Die Enttäuschung entlud sich in bitterem Zorn gegenüber dem kirchlichen Kontrapunkt, und es kam zu einem heftigen Konflikt zwischen den verwirrten Experimentatoren und den Anhängern der scholastischen Methoden.

Die Entdeckung, die die Sehnsüchte eines Jahrhunderts befriedigen und eine neue Kunst begründen sollte, wurde in Florenz gemacht. Um das Jahr 1580 begann ein Kreis von Gelehrten, Musikern und Amateuren, sich im Haus eines gewissen Grafen Bardi zu treffen, wo sie neben anderen gelehrten Fragen die Natur der Musik der Griechen und die Möglichkeit ihrer Wiederherstellung diskutierten. Die Theoriebildung wurde durch Experimente ergänzt, und schließlich stießen Vincenzo Galilei, gefolgt von Giulio Caccini, auf eine Art musikalischer Deklamation, halb Rede, halb Gesang, die begeistert als der lange verlorene Stil des athenischen Dramas gepriesen wurde. Eine etwas freiere und melodischere Art wurde im Wechsel mit der trockenen, formlosen Rezitation zugelassen, und diese beiden verwandten Methoden wurden bei der Aufführung kurzer lyrischer, halbdramatischer Monologe verwendet. Dies waren die Monodien von Galilei und die Nuove Musiche von Caccini. Es folgten ehrgeizigere Pläne. Mythologische Maskeraden und pastorale Komödien, die seit dem 13. Jahrhundert einen herausragenden Platz in den prachtvollen Spektakeln und Festspielen der italienischen Hoffeste eingenommen hatten, wurden mit Vertonungen der neuen deklamatorischen Musik bzw. des „ *stile recitativo* " *versehen* – und siehe da, die Oper war geboren.

Die Florentiner Erfinder der dramatischen Musik bauten besser, als sie wussten. Sie hatten nicht vor, der Musik eine neue, höhere Ebene zu geben; sie träumten nicht von den Konsequenzen, die sich ergeben würden, wenn man die Melodie aus den Fesseln des Kontrapunkts befreite. Ihre einzige Absicht war es, der Poesie durch die Verwendung von Tönen, die die natürliche Betonung der Sprache verstärken würden, mehr Ausdruck und Nachdruck zu verleihen, und in denen es keine Wiederholung oder Ausdehnung von Wörtern (wie im kontrapunktischen Stil) geben sollte, was eine Unterordnung des Textes unter die musikalische

Form mit sich bringen würde. Das Ideal des Rezitativs war der Ausdruck von Gefühlen durch eine Methode, die es dem Text ermöglicht, dem natürlichen Akzent der deklamatorischen Sprache zu folgen, ohne durch eine bestimmte musikalische Form oder Tonalität eingeschränkt zu sein und nur auf die Unterstützung der einfachsten Art von Instrumentalbegleitung angewiesen zu sein. In diesem Musikstil, sagte Caccini, ist die Sprache von größter Bedeutung, der Rhythmus an zweiter Stelle und der Ton an letzter Stelle. Diese Pioniere der dramatischen Musik, wie sie immer wieder erklärten, wünschten sich einfach eine Form der Musik, die es ermöglichte, die Wörter deutlich zu verstehen. Sie verurteilten den Kontrapunkt nicht aus musikalischen Gründen, sondern weil er dazu führte, dass der Text verschleiert und der natürliche Rhythmus gebrochen wurde. Ein derart antimusikalisches Pronunciamento wie dieses versprach keine neue musikalische Ära. Aber eine Beziehung zwischen Musik und Poesie, in der die Melodie alle ihr innewohnenden Rechte aufgibt, konnte nicht lange aufrechterhalten werden. Das Genie Italiens im 17. Jahrhundert war musikalisch, nicht poetisch. Sobald die unendlichen Möglichkeiten des Zaubers, die in der freien Melodie liegen, erkannt wurden, konnten keine Theorien platonisierender Pedanten ihren Fortschritt aufhalten. Die Ansprüche des neuen Zeitalters, verstärkt durch die besondere italienische Begabung für Melodie, schufen eine Kunstform, in der die absolute Musik über die schwächeren Ansprüche der Poesie und Rhetorik triumphierte. Das kalte, kalkulierte florentinische Musikdrama machte der lebhaften, leidenschaftlichen Oper von Venedig und Neapel Platz. Obwohl das primitive trockene Rezitativ erhalten blieb, entwickelte sich daraus das weitaus ausdrucksstärkere begleitete Rezitativ, und die große Arie erwachte zu strahlendem Leben aus den kurzen lyrischen Abschnitten, die die Florentiner in ihre langweiligen deklamatorischen Szenen einfließen ließen. Die Stimmkoloratur, die bereits in den dramatischen Stücken Caccinis aufgetaucht war, wurde zum beliebtesten Effektmittel. Die kleine Gruppe einfacher Instrumente, die in den ersten florentinischen Musikdramen verwendet wurde, verschmolz allmählich mit dem modernen vollen Orchester. Der ursprüngliche Gedanke, die poetische und szenische Absicht in den Vordergrund zu stellen, geriet in Vergessenheit, und die Oper wurde ausschließlich als Mittel zur Darstellung aller Faszinationen des Gesangs kultiviert.

So nahm ein neues Motiv die Kunst der Musik vollständig in Besitz. Aufgrund der neuen Kräfte, die ihnen offenbart wurden, würden Komponisten nun danach streben, in alle geheimen Bereiche der Seele vorzudringen und jeder Emotion, ob einfach oder komplex, eine Stimme zu geben, die durch einsame Meditation oder durch dramatische Stress- und Konfliktsituationen hervorgerufen wird. Musik sollte nun ebenso wie Malerei und Poesie die gesamte Welt der menschlichen Erfahrung einnehmen. Die gewaltigen Errungenschaften der Tonkunst der letzten zwei Jahrhunderte sind das Ergebnis dieses revolutionären Impulses. Aber die Musik konnte ihren neuen Besitz nicht auf einmal ganz verwalten. Sie musste eine technische Ausbildung absolvieren, in gewissem Umfang wie im 14. und 15. Jahrhundert, jedoch unter weitaus günstigeren Bedingungen und ganz anderen Umständen. Die Oberflächlichkeit des größten Teils der Musik des 17. und 18. Jahrhunderts ist teilweise auf die Schwierigkeiten zurückzuführen, die Komponisten bei der Beherrschung der neuen Formen hatten. Bevor man sich der Ausdrucksmöglichkeiten, die die neuen Formen enthielten, klar bewusst werden konnte, musste man sich eine Gewandtheit im Umgang mit dem Material aneignen. Das erste Problem in der Vokalmusik war die Entwicklung einer technischen Methode; und der Musikgeschmack, fasziniert von der neuen Sensation, geriet in eine extravagante Verehrung der menschlichen Stimme. Im 17. und 18. Jahrhundert trat die brillanteste Gruppe von Sängern beiderlei Geschlechts auf, die die Welt je gesehen hat. Das ganze Ausmaß der morbiden, man könnte fast sagen wahnsinnigen Leidenschaft für sinnliche, nervenaufregende Töne wird durch die Ermutigung dieser Gewalttaten gegen die Natur, den männlichen Sopran und Alt im Theater und in der Kirche hinreichend deutlich. In Italien, Frankreich und Deutschland entstand eine Komponistenschule von brillantem melodischem Genie, die diesen Sängern auffällige und pathetische Musik lieferte, die genau zu ihren besonderen Fähigkeiten passte. Italienische Melodien und italienischer Gesang wurden zur vorherrschenden Sensation in der europäischen Gesellschaft, und die Oper eroberte mühelos den Vorrang unter den modischen Vergnügungen. Die große italienische Oper war mit ihrer feierlichen Travestie antiker Charaktere und Szenen, ihren gespielten Heldentaten, ihren gestelzten Konventionalitäten, ihrer dramatischen Schwäche und ihrem stimmlichen Glanz ein lebendiges Spiegelbild des Geschmacks dieses Zeitalters der „galanten" Poesie, der Rokoko-Dekoration usw soziale

Künstlichkeit. Das musikalische Element bestand aus einer Abfolge von Arien und Duetten, die durch einen losen *Secco-Rezitativfaden* zusammengefügt wurden . Die Kostüme entsprachen der zeitgenössischen Mode, obwohl die Charaktere nach Würdenträgern des antiken Griechenlands und Roms benannt waren. Die Handlung war keineswegs historisch, sondern bestand aus Liebesgeschichten und Verschwörungen, die der Dramatiker ausgedacht hatte. Die Wahrheit über die menschliche Natur und den Ort wurde der verachteten komischen Oper überlassen. Dennoch dürfen wir nicht annehmen, dass die Anhänger dieser Musik sich ihrer wahren Oberflächlichkeit bewusst waren. Sie verehrten es nicht nur, weil es eine Sensation war, sondern weil sie es für wahr hielten; und in der Tat entsprach es jenen leichten und vergänglichen Gefühlen, die die Wollustisten des Theaters mit dem Pulsieren der Natur verwechselten. Diese Mienen waren oft zärtlich und pathetisch, aber es war die gekünstelte Zärtlichkeit und das Pathos der Modeliteratur des 18. Jahrhunderts, die sie repräsentierten. Für die tiefere Einsicht in die Gegenwart scheinen sie nichts tieferes auszudrücken als die eingebildeten Gefühle der spielenden Kinder.

Unter solchen Sanktionen wurde die italienische große Arie zur vorherrschenden Melodieform. Vom Musiker wurde nicht verlangt, dass er den Intellekt anspricht und echte Gefühle des Herzens empfindet, sondern vielmehr brillante Technik und verführerische Klangqualität. Flüchtige Nervenreizung, ständige Neuheit innerhalb bestimmter konventioneller Grenzen waren die Anforderungen, die das Publikum an Komponisten und Sänger stellte. Die Aufgabe des Dichters wurde kaum weniger mechanisch als die des Kostümbildners oder Dekorateurs. Komponisten gaben, mit wenigen Ausnahmen, der vorherrschenden Mode nach, und die musikdramatische Kunst eignete sich hauptsächlich zur Darstellung stereotyper Gefühle und zur Befriedigung der Sinne. Ich möchte nicht so verstanden werden, als würde ich den Keim der Wahrheit leugnen, der in diesem Kunstelement steckt, das Italien der modernen Welt beisteuerte. Seine späteren Ergebnisse waren erhaben und wohltätig, denn die italienische Melodie hat in den letzten zwei Jahrhunderten fast allen großartigen Errungenschaften der weltlichen Musik die Richtung vorgegeben. Ich spreche hier von den ersten Folgen der dadurch hervorgerufenen Verblendung, nämlich dem Verlust der Vorliebe für das Strenge und Erhabene und der Entstehung eines vorübergehenden, oft demoralisierenden Rausches.

Es dauerte nicht lange, bis die bezaubernde italienische Melodie die Kirche eroberte. Die populäre Nachfrage nach Melodie und Sologesang überwand die strengen Traditionen des kirchlichen Gesangs. Der dramatische und konzertante Stil drang in die Chorempore ein. Das Personal der Chöre wurde verändert und Frauen, manchmal männliche Soprane und Altisten, traten an die Stelle der Jungen. Die Primadonna machte mit ihren Trillern und Läufen die Chorempore zum Exerzierplatz ihrer Faszinationskünste. Der Chor verzichtete zugunsten des Solos, und die Kirchenarie konkurrierte mit der Opernarie in Bravour und schmachtendem Pathos. Wo der Chor in der Messe, Motette oder Hymne beibehalten wurde, gab er die engmaschige kontrapunktische Struktur zugunsten einer einfachen homophonen Struktur mit stark ausgeprägter rhythmischer Bewegung auf. Die Orchesterbegleitung verlieh der Komposition außerdem eine lebendige dramatische Färbung, und brillante Soli für Violinen und Flöten schienen den Heiligtum oft in einen Konzertsaal zu verwandeln. All dies war unvermeidlich, denn die katholischen Musiker des 17. und 18. Jahrhunderts waren sowohl Künstler als auch Kirchenmänner; Sie teilten die ästhetischen Überzeugungen ihrer Zeit und es war nicht zu erwarten, dass sie auf die Wirkungsmöglichkeiten verzichten würden, die ihnen die neuen Methoden boten. Sie waren nicht länger auf die Aufträge der Kirche angewiesen; Das Opernhaus und der Salon sicherten ihnen Lebensunterhalt und Ruhm. Die Funktionen von Kirchen- und Theaterkomponisten waren oft in einem einzigen Mann vereint. Die Klöster und Domkapellen wurden gleichberechtigt zu Ausbildungsstätten für Chor und Opernbühne. In einer Mönchszelle wurden Bernacchi und andere weltberühmte Opernsänger des 18. Jahrhunderts ausgebildet. Geistliche vereinten sich mit aristokratischen Laien in der Schirmherrschaft über die Oper; Kardinäle und Erzbischöfe besaßen Theaterlogen, und es galt nicht im Geringsten als untypisch, dass Mönche und Priester Opern schrieben und deren Aufführungen überwachten. Unter solchen Umständen ist es nicht verwunderlich, dass Kirche und Theater aufeinander reagierten und dass der sentimentale Stil, der in Opernhäusern und Salons beliebt war, endlich als der richtige Träger hingebungsvoller Gefühle akzeptiert werden sollte.

In dieser Verzierung der Liturgie in theatralischen Kostümen finden wir eine einzigartige Parallele zwischen der Geschichte der Kirchenmusik in der Übergangszeit und der Geschichte der religiösen Malerei in der Renaissance. Die bildende Kunst musste zunächst den unter dem Einfluss des Christentums entwickelten Vorstellungen einen konkreten Ausdruck verleihen, und da die ganze Absicht der frommen Disziplin darin bestand, das Denken von der tatsächlichen, weltlichen Erfahrung abzulenken, vermied die Kunst einerseits die Darstellung idealer körperlicher Schönheit und einer wissenschaftlich-historischen Korrektheit andererseits. So entstanden die naiven, symbolträchtigen Bilder des 14. Jahrhunderts, deren Hauptanliegen es war, mit symbolischen und vor allem erbaulichen Darstellungen anzuziehen und zu indoktrinieren. Die Malerei war eines der wichtigsten Mittel der Kirche, um einer Wählerschaft, für die das Schreiben nahezu unzugänglich war, Unterricht zu erteilen. Daher war die Kunst, selbst wenn sie vom byzantinischen Formalismus emanzipiert war, immer noch im Wesentlichen hieratisch, und der Maler übernahm bereitwillig ein halbpriesterliches Amt als effizienter Koadjutor des Predigers und des Beichtvaters. Mit dem fünfzehnten Jahrhundert kam die antike Kultur auf den Vormarsch, die sich mit den Tendenzen der einheimischen Italiener verband, die Kunst in eine leidenschaftliche Suche nach Schönheit zu treiben, wo auch immer sie zu finden war. Die konventionellen religiösen Themen und die traditionellen Behandlungsmethoden konnten diejenigen nicht mehr zufriedenstellen, deren Augen für die großartigen Materialien für künstlerische Behandlung geöffnet worden waren, die in der menschlichen Form, drapiert und nicht drapiert, in Landschaft, Atmosphäre, Farbe, Licht und Schatten lagen. und der durch den individualistischen Trend der Zeit gelehrt wurde, dass der Maler seinem Genie nur dann treu bleibt, wenn er sich von Formeln befreit und den Führungen seiner eigenen Instinkte folgt. Aber die Kunst konnte ihren ursprünglichen frommen Auftrag nicht ganz aufgeben. Das Zeitalter war zumindest dem Namen nach christlich, in vielen seiner Elemente sogar tatsächlich, und die Schirmherrschaft über die Künste lag immer noch zu einem großen Teil in den Händen des Klerus. Und hier stimmte die Kirche klugerweise einer Änderung der etablierten Ideale der Behandlung heiliger Themen zu. Die einheimische italienische Liebe zur Eleganz der Umrisse, zur Harmonie der Form und zur Pracht der Farben, geleitet durch das Studium der Antike, überwand die frühere Strenge und bewirkte eine Kombination aus christlicher Tradition und heidnischer Sinnlichkeit, die in Werken wie dem von Correggio und Die großen Venezianer, und manchmal sogar der reine Raffael und der strenge Michael Angelo, verleugneten völlig den Zweck der kirchlichen Kunst, die nicht darauf abzielte, Dogmen zu stärken und den Geist zu erheben, sondern das Verlangen des Auges und die Freude an der Darstellung zu befriedigen von technischem Können. Die Malerei entsprach nicht mehr einem traditionellen religiösen Typus; es folgte seinem Genie, und dieses Genie war wirklich von der Pracht der Erde inspiriert, so sehr es sich auch einreden konnte, dass es der Heiligkeit diente.

Ein bekanntes, wenn auch extremes Beispiel dieser Selbsttäuschung ist das Bild „Die Hochzeit zu Kana" von Paolo Veronese. Christus ist die zentrale Figur, aber seine Anwesenheit hat keine entscheidende Bedeutung. Er ist einfach ein imposanter venezianischer Grande, und die riesige Leinwand mit ihrer Schar elegant gekleideter Figuren in modischen Kostümen des 16. Jahrhunderts, ihrer Fülle an üppigen Gerichten und prächtigen Wandteppichen ist nichts anderes als die Darstellung eines venezianischen Staatsbanketts. Signorelli und Michael Angelo führten nackte junge Männer in Bilder der Madonna und des Christuskindes ein. Andere, wie etwa Tizian, verschwendeten alle Mittel ihrer Kunst mit offenbar gleicher Begeisterung an Madonnen und nackte Venusfiguren. Die andere Richtung, die die Malerei eingeschlagen hat und die auf historische Wahrhaftigkeit und strenge Genauigkeit in Anatomie und Ausdruck abzielt, lässt sich anhand eines Vergleichs von Rubens' „Kreuzigung" im Antwerpener Museum mit einer Kreuzigung beispielsweise von Fra Angelico veranschaulichen. Jedes Motiv war aufrichtig, aber der strenge Realismus der Flamen zeigt, wie weit sich die Kunst, selbst in der ehrfürchtigen Behandlung religiöser Themen, von der unhistorischen Symbolik entfernt hatte, die früher von der Kirche auferlegt wurde. Bei alledem lag keine illoyale Absicht dahinter; Die Kunst hatte lediglich ihre Unabhängigkeitserklärung abgegeben. ihr einziges Ziel war fortan Schönheit und Wirklichkeit; Sowohl der Körper als auch die Seele schienen es wert, studiert und verehrt zu werden. und die Kirche übernahm die neue Fähigkeit in ihren Dienst, ohne zu erkennen, dass die Welt und nicht die Religion der Gewinner sein sollte.

Derselbe Impuls führte zu analogen Ergebnissen in der Musik der katholischen Kirche. Die liturgischen Texte, die für den Chorsatz verwendet wurden, blieben unverändert, der Platz und die theoretische Funktion der musikalischen Ämter im Zeremoniell wurden nicht verändert, wohl aber die Musik, indem sie die Merkmale der Oper nachahmte und eine etwas ähnliche Wirkung auf sie ausübte Der Geist wurde von einem Ideal der Hingabe beseelt, das ganz anders war als das der Liturgie, und lehnte jene leidenschaftliche, absorbierte und universalisierte Stimmung der Anbetung ab, die in den älteren Formen der liturgischen Kunst am vollständigsten und konsequentesten verkörpert ist. Hierin liegt die Wirkung des Geistes der Renaissance auf die Kirchenmusik. Es ist nicht einfach so, dass dadurch neue musikalische Formen, neue Aufführungsstile und ein klarerer Ausdruck geschaffen wurden; Die Bedeutung der Änderung liegt vielmehr darin, dass sie den gesamten Geist der Andachtsmusik veränderte, indem sie religiösen Themen sinnlichen Charme verlieh und eine Behandlung erhielt, die vom willkürlichen Willen des Komponisten und nicht von den Traditionen der Kirche inspiriert war.

An diesem Punkt erreichen wir das wirkliche zugrunde liegende Motiv, das die Revolution in der liturgischen Musik erzwang, wie unbewusst einzelne Komponisten auch gewesen sein mögen. Ein neues Ideal des religiösen Ausdrucks machte die Abkehr vom formellen, akademischen Stil der Palestrina-Schule unvermeidlich. Der Zeitgeist, der einen subjektiveren Ausdruck in der Musik verlangte, brachte eine Forderung nach einer deutlicheren Charakterisierung der Vertonung der heiligen Texte mit sich. Der Komponist konnte sich nicht länger mit einer bescheidenen Nachahmung der Formen zufrieden geben, die die Kirche als angemessenen Ausdruck ihrer Haltung gegenüber den göttlichen Mysterien festgelegt hatte, sondern beanspruchte das Vorrecht, den Text gemäß den Vorgaben seines eigenen menschlichen Gefühls und seiner besonderen Methode als Künstler auszumalen. Die mittelalterliche Musik war die Musik des Klosters und der Kapelle. Sie war erhaben, vage, abstrakt; es war, als ob sie alle besonderen und vorübergehenden Emotionen, die die heilige Geschichte und die Glaubensartikel hervorrufen könnten, in sich aufnahm und sie zu einem verallgemeinerten Typus sieben und verfeinerte, wobei besondere, individuelle Erfahrungen in dem allgemeineren Gefühl von Ehrfurcht und Verzückung aufgelöst wurden, das die Herzen einer Versammlung in anbetender Haltung erfüllt. Es war die Stimmung des Gebets, die diese Musik zum Ausdruck brachte, und zwar nicht das Gebet eines Einzelnen, der von seinen eigenen persönlichen Hoffnungen und Ängsten aufgewühlt wird, sondern das Gebet der Kirche, das alle gemeinsamen Bedürfnisse der Gläubigen umfasst und sie am Gnadenstuhl mit der Ruhe darbringt, die ehrfürchtiges Vertrauen erweckt. So sind in den alten Messen das Kyrie eleison und das Miserere nobis nie qualvoll; das Crucifixus versucht nicht, die Trauer eines imaginären Zuschauers der Szene auf Golgatha darzustellen; das Gloria in excelsis und das Sanctus zwingen den Jubelton nie zu einer rasenden Erregung; Die Vertonung des Dies Irae in der Requiemmesse unternimmt keinen Versuch, ein realistisches Bild der Schrecken des Jüngsten Gerichts zu zeichnen.

Vergleichen Sie nun eine typische Messe der modernen Schauspielschule und sehen Sie, wie unterschiedlich die Konzeption ist. Die Musik von Gloria und Credo schwelgt in allen Möglichkeiten für Veränderung und Kontrast, die der abwechslungsreiche Text bietet; Das Dona nobis Pacem verklingt in Klängen zarter Sehnsucht. Denken Sie an den traurigen Unterton, der durch das Crucifixus von Schuberts As-Dur-Messe pocht, den schrecklichen Krach, der in das Miserere nobis im Gloria von Beethovens D-Dur-Messe bricht, die Flut der Ekstase, die durch das Sanctus von Gounods St.-Cäcilia-Messe strömt und die fast süßliche Süße des Agnus Dei, der Lärm der Blechblasinstrumente in der Tuba mirum von Berlioz' Requiem. Beachten Sie an vielen Stellen die starke stilistische Ähnlichkeit zwischen Verdis Requiem und seiner Oper „Aida". In solchen Werken, die ziemlich typisch für die moderne Schule sind, schreibt der Komponist aus einem unabhängigen Impuls heraus, ohne daran zu denken, sich kirchlichen Vorschriften oder liturgischen Bräuchen unterzuordnen. Er versucht nicht nur, seinen eigenen Geisteszustand darzustellen, der von den Ideen des Textes beeinflusst wird, sondern strebt oft auch danach, seine Musik mit dramatischen Methoden malerisch zu gestalten. Ihm scheint nicht bewusst zu sein, dass es einen Unterschied zwischen religiöser Konzertmusik und Kirchenmusik gibt. Das klassische Beispiel für diese Verwirrung ist das Dona nobis Pacem von Beethovens Missa Solemnis, wo der Komponist eine Reihe von Militärmusik einführt, um die gegensätzlichen Schrecken des Krieges anzudeuten. Dieses Mittel, wie Beethoven es verwendet, ist überaus eindrucksvoll und schön, aber es steht im Widerspruch zur Bedeutung des Textes und zum gesamten Geist der Liturgie. Die Vorstellung eines großen Teils der modernen Massenmusik scheint nicht darin zu bestehen, dass das Ritual, zu dem sie gehört, ein Gebet ist, sondern dass es sich vielmehr um ein prächtiges Spektakel handelt, das die Fantasie anregen und die Sinne faszinieren soll. Es ist diese veränderte Auffassung, die dem größten Teil der modernen Kirchenmusik zugrunde liegt und die Schriftsteller wie Jakob dazu veranlasst, die moderne Schule in seinem Abriss der Geschichte der katholischen Kirchenmusik überhaupt nicht zu berücksichtigen, so wie Rio Tizian verurteilt als der Maler, der maßgeblich zum Verfall der religiösen Malerei beitrug.

Im Mittelalter waren die Künstler in Schulen oder Gilden zusammengefasst, wobei jeder auf sein Initiativrecht verzichtete und seine Werke nach den gesetzlichen Formeln seines Handwerks gestaltete. Der moderne Künstler ist ein Separatist; sein Ruhm liegt in dem Ausmaß, in dem er sich über die ererbte Technik erhebt und seiner Arbeit eine persönliche Qualität verleiht, die zu seinem eigenen kreativen Geschenk an die Welt wird. Die Kirchenmusik des 16. Jahrhunderts war die einer Schule; die Komponisten, obwohl sie eigentlich keine Mitglieder einer Gilde waren, arbeiteten auf genau denselben technischen Grundlagen und produzierten Messen und Motetten von einer Uniformität, die oft akademisch und eintönig wird. Der moderne Komponist bringt seinen unverwechselbaren persönlichen Stil in Kirchenstücke ein. Die Erhabenheit und die heftigen Kontraste von Beethovens Symphonien, der elegische Ton von Schuberts Liedern, die Zauber der Melodie und die Pracht der Farben in den Opern von Verdi und Gounod sind ebenfalls charakteristische Merkmale der Messen dieser Komponisten. Die ältere Musik konnte dem Text unterwürfig folgen, da es keine vorgeschriebene musikalische Form gab, die ausgearbeitet werden musste, und Kadenzen konnten immer dann auftreten, wenn ein Satz zu Ende ging. Die modernen Formen hingegen, die aus aufeinanderfolgenden und proportionalen Abschnitten bestehen, implizieren die Notwendigkeit von Kontrast, Durchführung und Höhepunkt – eine Anordnung, die durch kein entsprechendes System im Text notwendig ist. Dies allein würde oft zu einem Mangel an Übereinstimmung zwischen Text und Musik führen, und der Komponist würde leicht in die Gewohnheit verfallen, der bloßen musikalischen Ausarbeitung mehr Beachtung zu schenken als der Bedeutung der Worte. Darüber hinaus gab es im 15. und 16. Jahrhundert keinen radikalen Konflikt zwischen dem kirchlichen und dem weltlichen Musikstil; soweit weltliche Musik von den professionellen Komponisten gepflegt wurde, war sie nicht mehr als eine leichte Abweichung vom kirchlichen Modell. Profane Musik kann man als einen Zweig der religiösen Musik bezeichnen. In der modernen Zeit ist diese Beziehung umgekehrt; weltliche Musik in Opern- und Instrumentalform hat die Kirchenmusik umgestaltet, und letztere ist in gewissem Sinne ein Zweig der ersteren.

Neben der Entwicklung der Schnittform diente eine weitere technische Änderung dazu, die alten Hindernisse für den charakteristischen Ausdruck abzubauen. Ein wesentliches Merkmal der mittelalterlichen Musik, das aus der Natur der gregorianischen Tonarten resultierte, war der sehr geringe Einsatz chromatischer Notenveränderungen und das Fehlen freier Dissonanzen. Modulation im modernen Sinne kann in einem rein diatonischen Schema nicht existieren. Der Zusammenbruch des modalen Systems kündigte sich an, als die Komponisten mit der Ruhe und Farblosigkeit der modalen Harmonien ungeduldig wurden und begannen, der Abwechslung halber unerwartete Dissonanzen einzuführen. Die chromatischen Veränderungen, die gelegentlich in der alten Musik auftreten, sind zufällig verstreut; Sie vermitteln dem modernen Ohr den Eindruck von Hilflosigkeit, wenn der Komponist eine Modulation vornehmen will und sofort wieder in die alte Tonalität zurückfällt. Es war daher sowohl eine Notwendigkeit als auch eine Tugend, dass die Kirchenmusik des alten Regimes den ruhigen, gleichmäßigen Fluss beibehielt, der uns für ihre liturgische Absicht so wichtig erscheint. Aus diesen Gründen lässt sich vielleicht auf das, was über das in den ruhigen, strengen Tönen der alten Meister verkörperte Andachtsideal gesagt wurde, erwidern, dass sie in dieser Angelegenheit keine Wahl hatten. Folgt daraus, könnte man fragen, dass diese Männer nicht im modernen Stil geschrieben hätten, wenn sie die Mittel dazu gehabt hätten? Einige von ihnen hätten das wahrscheinlich getan, andere mit ziemlicher Sicherheit nicht. Viele Schriftsteller, die die alte Form ins 17. Jahrhundert trugen, hatten tatsächlich die Wahl und widersetzten sich ihr; Sie verteidigten standhaft die traditionellen Prinzipien und verurteilten die neuen Methoden als schädlich für die reine Kirchenmusik. Die Gesetze, die in der Entwicklung der kirchlichen Kunst wirken, scheinen auch zu erfordern, dass die Musik dieselben Stadien durchlaufen sollte wie die Bildhauerei und die Malerei: erstens die Stufe der Symbolik, die Beschränkung auf bestimmte Konventionen gemäß den kirchlichen Vorschriften; danach die Befreiung von den Fesseln der

Schulformeln, die Emanzipation von allen Gesetzen außer denen der freien Bestimmung des individuellen Genies. An diesem Punkt hört die Autorität auf, das Diktat weicht der Überzeugung, und die Kunst dient immer noch den höheren Zielen der Kirche, nicht aus Angst, sondern aus Ehrfurcht vor den Lehren und Appellen, die die Kirche als ihren Beitrag zu den edleren Einflüssen der Kirche aussendet Alter.

Der Schriftsteller, der die Geschichte der modernen Musikmesse nachzeichnen möchte, hat eine ganz andere Aufgabe als die, vor der der Historiker des Mittelalters steht. Im letzteren Fall ist, wie bereits gezeigt, eine Verallgemeinerung vergleichsweise einfach, da wir es mit Musik zu tun haben, in der Unterschiede der Nationalität und des individuellen Stils kaum auftauchen. Die moderne katholische Musik hingegen folgt den Strömungen, die den Verlauf der weltlichen Musik prägen. Wo weltliche Musik formalisiert wird, wie in der frühen italienischen Oper, neigt religiöse Musik dazu, in einer ähnlichen Routine zu versinken. Wenn andererseits so geniale Männer wie Beethoven, Berlioz, Liszt, Verdi Werke rein individueller Prägung zur allgemeinen Entwicklung der Musikkunst beitragen, bilden ihre Kirchenkompositionen keine Ausnahme, sondern unterscheiden sich ebenfalls scharf davon andere derselben Klasse. Der Einfluss der Nationalität macht sich bemerkbar — es gibt einen charakteristischen Stil für Italien, einen anderen für Süddeutschland und Österreich, einen anderen für Paris, obwohl diese Unterschiede unter dem Lösungsmittel des modernen Kosmopolitismus tendenziell verschwinden. Die Kirche diktiert keine bestimmte Norm oder Methode, und daher haben lokale Tendenzen nahezu unkontrolliert ihren Lauf genommen.

Die katholische Musik hat alle Schwankungen des europäischen Geschmacks geteilt. Die Leichtigkeit des 18. und frühen 19. Jahrhunderts war in der Messe ebenso deutlich wie in der Oper. Der Aufschwung der Musikkultur in den letzten hundert Jahren hat die kirchliche Komposition mit sich gebracht, so dass fast alle seit Palestrina entstandenen Werke, auf die die Kirche am meisten stolz sein kann, aus dem 19. Jahrhundert stammen. Eines der letzten Ergebnisse der modernen Stilfreiheit und der Tendenz zum individuellen Ausdruck ist der Brauch, Messen als freie Kompositionen statt für liturgische Zwecke zu schreiben und sie in öffentlichen Sälen oder Theatern auf die gleiche Weise wie

Oratorien aufzuführen. Mozart schrieb sein Requiem im Auftrag eines Privatmäzens. Beethovens Missa Solemnis war nicht zum gewünschten Zeitpunkt für eine Weihezeremonie fertig, überschritt die Dimensionen einer Gottesdienstmesse völlig und wurde ohne jegliche Aussicht auf einen liturgischen Zweck fertiggestellt. Cherubinis Messe in d-Moll und Liszts Große Messe wurden jeweils für einen einzigen Anlass komponiert, und beide wurden, wie die Requiems von Berlioz und Dvořák, zwar oft in Konzerten gehört, aber nur sehr selten im Gottesdienst aufgeführt. Selbst Protestanten wie Bach, Schumann, Hauptmann, Richter und Becker haben Messen geschrieben. Messen, die unter dem gleichen Impuls geschrieben werden wie gewöhnliche Konzert- und Schauspielwerke, verstoßen leicht gegen den kirchlichen Geist und fallen in die Kategorie der religiösen Werke, die nicht kirchlich sind, und es mag oft notwendig erscheinen, sie wegen ihrer Halbheit den Kantaten zuzuordnen -dramatischer Ton. In Produktionen wie Bachs h-Moll-Messe, Beethovens Missa Solemnis und Berlioz' Requiem haben wir Werke, die eine eigene Phase der Kunst darstellen, keine Messen im eigentlichen Sinne, denn sie fügen sich nicht richtig in das kirchliche Zeremoniell ein und tragen auch nicht zur besonderen Andacht bei Stimmung, die die Kirche fördern will, während sie in ihrer allgemeinen Konzeption doch durch ein lockeres Band an den Altar gebunden sind. Diese mächtigen Schöpfungen stehen so isoliert da, dass man fast sagen könnte, sie verherrlichen die Religion im Abstrakten und nicht das Bekenntnis der katholischen Kirche.

Die veränderten Bedingungen in Bezug auf das Mäzenatentum hatten auf die Messe die gleiche Wirkung wie auf andere Bereiche der musikalischen Komposition. In früheren Perioden bis zum Ende des 18. Jahrhunderts war der professionelle Komponist fast ausnahmslos ein bezahlter Beamter, der als persönlicher Diener eines Hofes, sei es weltlich oder geistlich, angestellt war und seinen Kompositionsstil mehr oder weniger dem Geschmack seines Arbeitgebers anpassen musste. Ein Sixtus V. konnte Palestrina dafür tadeln, dass er mit einer bestimmten Messe nicht zufrieden war, und ihn ermahnen, in Zukunft bessere Arbeit zu leisten. Haydn konnte es kaum wagen, Neuerungen in den von seinen erhabenen Meistern, den Esterházys, gebilligten Stil der religiösen Musik einzuführen. Mozart schrieb alle seine Messen, mit Ausnahme des Requiems, für die Kapelle des

Fürsterzbischofs von Salzburg. In dieser Einrichtung war die Länge der Messe vorgeschrieben, die zur Tradition gewordene Schreib- und Aufführungsweise behinderte die freie Entfaltung, und daher zeugen Mozarts Werke dieser Art überall von Zwängen. Andererseits waren die führenden Komponisten des heutigen Jahrhunderts, die sich mit der Messe beschäftigt haben, frei von solchen willkürlichen Zwängen. Sie haben Messen nicht als Teil einer Routinepflicht geschrieben, sondern weil sie von den heiligen Worten inspiriert wurden und von dem Wunsch, ihr Genie dem Altar der Kirche als freie Gabe darzubringen. Sie waren in der Regel ergebene Kirchenmänner, aber sie hatten das Gefühl, dass sie die Sympathie der Kirche hatten, wenn sie die Rechte des Künstlers gegenüber bischöflichem Konservatismus und lokalem Brauch geltend machten. Das Ergebnis zeigt sich in einer Gruppe von Werken, die, was auch immer die strengen Zensoren als Mängel in ihrer erbaulichen Qualität ansehen mögen, zumindest darauf hinweisen, dass es auf dem Gebiet der Tonkunst keinen notwendigen Konflikt zwischen Katholizismus und dem freien Geist der Zeit gibt.

Unter diesen Bedingungen hat die Messe im modernen Musikzeitalter verschiedene Richtungen eingeschlagen und unterschiedliche nationale und individuelle Gesichtszüge angenommen. Die neapolitanische Schule, die im 18. Jahrhundert der italienischen Oper das Gesetz gab, stattete die Messe mit der gleichen sanften Sinnlichkeit der Melodie und dem sentimentalen Pathos des Ausdrucks aus, zusammen mit einer trockenen, kalkulierten Art von Harmonie in den Chorteilen, die das Werk nie berührte tiefe Gefühlsakkorde und dennoch einen Ton der Nüchternheit und Würde bewahrend. Wie in Italien und Frankreich gepflegt, degenerierte die Masse später zu einer Rivalität auf Augenhöhe mit der oberflächlichen, fesselnden, süßlichen Melodie der späteren Neapolitaner und ihrer Nachfolger Rossini und Bellini. In dieser Schule der sogenannten religiösen Musik ging oft jeglicher Sinn für Angemessenheit verloren, und eine übertriebene, profane Behandlung war nicht nur erlaubt, sondern sogar gefördert. Perversionen, die kaum als blasphemisch zu bezeichnen sind, hatten in der Ritualmusik freien Lauf. Franz Liszt greift in einem Brief an eine Pariser Zeitschrift aus dem Jahr 1835 die Musik, die in den katholischen Kirchen der Stadt zur Schau gestellt wurde, scharf an. Er beklagt sich über die sakrilegischen Virtuosendarbietungen der Primadonna, die erbärmlichen Chöre, die vulgären Possen des Organisten, der in den feierlichsten Momenten der heiligen Zeremonie Galopps und

Variationen aus komischen Opern spielt. Ähnliche Zeugnisse sind von Zeit zu Zeit aus Italien gekommen, und es scheint, dass die beklagenswertesten Abweichungen von der reinen Kirchentradition genau dort aufgetreten sind, wo man erwarten würde, dass die strengsten Prinzipien loyal eingehalten werden. Das berühmteste erhaltene Beispiel dafür, zu welchen Konsequenzen die virtuosen Tendenzen in der Kirchenmusik unweigerlich führen müssen, wenn sie nicht durch eine wirklich fromme Kritik kontrolliert werden, ist Rossinis Stabat Mater. Dieses frivole Werk wird in katholischen Gotteshäusern häufig mit großem *Eklat aufgeführt, als ob dem Klerus die fast unglaubliche Leichtigkeit, die das herzzerreißende Pathos von Jacopones unsterblicher Hymne umhüllen könnte, gleichgültig wäre – eine Hymne, die von der* Kirche gebührend geehrt wird und einen Platz unter ihnen einnimmt die fünf großartigen Sequenzen – mit Klängen, die besser zur lebhaften Unbeschwertheit der Opera Buffa passen.

Ein anderer Zweig der Messe wurde von der neapolitanischen Schule nach Österreich geschickt, und hier waren die Ergebnisse, wenn auch für den besseren Geschmack der heutigen Zeit unbefriedigend, weitaus edler und fruchtbarer als in Italien und Frankreich. Die Gruppe österreichischer Kirchenkomponisten, vertreten durch die beiden Haydns Mozart, Eybler, Neukomm, Sechter und andere dieser Zeit, schuf eine Form der Kirchenmusik, die viel vom trockenen, formalen und pedantischen Geist der Zeit annahm Regelmäßigkeit der Form, wissenschaftliche Korrektheit und bewusste Anstandshaltung wurden oft mehr berücksichtigt als emotionaler Eifer. Bestimmte Konventionen, wie eine floride kontrapunktische Behandlung des Kyrie mit seiner langsamen Einleitung, gefolgt von einem Allegro, die Fugen beim Cum Sanctu Spiritu und dem Et Vitam, der regelmäßige Wechsel von Solo- und Chornummern, verleihen der typisch österreichischen Messe etwas Starre , oberflächliche Miene, und erzeugen in der Praxis die Wirkung, die immer dann auftritt, wenn der Ausdruck stereotyp wird und die Form über die Substanz gestellt wird. Mozarts Messen, mit Ausnahme des schönen Requiems (das sein letztes Werk war und in eine andere Kategorie gehört), waren das Ergebnis seiner Kindheit, geschrieben, bevor sein Genie Selbstbehauptung erlangte, und unter Bedingungen, die für die freie Ausübung des Werkes ausgesprochen ungünstig waren Vorstellung.

Die Massen Joseph Haydns stehen etwas abseits der strengen österreichischen Schule, denn obwohl sie sich äußerlich in der

Regel an die örtlichen Gepflogenheiten halten, sind sie weitaus individueller und besitzen eine ausgesprochen persönliche Freiheit und Lebensfreude. Unter den strengeren Kritikern der Kirchenmusik ist es zur Mode geworden, Haydns Messen vorbehaltlos zu verurteilen, da sie offensichtliche Beispiele für den Geschmacksverfall in der religiösen Kunst sind, der zu den deprimierenden Hinterlassenschaften des 18. Jahrhunderts zählt. Ein großer Teil dieser Kritik ist berechtigt, denn Haydn verliert allzu oft das Gesetz aus den Augen, das verlangt, dass Musik die Bedeutung und den Zweck des Textes verstärken und nicht im Widerspruch dazu stehen sollte. Haydns Messstil ist oft nicht von seinem Oratorienstil zu unterscheiden. Seine Koloraturarien sind leichtfertig und werden oft in so feierlichen Momenten eingesetzt, dass sie beleidigend wirken. Selbst wenn der Singstimme eine angemessene Feierlichkeit verliehen wird, wird der gewünschte Eindruck häufig durch einen kitschigen Schnörkel im Orchester zerstört. Die Brillanz der Refrains ist oft pompös und hohl. Haydns Genie war vor allem instrumental; er war praktisch der Schöpfer der modernen Symphonie und des Streichquartetts; Seine musikalischen Formen und Ausdrucksweisen schöpften aus zwei unterschiedlichen Quellen, die es sich zur Aufgabe gemacht hatte, sie in Einklang zu bringen und zu idealisieren, *nämlich:* , die italienische Adelsoper und der Tanz und Gesang des einfachen Volkes. Ein außergewöhnlicher Sinn für Form und eine instinktive Sympathie für alles, was spontan, freundlich und rassig ist, machten ihn zu dem, was er war. Die Fröhlichkeit seines Wesens war unbändig. Es lag außerhalb seiner Macht, düstere Musik zu schreiben. Es gibt nicht in all seinen Werken eine melancholische Note; Nachdenklichkeit war der tiefste Ton, den er anschlagen konnte. Er versuchte, den fröhlichen Ton seiner Kirchenmusik zu verteidigen, indem er sagte, dass er ein solches Gespür für die Güte Gottes habe, dass er nur voller Freude an ihn denken könne. Diese Erklärung war vollkommen aufrichtig, aber Haydn war kein Philosoph genug, um die Schwachstelle dieser Art von Ästhetik zu erkennen. Doch trotz der offensichtlichen Mängel von Haydns Messstil war er aus historischer Sicht ein Versprechen auf Fortschritt und kein Zeichen von Entartung. Denn es markierte die Einführung echter, wenn auch fehlgeleiteter Gefühle in die Anbetungsmusik anstelle der langweiligen Konformität mit der Routine. Haydn war zwar weit davon entfernt, das Problem der Kirchenmusik zu lösen, aber er trug dazu bei, einer Form neues Leben einzuhauchen, die Gefahr lief, zu verkümmern.

Zwei Messen von Weltrang erheben sich über die Mittelmäßigkeit der österreichischen Schule wie die Türme einer gotischen Kathedrale über den eintönigen Ziegeldächern einer mittelalterlichen Stadt: das Requiem von Mozart und die Missa Solemnis von Beethoven. Mozarts unvollendetes Meisterwerk übertrifft jeden Vergleich mit den religiösen Werken seiner Jugend, und als sein Abschied von der Welt konnte er ihm einen Ton von Pathos und Erhabenheit verleihen, den man in der kalten, objektiven Behandlung der üblichen Messen des 18. Jahrhunderts kaum gekannt hatte. Die Hand des Todes lag auf Mozart, als er die unsterblichen Seiten des Requiems niederschrieb, und in dieser Krise konnte er fühlen, dass er frei war von den Diktaten der Mode und des Präzedenzfalls. Dieses Werk ist vielleicht nicht alles, was wir in diesen feierlichen Umständen erwarten könnten. Mozarts exquisites Genie war eher für die Aufgabe geeignet, in der sein wahrer Ruhm liegt, nämlich die alte italienische Oper zu ihren höchsten Möglichkeiten der Anmut und Naturtreue zu erheben. Er hatte nicht jene Gefühlstiefe und Vorstellungskraft, die die Werke von Bach, Händel und Beethoven zum erhabensten Ausdruck der Ehrfurcht vor den Geheimnissen von Leben und Tod machen. Dennoch ist es völlig frei von dem Firlefanz, der Haydns Messen entstellt, sowie von der trockenen Scholastik vieler früher religiöser Werke Mozarts. Sätze wie Confutatis, Recordare und Lacrimosa – Sätze, die unsagbar ernst, tröstend und ergreifend sind – zeugten davon, dass ein neuer und erhabenerer Geist in die Kirchenmusik Einzug gehalten hatte.

Die Missa Solemnis Beethovens, komponiert zwischen 1818 und 1822, kann aus liturgischer Sicht kaum betrachtet werden. Aufgrund der Weitläufigkeit seiner Dimensionen steht es in keinem Verhältnis zu der Zeremonie, zu der es theoretisch gehört, und seine nahezu beispiellose Schwierigkeit in der Ausführung und die Erhabenheit seiner Chorhöhepunkte machen es außerhalb der Reichweite aller außer den außergewöhnlichsten Chören. Daher wird es als Konzertwerk nur von Gesangsvereinen mit voller Orchesterbesetzung aufgeführt. Aus diesen Gründen ist es nicht den Gottesdienstmessen der katholischen Kirche zuzuordnen, sondern kann neben der h-Moll-Messe von Sebastian Bach platziert werden, die beide außerhalb aller üblichen Vergleiche stehen. Jede dieser kolossalen Schöpfungen steht auf ihrer eigenen, einsamen Erhebung, der klanglichen Projektion der religiösen Vorstellungen zweier gigantischer, allumfassender Intellekte. Für keines dieser beiden

Werke ist die katholische Kirche streng verantwortlich. Sie gehen nicht aus dem Innern der Kirche hervor. Bach war ein strenger Protestant; Obwohl Beethoven nominell ein Anhänger der katholischen Kirche war, hatte er fast keinen Anteil an ihrer Gemeinschaft, und sein religiöser Glaube war, soweit es heißt, eine Art pantheistischer Mystizismus. Beide herausragenden Künstler ließen in den späteren Phasen ihrer Karriere ihrer Fantasie freien Lauf und übertrafen nicht nur nahezu alle verfügbaren Aufführungsmöglichkeiten, sondern schienen auch bestrebt zu sein, musikalische Formen und die Kräfte von Instrumenten und Stimmen über ihre Grenzen hinaus zu forcieren die Bemühungen, das zu verwirklichen, was durch kein menschliches Medium realisierbar ist. In diesem Unterfangen gingen sie bis an die Grenzen des Erhabenen und erbrachten Leistungen, die Staunen und Ehrfurcht hervorrufen. Diese beiden Massen entziehen sich jeder Nachahmung und repräsentieren keine Schule. Der Geist des Individualismus in der religiösen Musik kann nicht weiter gehen.

Die letzten auf österreichischem Boden entstandenen Werke von internationaler Bedeutung sind die von Franz Schubert. Von seinen sechs lateinischen Messen sind vier jugendliche Werke, rein und anmutig, aber nicht besonders bedeutsam. Mit seinen Es- und As-Messen nimmt er jedoch einen Platz in der oberen Reihe der Messkomponisten dieses Jahrhunderts ein. Die Es-Dur-Messe wird durch die Diffusität geschwächt, die Schuberts Hauptsünde war; Das As ist prägnanter und nachhaltiger in seiner Exzellenz und durchaus für den praktischen Gebrauch zugänglich. Beide enthalten Sätze von reinster, idealer Schönheit und aufrichtigem Anbetungsgeist und erreichen oft eine Größe, die frei von Sensationsgier ist und ganz im Einklang mit dem Ton der Ehrfurcht steht, der selbst die jubelndsten Momente der Liturgie durchdringt.

Der erhabene Idealismus, der in Werken wie Mozarts Requiem, Beethovens D-Dur-Messe, Schuberts letzten beiden Messen und in geringerem Maße in Webers Es-Dur-Messe zum Ausdruck kommt, ist trotz lokaler und vorübergehender Reaktionen nie aus der deutschen Messe verloren gegangen. Komponisten wie Kiel, Havert, Grell und Rheinberger haben edle Dienste geleistet, indem sie die deutsche katholische Musik an der Tradition der Ernsthaftigkeit und Wahrheit festhielten, die in diesem Jahrhundert in der deutschen weltlichen Musik Gestalt angenommen hat. Es muss jedoch gesagt werden, dass die deutsche katholische Kirche im Allgemeinen, insbesondere in den ländlichen Gebieten, gegenüber den berechtigten Ansprüchen eines tieferen Ausdrucks hingebungsvoller Gefühle zu oft abgestumpft war und den Trend der italienischen Masse und der oberflächlicheren beibehalten hat Produkte der österreichischen Schule. Gegen diese Gleichgültigkeit hat die St. Cecilia Society ihre edlen Missionsbemühungen ausgerichtet, bisher jedoch mit teilweisem Erfolg.

Wenn wir unsere Beobachtung auf Italien und Frankreich richten, stellen wir fest, dass die Musik der Kirche zu jeder Zeit wohlwollend auf die Schwankungen der weltlichen Musik reagiert. Erhaben und würdevoll, wenn auch etwas kalt und zurückhaltend, in den Schriften der edleren Geister der neapolitanischen Schule wie Durante und Jomelli, süß und anmutig bis hin zur Verweichlichung bei Pergolesi, sinnlich und zuckersüß bei Rossini, imposant und massiv, zuweilen ansteigend epische Größe bei Cherubini, mal ekstatisch und üppig bei Gounod, leidenschaftlich und leidenschaftlich bei Verdi – die kirchliche Musik der lateinischen Nationen bietet Werke von bezaubernder Schönheit, manchmal dem reinen Andachtsideal treu, manchmal pervers und durch ihre Isolation dazu dienend veranschaulichen die Abhängigkeit der Inspiration des Kirchenkomponisten von den allgemeinen Bedingungen des Musikgeschmacks und -fortschritts. Die Musiker Frankreichs und Italiens, die als Kirchenkomponisten eine herausragende Rolle spielten, gehörten nicht nur zu den führenden Opernkünstlern, sondern ihre Ideale und Methoden in der Oper ähnelten auch stark denen, die sie in ihren religiösen Produktionen zum Ausdruck brachten. Es ist unmöglich, die kraftvollen Massen von Cherubini mit ihrer Pracht und Majestät der Bewegung, ihrer zurückhaltenden und pathetischen Melodie, ihren grandiosen Dimensionen und ihrer üppigen Orchestrierung von den zeitgenössischen Tendenzen in der dramatischen Kunst zu trennen, die in der „historischen Schule" des Grand entstanden Oper, wie sie in den anspruchsvollen Werken von Spontini und Meyerbeer zum Ausdruck kommt. Man könnte sagen, dass sie in der Kirchenkunst den hohlen Glanz des französischen Imperialismus widerspiegeln. Einem solchen Ausdruck kann jedoch vorgeworfen werden, dass er den unbestreitbaren Verdiensten der Massen Cherubinis nicht gerecht wird. Als Mensch und Musiker gebührt Cherubini grenzenloser Respekt für seine unerschütterliche Aufrichtigkeit in einer Zeit der Täuschung, seine kompromisslose Behauptung seiner Würde als Künstler in einer Zeit der Speichelleckerei und den soliden Wert seiner Leistung inmitten oberflächlicher Ziele und Ziele mittelmäßige Ergebnisse. Als Kirchenkomponist überragt er seine Vorgänger des 18. Jahrhunderts in puncto Gelehrsamkeit und Vorstellungskraft so sehr, dass seine Messen nicht unwürdig sind, neben Beethovens Missa Solemnis als Vorboten der höheren Ziele zu stehen, die sich bald im Bereich der Kirchenmusik durchsetzen sollten . Sein Requiem in c-Moll muss insbesondere aufgrund seiner exquisiten Zärtlichkeit, Gedankenbreite, edlen Ausdrucksweise und der Vermeidung jeglichen Übermaßes an Aufregung oder Trübsinn zu den bewundernswertesten modernen Beispielen reiner katholischer Kunst gezählt werden.

Lesueurs (1763-1837) Bemühen, einen malerischen und imitativen Stil in die Kirchenmusik einzuführen – der trotz vieler auffallender und ansprechender Ergebnisse als eine falsche Richtung in der Kirchenmusik bezeichnet werden muss – war typisch französisch und wurde in Werken wie Berlioz' Requiem und bis zu einem gewissen Grad in den Messen und Psalmen Liszts fortgeführt. Trotz seiner ungarischen Herkunft war Liszts Genie dem der Franzosen in seiner Tendenz, jeden musikalischen Impuls mit einem Bild oder einer geistigen Vorstellung zu verbinden, die in klaren, konkreten Umrissen erfasst werden konnte, sehr ähnlich. In seiner Jugend verkündete Liszt in seiner Verzweiflung über die Degeneration der liturgischen Musik in Frankreich und ihre völlige Trennung vom wirklichen Leben des Volkes die Notwendigkeit einer *Annäherung* zwischen Kirchenmusik und Volksmusik. In einem Artikel, den er 1834 für eine Pariser Zeitschrift schrieb und der nur noch als Fragment erhalten ist, stellte er sich einen neuen Stil religiöser Musik vor, der „Theater und Kirche in kolossaler Beziehung vereinen und zugleich dramatisch und feierlich, imposant und einfach, festlich und ernst, feurig und ungezwungen, stürmisch und ruhig, klar und leidenschaftlich sein sollte." Diese Ausdrücke sind zu vage, um als Programm für eine neue Kunstbewegung zu gelten. Sie implizieren jedoch einen Protest gegen die einseitige Operntendenz der Zeit und zeigen gleichzeitig die Überzeugung, dass das Problem nicht durch eine pedantische Reaktion auf das alte strenge Ideal gelöst werden kann, sondern dass die alten und neuen Bestrebungen, liturgische Angemessenheit und charakteristischer Ausdruck, Ehrfurcht vor der Stimmung und

Anerkennung der Ansprüche des zeitgenössischen Geschmacks in gewisser Weise in Einklang gebracht werden sollten. Der Mann, der sein ganzes Leben lang das Theater als Mittel der Volksbildung begriff und als Hofkapellmeister in Weimar danach strebte, dieses Konzept zu verwirklichen, beklagte auch jede Entfremdung zwischen der kirchlichen Zeremonie und den intellektuellen und emotionalen Gewohnheiten und Neigungen des Volkes. Als ergebener Kirchenmann, der die alte kirchliche Tradition verehrte, und zugleich ein Musiker des fortgeschrittenen modernen Typs, strebte Liszts Instinkt mehr oder weniger blind nach einer Verbindung zwischen der priesterlichen Auffassung religiöser Kunst und dem allgemeinen künstlerischen Geist der Zeit. Eine solche Vision schwebte ihm offensichtlich in den Messen, Psalmen und Oratorien seiner späteren Jahre vor, wie ihr häufiges Streben nach dem Pittoresken zusammen mit einer Neigung zu den älteren kirchlichen Formen zeigt. Diese beiden Ideale sind wahrscheinlich unvereinbar; jedenfalls besaß Liszt nicht das Genie, sie auf überzeugende Weise zu vereinen.

Unter den späteren kirchlichen Komponisten Frankreichs sticht Gounod durch seine faszinierenden melodischen Fähigkeiten hervor, die den Ruhm der Messe der heiligen Cäcilia fast mit dem der Oper „Faust" gleichgesetzt haben. Tatsächlich gibt es kaum ein besseres Beispiel für die moderne Tendenz der dramatischen und religiösen Stile, die Züge des anderen widerzuspiegeln, als in der engen Parallelität, die in Gounods weltlichen und kirchlichen Produktionen auftritt. Seine Kunst ist so verbindlich, oder vielleicht könnten wir sagen, so neutral, dass eine ähnliche Qualität schmelzender Kadenz entsteht, um die gegenseitigen Bekenntnisse verliebter Seelen und die Verzückungen des himmlischen Strebens darzustellen. Diejenigen, die Gounods religiöse Musik aus diesem Grund als sinnlich verurteilen, haben einige Gründe auf ihrer Seite, doch niemand hat jemals gewagt, Gounod der Unaufrichtigkeit zu bezichtigen, und es kann gut sein, dass sein breites menschliches Mitgefühl genügend Übereinstimmung zwischen der Verehrung eines irdischen Ideals sah und das eines Himmlischen – beides impliziert die Aufgabe des Selbstbewusstseins in der Sehnsucht nach einem Glück, das im Moment das höchste vorstellbare ist – um den musikalischen Ausdruck beider im Wesentlichen ähnlich zu machen. Das heißt, der Komponist vergisst liturgische Ansprüche zugunsten des rein

Menschlichen. Dieses Prinzip beinhaltet zweifellos die Zerstörung der Kirchenmusik als besondere Kunstform, aber es ist sicher, dass die Welt insgesamt, wie die immense Popularität von Gounods religiösen Werken zeigt, keine Inkongruenz erkennt und eine solche Verwendung nicht für profan hält . Die Kritik aller außer den strengsten wird durch die reine, seraphische Schönheit entwaffnet, die diese selbstgefällige Kunst von Gounod oft offenbart. Die berauschende Süße seiner Melodie und Harmonie versinkt nie in einer Rossinschen Leichtfertigkeit. An Gounods Ehrfurcht vor der Kirche und ihren Kunstidealen kann kein Zweifel bestehen. Die Ansichten eines Mannes über den richtigen Ton der Kirchenmusik werden weitgehend von seinem Temperament bestimmt, und Gounods Temperament war so warm wie das eines Orientalen. Er bot der Kirche sein Bestes an, und wie die Heiligen Drei Könige Gold, Weihrauch und Myrrhe einem unter Rindern in einem Stall geborenen Säugling brachten, so kleidete Gounod mit einer ebenso aufrichtigen Hingabe seine Gebete in Töne, die so ekstatisch waren, dass sie mit ihnen verglichen wurden Die leidenschaftlichsten Akzente von „Faust" und „Romeo und Julia" sind zahm. Er war ein intensiver Schüler von Palestrina, Mozart und Cherubini, und in seinen Werken sind deutliche Spuren der Stile dieser Meister erkennbar.

Etwas ähnliche Qualitäten, wenn auch weit weniger sensationell, finden sich in den Produktionen dieser bewundernswerten Schar von Organisten und Kirchenkomponisten, die dem Kunstleben der französischen Hauptstadt heute so viel Glanz verleihen. Die Kultur solcher Vertreter dieser Schule wie Guilmant, Widor, Saint-Saëns, Dubois, Gigout ist so solide fundiert und ihre Ansichten über religiöse Musik so vernünftig, dass die Methoden und Traditionen, die sie gewissenhaft etablieren, nur einer Stärkung bedürfen von noch größerem Genie, Werke hervorzubringen, die dem Katholizismus noch größere Ehre verleihen werden, als sie bisher durch die Hingabe ihrer musikalischen Söhne in Frankreich erhalten hat. Keine reinere oder edlere Art religiöser Musik ist in diesen letzten Tagen aufgetaucht als in den Kompositionen von César Franck (1822-1890). Während des größten Teils seines Lebens wurde er von allen außer einer hingebungsvollen Gruppe von Schülern übersehen oder verachtet, im Geiste und in der Gelehrsamkeit war er mit den Palestrinas und den Bachs verbündet, und es gibt viele, die ihn in Bezug auf Genie zu den Besten zählen Französische Musiker des 19. Jahrhunderts.

Die religiösen Werke Verdis könnten ähnlich charakterisiert werden wie die von Gounod. Auch bei Verdi finden wir eine wahrhaft kindliche Hingabe an die katholische Kirche, verbunden mit einem Temperament, das sich leicht zur Weißglut reizen lässt, wenn er seiner musikalischen Inspiration ausgesetzt ist, und einem Genie für Melodien und verführerische harmonische Kombinationen, in denen er unter modernen Komponisten kaum seinesgleichen findet. In seinem Manzoni Requiem, Stabat Mater und Te Deum sind diese Qualitäten nicht weniger deutlich als in „Aida" und „Otello", und es wäre müßig, ihre fromme Aufrichtigkeit aufgrund ihrer verschwenderischen Fülle nervenaufreibender Effekte zu leugnen. Die Kontroverse zwischen den Verächtern und den Verteidigern des Manzoni Requiems ist mittlerweile etwas abgestanden und muss hier nicht wiederbelebt werden. Wer diese Kunst jedoch angesichts der immerwährenden Bedeutung der Frage, was Reinheit und Angemessenheit in der Kirchenkunst ausmacht, wiederbeleben möchte, muss sich gerechterweise in die rassisch-religiösen Gefühle eines Italieners hineinversetzen und auch die unbestreitbare Andeutung des Dramatischen im katholischen Ritual sowie die natürliche Wirkung des katholischen Zeremoniells und seiner besonderen Atmosphäre auf die leidenschaftlicheren und enthusiastischeren Gemüter berücksichtigen.

Die eindrucksvollsten Beiträge zur katholischen liturgischen Musik seit Verdis Requiem sind zweifellos das Requiem und das Stabat Mater von Dvořák. Der gesamte Reichtum an Klangfarben, der in der Palette dieses Meisters der Harmonie und Instrumentierung enthalten ist, wurde in diese beiden großartigen Partituren gelegt. Obwohl er Verdi in Bezug auf Vielfalt und Pracht der Melodie unterlegen ist, übertrifft der böhmische Komponist den großen Italiener in Bezug auf Massivität, Würde und unfehlbaren guten Geschmack. Es besteht kein Zweifel, dass Dvořáks Stabat Mater allen anderen Vertonungen überlegen ist — es ist die einzige, abgesehen von Verdis viel kürzerem Werk, die dem Pathos und der Zartheit dieser unsterblichen Sequenz würdig ist. Das Requiem von Dvořák ist trotz seiner Tendenz zur Monotonie ein Werk von außerordentlicher Schönheit, das oft in Erhabenheit mündet, und ist, abgesehen von seinen rein musikalischen Qualitäten, bemerkenswert als das wertvollste

Geschenk an die katholische Kunst, das aus dem oft rebellischen Land Böhmen gekommen ist.

Der Versuch, die Zukunft der katholischen Kirchenmusik vorherzusagen, wäre sinnlos. In der hastigen Untersuchung, die wir in den letzten drei Jahrhunderten über die katholische Messe gemacht haben, konnten wir kein Gesetz der Entwicklung entdecken, außer der fast einstimmigen Zustimmung der Hauptkomponisten, das Gesetz abzulehnen und den heiligen Text der Heiligen Schrift und der Liturgie als Grundlage zu verwenden Grundlage von Werken, in denen nicht das allgemeine Bewusstsein der Kirche zum Ausdruck gebracht werden soll, sondern die Emotionen, die durch die Wirkung heiliger Ideen auf unterschiedliche Temperamente und unterschiedliche künstlerische Methoden hervorgerufen werden. Es gibt keine Anzeichen dafür, dass dieser Grundsatz der individuellen Freiheit aufgegeben wird. Dennoch wird die zunehmende Ehrerbietung, die der Autorität entgegengebracht wird, das zunehmende Studium der Werke und Ideale der Vergangenheit, das in der Kultur der Gegenwart so offensichtlich ist, hier und da in Teilreaktionen zum Ausdruck kommen. Der Geist der Gegenwart wird eklektisch, nachdem er die erfolgreiche Lösung bestimmter moderner Probleme und die Unfruchtbarkeit anderer gesehen hat. Nirgendwo wird dies deutlicher als im Bereich der Musikkultur, sowohl religiöser als auch säkularer Natur. Wir sehen, dass in vielen einflussreichen Kreisen die Frage immer dringlicher wird: Was ist Wahrheit und Angemessenheit? — während früher Neuheit und „Wirkung" gefordert wurden. Unter dieser besseren Inspiration entstanden viele schöne Werke, die sich durch Würde, Mäßigung und eine fast strenge Zurückhaltung auszeichnen und eine scharfe Unterscheidung zwischen dem richtigen kirchlichen Ton und dem für Konzert- und dramatische Musik geeigneten Ton treffen und so die Idee der Unpersönlichkeit, des Ausdrucks, erneut wiederherstellen im Lied die Vorstellung der Väter, dass die Kirche eine Zuflucht ist, ein Rückzugsort vor den Stürmen der Welt, ein Ort der Buße und der Wiederherstellung des Vertrauens in die nahe Gegenwart des Himmels.

Messen wie Beethovens Missa Solemnis, Cherubinis d-Moll, Rossinis Messe Solennelle, Gounods Heilige Cäcilia, Berlioz' und Verdis Requiems sind, so erhaben und unsagbar schön sie auch aus allgemein menschlicher Sicht sein mögen, in gewissem Sinne doch skeptisch. Sie offenbaren eine Stimmung der Erregung, die

die Kirche in ihren organisierten Gottesdiensten nicht beabsichtigt. Und doch werden solche Werke weiterhin produziert, und die Kirche wird sie in dankbarer Anerkennung der aufrichtigen Ehrerbietung annehmen, die ihre Schöpfung bedeutet. Es liegt in der Natur des höchsten künstlerischen Genies, dass es seine eigenen wilden Impulse nicht zurückhalten kann, um sie einem Typ oder einer äußeren Tradition anzupassen. Es wird seine eigenen individuellen Emotionen zum Ausdruck bringen oder es wird gelähmt und stumm werden. Die religiösen Kompositionen, die sich in Form und Ausdruck demütig einem strengen liturgischen Standard unterwerfen, werden von Schriftstellern der dritten oder vierten Klasse stammen, so wie die Kirchenhymnen, mit wenigen Ausnahmen, nicht das Werk großer Dichter, sondern von Männern mit geringerer künstlerischer Begabung waren, die in erster Linie Kirchenmänner und nur in zweiter Linie Dichter waren. Dies wird zweifellos das Gesetz für alle Zeiten sein. Die Michelangelos, die Dantes, die Beethovens werden für immer Regeln brechen, selbst wenn es die Regeln einer geliebten Mutter Kirche sind.

Die Zeiten sind jedoch vorbei, in denen wir einen Verfall wie den der Kirchenmusik vor hundert oder mehr Jahren befürchten mussten. Die Grundsätze so geweihter Kirchenmusiker wie Witt, Tinel und der Leiter der St. Cecilia-Gesellschaft und der Pariser Schola Cantorum, der Einfluss des Willens der Kirche, der in all ihren Ermahnungen zum Thema liturgischer Gesang zum Ausdruck kommt, das wachsende Interesse am Studium der Meister der Vergangenheit und mehr als alles andere die Entwicklung einer vernünftigen Auffassung von Kunst als Detail der höheren und allgemeinen Bildung müssen unvermeidlich unter Geistlichen, Chorleitern und der Bevölkerung zu einer zunehmenden Überzeugung von der Wichtigkeit von Reinheit und Angemessenheit der Kirchenmusik führen. Dass viele katholische Kirchen dieses und anderer Länder Reformen benötigen, ist allgemein bekannt. Ein Grund für die häufige Gleichgültigkeit der Priester gegenüber dem Zustand der Chormusik in ihren Kirchen ist zweifellos das Wissen, dass Chor und Orgel letztendlich nur Zubehör sind; dass die Kirche mit dem gregorianischen Gesang eine Gesangsform besitzt, die die gesetzliche, universelle und unveränderliche Grundlage der musikalischen Zeremonie bildet, und dass jegliche Verfälschung der Emporenmusik niemals bis ins Herz des Systems vordringen kann. Die Kirche hat in der Tat das Glück, diesen Altargesang zu besitzen, die einigende Kette, die niemals gelöst werden kann.

Umso mehr Grund also, warum dieses Bewusstsein der Einheit alle Teile der Zeremonie durchdringen und der Geist des liturgischen Gesangs sogar mit der großen Freiheit moderner musikalischer Experimente verschmelzen sollte.

Kapitel VII:
Der Aufstieg der lutherischen Hymnodie

Die Musik der protestantischen Kirche Deutschlands übernimmt zwar viele Merkmale ihres großen Gegenspielers, weist aber dennoch gewisse Kontrastpunkte auf, die nicht nur für die spätere Geschichte des Kirchengesangs von größter Bedeutung sind, sondern auch als bezeichnend für bestimmte auffällige nationale Merkmale zu den Ursachen des Schismas im 16. Jahrhundert. Das Musiksystem der katholischen Kirche ging vom gregorianischen Gesang aus, der streng genommen ein Teil des Priesteramtes ist. Die lutherische Musik hingegen basiert hauptsächlich auf dem Gemeindehymnus. Der eine ist klerikal, der andere weltlich; das eine offiziell, vorgeschrieben, liturgisch, unabänderlich, das andere frei, spontan und demokratisch. In diesen beiden Formen und Idealen finden sich die gleichen Vorstellungen wider, die insbesondere die Lehre, den Gottesdienst und die Regierung dieser widerstrebenden Konfessionen charakterisieren.

Wie wir gesehen haben, entzog die katholische Kirche konsequent das Amt des Gesangs den Laien und übertrug es einer gesonderten Gruppe, die zunächst aus dem niederen Klerus übernommen wurde und von der man auch in späteren Perioden annahm, sie übe eine halbgeistige Stellung aus. Bürofunktion. Gemeindesingen wurde von der katholischen Kirche zwar nicht offiziell und ausnahmslos verboten, wurde aber nie gefördert, und Gesang wird ebenso wie Gebete im Wesentlichen als liturgisches Amt angesehen.

In der protestantischen Kirche ist die Barriere eines vermittelnden Priestertums zwischen dem Gläubigen und seinem Gott niedergerissen. Die gesamte christliche Gemeinschaft wird als universelles Priestertum anerkannt, das durch einen Mittler, Jesus Christus, Zugang zum Vater hat. Dieses Konzept gibt die Ämter der Anbetung an die Gemeinschaft der Gläubigen zurück, die ihrerseits ihre Verwaltung an bestimmte Amtsträger delegieren, die zusammen mit bestimmten unabhängigen Privilegien, die mit dem Amt verbunden sind, gemeinsam mit den Laien an der Entscheidung über Glaubens- und Politikfragen beteiligt sind.

Es war eine ganz natürliche Folge dieses Prinzips, dass Gemeindelieder einen Platz im protestantischen Kultus einnehmen sollten, den die katholische Kirche nie gebilligt hat. Der eine hat es gefördert und beharrlich aufrechterhalten; der andere verdrängte es konsequent – nicht aus ästhetischen Gründen oder in erster Linie aus Gründen der Andachtswirkung, sondern tatsächlich durch eine mehr oder weniger deutliche Wahrnehmung seiner Bedeutung im Hinblick auf die theoretische Beziehung des Einzelnen zur Kirche. Auf diese Weise sollen die Kämpfe um Volkslieder im öffentlichen Gottesdienst erklärt werden, die in der frühen Geschichte des Protestantismus auftraten. Der emanzipierte Laie fand in der Generalhymne sowohl ein Symbol als auch ein Mittel zur Durchsetzung seiner neuen Rechte und Privilegien im Evangelium. Das Volkslied des frühen Protestantismus hat daher einen militanten Klang. Es markiert seine Epoche nicht weniger bedeutsam als Luthers 95 Thesen und das Augsburger Bekenntnis. Es war eine Art spirituelles *Triumphlied*, das dem Universum verkündete, dass der Tag der spirituellen Emanzipation angebrochen sei.

Der zweite grundlegende Unterschied zwischen der Musik der protestantischen und der katholischen Kirche besteht darin, dass die Volkssprache den Platz des Lateinischen einnimmt. Der natürliche Wunsch eines Volkes ist es, in seiner Muttersprache Gottesdienst halten zu können. Da die Abspaltung von der alten Kirche unvermeidlich zur Bildung nationaler oder unabhängiger Kirchen führte, galten die Notwendigkeiten, die in der katholischen Kirche eine gemeinsame Liturgiesprache aufrechterhielten, nicht mehr, und das Volk griff auf seine Nationalsprache zurück.

Unter den historischen Gruppen von Hymnen, die erschienen sind, seit Clemens von Alexandria und Ephraem der Syrer die Welle des christlichen Gesangs in Gang setzten, ist das lutherische Hymnenwesen für den Studierenden der Kirchengeschichte das interessanteste. An literarischer Vortrefflichkeit wird es zweifellos von den lateinischen Hymnen der mittelalterlichen Kirche und der englisch-amerikanischen Gruppe übertroffen; an musikalischem Wert steht es diesen kaum nach; doch was die historische Bedeutung angeht, nimmt das lutherische Lied den ersten Platz ein. Die lateinischen und die englischen Hymnen gehören nur zur Geschichte der Poesie und der inneren spirituellen Erfahrung; die lutherischen haben auch ihren Platz in den Annalen der Politik und der Lehrstreitigkeiten. Das deutsche protestantische Hymnenwesen geht auf Martin Luther zurück; seine Texte dienten ein Jahrhundert oder länger als Vorbild für die Hymnen der reformierten Kirche in Deutschland. Das Prinzip, das seiner Bewegung zugrunde lag, verlieh ihnen ihren charakteristischen Ton; Sie gehörten zu den wirksamsten Mitteln, um diesen Grundsatz in das Bewusstsein der einfachen Leute zu tragen, und sie trugen auch stark zu der Begeisterung bei, die es dem neuen Glauben ermöglichte, sich in den Konflikten, durch die er auf die Probe gestellt wurde, zu behaupten. Die Melodien, auf die die Hymnen Luthers und seiner Anhänger gesetzt wurden, wurden zur Grundlage eines Musikstils, der als einzige Schule würdig ist, neben die italienische katholische Musik des 16. Jahrhunderts gestellt zu werden. Diese Hymnen und ihre Musik boten dem poetischen und musikalischen Genie des deutschen Volkes erstmals eine angemessene Möglichkeit, sich auszudrücken, und begründeten die prägenden demokratischen Traditionen der deutschen Kunst gegenüber den aristokratischen Traditionen Italiens und Frankreichs. Da wir die spirituelle und intellektuelle Kraft, die mit Luther und seinen Schülern die europäische Arena betrat, nicht überschätzen können, müssen wir auch die analogen Elemente anerkennen, die sich im selben Moment und unter derselben Inspiration auf dem Gebiet des künstlerischen Ausdrucks durchsetzten und dieser Bewegung eine Sprache gaben, die uns auf besondere Weise hilft, ihre wahre Bedeutung zu verstehen.

Die ersten Fragen, die sich bei der Verfolgung der historischen Zusammenhänge der frühen lutherischen Hymnodie stellen, sind: Was war ihr Ursprung? Gab es Modelle, und wenn ja, welche und wo waren sie? War Luther ein Original oder nur ein Nachahmer, als er dem deutschen Volk einen Vorrat an Gemeindeliedern schenkte? Verdient er in diesem Bereich seiner Arbeit die Ehre, die ihm die Protestanten zuteil wurden?

Protestantische Schriftsteller haben Luther in der Regel uneingeschränkt gelobt als den Mann, der dem Volk erstmals eine Stimme gab, mit der es seine religiösen Gefühle in Liedern ausdrücken konnte. Die meisten dieser Schriftsteller sind sich zweifellos bewusst, dass eine nationale Poesie niemals die Schöpfung eines einzelnen Mannes ist und dass einer brillanten Epoche nationaler Literatur oder Kunst immer eine Periode des Experimentierens und der Gärung vorausgehen muss; dennoch neigen sie dazu, der Existenz eines populären religiösen Liedes in Deutschland vor der Reformation wenig Beachtung zu schenken und stellen Luther fast so dar, als vollbringe er das Wunder, die Stummen zum Sprechen zu bringen. Selbst diejenigen, die die

Tatsache einer bereits bestehenden Hymnenschule anerkennen, versuchen gewöhnlich den Eindruck zu erwecken, dass reine evangelische Religion in der populären religiösen Poesie der Jahrhunderte vor der Reformation fast, wenn nicht sogar ganz, unbekannt war und dass die lutherische Hymnenlehre aus völlig neuartigen Elementen bestand. Sie schreiben Luther auch kreative Arbeit in der Musik wie in der Poesie zu. Katholische Schriftsteller hingegen gestehen Luther keinerlei Originalität zu; sie finden oder geben vor, jedes wesentliche Merkmal seines Werkes in den katholischen Hymnen und Melodien der vorhergehenden Jahrhunderte oder in denen der böhmischen Sektierer zu finden. Sie geben zu, dass Luthers Hymnen einen großen Einfluss bei der Verbreitung der neuen Lehren hatten, zollen ihm jedoch nur Anerkennung für die Geschicklichkeit, mit der er seine entlehnten Ideen und Formen in ein volkstümliches Gewand kleidete. Wie das bei Kontroversen gewöhnlich der Fall ist, liegt die Wahrheit zwischen den beiden Extremen. Luthers Originalität wurde von den Protestanten überschätzt und die wahre Natur der Keimkraft, die er dem deutschen Gemeindegesang verlieh, wurde von den Katholiken falsch verstanden. Luther gab seiner Kirche keine neuen Formen, sondern einen neuen Geist. Er brach nicht mit der Vergangenheit, sondern fand in der Vergangenheit einen neuen Ausgangspunkt. Er suchte die Wahrheit in der Heiligen Schrift, in den Schriften der Kirchenväter und der mittelalterlichen Theologen; Er verwarf, was er an der Mutter Kirche für falsch oder unfruchtbar hielt, übernahm und entwickelte, was wahr und fruchtbar war, und brachte es in Formen, deren Stil dem Volk bereits vertraut war. In Poesie, Musik und den verschiedenen Einzelheiten des Gottesdienstes überarbeitete Luther die alten Modelle und gab sie seinen Anhängern mit geläuterten Inhalten weiter, die den Bedürfnissen angepasst waren, die er ihnen selbst bewusst gemacht hatte. Er verstand den Charakter seines Volkes; er wusste, wo er die Nahrung fand, die ihren Bedürfnissen entsprach; er wusste, wie er ihre Begeisterung in praktische und fortschrittliche Bahnen lenken konnte. Dies war Luthers Leistung auf dem Gebiet der Kirchenkunst, und wenn wir angesichts der genauen Natur seines Werkes seinen Ruf als schöpferisches Genie in Frage zu stellen scheinen, werden wir ihm besser gerecht, wenn wir seine praktische Weisheit ehren.

Das Singen religiöser Lieder durch das einfache Volk in seiner eigenen Sprache im Zusammenhang mit dem öffentlichen Gottesdienst begann in Deutschland nicht erst mit der

Reformation. Das deutsche Volkslied ist uralten Ursprungs, und die religiöse Lyrik hat darin immer einen prominenten Platz eingenommen. Die germanischen Stämme hatten vor ihrer Bekehrung zum Christentum einen großen Vorrat an Hymnen an ihre Gottheiten, und danach stellte sich ihr musikalischer Eifer nicht weniger leidenschaftlich in den Dienst ihrer neuen Loyalität. Wackernagel enthält im zweiten Band seiner monumentalen Sammlung deutscher Hymnen von den frühesten Zeiten bis zum Beginn des 17. Jahrhunderts 1448 religiöse Lyrik in deutscher Sprache, die zwischen 868 und 1518 verfasst wurden. [68] Diese Sammlung, sagt er, sei so vollständig wie möglich, aber wir müssen annehmen, dass eine sehr große Anzahl davon, die vor der Erfindung des Buchdrucks geschrieben wurden, verloren gegangen ist. Ungefähr die Hälfte der Hymnen in diesem Band sind von unbekanntem Autor. Unter den genannten Autoren finden wir so namhafte Dichter wie Walther von der Vogelweide, Gottfried von Straßburg, Hartmann von Aue, Frauenlob, Reinmar der Zweter, Kunrad der Marner, Heinrich von Loufenberg, Michel Behem und Hans Sachs, neben berühmten Kirchenmännern wie Eckart und Tauler, die sonst nicht als Dichter bekannt sind. Viele dieser Gedichte sind nur im eingeschränkten Sinne Hymnen, da sie nicht für den öffentlichen Gebrauch, sondern zur privaten Befriedigung geschrieben wurden; viele andere sind jedoch wahre Hymnen und sind oft bei gesellschaftlichen religiösen Veranstaltungen aus den Mündern der Menschen erklungen.

Bis ins 10. Jahrhundert war der einzige Brauch unter den Deutschen, den man als populäres Kirchenlied bezeichnen konnte, der Ausruf der Worte *Kyrie eleison, Christe eleison* . Diese Phrasen, die zu den ältesten in der Messe und den Litaneien gehören und ursprünglich aus der Ostkirche stammen, wurden von den deutschen Christen bei allen möglichen Gelegenheiten gesungen oder gerufen. Bei Prozessionen, auf Pilgerfahrten, bei Beerdigungen, zur Begrüßung angesehener Besucher, zur Weihe einer Kirche oder eines Prälaten, in vielen untergeordneten liturgischen Ämtern, bei Anrufungen übernatürlicher Hilfe in Zeiten der Not, auf dem Marsch, beim Auszug in die Schlacht — bei fast jeder gesellschaftlichen Handlung, bei der es um religiöse Sanktionen ging, waren die Menschen verpflichtet, diese Phrase auszusprechen, oft mehrere hundert Mal hintereinander. Die Worte wurden oft zu *Kyrieles, Kyrie eleis, Kyrielle, Kerleis* und *Kles abgekürzt* und wurden manchmal zu bloßen unartikulierten Rufen.

Als der Satz offiziell gesungen wurde, wurden die ihm im Gottesdienst eigenen gregorianischen Töne verwendet. Bei einigen davon handelte es sich um üppige Abfolgen von Tönen, viele davon auf eine Silbe, wie im Alleluia, aus dem die Sequenzen hervorgingen – eine freie, leidenschaftliche Form emotionaler Äußerung, die im Dienst der früheren Kirche sowohl im Osten als auch im Westen weit verbreitet war. und das im Orient immer noch, manchmal in übertriebener Länge, eingesetzt wird. Schließlich entstand der Brauch, diesen überschwänglichen Klängen Worte beizufügen. Dieser Gebrauch nahm zwei Formen an: Im rituellen Gottesdienst entstanden die „farced Kyries" oder Tropes und im freieren Gesang des Volkes entstand eine regelmäßigere Art von Hymne, in der das *Kyrie eleison* schließlich zu einem bloßen Refrain wurde Ende jeder Strophe. Diese Lieder wurden später „*Kirleisen* " oder „ *Leisen* " und manchmal auch „*Leiche*" *genannt* und weisen den deutschen Gemeindehymnus in seiner ersten Form auf.

Religiöse Lieder vermehrten sich in den Jahrhunderten nach dem zehnten Jahrhundert in fast geometrischer Progression. Die Flut erreichte im zwölften und dreizehnten Jahrhundert einen Höhepunkt während jenes außergewöhnlichen intellektuellen Erwachens, das die Epoche der Kreuzzüge, der Stauffen-Kaiser, der Minnesänger und der höfischen Ependichter kennzeichnete. Unter dem Anreiz der Ideale ritterlicher Ehre und ritterlicher Hingabe an die Frau brach die Anbetung der Jungfrau Maria, die seit langem im Schoß der Kirche gehegt wurde, in einer Vielzahl ekstatischer Texte zu ihrem Lob aus. Die höfischen Dichter vermittelten der Geistlichkeit und dem einfachen Volk poetische und musikalische Inspiration, und die Liebe zum Singen bei religiösen Feierlichkeiten wuchs rasch. Bestimmte Ketzer, die in dieser Zeit viel Aufsehen erregten, schrieben ebenfalls Hymnen und legten sie dem Volk in den Mund, womit sie dem frühen Beispiel der Arianer und der Schüler von Bardasanes folgten. Um dieser Perversion der göttlichen Kunst entgegenzuwirken, wurden orthodoxe Lieder komponiert, und wie in den Tagen der Reformation wetteiferten Schismatiker und Katholiken miteinander im Einsatz dieses mächtigen Mittels zur Bekehrung.

Mystiker des 14. Jahrhunderts – Eckart, Tauler und andere – schrieben Hymnen mit einem neuen Ton, einer inneren spirituellen Qualität, weniger objektiv, mehr individuell, und brachten die Sehnsucht nach einer unmittelbaren Vereinigung der Seele mit Gott und der Freude persönlicher Liebe zum Ausdruck zum Erlöser. Gedichte dieser Art gefielen besonders den Ordensschwestern, und aus vielen Klöstern kamen Echos dieser züchtigen Verzückungen, in denen die Sehnsucht nach der tröstenden Gegenwart des himmlischen Bräutigams zu hören ist.

Diese halbwahnsinnigen Fanatiker, die Flagellanten, und andere Enthusiasten des 13. und 14. Jahrhunderts trugen ebenfalls zum Schatz an vorreformatorischen Hymnodien bei. Hoffmann von Fallersleben hat die barbarischen Machenschaften dieser Selbstquälerbanden anschaulich beschrieben, und es ist offensichtlich, dass ihr Gesang nicht das unheimlichste Merkmal ihrer Auftritte war. [69]

Im 14. Jahrhundert tauchte das Verfahren auf, das bei der Produktion der reformatorischen Hymnen eine so große Rolle spielte: die Anpassung weltlicher Melodien an religiöse Gedichte und die Anfertigung religiöser Paraphrasen weltlicher Lieder. Lobpreisungen der Liebe, des Outdoor-Sports und sogar des Weins wurden durch ein paar einfache Änderungen vorgenommen, um hingebungsvolle Gefühle auszudrücken. Ein gutes Beispiel für diese Praxis ist die Umfassung des Lieblingsvolksliedes „Den liepsten Bulen den ich han" in „Den liepsten Herren den ich han". Viel häufiger war jedoch die Übertragung von Melodien aus profanen Gedichten auf religiöse, eine Methode, die später zu einem wichtigen Hilfsmittel für die Versorgung der reformierten Gemeinden mit Hymnenmelodien wurde.

Gemischte Lieder, teils lateinisch, teils deutsch, waren einst sehr in Mode. Ein gefeiertes Beispiel ist das

„In dulce jubilo

Nu singet und seyt her"

des vierzehnten Jahrhunderts, die bis in die jüngste Vergangenheit hinein oft in den reformierten Kirchen zu hören war.

Im 15. Jahrhundert erlebte das populäre religiöse Lied eine Blüte, die selbst in den ersten beiden Jahrhunderten des Protestantismus kaum übertroffen wurde. Obwohl es noch immer unter der Kontrolle der katholischen Lehre und Disziplin steht, zeugt es dennoch von einer gewissen Ruhelosigkeit des Geistes; der angeborene Individualismus des deutschen Geistes bereitet sich darauf vor, sich durchzusetzen. Das 15. Jahrhundert war ein Jahrhundert der Aufregung und der Forschung, voller Vorahnungen der bald folgenden Umwälzungen. Die

Wiederbelebung der Gelehrsamkeit begann, Deutschland sowie Süd- und Westeuropa aus seinem Aberglauben und seiner intellektuellen Unterwerfung zu reißen. Die religiösen und politischen Bewegungen in Böhmen und Mähren, die durch die Predigten und das Martyrium von Hus in Gang gesetzt wurden, hatten in Deutschland große Auswirkungen. Hus griff einige der gleichen Missbräuche an, die den Zorn Luthers erregt hatten, insbesondere den Ablasshandel. Die Forderung nach der Verwendung der Volkssprache im Gottesdienst war sogar noch grundlegender als der ähnliche Wunsch in Deutschland und ging der Reformbewegung eher voraus als dass sie ihr folgte. Hus war auch ein Prototyp Luthers, da er praktisch der Begründer der böhmischen Hymnen war. Er schrieb Hymnen sowohl auf Latein als auch auf Tschechisch und ermutigte die Menschen nachdrücklich, Lieder in der Volkssprache zu verwenden. Die Utraquisten veröffentlichten 1501 ein Liederbuch in tschechischer Sprache und 1505 das Unitas Fratrum mit vierhundert Hymnen. Diese beiden Werke erschienen etwa zwanzig Jahre vor dem ersten lutherischen Gesangbuch. Die böhmischen Reformatoren, wie Luther nach ihnen, stützten ihre Poesie auf die Psalmen, die alten lateinischen Hymnen und die alten religiösen Lieder in der Volkssprache; sie verbesserten bestehende Texte und setzten neue Hymnen an die Stelle derer, die anstößige doktrinäre Merkmale enthielten. Ihre Melodien waren, wie die der deutschen Reformatoren, ebenfalls von älteren religiösen und weltlichen Melodien abgeleitet.

Diese Errungenschaften der Böhmen, die den zu allen Zeiten bestehenden Bedürfnissen des Volkes entsprachen, konnten nicht ohne Einfluss auf die Deutschen bleiben. Die Förderung des religiösen Ausdrucks in der Volkssprache wurde auch von bestimmten Religionsgemeinschaften ausgeübt, die als „Brüder vom gemeinsamen Leben" bekannt sind und in der zweiten Hälfte des 14. Jahrhunderts in Holland ihren Ursprung hatten und sich im 15. Jahrhundert auf Nord- und Mitteldeutschland ausdehnten. Thomas à Kempis war Mitglied dieses Ordens. Der Zweck dieser Brüder bestand darin, den Menschen, insbesondere den jungen Menschen, ein reineres religiöses Leben zu vermitteln. und sie machten es zu einem Grundprinzip, dass in Gebeten und Liedern so weit wie möglich die Landessprache verwendet werden sollte . Besonders wirksam in der Kultur der geistlichen Poesie und Musik der Kunsthandwerkerklasse waren die Schulen der Meistersinger, die im 14., 15. und 16. Jahrhundert in ganz Deutschland florierten.

Wenn wir an der Schwelle der Reformation stehen und auf die Zeit zurückblicken, die vergangen ist, seit die heidnischen Mythen und Heldenlieder des Nordens begannen, der metrischen Evangelienerzählung des „Heliand" und den Gedichten von Otfried zu weichen, können wir dasselbe nachvollziehen Vereinigung von frommem Verlangen und poetischem Instinkt, die in einem aufgeklärteren Zeitalter die hunderttausend evangelischen Hymnen Deutschlands hervorbrachte. Die vorreformatorischen Hymnen sind von größter Bedeutung, da sie Aufschluss über den Zustand des religiösen Glaubens unter den deutschen Laien geben. Wir finden in ihnen eine große Vielfalt an Elementen – vieles, das rein, edel und streng evangelisch ist, vermischt mit Grobheit, Aberglaube und krassem Realismus. Naturgemäß erreichen sie im Großen und Ganzen nicht das poetische und spirituelle Niveau der zeitgenössischen lateinischen Kirchenlieder. Es gibt in ihnen nichts Vergleichbares mit dem Dies Irae, dem Stabat Mater, der Hora Novissima, dem Veni Sancte Spiritus, dem Ad Perennis Vitae Fontem, den Passionshymnen des heiligen Bernhard oder den Partituren, die man nennen könnte und die den goldenen Rosenkranz bilden lateinischer religiöser Verse von Hilarius bis Xaver. Letzteres ist die Poesie des Klosters, das Werk weltfremder Menschen, an denen Askese und scholastisches Philosophieren gearbeitet hatten, um ihre Vorstellungen zu verfeinern und zu verfeinern. Es ist die Poesie, nicht von Laien, sondern von Priestern und Mönchen, die besondere und eigenartige Äußerung einer Priesterklasse, die in Fürbittenfunktionen verwickelt ist und immer nach flüchtigen Blicken auf die selige Vision sucht, deren einziges fesselndes Bemühen darin bestand, die Seele von der Zeit zu befreien und diszipliniere es für die Ewigkeit. Es ist Poesie des und für den Tempel, die sakramentalen Geheimnisse, die Stunden des Gebets, für Zeiten einsamer Meditation; es vermischt sich mit dem gedämpften Licht, das durch die fleckigen Fenster der Kathedrale dringt, mit Weihrauch und majestätischer Musik. Der einfache Laie fühlte sich in einer solchen Atmosphäre nicht zu Hause, und die lateinische Hymne war kein vertrauter Ausdruck seiner Gedanken. Seine geistige Ausbildung war gröberer und alltäglicher. Er muss sich vereinzeln, sein religiöses Gefühl muss etwas Greifbareres ergreifen, etwas, das seinen kindlichen Ansichten über die Dinge dienen und in eine praktische

Beziehung zu den Bedürfnissen seines gewöhnlichen mechanischen Daseins treten kann.

Das religiöse Volkslied weist daher viele Merkmale auf, die denen des weltlichen Volkslieds ähneln, und wir können den Einfluss des einen auf das andere leicht erkennen. In beiden Fällen können wir sehen, wie empfänglich das einfache Volk für alles war, was nach dem Wunderbaren schmeckte, und wie ihr Geist sich mehr auf das äußere Wunder konzentrierte als auf die Lektion, die es mit sich brachte. Auch der Zusammenhang dieser Gedichte mit den kirchlichen Dramen, die ein so bemerkenswertes Kapitel in der Geschichte des Religionsunterrichts im Mittelalter bilden, ist offensichtlich, und zahlreiche von ihnen sind lediglich Erzählungen von der Geburt Christi, der Kreuzigung, der Auferstehung und dem Himmelfahrt, immer wieder in fast identischer Sprache erzählt. Diese deutschen Hymnen zeigen, auf welche Weise die Dogmen und Bräuche der Kirche im Herzen des Volkes Wurzeln schlugen und den Zeitgeist beeinflussten. In der gesamten anderen mittelalterlichen Literatur finden wir Zeugnisse der höheren Klasse von Geistern, der gebildeten Männer, die durch ihre reflektierende Intelligenz davor bewahrt wurden, in den gröberen Aberglauben zu verfallen oder sich zumindest daran zu halten. Aber in der Volksdichtung wirft die große Mittelschicht die von ihren religiösen Lehrern auferlegten Ideen zurück, geprägt von ihren eigenen groben mentalen Operationen. Das Ergebnis ist, dass wir in diesen Gedichten die Lehrperversionen und die Mythologie des Mittelalters in ihrer schärfsten Form dargelegt haben. Überzeugungen, die am weitesten von den Lehren der Heiligen Schrift entfernt sind, werden zu einem Ausmaß getrieben, das die katholische Kirche nie autoritär gebilligt hat, sondern die natürliche Folge der Wirkung ihrer Dogmen auf ungeschulte, abergläubische Geister sind. Es gibt Hymnen, die die Präexistenz Marias mit Gott vor der Schöpfung lehren; dass in und durch sie alle Dinge erschaffen wurden. Andere, die mit der kirchlichen Doktrin ihres Fürspracheamtes im Himmel nicht zufrieden sind, stellen sie als eine Frau dar, die ihren Sohn gebietet und kontrolliert und sogar selbst Sünden vergibt. Auch die Hagiolatrie wird auf die zweifelhafteste Ebene getrieben. Den Heiligen wird die Macht zugeschrieben, vor den Schmerzen der Hölle zu retten. In einer Hymne werden sie gebeten, bei Gott für den Sünder einzutreten, denn, wie der Autor sagt, Gott werde ihr Gebet nicht ablehnen.

Es ist merkwürdig, in einigen dieser Gedichte zu sehen, dass die Eigenschaften der Liebe und des Mitgefühls, die vom Vater auf den Sohn und vom Sohn auf die jungfräuliche Mutter entfernt wurden, wieder auf die heilige Anna übertragen werden, um die es gebeten wird Für den Bittsteller bei ihrer Tochter Fürsprache einlegen.

All dies und vieles mehr dieser Art, das Produkt vulgärer Irrtümer und verzerrten Denkens, kann nicht bestritten werden. Aber lassen Sie uns mit der gleichen Offenheit anerkennen, dass dieses Thema auch eine positive Seite hat. Korruption und Falschheit sind nicht unbedingt typisch für die deutsche religiöse Poesie des Mittelalters. Viele protestantische Autoren stellen die mittelalterlichen deutschen Hymnen als hauptsächlich dem Mariolatrie und viel erniedrigendem Aberglauben überlassen und daher als bezeichnend für den religiösen Zustand der Nation dar. Dies ist jedoch bei weitem nicht der Fall, wie eine offene Untersuchung einer solchen Sammlung wie der von Wackernagel zeigen wird. Entfernen Sie alles, was ein strenger Protestant ablehnen würde, und es bleibt ein großer Bestand an Poesie übrig, die aus den reinen, unbefleckten Quellen des christlichen Glaubens entspringt, die vom evangelischen Standpunkt aus wahr und erbaulich ist, Juwelen des Ausdrucks, die mit der Poesie nicht zu vergleichen sind von Luther und seinen Freunden in Einfachheit und Feinheit der Sprache. Dort finden sich gemeinsame Ideen zur Hymnodie aller Zeitalter. Mir fällt ein, wie der Gedanke von John Newton in seiner berühmtesten Hymne auf rührendste Weise umgesetzt wird, wo in einer Vision der Blick des gekreuzigten Christus den verhafteten Sünder mit seinem Tod zu belasten scheint. Ein anderes schönes Gedicht drückt das Schrumpfen des Jüngers im Bewusstsein der tödlichen Gebrechlichkeit aus, wenn er von Christus aufgefordert wird, das Kreuz auf sich zu nehmen, und den Trost, den er durch die Gewissheit des Erlösers über seine eigene ausreichende Gnade erhält. Eine berühmte Hymne von Tauler beschreibt ein vom Vater vom Himmel gesandtes Schiff, das Jesus enthält, der als unser Erlöser kommt und der persönliche Hingabe an sich selbst und die Bereitschaft, mit und für ihn zu leben und zu sterben, verlangt. Andere stellen das Sühnewerk des Todes Christi dar, ohne eine andere Erlösungsbedingung zu erwähnen. Andere flehen um die direkte Führung und den Schutz Christi, wie in der exquisiten Wiegenhymne von Heinrich von Loufenberg, die an Zärtlichkeit und Schönheit von nichts in Kebles *Lyra Innocentium* oder den Kinderversen von Blake übertroffen wird.

Diese Masse an Hymnen deckt ein breites Themenspektrum ab: Gott in seinen verschiedenen Eigenschaften, einschließlich Barmherzigkeit und dem Wunsch nach Vergebung – eine Vorstellung, die nach Ansicht vieler im Denken des Mittelalters nicht vorkam; die Dreifaltigkeit; Christus in den verschiedenen Szenen seines Lebens und als Oberhaupt der Kirche; Ermahnungen, Geständnisse, Übersetzungen von Psalmen, Gedichte, die auf Pilgerreisen gesungen werden, Trauerlieder, politische Lieder und vieles mehr, die die wahren Beziehungen zwischen Mensch und Göttlichem berühren. In diesem großen Werk nationaler Poesie liegt ein wunderbares Pathos, denn es lässt uns das schwache, aber ehrliche Streben des Herzens des edlen deutschen Volkes nach dem sehen, was sicher und ewig ist und inmitten der Zweifel und der Zweifel eine Entschädigung bieten könnte Aufruhr dieses Zeitalters des Streits und der Tyrannei. Das Wahre und das Falsche in dieser Poesie waren gleichermaßen das Ergebnis der damaligen Bedingungen und der maßgeblichen religiösen Lehre. Im 14. und 15. Jahrhundert gab es trotz der Missbräuche, die die Reformation notwendig machten, viele heilige Leben, wohltätige Institutionen, viel Philanthropie und inspirierte Liebe zu Gott. All dies wird in vielen Produkten dieser Zeit bezeugt, und wir müssen nicht weiter als bis zur mittelalterlichen religiösen Poesie suchen, um Elemente zu finden, die zeigen, dass die Reformation auf spiritueller Seite nicht unbedingt eine moralische Revolution war, die ein verlorenes religiöses Gefühl wiederherstellte, sondern vielmehr ein intellektueller Prozess, der eine erbliche Frömmigkeit auf vernünftigen und biblischen Grundlagen begründet.

Wir sehen also, wie weit Luther davon entfernt war, der Begründer der deutschen Hymnodie zu sein. Bei dem Versuch, herauszufinden, was sein großer Verdienst für den religiösen Gesang wirklich war, müssen wir mit der nächsten Frage fortfahren und fragen: Welchen Status und welche Verwendung hatte die Volkshymne vor der Reformation? War es im wahrsten Sinne des Wortes ein *Kirchenlied*? Hatte es einen anerkannten Platz im öffentlichen Dienst? War es überhaupt liturgisch, wie es sicherlich die lutherische Hymne war? Dies bringt uns zu einer endgültigen Unterscheidung zwischen den beiden Schulen der Hymnodie.

Die Haltung der katholischen Kirche zum Gemeindegesang wurde oft diskutiert und ist derzeit Gegenstand zahlreicher Missverständnisse. Tatsache ist, dass sie das Volk angeblich dazu ermutigt, sich an einigen der untergeordneten lateinischen Ämter zu beteiligen, aber der eigentliche Geist der Liturgie und die Entwicklung der Musikpraxis haben im Laufe der Zeit, mit gelegentlichen Ausnahmen, nachgelassen die Gemeinde zum Schweigen. Vor der Erfindung der Harmonie hatte die gesamte Kirchenmusik eher den Charakter von Volksmusik, und das Priestertum ermutigte die Gläubigen, ihre Stimmen in den Teilen des Gottesdienstes zu äußern, die nicht durch die Rubriken auf die Geistlichen beschränkt waren. Aber der gregorianische Gesang wurde vom Volk nie wirklich übernommen, da er aufgrund seiner praktischen Schwierigkeiten und insbesondere des unflexiblen Beharrens auf die Verwendung der lateinischen Sprache in allen Gottesdiensten praktisch nur den Priestern und einer kleinen Gruppe ausgebildeter Sänger vorbehalten war. Auch die Konzeption und der Geist der Liturgie haben durch ein Gesetz der historischen Entwicklung das Volk nach und nach von der aktiven Teilnahme ausgeschlossen. Was auch immer die Väter der Liturgie gedacht haben mögen, der eucharistische Gottesdienst ist mittlerweile lediglich das Vehikel eines Opfers, das vom und durch das Priestertum für das Volk dargebracht wird, und nicht mehr ein Tribut an Lob und Flehen, der von der Gemeinde selbst ausgeht. Die Haltung des Anbeters ist eine des gehorsamen Glaubens, sowohl an die übernatürliche Wirksamkeit des Opfers als auch an die vermittelnde Autorität des Zelebranten. Die Liturgie ist untrennbar mit dem zentralen Akt der Weihe und Opfergabe verbunden und wird so verstanden, dass sie selbst eine göttliche Sanktion besitzt. Die Liturgie ist in keiner Weise eine Schöpfung des Volkes, sondern stammt von einer höheren Quelle zu ihm, der allmählichen Produktion von Menschen, von denen angenommen wird, dass sie vom Heiligen Geist inspiriert wurden, und wird von den Laien als ein von Gott autorisiertes Mittel akzeptiert die Erfüllung der höchsten priesterlichen Funktion. Das Messopfer wird für das Volk vollzogen, aber nicht durch das Volk und auch nicht notwendigerweise in seiner Gegenwart. Und so kam es, dass, obwohl die katholische Kirche die Existenz des modernen gemischten Chores nie offiziell anerkannt hat und in ihren Rubriken keine andere Art des Singens als den unisono gregorianischen Choral erlaubt, dennoch aufgrund der Erweiterung und Durch die Spezialisierung der Musikkunst und die zunehmende Verehrung der Liturgie als eigentlichen Kanal der herabsteigenden sakramentalen Gnade werden die Menschen auf eine Position passiver Empfänglichkeit reduziert.

Was das Singen von Hymnen in den Landessprachen betrifft, sind die Bedingungen etwas anders. Die Gesetze der katholischen Kirche verbieten die Volkssprache in allen Teilen des eucharistischen Gottesdienstes, erlauben aber Hymnen in der Landessprache in bestimmten untergeordneten Gottesdiensten, wie zum Beispiel der Vesper. Aber selbst bei diesen Gottesdiensten sind die Beschränkungen stärker ausgeprägt als die Erlaubnisse. Auch hier besteht weiterhin die stillschweigende Anerkennung einer Funktionstrennung zwischen Klerus und Laien; es kann nie eine wirklich einvernehmliche Zusammenarbeit zwischen der Kirchensprache und der Volkssprache geben; die Autoritäten hegen ständig ein Argwohn, dass die Volkshymne keinen Weg für das subtile Eindringen ketzerischer oder unkirchlicher Ideen bieten könnte.

Der gesamte Geist und die darin enthaltene Theorie der katholischen Kirche sind daher für die Volkshymnodie ungünstig. Dies war insbesondere im Spätmittelalter der Fall. Das Volk konnte sich nicht für den lateinamerikanischen Gesang begeistern. Die Priester und Mönche, insbesondere in Klosterschulen wie St. Gallen, Fulda, Metz und Reichenau, unternahmen heldenhafte Anstrengungen, ihre rauen Schüler im gregorianischen Choral zu unterrichten, aber ihre Versuche waren lächerlich vergeblich. Einheimische Hymnen wurden zu bestimmten vorgeschriebenen Anlässen einfach toleriert. Im Jahrhundert oder später nach der Reformation versuchten die katholischen Musiker und Geistlichen, gelehrt durch den erstaunlichen Erfolg der lutherischen Lieder in der Bevölkerung, eine ähnliche Bewegung in ihren eigenen Reihen ins Leben zu rufen, und die Veröffentlichung und Verwendung katholischer deutscher Gesangbücher erlangte große Verbreitung Maße; Doch diese Begeisterung verstummte schließlich. Sowohl im Mittelalter als auch in der Neuzeit gab es praktisch immer noch eine Kluft zwischen der Musikpraxis des einfachen Volkes und der der Kirche, und trotz vereinzelter Versuche, den Volksgesang zu fördern, hatten die Beschränkungen immer eine deprimierende Wirkung und die Freiheit Die herzliche Vereinigung von

Geistlichen und Gemeinde im Lobpreis und im Gebet ist nahezu
unbekannt.

Die neuen Vorstellungen von der Beziehung des Menschen zu
Gott, die die Grundprinzipien und die äußeren Formen der
Anbetung unter der lutherischen Bewegung so veränderten,
zeigten sich am deutlichsten in dem mächtigen Impuls, der dem
Gemeindegesang verliehen wurde. Luther setzte den nationalen
Impuls frei und lehrte die Menschen, dass sie durch das Singen
von Lobpreisungen einen Dienst verrichteten, der Gott
wohlgefällig und ein notwendiger Teil der öffentlichen
Gemeinschaft mit ihm sei. Luther erfüllte die Volkshymnen nicht
nur mit der Energie seiner weltverändernden Lehre, sondern er
verlieh ihnen auch eine Würde, die sie nie zuvor besessen hatten,
sicherlich nicht seit dem apostolischen Zeitalter, als Teil des
offiziellen liturgischen Gesangs der Kirche. Diese beiden
Tatsachen verliehen dem Volkslied im 16. Jahrhundert seine
wunderbare missionarische Kraft, und letztere verleiht ihm seine
Bedeutung in der Geschichte der Kirchenmusik.

Luthers Arbeit für das Volkslied war im Wesentlichen ein Detail
seiner liturgischen Reform. Seine Kenntnis der menschlichen
Natur lehrte ihn den Wert festgelegter Formen und Zeremonien,
und seine Wertschätzung dessen, was in der Liturgie der
Mutterkirche allgemein wahr und erbaulich war, veranlasste ihn,
viele ihrer Gebete, Hymnen, Antworten usw. beizubehalten,
zusammen mit neuen eigenen Bestimmungen. Seiner Ansicht
nach wird der Gottesdienst jedoch durch die Aktivität des
gläubigen Subjekts gestaltet; die Formen und Ausdrucksformen
der Anbetung sind an sich nicht unverzichtbar – das einzig
Notwendige ist der Glaube, und die Formen der Anbetung haben
ihren Wert lediglich darin, diesen Glauben zu definieren,
einzuprägen, anzuregen und zu lenken und die richtige Haltung
der Seele gegenüber Gott im öffentlichen, sozialen Akt der
Hingabe durchzusetzen. Das Gemeindelied symbolisierte und
verwirklichte das Prinzip des direkten Zugangs des Gläubigen
zum Vater und veranschaulichte so allein in sich den gesamten
Geist der Anbetung der neuen Kirche. Dass dieser Gottesdienst
in der Muttersprache des Landes abgehalten wurde, war eine
Selbstverständlichkeit, und so wurde der Volkshymnus mit seiner
vertrauten und passenden Melodie zugleich zum
charakteristischen, offiziellen und liturgischen Ausdruck der
Gefühle der Menschen in direkter Verbindung mit Gott.

Die immense Konsequenz dieses Prinzips zeigte sich im Gesangsausbruch, der auf die Gründung der neuen Kirche durch Luther in Wittenberg folgte. Es war nicht so, dass die Nation von einem poetischen Genie oder irgendeiner neuen Form musikalischer Aufregung elektrisiert wurde; Es ging einfach darum, dass die alten Beschränkungen der Selbstdarstellung aufgehoben wurden und dass die Menschen ihre neu gewonnene Freiheit in Christus Jesus mit der intensivsten Kraft feiern konnten, die der Mensch kennt, die ihnen durch ihr ererbtes musikalisches Temperament und ihre alten Vorstellungen vermittelt worden war Gewohnheit, voll auszunutzen. Kein Wunder, dass sie dieses Privileg mit Danksagung empfingen und das Land von den Liedern des Glaubens und der Hoffnung widerhallte.

Luther sah seine Mission darin, zu reinigen und nicht zu zerstören. Er lehnte nicht das Gute und das Böse in der alten Kirche ab, sondern nur das, was er für falsch und schädlich hielt. Dieser umsichtige Konservatismus zeigte sich deutlich in seiner Haltung gegenüber der Liturgie und der Form des Gottesdienstes, die er nur so weit änderte, wie es angesichts der Veränderungen in der Lehre und im gesamten Verhältnis der Kirche als Körper zum Einzelnen notwendig war. Die veränderte Auffassung vom Wesen der Eucharistie, die Abschaffung der Verehrung der Jungfrau und der Heiligen, die Hervorhebung der Predigt als zentrales Merkmal des Gottesdienstes, die Ersetzung der lateinischen Sprache durch die Landessprache, die innige Beteiligung der Gemeinde an der Gottesdienst durch Hymnengesang – all diese Änderungen erforderten eine Neufassung der Gottesdienstordnung; aber alles im alten Ritual, das mit diesen Veränderungen übereinstimmte, wurde beibehalten. Luther war sich ebenso wie die Gründer der reformierten Kirche von England der Wahrheit und Schönheit vieler Gebete und Hymnen der Mutterkirche zutiefst bewusst. Er hing besonders an ihrer Musik und bewahrte neben den wiederbelebten Gemeindehymnen auch die Kompositionen der gelehrten Meister.

Was Form und Art des Gottesdienstes betrifft, so zielten Luthers Verbesserungen (1) auf die Überarbeitung der Liturgie, (2) die Einführung neuer Hymnen und (3) die Zusammenstellung geeigneter Melodien für den Gemeindegebrauch ab. Luthers liturgisches Reformprogramm ist hauptsächlich in zwei für die Wittenberger Kirchen aufgestellten Gottesdienstordnungen verkörpert , *nämlich:* , die Formula Missae von 1523 und die Deutsche Messe von 1526.

Luther lehnte die katholische Auffassung des gottesdienstlichen Aktes als solche mit objektiver Wirksamkeit absolut ab. Die Bedingungen der Erlösung finden sich nur im Evangelium; Die für Gott annehmbare Anbetung besteht nur in der reuigen Haltung des Herzens und der Annahme des Erlösungsplans, wie er im stellvertretenden Sühnopfer Christi vorgesehen ist, durch Glauben. Der äußere Akt der Anbetung in Form von Gebeten, Lobpreisungen, Schriftrezitationen usw. ist als Zeugnis des Glaubens, als Beweis der Dankbarkeit gegenüber Gott für seine unendliche Gnade und als Mittel zur Erbauung und zur Entfachung des hingebungsvollen Geistes durch das Reaktive gedacht Einfluss seines hörbaren Ausdrucks. Die korrekte Durchführung einer Zeremonie war für Luther von geringer Bedeutung; Das Wesentliche war die betende Haltung des Herzens und die fromme Annahme des Wortes der Heiligen Schrift. Der Kern der Anbetung besteht laut Luther darin, „dass unser lieber Herr durch sein Heiliges Wort zu uns spricht und wir im Gegenzug mit ihm durch Gebet und Lobgesang sprechen." Als Verbündeter der Lesung des Wortes ist die Predigt von größter Bedeutung. Der Gottesdienst muss als Mittel der Unterweisung und als Ritus betrachtet werden, der dazu dient, religiöse Emotionen zu fördern und auszudrücken. Es kann keinesfalls davon ausgegangen werden, dass der Gläubige die volle Reife und Reife erreicht hat, denn wenn dies der Fall wäre, wäre der religiöse Gottesdienst unnötig. Ein solches Ziel ist auf der Erde nicht zu erreichen. Der Christ, sagte Luther, „braucht die Taufe, das Wort und das Sakrament, nicht als vollendeter Christ, sondern als Sünder."

Die Formula Missae von 1523 war nur ein vorläufiges Amt und kann als bereinigte Ausgabe der katholischen Messe bezeichnet werden. Sie ist in lateinischer Sprache verfasst und folgt der Reihenfolge der römischen Liturgie mit einigen Auslassungen, *nämlich:* , alle vorbereitenden Handlungen am Altar bis hin zum Introitus, dem Offertorium, der Opfergabe und den begleitenden Gebeten bis hin zur Präfation, der Weihe, dem Totengedenken und alles, was dem Agnus Dei folgt, mit Ausnahme des Dank- und Segensgebets . Das heißt, es wird alles entfernt, was die Messe als priesterlichen Opferakt charakterisiert oder das Fürbitteamt der Heiligen anerkennt. Die musikalischen Gegebenheiten entsprechen dem Gebrauch in der katholischen Messe; Luthers Hymnen mit begleitenden Melodien waren noch nicht vorbereitet, und in den Formula Missae findet sich keine Spur des protestantischen Chors.

Obwohl diese Anordnung von 1523 nur als teilweise oder vorübergehende Maßnahme gedacht war, wurde sie von ihrem Autor keineswegs ganz aufgehoben, selbst nachdem eine den Bedürfnissen des Volkes angemessenere Form geschaffen worden war. Im Vorwort zur Deutschen Messe von 1526 nennt Luther die lateinische Formula Missae als besonders wertvoll. „Diese will ich nicht aufgeben oder ändern lassen; sondern wie wir sie bisher beibehalten haben, so soll es uns auch weiterhin freistehen, sie zu gebrauchen, wo und wann es uns gefällt oder die Gelegenheit es erfordert. Ich will auf keinen Fall zulassen, dass die lateinische Sprache aus dem Gottesdienst gestrichen wird, da sie für die Jugend wichtig ist. Und wenn ich könnte und die griechische und hebräische Sprache bei uns so verbreitet wären wie die lateinische und so viel Musik und Gesang hätten wie die lateinische, so würden wir jeden Sonntag in allen vier Sprachen, deutsch, lateinisch, griechisch und hebräisch, Messen halten, singen und lesen." Es sei wichtig, so führt er weiter aus, dass die Jugend mehr Sprachen als ihre eigene beherrsche, damit sie Menschen, die nicht ihrem eigenen Volk angehören, in der wahren Lehre unterweisen könne. Besonders Latein erweise sich für diesen Zweck als gebräuchlicher Dialekt gebildeter Menschen als geeignet.

Die Deutsche Messe von 1526, erklärt Luther, sei für den Gebrauch der Masse des Volkes konzipiert worden, die ein ihnen bereits vertrautes und heimisches Medium der Anbetung und Belehrung benötigte. Dieses Formular stellt im Vergleich zur Formula Missae eine noch weitere Vereinfachung dar und besteht fast ausschließlich aus Ämtern in deutscher Sprache. Auch Gemeindechöre nehmen einen herausragenden Platz ein, da zwei Jahre zuvor mit der Veröffentlichung von Sammlungen einheimischer religiöser Lieder begonnen wurde. Diese Liturgie besteht aus (1) einem Volkslied oder einem deutschen Psalm, (2) Kyrie eleison, (3) Collect, (4) dem Brief, (5) Gemeindehymnus, (6) dem Evangelium, (7) der deutschen Paraphrase des vom Volk gesungenen Glaubensbekenntnisses „Wie glauben all' an einen Gott"; als nächstes folgt die Predigt; (8) das Vaterunser und die

Ermahnung vor dem Sakrament, (9) die Worte der Einsetzung und Erhebung, (10) die Verteilung des Brotes, (11) das Singen des deutschen Sanctus oder des Hymnus „Jesus Christus unser Heiland" (12) Verteilung des Weins, (13) Agnus Dei, eine deutsche Hymne oder das deutsche Sanctus, (14) Danksagung, (15) Segen.

Luther hatte nicht die Absicht, seinen Anhängern diese oder andere Formen der Anbetung durch persönliche Autoritätsanmaßung aufzuzwingen. In seinem Vorwort zur Deutschen Messe wiederholt er, dass er nicht daran denkt, sich in dieser Angelegenheit ein Diktatrecht anzumaßen, und betont seinen Wunsch, dass die Kirchen in ihrer Form und Art der Anbetung völlige Freiheit genießen sollten. Gleichzeitig erkennt er die Vorteile der Einheitlichkeit, da sie ein Gefühl der Einheit und Solidarität in Glauben, Praxis und Interessen zwischen den verschiedenen Bezirken, Städten und Gemeinden schafft, und bietet diese beiden Formen als seiner Meinung nach konservativ und effizient an. Er warnt sein Volk vor dem Schaden, der durch die Vervielfachung der Liturgien auf Veranlassung indiskreter oder eitler Führer entstehen kann, die eher die Aufrechterhaltung bestimmter eigener Vorstellungen im Auge haben als die Ehre Gottes und das geistige Wohl ihrer Nächsten.

Im Zusammenhang mit dieser Arbeit zur Rekonstruktion der antiken Liturgie für den Gebrauch in den Wittenberger Kirchen richtete Luther seine Aufmerksamkeit auf die Notwendigkeit geeigneter Hymnen und Melodien. Er nahm diese Arbeit nicht nur aus Liebe zum Lied auf, sondern auch aus Notwendigkeit. Er schrieb an Nicholas Haussmann, Pfarrer in Zwickau: „Ich wünschte, wir hätten viele deutsche Lieder, die die Leute während der Messe singen könnten. Aber es fehlen uns deutsche Dichter und Musiker, oder sie sind uns unbekannt, die christlich und christlich zu machen vermögen." geistliche Lieder, wie Paulus sie nennt, die von solchem Wert sind, dass sie täglich im Haus Gottes verwendet werden können. Es gibt nur wenige, die den entsprechenden Geist haben." Der Grund für diese Beschwerde war von kurzer Dauer; Wie von Geisterhand entstand eine Schar von Kirchenliedern, und unter ihnen war Luther, wie in allen Dingen, der Anführer. Seine Arbeit als Kirchenliedschreiber begann kurz nach der Fertigstellung seiner Übersetzung des Neuen Testaments, während er mit der Übersetzung der Psalmen beschäftigt war. Dann, wie Koch sagt, „kam der Geist der Psalmisten und Propheten über ihn." Mehrere Anspielungen in seinen Briefen zeigen, dass er sich die Psalmen zum Vorbild nahm; Das heißt, er betrachtete einen Hymnus nicht als Zweck der Dogmenlehre, sondern als einen aufrichtigen, spontanen Ausbruch der Liebe und Ehrfurcht vor Gott für seine Güte.

Das erste Gesangbuch des evangelischen Deutschlands wurde 1524 von Luthers Freund und Koadjutor Johann Walther herausgegeben. Es enthielt vier Lieder von Luther, drei von Paul Speratus und eines von einem unbekannten Autor. Im selben Jahr erschien ein weiteres Buch, das zusätzlich zu den acht Liedern des ersten Buches vierzehn weitere Lieder von Luther enthielt. Sechs weitere aus Luthers Feder erschienen in einem 1525 von Walther herausgegebenen Liederbuch. Die übrigen Lieder Luthers (zwölf an der Zahl) wurden in fünf Liederbüchern unterschiedlichen Datums gedruckt, abschließend mit dem von Klug im Jahr 1643. Vier Gesangbücher enthalten Vorworte von Luther, das erste für Walthers Buch von 1525 und das letzte für ein 1545 von Papst herausgegebenes Buch. Luthers Beispiel war ansteckend. Sofort tauchten andere Liederdichter auf, die von Luthers Geist erfüllt waren und sich seine Lieder zum Vorbild nahmen. Die Druckereien waren in vollem Gange, Liederbücher wurden vervielfältigt, bis zum Zeitpunkt von Luthers Tod nicht weniger als sechzig Sammlungen, die verschiedenen Ausgaben mitgerechnet, erschienen waren. Es gab Grund für die höhnische Bemerkung eines Katholiken, dass die Menschen sich in die lutherische Lehre hineinsangen. Die von Luther verkündeten und in seinen liturgischen Regelungen enthaltenen Grundsätze der Anbetung wurden von allen protestantischen Gemeinden übernommen; welche Unterschiede es auch in den äußeren Formen der Anbetung geben mochte, in allen nahm das Gemeindelied einen herausragenden Platz ein, und es ist bemerkenswert, dass die wichtigsten Hymnendichter der lutherischen Zeit fast ausnahmslos Theologen und Prediger waren.

Luther hat mit Sicherheit 36 Hymnen geschrieben. Einige andere werden ihm ohne schlüssige Beweise zugeschrieben. Der bei weitem größte Teil dieser 36 Hymnen ist nicht ganz original. Viele davon sind Übersetzungen oder Bearbeitungen von Psalmen, einige davon sind nahezu wörtliche Übertragungen. Andere ausgewählte Texte der Heiligen Schrift wurden auf ähnliche Weise verwendet, darunter die Zehn Gebote, das Ter Sanctus, das Simeonslied und das Vaterunser. Eine ähnliche Verwendung, *d. h.* genaue Übersetzung oder freie Paraphrase, wurde von bestimmten lateinischen Hymnen von Ambrosius, Gregor, Hus und anderen sowie von bestimmten religiösen Volksliedern aus der vorreformatorischen Zeit vorgenommen. Nur fünf Hymnen sind völlig original und in keiner Weise älteren Kompositionen entnommen. Abgesehen von diesen fünf haben viele der Transkriptionen von Psalmen und älteren Hymnen ihren Vorbildern nur wenig zu verdanken. Das wichtigste dieser und berühmteste aller Hymnen Luthers, „Ein' feste Burg", wurde vom 46. Psalm inspiriert, aber nichts könnte in Geist und Ausdrucksweise origineller sein und den großen Reformator besser kennzeichnen. Die schönen Gedichte „Aus tiefer Noth" (Ps. cxxx.) und „Ach Gott, vom Himmel sieh' darein" (Ps. xii.) sind weniger kühne Paraphrasen, aber dennoch Luthers eigene in dem Sinne, dass ihr Ausdruck eine natürliche Folge der zarteren und demütigeren Seite seiner Natur ist.

Keine anderen Gedichte dieser Art von einem einzelnen Menschen haben jemals einen so großen Einfluss ausgeübt oder so viel Bewunderung erfahren wie diese wenigen kurzen Gedichte von Martin Luther. Und doch ist es beim ersten Lesen nicht leicht, den Grund für ihre Berühmtheit zu verstehen. Als Poesie enttäuschen sie uns; es gibt keine kunstvoll modulierte Ausdrucksweise, keine subtile und weitreichende Vorstellungskraft. Auch scheinen sie nicht mit unseren religiösen Bedürfnissen übereinzustimmen; es liegt ein misstönender Unterton von Fanatismus in ihnen. Wir finden sogar Ausdrücke, die uns geradezu beleidigen , wie wenn er vom „in heißer Liebe am Kreuz gebratenen Lamm" spricht. Wir sagen, dass sie nicht allgemeingültig sind, dass sie das Ergebnis einer Laune zu sein scheinen, die zu einem außergewöhnlichen Zustand gehört. Das ist tatsächlich der Fall; hier liegt der Schlüssel zu ihrer richtigen Untersuchung. Sie gehören einer Zeit an und nicht allen Zeiten. Wir müssen bedenken, dass sie die Äußerung eines Geistes sind, der in Konflikte verwickelt ist und oft von Zweifeln über den Ausgang gequält wird. Sie enthüllen das Motiv der großen Schlüsselfigur der modernen Religionsgeschichte. Mehr noch — sie haben die große treibende Kraft der Reformation hinter sich. Vielleicht hat die Welt einen richtigen Instinkt bewiesen, als sie „Ein' feste Burg" als typische Hymne Luthers und der Reformation auswählte. Heine, der es „die Marseillaise der Reformation" nannte; Friedrich der Große, der seine Melodie (nicht ohne Ehrfurcht) „Gottes Grenadiermarsch" nannte; Mendelssohn und Meyerbeer, die dieselbe Melodie wählten, um den aggressiven Protestantismus zu symbolisieren; und Wagner, der seine Melodien in den großen Marsch einwebte, der die militärischen Triumphe des vereinten Deutschlands feiert – all diese Männer hatten ein genaues Gespür für das patriotische und moralische Feuer, das in diesem mächtigen Lied brennt. Derselbe Geist findet sich in anderen Hymnen Luthers, aber oft kombiniert mit einer sanfteren Musik, in der der Schwerpunkt mehr auf dem inneren Frieden liegt, der aus dem Vertrauen in Gott kommt, als auf der Tatsache des äußeren Konflikts. Eine noch erhabenere Stimmung kommt in Hymnen wie „Nun freut euch, lieben Christen g'mein" und „Von Himmel hoch da komm ich her" zum Ausdruck – letzteres ein Weihnachtslied, das er angeblich für seinen kleinen Sohn Hans geschrieben hat. Das erste dieser Lieder ist bemerkenswert für die Direktheit, mit der es die lutherische Lehre der Rechtfertigung allein durch den Glauben darlegt. In dieser Direktheit und schlichten Kraft und Anpassung an die dringenden Bedürfnisse der Zeit müssen wir die Ursache für den Erfolg von Luthers Hymnen finden. Er wusste, wonach das stumme, blind sehnende deutsche Volk so viele Jahre lang gesucht hatte, und die Kraft seiner Predigten und Gedichte lag in der Tatsache, dass sie ein willkommenes geistiges Geschenk in Sätzen anboten, die direkt zum Herzen des Volkes gingen. Seine Sprache war die des Volkes – idiomatisch, nervös und durchdringend. Er hatte in seinem frühen Bauernhaus und durch sein Studium der Volkslieder gelernt, wie man mit ihnen spricht. Wir können ihn als grob, manchmal fast brutal bezeichnen, wie in seinen Auseinandersetzungen mit Heinrich VIII., Erasmus und anderen; aber es war die Grobheit einer rauen Natur, eines Sohnes der Erde, eines Mannes, der es ungeheuer ernst meinte, der religiösen Eifer mit Patriotismus verband und nie daran zweifelte, dass die Feinde seines Glaubens Verbündete des Teufels waren, der für ihn ebenso real war wie Herzog Georg oder Dr. Eck. Keine englische Übersetzung kann der schlichten Kraft seiner Verse ganz gerecht werden. Carlyle ist seine Übersetzung von „Ein' feste Burg" so gut wie möglich gelungen, aber selbst diese meisterhafte Leistung kann die erschütternde Plötzlichkeit des Verses, den Schwung und das Feuer des Satzes nicht ganz wiedergeben. Die meisten von Luthers Hymnen sind weniger schrill vertont, aber alle sprechen gleichermaßen eine Sprache, die in jeder Zeile die unheilvolle spirituelle Spannung dieses historischen Augenblicks offenbart.

In der Philologiegeschichte haben diese Hymnen die gleiche Bedeutung wie Luthers Bibelübersetzung, in der sich die Gelehrten darin einig sind, dass es sich um eine virtuelle

Schöpfung der modernen deutschen Sprache handelt. Und die Elemente, die der nationalen Rede neues Leben einhauchen sollten, waren im Gemeinsamen zu finden. „Niemand vor Luther", sagt Bayard Taylor, „sah, dass die deutsche Sprache im Mund des Volkes gesucht werden musste – dass der erschöpfte Ausdruck früherer Zeitalter nicht wiederbelebt werden konnte, sondern dass der neuere, vollere und reichere." Sprache, die sich noch in ihrer Kindheit befindet, muss sofort anerkannt und übernommen werden. Trotz all seiner Gelehrsamkeit gab Luther den theologischen Stil auf und suchte im Volk nach Phrasen, die so schlicht und einfach waren wie die der hebräischen Schriftsteller." „Der Einfluss Luthers auf die deutsche Literatur lässt sich erst erklären, wenn wir gesehen haben, wie gesund, kraftvoll und vielseitig der neue Geist war, den er der Sprache einflößte." [70] All dies gilt sowohl für die Hymnen als auch für die Bibelübersetzung. Hierin lag ein großer Teil der volkstümlichen Wirkung, die diese Hymnen hervorriefen. Ihre einfache, heimische Ausdrucksform erregte sofort die öffentliche Aufmerksamkeit. Diejenigen, die sich überhaupt mit der Geschichte der populären Beredsamkeit in Prosa und Versen befasst haben, sind sich der elektrisierenden Wirkung bewusst, die entstehen kann, wenn den Massen Ideen von Kern und Bedeutung in ihren eigenen Sprachformen vermittelt werden. Luthers Hymnen mögen keine Poesie im hohen Sinne sein; Aber es handelt sich sicherlich um Beredsamkeit, es handelt sich um populäre Reden in Versen, die von einem aus der eigenen Mitte dem Volk in den Mund gelegt werden.

Obwohl diese Lieder das natürliche Ergebnis einer Zeit spiritueller und politischer Konflikte waren und diese Tatsache in fast allen Fällen belegen, sind sie für Luther weniger dogmatisch und kontrovers als erwartet, bitter und intolerant Wie es oft der Fall war, verstand er die Anforderungen des Kirchengesangs gut genug, um zu wissen, dass theologische und politische Polemik daraus ferngehalten werden sollte. Dennoch sind diese Hymnen ein kraftvolles Zeugnis der großen Wahrheiten, die den Grundstein der Lehren der reformierten Kirche bildeten. Sie betonen ständig den Grundsatz, dass die Erlösung nicht durch Werke oder Sakramente oder irgendeine menschliche Vermittlung erfolgt, sondern nur durch die Verdienste Christi und den Glauben an sein sühnendes Blut. Die gesamte Maschinerie der Mariolatrie, der Hagiolatrie, der Absolution des Priesters und der persönlichen Verdienste, die so lange zwischen der individuellen Seele und Christus gestanden hatte, wurde zusammengebrochen. Christus ist nicht länger ein strenger, kaum besänftigender Richter, sondern ein liebevoller Erlöser, der sich nach der Menschheit sehnt, die Hände der Einladung ausstreckt und nicht um eine sklavische Unterwerfung unter formelle Bräuche bittet, sondern um eine freie, spontane Hingabe des Herzens. Das war die Botschaft, die Deutschland begeisterte. Und es waren die Hymnen Luthers und deren Vorbilder, durch die das neue Evangelium am weitesten verbreitet und am schnellsten verbreitet wurde. Sowohl die Freunde als auch die Feinde der Reformation behaupteten, dass die Verbreitung der neuen Lehren mehr auf Luthers Hymnen als auf seine Predigten zurückzuführen sei. Der Herausgeber eines 1565 veröffentlichten deutschen Gesangbuchs sagt: „Ich zweifle nicht daran, dass durch dieses eine Lied Luthers, ‚Nun freut euch, lieben Christen g'mein‘, viele hundert Christen zum Glauben gebracht wurden, die es sonst getan hätten." Ich habe noch nie von Luther gehört." Ein empörter Jesuit erklärte, dass „Luthers Lieder mehr Seelen verdammt haben als alle seine Bücher und Reden." Wir lesen wunderbare Geschichten über die Wirkung dieser Hymnen; von lutherischen Missionaren, die während des Gottesdienstes katholische Kirchen betreten und mit ihrem Gesang die ganze Gemeinde mitreißen; von umherziehenden Evangelisten, die an Straßenecken und auf Marktplätzen standen, vor aufgeregter Menge sangen, dann die Hymnen auf Flugblättern verteilten, damit die Bevölkerung in den Lobgesang einstimmen konnte, und so fast innerhalb eines Tages ganze Städte für den neuen Glauben gewannen. Das kann man leicht glauben, wenn man bedenkt, dass der Fortschritt der Ereignisse und die Entwicklung der Ideen den deutschen Geist über ein Jahrhundert und länger auf Luthers Botschaft vorbereitet hatten; dass die Deutschen als Volk äußerst empfänglich für die Begeisterung sind, die sich in Liedern äußert; und dass diese Hymnen die Wahrheiten trugen, nach denen ihre Seelen dürsteten, in einer Sprache von außergewöhnlicher Kraft, gekleidet in Melodien, die sie seit langem kannten und liebten.

Wir legen besonderen Wert auf die Hymnen Luthers, nicht nur wegen ihrer innewohnenden Kraft und historischen Bedeutung, sondern auch, weil sie repräsentativ für eine Schule sind. Luther gehörte zu einer Gruppe von Lyrikern, zu denen auch Barden gehörten, die kaum weniger scharfsinnig waren als er. Koch nennt die Namen von einundfünfzig Schriftstellern, die zwischen 1517 und 1560 die neue deutsche Hymnendichtung begründeten. [71] Er findet in ihnen allen ein gemeinsames Merkmal — den grundlegenden Charakter der Objektivität. „Sie sind echte

Kirchenlieder, in denen der gemeinsame Glaube in seiner Allgemeinheit zum Ausdruck kommt, ohne das subjektive Gefühl der Persönlichkeit." „In diesen Liedern ist immer wir, nicht ich das vorherrschende Wort. Die Dichter dieser Zeit malten nicht wie die späterer Zeiten ihre eigenen individuellen Gefühle mit allerlei bildlichen Ausdrücken aus, sondern sie besangen, kraftvoll von der Wahrheit bewegt, das Werk der Erlösung und priesen den Glauben an die freie, unverdiente Gnade Gottes in Jesus Christus oder dankten in freudigen Siegesgesängen für das neu gegebene reine Wort Gottes und trotzten ihren Feinden in festem, frommen Vertrauen in die Göttlichkeit der Lehre, die so neu und doch so alt war. Daher sprechen sie die Wahrheiten der Erlösung nicht in trockenem Lehrton und nüchterner Überlegung, sondern in der Form von Zeugnis oder Bekenntnis, und obwohl einige dieser Lieder klare Glaubensbekundungen enthalten, liegt der Grund dafür einfach im Hunger und Durst nach der reinen Lehre. Daher ist die Sprache dieser Dichter die Sprache der Bibel und der Ausdruck kraftvoll und einfach. Nicht Kunst, sondern Glaube verleiht diesen Liedern ihren unvergänglichen Wert."

Die Hymnen Luthers und der anderen Hymnisten der frühen Reformation in Deutschland gehören nicht zu den heiligen Texten wie die von Vaughan, Keble und Newman, die, so schön sie auch sein mögen, nicht von der Universalität sind, die allein eine Hymne für den Gebrauch in öffentlichen Versammlungen geeignet macht. Beim Schreiben ihrer Lieder identifizierten sich Luther und seine Mitbrüder mit der Gemeinde der Gläubigen; Sie wurden ausschließlich zum gemeinsamen Lob im Heiligtum geschaffen und sind daher im strengen Sinne unpersönlich, nicht mit besonderen Einzelerlebnissen, sondern mit dem lebendigen Geist der Reformation erfüllt. Unter ähnlichen Bedingungen wurde noch nie ein anderer Kirchenliedkomplex produziert; denn die Reformation wurde im Konflikt geboren und gewiegt, und in diesen Liedern sind neben ihren Bekundungen von Zuversicht und Freude oft Alarmschreie vor mächtigen Gegnern, Hilferufe in materiellen und spirituellen Nöten und manchmal auch Töne zu hören von Zorn und Trotz. Formen wie die letztere kommen vielleicht am häufigsten in den Paraphrasen der Psalmen vor, die die Autoren auf die Situation einer jungen Kirche anwenden, die von Feinden umgeben ist. Dennoch gibt es keinerlei Anzeichen für Zweifel an der Gerechtigkeit der Sache oder an der Sicherheit der Herde in den Händen Gottes.

Mit der Produktion von Hymnen muss auch die Komposition oder Anordnung von Melodien einhergehen, und dies war ein weniger direkter und einfacher Prozess. Die Bedingungen und Methoden der Musikkunst verhinderten die schnelle Erfindung von Melodien. Wir haben in unserer vorherigen Untersuchung der Musik der mittelalterlichen Kirche gesehen, dass die Erfindung von Themen für Musikwerke nicht zu den Aufgaben des Komponisten gehörte. Bis etwa zum Jahr 1600 entlehnte der wissenschaftliche Musiker seine Themen immer aus älteren Quellen – dem liturgischen Gesang oder populären Liedern – und verarbeitete sie nach den Gesetzen des Kontrapunkts zu Chorsätzen. Er war daher ein Melodiesetzer, kein Melodienmacher. Die gleiche Sitte herrschte unter den deutschen Musikern zu Luthers Zeiten, und es wäre zu viel verlangt gewesen, dass sie von ihren strengen Gewohnheiten abwichen und alle Traditionen ihres Handwerks verletzten, um aus ihrem eigenen Kopf eine große Anzahl singbarer Melodien für den Gebrauch des Volkes zu entwickeln. Die Aufgabe Luthers und seiner musikalischen Assistenten bestand daher darin, Melodien aus ihnen bekannter Musik aller Art zu nehmen, sie so zu verändern, dass sie zum Takt der neuen Hymnen passten, und die Harmonien hinzuzufügen. Im Laufe der Zeit führte die enorme Vervielfältigung von Hymnen, von denen jede eine musikalische Fassung verlangte, und die Anforderungen an die Einfachheit im Volkslied zu einer Vereinigung der Funktionen des Melodienmachers und des Melodiensetzers, und in der zweiten Hälfte des 16. Jahrhunderts trat die moderne Methode der Melodienerfindung an die Stelle der mittelalterlichen Sitte des Entlehnens und Anpassens, sowohl im Volkslied als auch in größeren Werken.

Bis in die jüngste Vergangenheit hinein war man allgemein der Ansicht, Luther sei ein Musiker der letzteren Art gewesen , *d. h.* ein Melodiendichter, und die Melodien vieler seiner Hymnen seien von ihm selbst geschrieben worden. Unter den Schriftstellern dieser Zeit wird keine Aussage häufiger gemacht, als die, Luther habe sowohl Melodien als auch Hymnen geschrieben. Dieser Glaube hält sich ebenso hartnäckig wie der Mythos von der Rettung der Kirchenmusik durch Palestrina. Dr. LW Bacon nimmt im Vorwort zu seiner Ausgabe der Hymnen Luthers mit ihren Originalmelodien als unbestrittene Tatsache an, dass viele dieser Melodien Luthers eigene Erfindungen sind. [72] Sogar Julians *Dictionary of Hymnology* , das als Verkörperung der fortgeschrittensten Gelehrsamkeit auf diesem Gebiet gilt, macht ähnliche Behauptungen. Aber das ist ganz und gar ein Irrtum. Luther komponierte keine Melodien. Im Laufe eines halben Jahrhunderts geduldiger Untersuchung konnten alle ursprünglich mit Luthers Hymnen in Verbindung gebrachten Melodien auf ihre Quellen zurückgeführt werden. Die Melodie von „Ein' feste Burg" gab als letzte nach; Bäumker findet den Keim davon in einer gregorianischen Melodie. Ein solcher Beweis ist natürlich entscheidend und endgültig. Die Hymnenmelodien, Choräle genannt, die Luther, Walther und andere für die reformierten Kirchen lieferten, stammten aus drei Quellen, *nämlich* dem lateinischen Lied der katholischen Kirche, den Melodien deutscher Hymnen vor der Reformation und dem weltlichen Volkslied.

1. Wenn Luther bereit war, viele Gebete der katholischen Liturgie für seine deutsche Messe zu verwenden, so war er noch bereit, die Melodien der alten Kirche zu übernehmen. In seinem Vorwort zu den Trauerliedern (1542) spricht er über die Formen der katholischen Kirche, die er an sich nicht missbilligte, und sagt dann: „Ebenso hat man, besonders in den Abteien und Pfarrkirchen, mit viel edler Musik die abscheulichsten, götzendienerischen Worte geschmückt. Deshalb haben wir diese leblosen, götzendienerischen, verrückten Worte entkleidet, die edle Musik abgenommen und sie auf das lebendige und heilige Wort Gottes gelegt, um es damit zu singen, zu loben und zu ehren, damit die schöne Zierde der Musik, wieder zu ihrem richtigen Gebrauch zurückgeführt, ihrem gesegneten Schöpfer und seinem christlichen Volk dienen kann." Einige von Luthers Hymnen waren Übersetzungen alter lateinischer Hymnen und Sequenzen, und diese wurden mit den Originalmelodien vertont. Luthers Arbeit auf diesem Gebiet beschränkte sich nicht auf den Chorgesang, sondern er etablierte wie die Gründer des musikalischen Gottesdienstes der anglikanischen Kirche ein System des Gesangs, das sich am römischen Brauch orientierte und viele der gregorianischen Melodien übertrug. Johann Walther, Luthers Mitarbeiter, berichtet von den außerordentlichen Mühen, die sich Luther beim Setzen von Noten für die Epistel, das Evangelium und andere Gottesdienste machte. Er beabsichtigte, eine dreifache Unterteilung des Kirchengesangs einzuführen: die Chorhymne, den unisono gesungenen Gesang und die Gemeindehymne. Nur die erste und dritte Form sind erhalten geblieben. Die Verwendung von

Gesängen aus dem katholischen Gottesdienst wurde in einigen Kirchen noch bis zum Ende des 17. Jahrhunderts fortgeführt. Aber wie Helmore sagt: „Die Wut, Glaubensbekenntnisse, Gebote, Psalmen und alles, was gesungen werden sollte, in einen Takt zu bringen, verbannte den Gesang allmählich aus den protestantischen Gemeinden auf dem Kontinent."

2. In Fällen, in denen vorreformatorische Volkslieder in die Gesangbücher der neuen Kirche aufgenommen wurden, wurden die ursprünglichen Melodien oft beibehalten, und so sind einige sehr alte deutsche Melodien, wenn auch in moderner Gestalt, noch immer in den Gesangbüchern des heutigen Deutschlands erhalten. Melodien der Böhmischen Brüder wurden auf diese Weise in die deutschen Gesangbücher übernommen.

3. Das weltliche Volkslied des 16. Jahrhunderts und früher war eine sehr fruchtbare Quelle des deutschen Chorgesangs. Dies geschah jedoch nach Luthers Zeit, denn es scheint, dass keine seiner Melodien dieser Art angehörten. Jahrhunderte vor dem Beginn des Zeitalters der deutschen Kunstmusik besaß das einfache Volk einen großen Vorrat an einfachen Liedern, die es gerne bei festlichen Anlässen, am Herd, bei der Arbeit, beim Liebesspiel, bei Hochzeiten, Taufen und bei jeder Gelegenheit des gesellschaftlichen und häuslichen Lebens verwendete. Dies war eine reiche Quelle einfacher und ausdrucksstarker Melodien, aus denen Chormelodien gestaltet werden konnten. In einigen Fällen war diese Übertragung mit erheblichen Änderungen verbunden, in anderen nur mit geringen, denn damals gab es weit weniger Unterschiede zwischen den religiösen und weltlichen Musikstilen als heute. Die Assoziationen dieser Melodien waren nicht immer von der erbaulichsten Art, und einige von ihnen waren so sehr mit ungeheiligten Ideen verbunden, dass die strengsten Theologen gegen sie protestierten, und einige wurden ausgemerzt. Im Laufe der Zeit gerieten die alten weltlichen Verbindungen in Vergessenheit, und nur wenige gläubige Deutsche erinnern sich heute noch daran, dass einige der großartigen Melodien, in denen Glaube und Hoffnung so treffend Ausdruck finden, Variationen alter Liebes- und Trinklieder sind. Es ist nichts Ungewöhnliches, wenn man sich Melodien aus aller Welt für kirchliche Zwecke ausleiht. Wir finden dieselbe Praxis bei den französischen, niederländischen, englischen und schottischen Calvinisten, den englischen Wesleyanern und den amerikanischen Gesangbuchautoren. Diese Methode ist oft notwendig, wenn eine junge und kräftig wachsende Kirche

schnell mit einem Vorrat an Liedern ausgestattet werden muss, aber sie ist ihrer Natur nach nur eine vorübergehende Lösung.

Die von der Gemeinde gesungenen Chormelodien waren zunächst nicht harmonisiert. Als sie dann im strengen kontrapunktischen Stil der damaligen Zeit vertont wurden, wurde es Brauch, dass das Volk die Melodie singt, während der Chor die anderen Stimmen trägt. Die Melodie stand zunächst im Tenor, wie es in der künstlerischen Musik seit langem üblich ist. Als die Komponisten jedoch feststellten, dass sie die stimmlichen Einschränkungen einer Masse ungeübter Sänger berücksichtigen mussten, wurde eine einfachere Form der Harmonie eingeführt, und es entstand der Brauch des Setzens die Melodie in der Oberstimme und die Harmonie darunter. Diese Methode bereitete die Entwicklung einer Harmonie vor, die eher der Natur moderner Akkordfolgen entsprach, und als Chor und Gemeinde ihre unvereinbare Verbindung trennten, wurde dem komplexen Kontrapunkt, an dem sich das Zeitalter erfreute, in der Motette freie Hand gelassen, während der harmonisierte Chor einfacher und kompakter geworden. Die Partnerschaft von Chor und Gemeinde wurde um 1600 aufgelöst, und die Orgel trat an die Stelle der ausgebildeten Sänger und begleitete den unisono Gesang des Volkes.

Wer die deutschen Choräle studiert, wie sie in den heutigen Gesangbüchern erscheinen (viele von ihnen nehmen in englischen und amerikanischen Gesangbüchern einen Ehrenplatz ein), darf nicht annehmen, dass er die religiösen Melodien der Reformation in ihrer ursprünglichen Form kennt. So wie sie heute in den deutschen Kirchen gesungen werden, sind sie in Harmonie und Rhythmus und in vielen Fällen sogar in der Melodie stark verändert. Das einzige damals übliche Tonleiter- und Harmoniesystem war das Gregorianische. Auch in Bezug auf den Rhythmus waren die Änderungen ebenso auffällig. Der heutige Choral ist normalerweise in gleich langen Noten geschrieben, eine Note pro Silbe. Das Metrum ist in den meisten Fällen doppelt, selten dreifach. Diese Schreibweise verleiht dem Choral einen außergewöhnlich ernsten, soliden und stattlichen Charakter und fördert zugleich eine Aufführung, die oft langweilig und eintönig ist. Der primitive Choral war viel abwechslungsreicher und lebendiger, die Bewegung war flexibler und die häufigen Tongruppen zu einer einzelnen Silbe verliehen ihm eine

Lebendigkeit und Wärme, die der starren modernen Form unbekannt sind. Die Umwandlung des Chorals in seine heutige Form wurde im 18. Jahrhundert abgeschlossen, was, wie manche sagen, auf die Erschlaffung der geistigen Energie in der Zeit des Rationalismus zurückzuführen ist. Unter deutschen Kirchenmännern und Musikern hat sich eine Partei gebildet, die sich für die Wiederherstellung des primitiven rhythmischen Chorals einsetzt. Einige Gemeinden haben die Reform angenommen, aber es gibt noch keine Anzeichen dafür, dass sie sich letztendlich durchsetzen wird.

Trotz des schädlichen Einflusses, den seine Gegner Luthers Hymnen zuschrieben, wussten sie ihren Wert als Hilfsmittel zur Andacht zu schätzen, und als Gegenleistung für Luthers Kompliment an ihre Hymnen übernahmen sie gelegentlich einige seiner Hymnen. So seltsam es auch klingen mag, sogar „Ein' feste Burg" gehörte dazu. Auch die Katholiken zögerten nicht, die Protestanten nachzuahmen, indem sie Lieder für das Volk bereitstellten, und wie bei den alten Streitigkeiten zwischen Arianern und Orthodoxen im Osten bemühten sich Katholiken und Lutheraner, sich gegenseitig niederzusingen. Die Katholiken übersetzten auch lateinische Hymnen ins Deutsche und verwandelten weltliche Volkslieder in erbauliche religiöse Reime. Das erste deutsche katholische Liederbuch wurde 1537 von Michael Vehe, einem predigenden Mönch aus Halle, veröffentlicht. Dieses Buch enthielt zweiundfünfzig Hymnen, von denen vier Änderungen von Hymnen Luthers waren. Es ist eine ziemlich bemerkenswerte Tatsache, dass im gesamten 16. Jahrhundert herausragende Musiker beider Konfessionen zu den musikalischen Diensten ihrer Gegner beitrugen. Protestanten komponierten Messen und Motetten für die katholischen Kirchen und Katholiken arrangierten Chormelodien für die Protestanten. Dieser freundschaftliche Austausch guter Dienste wurde von Luther nachdrücklich gefördert. Sein liebster musikalischer Freund und Helfer war neben Johann Walther der gläubige Katholik Ludwig Senfl. Diese Ära des relativen Friedens und des guten Willens, für die diese musikalische Sympathie ein schönes Zeichen war, währte nicht lange. Die katholische Gegenreformation beschnitt scharf alles, was an gegenseitigem Verständnis und Toleranz noch vorhanden gewesen wäre, und der schreckliche Dreißigjährige Krieg überwältigte Kunst und Menschheitsgeist gleichermaßen.

Die Vervielfältigung von Hymnen und Chören setzte sich im gesamten 16. Jahrhundert und bis ins 17. Jahrhundert hinein mit unverminderter Kraft fort. Eine große Anzahl von Autoren mit sehr unterschiedlichem Grad an poetischen Fähigkeiten trugen zu den Gesangbüchern bei, die sich in den Generationen, die auf Luther folgten, in erstaunlicher Zahl vervielfachten. Diese Lieder harmonierten im Großen und Ganzen mit dem Ton Luthers und seiner Freunde und verkündeten die Lehre von der Rechtfertigung allein durch den Glauben und die Freude, die aus dem Bewusstsein einer freieren Annäherung an Gott entspringt, allerdings vermischt mit düstereren Akzenten durch die Besorgnis über die dunklen Wolken am politischen Firmament, die ein Unheil für die protestantische Sache anzukündigen schienen. Der Sturm brach 1618 aus. Während des dreißigjährigen Kampfes schien die reformierte Sache immer wieder am Rande der Vernichtung zu stehen. Als die Erschöpfung beider Parteien den erbitterten Konflikt beendete, war die Begeisterung für die Reformation verflogen. Religiöse Poesie und Musik überlebten tatsächlich und brannten hier und da mit reiner Flamme inmitten der Dunkelheit einer fast primitiven Barbarei. In Zeiten größter Not bieten diese beiden Künste oft das einzige Ventil für die Trauer und das einzige Zeugnis der Hoffnung inmitten nationaler Katastrophen. In Deutschland gab es unbesiegbare Geister, vor allem unter den Hymnisten, Kantoren und Organisten, die das heilige Feuer der religiösen Kunst inmitten der moralischen Verwüstungen des Dreißigjährigen Krieges aufrechterhielten, dessen Elend sie nur als Vertiefung ihres Glaubens an eine Macht empfanden das überwindet den Zorn des Menschen. Ihr Vertrauen stützte sich unerschütterlich auf die Zusicherungen göttlicher Sympathie, die von Anfang an die Inspiration ihrer Sache gewesen waren. Dieses fromme Vertrauen, dieser unverminderte poetische Glanz fand bei Paul Gerhardt (1607-1676) den inbrünstigsten und raffiniertesten Ausdruck, den die deutsche Hymnodie je erreicht hat.

Die Produktion von Melodien hielt im gesamten 16. Jahrhundert mit der Hymnenproduktion Schritt, und in der ersten Hälfte des 17. Jahrhunderts stammten viele der schönsten Lieder der deutschen Kirche von Männern wie Andreas Hammerschmidt, Johann Crüger, JR Ahle, Johann Schop, Melchior Frank, Michael Altenburg und Dutzenden anderer nicht weniger Berühmter. Nach der Mitte des 17. Jahrhunderts begann die Quelle jedoch

Anzeichen der Erschöpfung zu zeigen. Die starke Bewegung in Richtung weltlicher Musik, die aus Italien kam, begann die Gedanken der Komponisten zu Experimenten zu lenken, die größere künstlerische Befriedigung versprachen, als sie im einfachen Gemeindechor zu finden waren. Der Rationalismus des 18. Jahrhunderts, der eine Zeit des Lehrstreits und des leblosen Formalismus in der Kirche begleitete, unterdrückte jene bedingungslose Begeisterung, die die einzige Quelle einer wirklich ausdrucksstarken Volkshymnendichtung ist. Der Pietismus war zwar ein mehr oder weniger wirksamer Protest gegen kalten Zeremoniellismus und theologische Intoleranz und hatte einen starken Einfluss, indem er dogmatische Pedanterie durch einen herzlicheren Gottesdienst ersetzte, konnte dem Kirchenlied jedoch keine neuen Impulse verleihen; denn die Pietisten versuchten entweder, die Kirchenmusik ganz und gar zu entmutigen, oder verliehen Hymnen und Melodien eine verweichlichte und sentimentale Note. Falsche Geschmäcker schlichen sich in die Kirche ein. Die schlichte Kraft und Offenheit der lutherischen Hymnen erschien den oberflächlichen kritischen Geistern der Zeit rau, prosaisch und abstoßend, und sie begannen, die alten Reime zu glätten und zu polieren und die Chormelodien und -harmonien durch die Schönheit und schmachtende Anmut der italienischen Kantilene zu ersetzen. Da die kräftige Erfindungskraft konservativer Kirchenmusiker nicht mehr vorhanden oder erwünscht war, griff man wie in alten Zeiten auf weltliches Material zurück, aber nicht wie früher auf das Lied des Volkes – ehrlich, aufrichtig, bodenständig –, sondern auf die leichten, künstlichen Klänge der vornehmen Welt, der modischen italienischen Oper und der gekünstelten Hirtenpoesie. Es ist die alte Geschichte vom Niedergang des Volksliedes, während das Kunstlied blüht. Als die strenge Stimmung der lutherischen Ära in einem Zeitalter der Sicherheit und Gleichgültigkeit weich wurde, wurde der großartige alte Chor vernachlässigt und seine Aufführung wurde oberflächlich und kalt. In den letzten Jahren wurde hier und da versucht, die alten Ideale und Bräuche wiederherzustellen, aber bis in Deutschland eine Wiederbelebung der Spiritualität ausbricht, die stark genug ist, um das Herz des Volkes zu bewegen, können wir keinen würdigen Nachfolger für das klangvolle Missionslied des Reformationszeitalters erwarten.

KAPITEL VIII
AUFSTIEG DER DEUTSCHEN KANTATE UND PASSION

Die Geschichte der deutschen protestantischen Kirchenmusik im 17. Jahrhundert und darüber hinaus ist das Zeugnis einer Transformation, die nicht weniger auffallend und bedeutsam ist als jene, die die Musik der katholischen Kirche im selben Zeitraum erlebte. In beiden Fällen wurden Formen der musikalischen Kunst, die durch die Tradition sanktioniert und mit alten und strengen Vorstellungen des religiösen Ausdrucks verbunden waren, von den überlegenen Kräften eines Stils überwunden, der in seinem Ursprung rein weltlich war. Die Revolution in der protestantischen Kirchenmusik war jedoch weniger plötzlich und weit weniger umfassend. Es ist etwas bemerkenswert, dass die Einflüsse, die in der Musik der protestantischen Kirche – der Kirche der Unzufriedenheit und des Wandels – vorherrschten, im Großen und Ganzen vorsichtiger und konservativer waren als jene, die in der Musik der katholischen Kirche aktiv waren. Letztere gab die alte Musik bereitwillig zugunsten der neuen auf und verschob ihre Grenzen so schnell, dass die alten Grenzsteine fast überall ausgelöscht wurden. Die protestantische Musik entwickelte sich durch sorgfältige evolutionäre Methoden weiter, und im Endprodukt ging nichts von dem verloren, was in den aufeinanderfolgenden Stadien, die sie durchlief, wertvoll war. In beiden Fällen – lutherisch und katholisch – war das Motiv dasselbe. Kirchenmusik verlangte wie weltliche Musik einen umfassenderen und individuelleren Ausdrucksstil. Die katholischen Musiker des 17. und 18. Jahrhunderts waren sich sehr klar darüber, was sie wollten und wie sie es erreichen konnten. Die brillante italienische Arie war in all ihrer Pracht direkt zur Hand, und ihre schmachtenden Klänge schienen wunderbar zu den Appellen zu passen, die die aggressive Kirche an Herz und Sinne richten wollte. Die Mächte, die im deutschen protestantischen Gottesdienst herrschten, verfolgten ihre Ziele bewusst oder unbewusst in einem etwas anderen Geist. Die neue musikalische Bewegung in der deutschen Kirchenmusik war weniger selbstbewusst, sie war sich ihrer endgültigen Richtung nicht sicher, wurde manchmal durch Ehrfurcht vor den alten Formen und Idealen zurückgehalten, brach dann wieder mutwillig mit der Tradition und warf sich in die Arme der verführerischen italienischen Kultur.

Die deutsche Schule begann das 17. Jahrhundert mit drei starken und prägnanten Formen, nämlich der Schule . , der Chor, die Motette (im Wesentlichen ein Gegenstück zur lateinischen Motette des 16. Jahrhunderts) und Orgelmusik. Dem gegenüber standen das italienische Rezitativ und die Arie, verbunden mit neuen Prinzipien der Tonalität, Harmonie und Struktur. Erstere waren die strenge Verkörperung der abstrakten, objektiven, liturgischen Konzeption der Gottesdienstmusik; Letzteres ist subjektiv, leidenschaftlich und individualistisch. Sollten diese Ideale getrennt gehalten werden oder sollten sie in irgendeiner Weise vereint werden? Eine Gruppe deutscher Musiker machte die italienischen dramatischen Formen zur alleinigen Grundlage einer neuen religiösen Kunst und erkannte den Anspruch des Persönlichen, Vielfältigen und Brillanten sowohl in der kirchlichen als auch in der weltlichen Musik an. Eine andere Gruppe hielt hartnäckig an Chor und Motette fest und widerstand jedem Einfluss, der die strenge Strenge mildern könnte, die ihrer Meinung nach durch historische Assoziationen und liturgische Eignung gefordert wurde. Eine dritte Gruppe waren die Kompromissparteien. Sie gründeten ihre Kultur auf dem altdeutschen Chorgesang, der Orgelmusik und der Volksliedmelodie und pfropften diesem robusten Stamm die italienische Melodie auf. In den Händen dieser Schule lag die Zukunft der deutschen Kirchenmusik. Sie erkannten, dass die Möglichkeiten für einen vielfältigeren und charakteristischeren Ausdruck der Kirche nicht vorenthalten werden konnten, da sie auf den vernünftigen Wünschen der menschlichen Natur beruhten. Ebensowenig konnten sie jene erhabenen Arten frommer Äußerungen wegwerfen, die sich in der Zeit des Sturms und der Drangsal der Reformation im deutschen Gedächtnis eingeprägt hatten. Sie übernahmen das Gesündeste und Geeignetste für diese Zwecke in der Kunst beider Länder und bauten eine Musikform auf, die danach strebte, die hohen Traditionen des nationalen liturgischen Gesangs zu bewahren, während sie gleichzeitig in der Lage war, die Geschmäcker dieser Länder zu befriedigen war durch den jüngsten raschen Fortschritt in der musikalischen Erfindung angeregt worden. Aus diesem Satz erwuchsen die Passionsmusik und die Kantate des 18. Jahrhunderts, verschönert mit allen Ausdrucksmitteln des italienischen Gesangssolos und der Orchesterbegleitung, gefestigt durch eine aus der Orgelmusik abgeleitete kontrapunktische

Behandlung und unbeirrt im Herzen verankert die Liturgie durch jene Chormelodien, die mit besonderen Tagen und Anlässen im Kirchenjahr in Verbindung gebracht wurden.

Die Art des Motivwechsels in der modernen Kirchenmusik, der die ausschließliche Vorherrschaft des Chors durch die Einführung des Sologesangs durchbrach, wurde im Kapitel über die spätere Messe dargelegt. Die offensichtlichste Tatsache in der Geschichte dieser Modifikation der Kirchenmusik in Deutschland ist, dass die Vernachlässigung der starken alten Musik von Chor und Motette in vielen Bereichen zugunsten eines protzigen Konzertstils mit diesem melancholischen Verfall in Formalismus und dogmatische Intoleranz zusammenzufallen schien die in der deutschen Kirche des 17. und 18. Jahrhunderts an die Begeisterung der Reformationszeit anknüpfte. Daraus folgt jedoch nicht, wie oft angenommen, dass es sich hier um einen Fall von Ursache und Wirkung handelt. Es lohnt sich immer wieder zu betonen, dass kein Musikstil an sich religiös ist. Es gibt keine Heiligkeit, sagt Ruskin, weder in Rundbögen noch in Spitzbögen, in Zinnen oder Strebepfeilern; und wir können mit gleicher Relevanz sagen, dass es im Kontrapunkt des 16. Jahrhunderts, im lutherischen Chor oder in der calvinistischen Psalmmelodie nichts Heiliges *an sich gibt*. Die Übernahme des neuen Stils durch so viele deutsche Gemeinden beruhte sicherlich nicht auf einem Geist der Leichtigkeit, sondern auf der Überzeugung, dass die neue Sensation, nach der sich ihre ästhetischen Instinkte sehnten, auch ein Element der moralischen Erbauung war. Aus der Sicht unserer reiferen Erfahrung kam es jedoch zweifellos zu einem Verlust von etwas sehr Kostbarem, als das deutsche Volk begann, die Liebe zu den feierlichen patriotischen Hymnen seines Glaubens zu verlieren und als die Chöre jene himmlischen Harmonien vernachlässigten, mit denen die Menschen zu tun hatten wie Eccard und Hasler verliehen diesen Melodien den zusätzlichen Charme kunstvoller Ausschmückung. Es scheint, als gäbe es in diesen beschwingten Liedern mit ihrer dünnen Begleitung, die Italien als Ersatz für einen erkalteten und veralteten Stil bot, keinen wirklichen Ausgleich. Aber aus dieser Dekadenz, wenn wir sie so nennen, gingen die Kantaten und Passionen von JS Bach hervor, in denen ein nachdenkliches Zeitalter wie das unsere, das darauf trainiert ist, Fragen der Eignung in Kunstangelegenheiten zu klären, das Herzerforschendste und Herzoffenbarste findet Belastungen, die das hingebungsvolle Gefühl jemals inspiriert hat. Diese glorreichen Werke hätten nie existieren können, wenn die Kirche nicht die neuen Methoden in der Musik gebilligt hätte, die Deutschland so gerne von Italien erhielt. Diese zum großen Teil aus weltlichem Material gefertigten Werke erlangten unter liturgischer Schirmherrschaft ihre volle Bedeutung und wurden schließlich, über die Grenzen des Rituals hinaus, zu einem verbindenden Band zwischen dem organisierten Leben der Kirche und den größeren religiösen Intuitionen, die nicht kirchlich waren System war jemals in der Lage, zu monopolisieren.

Dies war das Geschenk des deutschen Protestantismus an die Welt, angeregt durch die späteren Impulse der Renaissance-Bewegung, die in der Musik weitergingen, nachdem ihre Mission in der bildenden Kunst erfüllt war. Im Mittelalter, so wird uns erzählt, lebten Religion und Kunst in brüderlicher Verbindung zusammen; Der Protestantismus warf die Kunst weg und behielt die Religion, der Rationalismus der Renaissance warf die Religion ab und behielt die Kunst bei. In der Malerei und Bildhauerei trifft dies nahezu zu; In der Musik ist es weit davon entfernt, wahr zu sein. Es ist der Ruhm der Musikkunst, dass sie dem Abdriften in Richtung Sinnlichkeit und Leichtigkeit fast immer widerstehen konnte, und wo sie scheinbar nachgab, verlief ihre Genesung schnell und sicher. Ihre Natur ist so anfällig für die feinsten Berührungen religiöser Gefühle, dass sie bei jeder Wiederbelebung des reinen Geistes der Hingabe immer bereit war, sich an neue spirituelle Anforderungen anzupassen und aus offensichtlichem Verfall heraus schönere und schönere Formen des religiösen Ausdrucks zu entwickeln noch erhabener als die alten.

Unter den Formen, die die neue Bewegung der deutschen Kirche schenkte, war die Kantate besonders auffällig. Diese Musikform kann bis nach Italien zurückverfolgt werden, wo der monodische Stil, der erstmals um 1600 in der Oper verwendet wurde, bald auch in die Salonmusik übernommen wurde. Die Kantate war zunächst eine musikalische Rezitation durch eine einzelne Person ohne Handlung, begleitet von ein paar einfachen Akkorden, die auf einem einzigen Instrument angeschlagen wurden. Dieser einfache Aufbau wurde in der ersten Hälfte des 17. Jahrhunderts zu einem Werk mit mehreren Sätzen und vielen Stimmen oder

Stimmen erweitert. Bald wurden auch religiöse Texte verwendet und die Kirchenkantate war geboren. Die Kantate wurde von den Musikern der deutschen protestantischen Kirche eifrig aufgegriffen und wurde zu einem herausragenden Bestandteil der regulären Gottesdienstordnung. Im 17. Jahrhundert bestand die deutsche Kirchenkantate normalerweise aus einer instrumentalen Einleitung, einem Chor, der einen Bibeltext sang, einer „geistlichen Arie" (ein Strophenlied, manchmal für eine, manchmal für mehrere Stimmen), einem oder zwei Gesangssoli und einem Chor. Diese unreife Form (bekannt als „geistliches Konzert", „geistlicher Dialog" oder „geistlicher Akt der Hingabe"), die aus einem Wechsel von Bibelstellen und Kirchen- oder Andachtsliedern besteht, erlebte im 17. und frühen 18. Jahrhundert eine große Blüte. In ihrer vollen Entwicklung im 18. Jahrhundert wurden auch das Rezitativ und die italienische Arienform einbezogen und der Chor, insbesondere der auf der Chormelodie basierende Chor und die Orgelbegleitung voll zur Geltung gebracht. Durch die prominente Verwendung von Themen aus Chormelodien, die für bestimmte Tage im Kirchenkalender bestimmt waren, insbesondere für jene Tage, die der Betrachtung von Ereignissen im Leben unseres Herrn gewidmet waren, wurde die Kantate zum wirksamsten Medium für den Ausdruck jener Gefühle, die in der Gemeinde durch ihre imaginäre Teilnahme an den Szenen hervorgerufen wurden, die das Ritual zelebrierte. Die Strophen der Hymnen, die in der Kantate vorkommen, illustrieren die biblischen Texte, wenden sie an und kommentieren sie im Licht protestantischer Vorstellungen. Die Worte beziehen sich auf eine einzelne Phase religiösen Gefühls, die in der Reihenfolge des Liedes deutlich wird. Eine Kantate ist daher ganz analog zur Hymne der Church of England, wenn auch in größerem Maßstab. Im Gegensatz zu einem Oratorium ist sie weder episch noch dramatisch, sondern vermittelt eine mehr oder weniger allgemeine Stimmung des Gebets oder Lobes.

Wir haben gesehen, dass die lutherische Kirche viele Elemente aus der Musikpraxis der katholischen Kirche übernommen hat, wie etwa Teile der Messe, die Gewohnheit des Singens sowie alte Hymnen und Melodien. Ein weiteres Erbe war der Brauch, in der Karwoche die Geschichte von Christi Passion mit musikalischen Ergänzungen zu singen. Dieser Brauch, der auf eine ferne Zeit im Mittelalter zurückgeht, muss von der bereits im 13. Jahrhundert vorherrschenden Methode unterschieden werden, die Ereignisse der letzten Tage Christi tatsächlich in sichtbarer Handlung auf der

Bühne darzustellen. Das Passionsspiel, das noch heute im bayerischen Oberammergau und in anderen weniger bekannten Teilen Europas erhalten ist, war eines von zahlreichen kirchlichen Dramen, die als Mirakelspiele, Mysterien und Moralitäten klassifiziert wurden und unter der Schirmherrschaft der Kirche aufgeführt wurden, um den Menschen die Realität der Geschichten aus dem Alten und Neuen Testament und die verbindliche Kraft von Lehren und moralischen Prinzipien auf möglichst lebendige Weise vor Augen zu führen.

Die Einhaltung, aus der die deutsche Passionsmusik des 18. Jahrhunderts hervorging, war eine ganz andere Angelegenheit. Es bestand aus der bloßen Rezitation der Geschichte vom Prozess und Tod Christi, wie sie von einem der vier Evangelisten erzählt wurde, ohne theatralisches Beiwerk, beginnend in den synoptischen Evangelien mit der Handlung der Priester und Schriftgelehrten und in St. John's Evangelium mit dem Verrat. Diese Erzählung war Teil des liturgischen Amtes am Palmsonntag, Kardienstag, Aschermittwoch und Karfreitag. Dem ursprünglichen Gebrauch zufolge, der seinen Ursprung in der Zeit der Vorherrschaft des gregorianischen Chorals hatte, waren mehrere Offiziere an der Übergabe beteiligt. Ein Geistlicher vertonte die Erzählung des Evangelisten, ein anderer die Worte Christi und ein dritter die Worte von Pilatus, Petrus und anderen einzelnen Persönlichkeiten. Die Ausrufe der jüdischen Priester, Jünger und des Mobs wurden von einer kleinen Gruppe von Geistlichen gesungen. Der Text wurde in der einfacheren Silbenform des Plain Song wiedergegeben. Nur in einer Passage wich diese monotone Rezitation einer abwechslungsreicheren, liedähnlichen Äußerung, *nämlich.* , im Ruf Christi am Kreuz: „Eli, Eli, lama sabachthani", dieser Satz wurde in einer ausgedehnten, feierlichen, aber unrhythmischen Melodie vorgetragen, der alles Pathos verliehen wurde, das der Sänger beherrschen konnte. Die Chorstimmen wurden zunächst unisono gesungen, dann, als sich die Kunst des Stimmensatzes entwickelte, wurden sie in einem einfachen vierstimmigen Kontrapunkt gesetzt.

Unter dem Einfluss der perfektionierten kontrapunktischen Kunst des 16. Jahrhunderts entstand eine Form, die heute als Motettenpassion bekannt ist, und erlebte für kurze Zeit eine große Blüte. In diesem Stil wurde alles im Chor ohne Begleitung gesungen – der Bericht des Evangelisten, die Worte Christi,

Pilatus und alles andere. Die großen Möglichkeiten für musikalische Effekte, die diese Art der Behandlung bot, brachten ihr bei Musikern große Wertschätzung ein, denn da diese rein musikalische Methode, die Geschichte von Christi Tod zu wiederholen, nie als in irgendeiner Weise dramatisch aufgefasst wurde, war es nichts Unstimmiges, die Worte einer einzelnen Person in mehreren Stimmen zu vertonen. Die Lebensdauer dieser Phase der Passionsmusik war kurz, denn sie entstand nur kurze Zeit, bevor die musikalische Revolution, die durch die Florentiner Monodie angekündigt und durch die Oper bestätigt wurde, die mittelalterliche Polyphonie in die Abgeschiedenheit drängte.

Mit der rasch erlangten Vorherrschaft des dramatischen und konzertanten Solos und den damit verbundenen radikalen Veränderungen in Geschmack und Praxis bekamen die gesungene Passion und die Motetten-Passion einen Rivalen, der in Deutschland solche Ausmaße annehmen sollte, dass er das gesamte dieser Kunstform gewidmete Feld einnahm. In der so genannten oratorischen Passion traten das italienische Rezitativ und die Arie sowie der rhythmische Chor an die Stelle des unisono gesungenen Gesangs und der antiken Polyphonie; Hymnen und poetische Monologe ergänzten und verdrängten manchmal den Bibeltext; und der leidenschaftliche Gesangsstil, der das neue Prinzip des bestimmten Wortausdrucks einführte, wurde durch die kürzlich emanzipierte Kunst der Instrumentalmusik verstärkt. Eine Zeitlang existierten diese drei Formen der Passionsmusik nebeneinander, zuletzt in einem unreifen Stadium; Doch die Sterne am Firmament der modernen Musik kämpften auf ihrem Weg für den gemischten Oratorienstil, und im frühen 18. Jahrhundert erreichte diese letztere Form ihre Vollendung und galt als das eindrucksvollste Geschenk, das Deutschland der Welt der kirchlichen Kunst machte.

Der Weg, den die deutsche Kirchenmusik im 17. und 18. Jahrhundert unter der Führung der neuen Ausdrucksideen einschlagen sollte, wurde deutlich vorgezeichnet, als Heinrich Schütz, der größte deutsche Komponist des 17. Jahrhunderts und würdiger Vorläufer Bachs und Händel schrieb seine „Geschichten" und „geistlichen Sinfonien". Er wurde 1585 geboren und erhielt 1609 in Venedig den inspirierenden Unterricht von G. Gabrieli. Bei einem zweiten Besuch in Italien im Jahr 1628 wurde er noch stärker von den vorherrschenden Tendenzen seiner Zeit geprägt. Er wurde 1615 zum Kapellmeister am Hofe des Kurfürsten von Sachsen in Dresden ernannt und bekleidete diese Position mit einigen kurzen Unterbrechungen bis zu seinem Tod im Jahr 1672. Er war ein Musiker von höchstem Niveau, und obwohl er in ... In einer Übergangsperiode in der Geschichte der Musik verhielt er sich vorsichtig und respektvoll gegenüber den beiden Methoden, die zu dieser Zeit im Konflikt standen, und akzeptierte die neuen Entdeckungen im dramatischen Ausdruck als Ergänzung und nicht als Widerspruch zum alten Ideal der Andachtsmusik. In seinen Psalmen verwendete er kontrastierende und kombinierende Chormessen, verstärkt durch ein Instrumentenband. Bei den Symphoniae sacrae handelt es sich um Lieder für eine oder mehrere Solostimmen mit instrumentalem Obligato, in denen der deklamatorische Rezitativstil mit vielfältiger und angemessener Wirkung zum Einsatz kommt. In seinen dramatischen religiösen Werken, der „Auferstehung", den „Sieben Worten des Erlösers am Kreuz", der „Bekehrung des Saulus" und den Passionen nach den vier Evangelisten, verwendet Schütz das Gesangssolo, die Instrumentalbegleitung und die den dramatischen Refrain in einer vorsichtigen Art und Weise, wobei er zuweilen eindrucksvolle Effekte von eindeutigem Ausdruck erzielt, ganz im Einklang mit modernen Vorstellungen, während er bald auf die streng unpersönliche Methode zurückgreift, die mit dem alten Plain Song und der Motette aus dem 16. Jahrhundert identifiziert wird. Am fortschrittlichsten im Stil und reich an Ausdruck sind die „Sieben Worte". Ein charakteristisches Merkmal der aufstrebenden Schule der deutschen Passionsmusik ist die imaginäre Anwesenheit christlicher Gläubiger, die im Chor die Emotionen zum Ausdruck bringen, die die Betrachtung des Sühneaktes hervorruft. In den „Sieben Worten" werden die Äußerungen Jesu und der anderen einzelnen Persönlichkeiten im Arioso-Rezitativ vorgetragen, das sich zuweilen zu einer ausgeprägten Melodie steigert. Der Ton des gesamten Werks ist inbrünstig, erhaben und kirchlich. Der Evangelist und alle Personen außer Christus singen zu einem Orgelbass – die Worte des Erlösers werden von den ätherischen Klängen von Saiteninstrumenten begleitet, vielleicht als symbolisches Äquivalent zum Strahlenkranz in religiösen Gemälden gedacht. In Schütz' Passionsvertonungen kehrt er, obwohl sie aus den späteren Jahren seines Lebens stammen, zur ursprünglichen Form zurück, in der die Teile des Evangelisten und die einzelnen Charaktere im strengen „Sammelton" des antiken Plain Song wiedergegeben werden , ohne den Versuch zu unternehmen, wechselnde Gefühle genau zum Ausdruck zu bringen. Doch selbst in diesen zurückhaltenden und erhabenen Werken brechen sein Genie als Komponist und seine fortschrittlichen Sympathien als moderner Künstler gelegentlich in lebhaftem Ausdruck durch die Ausrufe von Priestern, Jüngern und dem jüdischen Mob hervor und erreichen eine ganz bemerkenswerte Wärme und Realität Darstellung. Dennoch ordnen diese isolierten Versuche des Naturalismus die Passionen von Schütz kaum in die Kategorie moderner Werke ein. Es gibt keine Instrumentalbegleitung, und was am entscheidendsten ist, sie werden durch die alte gregorianische Tonalität, die fast bis zum völligen Ausschluss chromatischer Alterationen durchgehend beibehalten wird, in den Grenzen der mittelalterlichen Konzeption gehalten.

Die Werke von Schütz sind daher trotz ihrer Süße und Würde und gelegentlicher Einblicke in malerische Details nicht als Schritte in der direkten Entwicklungslinie zu betrachten, die von der frühen italienischen Kantate und dem Oratorium zu den endgültigen Errungenschaften Bachs führte und Händel. Diese beiden Giganten der Kulminationsperiode hatten Schütz offenbar nichts zu verdanken. Es ist unwahrscheinlich, dass sie überhaupt Kenntnis von seinen Werken hatten. Die Methoden und Ideale dieser drei waren völlig unterschiedlich. Wenn man bedenkt, wie üblich und scheinbar notwendig die gegenseitige Beeinflussung großer Männer in der Kunst ist, ist es bemerkenswert, dass im Fall des größten deutschen Musikers des 17. Jahrhunderts und der beiden größten des 18. Jahrhunderts, die alle auf dem Gebiet der religiösen dramatischen Musik tätig waren, Keiner wurde im geringsten durch die Arbeit der anderen beeinträchtigt. Hier zeigt sich der Individualismus der modernen Kunst bereits an der Schwelle zum positivsten.

In den Passionen von Schütz finden wir nur die Charaktere der biblischen Geschichte zusammen mit der Erzählung des Evangelisten, die wörtlich aus dem Evangelium übernommen wurde – das heißt, das ursprüngliche Gerüst der Passionsmusik mit dem ausgearbeiteten Chorelement. In der zweiten Hälfte des 17. Jahrhunderts wurde das dramatische Schema der Passion erweitert, indem die christliche Gemeinde, die passende Chöre sang, und die ideale Gruppe von Gläubigen, die in Rezitativen, Arien und Chören passende Gefühle zum Ausdruck brachte, hinzugefügt wurden. Die Einfügung von Kirchenliedern war im

Hinblick auf die Beziehung der Passionsmusik zur Liturgie von größter Bedeutung, denn je mehr Betonung auf dieses Merkmal gelegt wurde, desto mehr wurde die Passion trotz ihres halbdramatischen Charakters als Bestandteil in die Gottesdienstordnung eingefügt. Der Chor spielte hier dieselbe Rolle wie in der Kantate und fügte in die vorgeschriebene Gottesdienstordnung ein, was sonst ein nebensächliches, wenn nicht gar störendes Merkmal wäre. Dies war insbesondere dann der Fall, wenn, wie zu Beginn der Einführung des Chorals in der Passion, die Verse des Hymnus von der Gemeinde selbst gesungen wurden. Zu Bachs Zeiten war dieser Brauch nicht mehr vorhanden und die Chorstrophen wurden vom Chor gesungen; dieser Wandel hatte jedoch keine Änderung der Form oder der Konzeption der Passionsaufführung als liturgischer Akt zur Folge.

Das Wachstum der Passionsmusik von Schütz bis zu ihrer endgültigen Schönheit und ihrem Pathos unter Sebastian Bach verlief keineswegs konstant. In bestimmten Kreisen, insbesondere in Hamburg, nahm die Arie in der oberflächlichen italienischen Form eine völlig unverhältnismäßige Bedeutung ein. Die Oper, die um 1700 in Hamburg eine glänzende Blüte erlebte, übte einen so pervertierenden Einfluss auf die Passion aus, dass die alten liturgischen Traditionen völlig aufgegeben wurden. In vielen der Hamburger Passionen wurde der Bibeltext weggeworfen und durch Gedichte ersetzt, die allesamt von minderwertigem literarischem Wert und einige sogar ziemlich verachtenswert waren. So unglaublich es auch klingen mag, manchmal wurde das komische Element eingeführt, wobei die „humorvollen" Charaktere der Diener Malthus, dem Peter das Ohr abgeschnitten hatte, und ein clownesker Salbenhändler waren. Es muss gesagt werden, dass diese Aufführungen nicht in den Kirchen aufgeführt wurden; Sie sind nicht in die gleiche Kategorie wie die streng liturgischen Passionen Sebastian Bachs einzuordnen. Die vergleichsweise Vernachlässigung des Chors und auch der Orgel entfernt sie gänzlich aus der eigentlichen Geschichte der deutschen Kirchenmusik.

So sehen wir, wie die neuen musikalischen Formen, die geradezu die Emotionen erzeugten, die sie so gut zum Ausdruck bringen konnten, bis in den innersten Schrein der deutschen Kirchenmusik vordrangen. In einigen Abschnitten, wie in

Hamburg, verdrängte die italienische Kultur die ältere Schule vollständig. In anderen stieß es auf heftigeren Widerstand und konnte nichts anderes tun, als ein Bündnis zu schließen, in dem die altdeutsche Strenge und Zurückhaltung etwas gemildert und gelockert wurde, ohne pervertiert zu werden. Um aus dieser Vereinigung gegensätzlicher Prinzipien ein Kunstwerk der höchsten Klasse zu schaffen, war ein Genie erforderlich, das einen so tiefen Einblick in die besonderen Fähigkeiten jedes einzelnen besitzen sollte, dass er in der Lage sein sollte, durch ihre Verschmelzung eine Form religiöser Musik zu schaffen, die sollte der reinsten Vorstellung von der Mission des Kirchengesangs entsprechen und gleichzeitig mit den Fähigkeiten ausgestattet sein, die Zuneigungen zu wecken, die der Geschmack des neuen Zeitalters erforderte. Mit der Zeit erschien dieses Genie. Sein Name war Johann Sebastian Bach.

KAPITEL IX
DER HÖHEPUNKT DER DEUTSCHEN PROTESTANTISCHEN MUSIK: JOHANN SEBASTIAN BACH

Der Name Bach ist der größte in der protestantischen Kirchenmusik – viele zögern nicht zu sagen, dass er der größte in der gesamten Geschichte der Musik ist, ob religiös oder weltlich. Die Tätigkeit dieses Mannes war vielseitig und seine Erfindung scheint wahrlich unerschöpflich. Er berührte jeden bis zu seiner Zeit bekannten Musikstil mit Ausnahme der Oper, und die meisten Formen, die er bearbeitete, erhob er zu der höchsten Kraft, die sie je erreicht hatten. Viele seiner bewundernswertesten Eigenschaften tauchen in seinen weltlichen Werken auf, aber diese müssen wir außer Acht lassen. Wenn wir ihn jedoch ausschließlich als Komponisten für die Kirche betrachten, werden wir den bei weitem bedeutendsten Teil von ihm sehen, denn seine weltlichen Kompositionen, so bemerkenswert sie auch sind, erscheinen immer eher als Abschweifungen vom Hauptgeschäft seines Lebens. Sein bewusstes lebenslanges Ziel bestand darin, den musikalischen Schatz der Kirche, die er liebte, zu bereichern, jeden Aspekt ihrer Verehrung zu stärken und hervorzuheben, den sein Genie erreichen konnte: und diesem hohen Ziel widmete er eine intellektuelle Kraft und eine Energie loyaler Begeisterung, die ihresgleichen sucht in den Annalen der Kunst.

Johann Sebastian Bach ist eine der monumentalsten Figuren der deutschen Religionsgeschichte, zweifellos die bedeutendste in den zwei Jahrhunderten nach Luthers Tod. Wie Luther, an den er uns in mancher Hinsicht erinnert, war er ein Mann, der fest in der deutschen Erde verwurzelt war, aus robustem Bauernstamm stammte und mit der echten Frömmigkeit und Standhaftigkeit moralischer Ziele ausgestattet war, die dem germanischen Charakter seit langem eigen waren. Seine Kultur war im Grunde rein deutsch. Er ging nie ins Ausland, um die Schönheiten zu suchen, die seiner Nation fehlten. Er verachtete sie nicht, aber er ließ sie zu sich kommen, um sie in die massive Substanz seiner nationalen Bildung aufzunehmen, damit diese Bildung im tiefsten Sinne liberal und menschlich werden konnte. Er interpretierte das Dauerhafte und Vererbte der deutschen Kultur, nicht das Vergängliche und Exotische. Er ignorierte die Oper, obwohl sie in jedem Land Europas die vorherrschende Form war. Er orientierte sich fest an der deutschen Kirchenmusik, insbesondere an der urdeutschen Kunst des Orgelspiels, und errichtete auf dieser Grundlage, ergänzt durch die besten italienischen und französischen Bautechniken, ein gewaltiges Gebäude, das in Plan, Umriss und jedem dekorativen Detail den Stempel eines deutschen Handwerkers trägt.

Die musikalischste Familie der Geschichte war die Familie Bach. In sechs Generationen (Sebastian gehört zur fünften) finden wir ausgeprägte musikalische Fähigkeiten, die in einigen Fällen vor Sebastians Erscheinen fast dem Genie gleichkamen. Es ist bekannt, dass bis zu 37 dieser Namen wichtige musikalische Positionen innehatten. Eine große Zahl von ihnen gehörte im 17. und 18. Jahrhundert den städtischen Musikkapellen und Chören an, die in dieser Zeit nahezu die gesamte Musikkultur der einfachen Bevölkerung Deutschlands prägten. Diese Organisationen, die die öffentliche Ausübung religiöser und weltlicher Musik vereinten, trugen wirksam dazu bei, sowohl den künstlerischen als auch den religiösen Geist der Zeit zu fördern. Im Deutschland des 17. Jahrhunderts gab es noch kein Opern- und Konzertsystem, das die musikalische Tätigkeit im Theater und im öffentlichen Saal konzentrierte. Die Kirche war die Kinderstube der Musikkultur, und diese Kultur war in keiner Weise künstlich oder entlehnt – sie basierte auf Typen, die das einfache Volk seit langem als ihr besonderes nationales Erbe kannte und liebte, und die mit vielem verbunden waren, was in der Welt bewegend und ehrenhaft war ihre Geschichte.

Thüringen war im 17. Jahrhundert eine der musikalischsten Gegenden Deutschlands und auch eine Hochburg der reformierten Religion. Aus dieser und den Nachbarregionen verließen die Bachs nie das Land. Obwohl sie in der Musik hervorragend waren, besuchte kaum einer von ihnen jemals Italien oder erhielt Unterricht von einem ausländischen Meister. Sie hielten sich von den Höfen, den Brutstätten ausländischer musikalischer Entwicklung, fern und stellten sich in den Dienst der protestantischen Kirche. Sie waren Bauern und Kleinbauern, wohlhabend und überall geachtet. Ihre strenge Selbstbeherrschung bewahrte sie vor der weit verbreiteten Demoralisierung, die dem Dreißigjährigen Krieg folgte. Sie erscheinen als bewundernswerte Typen jener zurückhaltenden, geduldigen, geradlinigen und zähen Qualität, die Deutschland in kritischen Zeiten stets vor sozialem Niedergang oder Zerfall bewahrt hat.

In ein solches Erbe von Intelligenz, Sparsamkeit und Redlichkeit trat Johann Sebastian Bach. Alle bewundernswertesten Eigenschaften seiner Abstammung leuchten in ihm wieder auf, verstärkt durch eine schöpferische Begabung, die die Summe aller Talente seines Hauses zu sein scheint. Er wurde am 21. März 1685 in Eisenach geboren. Seine Ausbildung als Junge erhielt er hauptsächlich in Chorschulen in Ohrdruf und Lüneburg, wo er im Alter von achtzehn Jahren den Meistertitel als Organist und Kontrapunktist erlangte. Er bekleidete offizielle Ämter in Arnstadt, Mühlhausen, Weimar und Anhalt-Köthen und wurde schließlich als Kantor der Thomasschule und Musikdirektor der Thomas- und Nikolaikirche nach Leipzig berufen, wo er von 1723 bis zu seinem Tod 1750 tätig war. Seine Lebensgeschichte enthält keine Vorkommnisse von romantischem Interesse. Über sein Temperament und seine Gewohnheiten ist jedoch wenig bekannt. An jedem Ort, an dem er arbeitete, waren seine Umstände weitgehend gleich. Vom Anfang bis zum Ende seiner Karriere war er Kirchenorganist und Chorleiter. Er wurde der größte Organist seiner Zeit und der versierteste Meister der Musikwissenschaft. Sein erklärtes Lebensziel war die Reform und Perfektionierung der deutschen Kirchenmusik. Die Mittel dazu wurden ihm stets zur Verfügung gestellt, sofern die spärlichen musikalischen Möglichkeiten der damaligen Kirchen es zuließen. Seine Kirchenkompositionen gehörten zu seinen offiziellen Routineaufgaben. Seine anerkannten Fähigkeiten verschafften ihm immer Positionen, die ausreichend einträglich waren, um ihn vor Ängsten zu schützen. Er war nie Unterbrechungen oder ernsthaften Entmutigungen ausgesetzt. Von Anfang bis Ende war ihm der Lebensweg, für den er besonders geeignet war, klar vorgezeichnet. Sein Genie, seine immense körperliche und geistige Energie und sein hohes Pflichtbewusstsein gegenüber Gott und seinen Arbeitgebern taten ihr Übriges. Nirgendwo gibt es einen einfacheren, geradlinigeren, symmetrischeren und vollständigeren Lebensbericht.

Trotz der in weiten Teilen Deutschlands vorherrschenden intellektuellen und spirituellen Apathie waren die Bedingungen für die besondere Aufgabe, die Bach sich selbst stellte, nicht ganz ungünstig. Sein Wunsch, die Kirchenmusik aufzubauen, beinhaltete nicht den Versuch, dem Gemeindegesang seinen ursprünglichen Eifer wiederzugeben oder einen antiquarischen Geschmack für die historische Chorhymne wiederzubeleben. Bach war ein Mann der neuen Zeit; er stürzte sich in den Strom des musikalischen Fortschritts, ergriff die Formen, die sich noch im Entwicklungsprozess befanden, vervollständigte sie technisch und brachte latente Möglichkeiten ans Licht, die weniger bedeutende Menschen nicht zu erkennen vermochten.

Das Material für seinen Zweck war bereits in seiner Reichweite. Das mit wertvollen Erinnerungen beladene religiöse Volkslied war noch immer ein wesentlicher Bestandteil des öffentlichen und privaten Gottesdienstes. Die Kunst des Orgelspiels hatte im Chorvorspiel, der Fuge und einer Vielzahl freierer Formen einen kraftvollen und prägnanten Nationalstil entwickelt. Die Passionsmusik und die Kantate hatten in letzter Zeit vielversprechende Anzeichen gezeigt. Das italienische Sololied jubelte über seinen ersten Siegeszug auf deutschem Boden. Bis Bach auftauchte, konnte jedoch niemand vorhersehen, was mit diesen Materialien geschehen würde. Er sammelte sie alle in seiner Hand, formte sie um, vermischte sie, vergrößerte sie, berührte sie mit dem Feuer seines Genies und seiner religiösen Leidenschaft und schuf so Kunstwerke, die, für den deutschen Evangelikalismus bestimmt, jetzt von der Welt als die angenommen werden umfassendste musikalische Symbole des wesentlichen christlichen Glaubens. [73]

Bach war einer jener herausragenden Künstler, die den Geist und die Erfahrungen einer Epoche in sich bündeln. Um also zu verstehen, wie das hartnäckige religiöse Bewusstsein Deutschlands durch jene Kunstmittel, die im 18. Jahrhundert schließlich voll wirksam wurden, nach Selbsterkenntnis strebte, brauchen wir nur die Werke dieses großen repräsentativen Musikers zu studieren und dabei die Werke der Organisten und Kantoren außer Acht zu lassen, die, wenn auch in geringerem Maße, an seiner Erleuchtung teilhatten. Denn Bach war kein isoliertes Phänomen seiner Zeit. Er schuf keine neuen Stile; er gab der Kunst keine neue Richtung. Er war einer von vielen schlecht bezahlten und überarbeiteten Kirchenmusikern, die die Pflichten erfüllten, die traditionell mit seinem Amt verbunden waren, Fugen und Präludien improvisierten und Chor und Gemeinde in bestimmten Momenten des Gottesdienstes begleiteten, Motetten, Kantaten und gelegentlich ein größeres Werk für den regulären Tagesablauf komponierten und besondere Musik für ein Kirchenfest, ein öffentliches Begräbnis, die Amtseinführung eines

Stadtrats oder die Amtseinführung eines Pfarrers lieferten. Was Bach auszeichnete, war schlicht und ergreifend die Überlegenheit seiner Arbeit an diesen altehrwürdigen Linien, die erstaunliche Gefühlsvielfalt, die er aus diesen konventionellen Formen herausholte, seine wissenschaftliche Gelehrsamkeit, die ihn zu einem der größten Techniker im gesamten Bereich der Kunst macht, seine Ideenvielfalt, seine Gefühlstiefe und eine Art introspektiver mystischer Qualität, die er der komplexen und strengen Ausdrucksweise seiner Zeit zu verleihen verstand.

Bachs Hingabe an die lutherische Kirche war fast so intensiv wie die von Palestrina an die katholische. Er lebte in einer Art klösterlicher Abgeschiedenheit. Wie jeder, der sich in der Kirchenmusik einen Namen gemacht hat, verehrte er die Kirche als historische Institution. Ihre Regierung, Zeremonien und Traditionen beeindruckten seine Vorstellungskraft und entfachten eine blinde, instinktive Loyalität. Er fühlte, dass er nur unter ihren Ermahnungen zu seinem wahren Selbst gelangte. Ihr Dienst bedeutete für ihn vollkommene Freiheit. Seine Möglichkeit, zum Ruhm der Kirche beizutragen, stellte jedes andere Privileg in den Schatten, und seine offizielle Pflicht, sein persönliches Vergnügen und sein höchster Ehrgeiz flossen wie ein einziger Strom, der von vielen Strömen gespeist wurde, in ein und demselben Kanal. Um die volle Stärke der gewaltigen Gefühlsflut zu ermessen, die Bachs Kirchenmusik durchzieht, müssen wir dieses Element der Überzeugung, der moralischen Notwendigkeit anerkennen. Wenn man Bachs ererbten Charakter, seine Ausbildung und sein Umfeld berücksichtigt, fügt man den persönlichen Faktor – Vorstellungskraft und Ehrfurcht – hinzu, und man erhält Bachs Musik, spontan und doch unvermeidlich, wie ein Produkt der Natur. Nur aus solch zielstrebiger Hingabe an die Interessen der Kirche, sowohl als spiritueller Brutstätte als auch als verehrter Institution, ist jemals große Kirchenkunst entstanden oder kann sie entstehen.

Bachs Produktionen für die Kirche werden in zwei allgemeine Klassen eingeteilt, *nämlich.* , Orgelmusik und Vokalmusik. Die Orgelmusik ist weltweit bekannter und könnte aufgrund ihrer größeren Verfügbarkeit die Vokalwerke in der Praxis überdauern. Aus vielen mehr oder weniger offensichtlichen Gründen werden Bachs Orgelwerke ständig im Zusammenhang mit öffentlichen Gottesdiensten, sowohl katholischen als auch protestantischen, in

Europa und Amerika gehört, und ihre Verwendung nimmt stetig zu; während die Chorkompositionen selbst in Deutschland fast vollständig aus dem offiziellen religiösen Zeremoniell herausgefallen sind und in den Konzertsaal verbannt wurden. Im Laufe der Zeit entwickelte sich das Orgelsolo zu einem festen Bestandteil des öffentlichen Gottesdienstes in der deutschen evangelischen Kirche. In der katholischen Kirche ist Solo-Orgelspiel weniger inhärent; Tatsächlich hat es keine wirkliche historische oder liturgische Autorität und erweckt eher den Eindruck einer Verzierung, wie kunstvoll geschnitzte Chorwände und Rosettenfenster, sehr dekorativ und beeindruckend, aber nicht unverzichtbar. Aber im deutschen System hatte sich das Orgelspiel durch eine Art Logik etabliert, zunächst als Begleitung des Volksliedes – eine Funktion, die es um 1600 übernahm – und später in der Praxis der improvisierten Umsetzung von Chorthemen. Aus diesem letzteren Brauch entwickelte sich im 17. Jahrhundert ein Stil der Orgelkomposition, der durch die Verbindung und eine mehr oder weniger eindeutige Übereinstimmung mit dem Geist und der Reihenfolge des vorgeschriebenen Gottesdienstes als eindeutig kirchlicher Stil angesehen wurde. Diese deutsche Orgelmusik war streng genommen Kirchenmusik gemäß der einzigen angemessenen Definition von Kirchenmusik, die jemals gegeben wurde, denn sie war innerhalb der Kirche selbst entstanden und durch ihre liturgischen Verbindungen gerade dazu gekommen, ihre Anziehungskraft auf die Gläubigen auszuüben, nicht als künstlerische Dekoration, sondern als Mittel, das direkt dazu geeignet ist, die Ziele zu fördern, die mit der kirchlichen Zeremonie verfolgt wurden. Darüber hinaus schienen die Würde und die strenge Intellektualität dieses deutschen Orgelstils in Kombination mit seiner Majestät des Klangs und der Kraft der Bewegung deutlich zum biblischen Flair der Liturgie, zum kompromisslosen Dogmatismus der maßgeblichen Lehre und zu der intensiven moralischen Ernsthaftigkeit beizutragen herrschte in der Lutherkirche in ihrer besten Form. Es handelte sich um eine Kunstform, die der Orgel eigen war und sich im Klang und Mechanismus des Instruments widerspiegelte; es blieb völlig unberührt von den leichteren Tendenzen, die bereits in der weltlichen Musik aktiv waren. Die Idee, die Orgel hübsche Melodien spielen zu lassen und das Ohr mit dem nachahmenden Klang ausgefallener Register zu kitzeln, kam den deutschen Kirchenmusikern nie in den Sinn. Der Ernst und die disziplinierte Intelligenz, die der Ausübung eines kirchlichen Amtes eigen sind, müssen jeden Beitrag des Organisten durchdringen. Diese Auffassung war auch für die Masse des Volkes eine Selbstverständlichkeit, und so unterstützten der Geschmack der Gemeinde und die Überzeugung der geistlichen Autoritäten die Organisten in ihrem Festhalten an den Traditionen ihrer strengen und komplexen Kunst. Dieser herrschaftliche Stil verdiente in den Augen aller Beteiligten nicht weniger Ehrfurcht, da es sich im Grunde um eine deutsche Kunst handelte, die in anderen Ländern, außer teilweise im Schwesterland Holland, praktisch unbekannt war und daher mit den Sanktionen des Patriotismus belegt war sowie die allgemein anerkannten Kanons des religiösen musikalischen Ausdrucks.

Diese Musikform wurde ursprünglich auf Anregung der mittelalterlichen Vokalpolyphonie entwickelt – der Kontrapunkt wurde entsprechend der modernen Entwicklung von Rhythmus, Tonalität und Abschnittsstruktur neu verteilt und systematisiert. Sein Geburtsort war Italien; Die Canzone von Frescobaldi und seinen Kollegen war der Ursprung der Fuge. Die Aufgabe, diesen italienischen Keim zu entwickeln, wurde den Niederländern und Deutschen übertragen. Der instrumentale Instinkt und das konstruktive Genie von Männern wie Swelinck, Scheidt, Buxtehude, Froberger und Pachelbel trugen die Bewegung so weit, dass sie ihre vollen Möglichkeiten offenbarte, und Bach brachte diese Möglichkeiten zur vollständigen Verwirklichung.

Als Orgelspieler und Komponist scheint Bach an der Spitze der menschlichen Errungenschaften zu stehen. Seine gesamte spielerische Kunst findet sich in seinen Fugen, Präludien, Fantasien, Toccaten, Sonaten und Chorvariationen. In seinen Fugen zeigt er vielleicht am überzeugendsten, dass er die höchste Meisterschaft im Design und die Pracht von Erfindung und Fantasie beweist, die ihm den Platz eingebracht haben, den er mit allgemeiner Zustimmung unter den größten Künstlern aller Zeiten einnimmt. In diesen Kompositionen steckt eine Vielfalt und Individualität, die man ohne solche Beispiele kaum annehmen könnte, dass diese willkürliche Konstruktionsform sie zulassen würde. Bei Bach ist die Fuge keine trockene Denkübung. Soweit es der Absolutismus seiner Gesetze erlaubte, bewegte sich Bachs Fantasie in der Fuge ebenso frei wie die Beethovens in der Sonate oder die Schuberts im Lied. Ihre eigentümliche Sprache war ihm ebenso vertraut wie seine schroffe germanische Sprache.

Die musikalische Ausbildung eines deutschen Studenten begann
damals mit dem Kontrapunkt, so wie sie heute mit der
Generalbassharmonie beginnt; Die Fähigkeit, jede Art von
Polyphonie mit Leichtigkeit zu schreiben, war für jeden
Musiklehrling eine Selbstverständlichkeit. Aber bei Bach, dem
Meister, war die Fuge nicht nur ein Zeichen technischer
Geschicklichkeit; Es war ein Ausdrucksmittel, eine höchste
Manifestation des Stils. Durch die ausdrucksstarke Aussagekraft
seiner Sujets, die erstaunliche Geschicklichkeit und die reiche
Fantasie, die sich in ihrer Behandlung zeigen, sowie die Fähigkeit,
ein breites Spektrum emotionaler Suggestionen abzudecken,
sprechen seine Fugen einen viel tieferen Sinn an als nur das
Staunen über technische Klugheit. Wenn man bedenkt, dass es im
Wesen des kontrapunktischen Stils liegt, dass er bestimmten, sehr
strengen Gestaltungs- und Verfahrensgesetzen unterliegt, können
wir auf Bachs Orgelwerke im Allgemeinen einen Begriff
anwenden, der der Architektur gegeben wurde, und sagen, dass
sie es sind „Bau verschönert." Damit ist gemeint, dass jedes
Merkmal, so schön es an sich auch sein mag, seinen endgültigen
Reiz und seine Berechtigung erst als notwendiger Bestandteil des
umfassenden Plans findet. Jedes Detail trägt dazu bei, die
systematische Entfaltung des Entwurfs voranzutreiben, es fügt
sich aufgrund der Gesetze der Eignung und Proportion an seinen
Platz; logisch und organisch, aber gleichzeitig dekorativ und
befriedigend für den ästhetischen Sinn. Diese Meisterwerke des
großen Sebastian haben tatsächlich etwas fast Architektonisches.
In ihren großartigen, rollenden Harmonien, ihren dichten
Windungen, ihren subtilen und unvermeidlichen Entfaltungen,
ihren langgezogenen Kadenzen und ihren aufregenden
Höhepunkten scheinen sie eine passende Beziehung zu den
gewölbten, hallenden Decken, den massiven Säulen und dem
Halbdunkel zu haben Nischen der düsteren alten Gebäude, in
denen sie geboren wurden. Sowohl in der Architektur als auch in
der Musik scheinen wir einen religiösen Ernst zu erkennen, der
seine Nahrung aus den verborgensten Tiefen der Seele schöpfte
und der selbst in seinen Momenten des Jubels die strengen
Überzeugungen, an die er glaubte, nicht außer Acht zu lassen
schien es fand das Wesentliche seines Glaubens.

In der deutschen protestantischen Kirche gab es eine Form der
Instrumentalmusik, die dieser Institution eigen war und die als
Bindeglied zwischen dem Orgelsolospiel und dem

Gemeindegottesdienst außerordentlich wichtig war. Wir haben gesehen, dass der Choral bei der Einführung der neuen Ordnung durch Luther zu einem charakteristischen Merkmal des Gottesdienstes wurde und durch die offizielle Ernennung bestimmter Hymnen (Hauptlieder) an bestimmten Tagen in den Rahmen der Liturgie eintrat. Sobald die Kunst des Orgelspiels zu Beginn des 17. Jahrhunderts ihre eigenständige Karriere begann, begannen die Organisten, die Chormelodien als Themen für improvisierte Aufführungen aufzugreifen. Diese Melodien waren aufgrund ihrer stattlichen Bewegung und Stilvielfalt besonders für diesen Zweck geeignet, was Gelegenheit zur Darstellung jener Meisterschaft der blumigen Harmonisierung bot, in der das Wesen der Kunst des Organisten bestand. Der Organist spielte nie die gedruckten Kompositionen anderer oder sogar seine eigenen für Freiwillige. Er käme ebensowenig auf die Idee, dies zu tun, wie ein Geistlicher die Predigt eines anderen halten oder auch nur eine eigene vom Manuskript vorlesen würde. Bis zum heutigen Tag ist das deutsche ungeschriebene Gesetz in diesen beiden Angelegenheiten streng. Die Methode des Organisten bestand immer darin, im strengen Stil über Themen zu improvisieren, die er selbst erfunden oder aus anderen Quellen entlehnt hatte. Nichts war natürlicher, als dass er die Chormelodien als seine Beute verwendete, nicht nur wegen ihrer technischen Eignung, sondern noch mehr wegen des Interesses, das in der Gemeinde geweckt würde, und der Einheit, die zwischen dem Amt des Organisten und dem des Volkes hergestellt würde. Die für den Tag angesetzten Choräle lieferten dem Spieler gewöhnlich sein Rohmaterial, und das Lied des Volkes erklang erneut, geschmückt durch wirkungsvolle Tonkombinationen, über ihren Köpfen. Diese Methode konnte auch in gemäßigterem Maße angewendet werden, um die Gemeinde zu begleiten, während sie das Kirchenlied im Einklang sang; Zwischenspiele zwischen den Strophen und sogar Schnörkel am Ende der Zeilen würden dem Organisten die Möglichkeit geben, sein Wissen und seine Fantasie zu zeigen. Das langatmige Zwischenspiel wurde schließlich zu einem Missbrauch und wurde reduziert oder unterdrückt; aber das freie Orgelvorspiel über die gesamte Chormelodie wurde immer beliebter, und vor Bachs Zeit war die Beherrschung dieser Zeile der wichtigste Prüfstein für die Kompetenz eines Spielers. In Bachs frühen Tagen waren Chorvorspiele berühmter Meister in großer Zahl gedruckt worden und Gegenstand seines eifrigen Studiums. Seine eigenen Werke in dieser Kategorie übertrafen alle

seine Vorbilder, und als freier Improvisator über Chorthemen
übertraf er alle seine Zeitgenossen. „Ich hatte geglaubt", sagte der
berühmte Reinken, der im Alter von 97 Jahren Bach in Hamburg
über „An Wasserflüssen Babylon" improvisieren hörte, „ich hatte
geglaubt, diese Kunst sei tot, aber ich sehe, dass sie noch in Ihnen
lebt." Bei dieser Spielart wird die Hymnenmelodie mit einer Hand
oder auf den Pedalen gespielt, während um sie herum ein Netz
frei beweglicher Teile gewebt wird. Das Präludium kann kurz sein
und in die räumlichen Grenzen der Originalmelodie passen, oder
es kann durch Verlängerung der Chornoten und Einfügung von
Zwischenspielen zwischen den Zeilen unendlich ausgedehnt
werden. Die einhundertdreißig Chorpräludien, die aus Bachs
Feder bis zu uns gekommen sind, sind Beispiele für die Art von
Stücken, die er Sonntag für Sonntag improvisierte. In diesen
Stücken ist die Begleitung manchmal auf der Grundlage einer
bestimmten melodischen Figur gestaltet, die mit Modulationen
und subtilen Modifikationen durch die ganze Strophe getragen
wird, manchmal auf Figuren, deren Muster sich mit jeder Zeile
ändert; während unter oder innerhalb der klingenden Arabesken
die langen, klangvollen Noten des Chors zu hören sind, die den
Zuhörer fest an der Grundidee festhalten, die die Kunst des
Spielers einzuprägen und zu verschönern versucht. Diese Form
der Musik unterscheidet sich sehr von „Thema und Variationen",
die in der modernen Instrumentalschule von Haydn bis heute eine
so auffällige Rolle gespielt haben. Im Chorvorspiel gibt es keine
Abwandlung des Themas selbst; das Thema in Einzelnoten bildet
einen *Cantus firmus* , nach dem gleichen Prinzip wie in der
mittelalterlichen Vokalpolyphonie, um den die frei erfundenen,
sich seitlich bewegenden Stimmen geschlungen sind. Obwohl
diese Kompositionen in ihrer Länge sehr unterschiedlich sind,
genügt bei Bach eine einzige Darbietung der verzierten
Chormelodie, außer in seltenen Fällen, wie etwa im Vorspiel zu
„O Lamm Gottes unschuldig", in dem die Melodie dreimal
erklingt, wobei bei jeder Wiederholung ein anderes
Verzierungsschema verwendet wird.

Dass Bach seine Chorausarbeitung immer darauf beschränkt, die
Stimmung der Worte zu illustrieren, mit denen das Thema
illustriert wird, wäre zu viel gesagt. Sicherlich tut er dies oft, wie
in so schönen Beispielen wie „O Mensch, bewein' dein' Sünde
groß", „Schmücke dich, meine liebe Seele" und dieser
ergreifenden Vertonung von „Wenn wir in höchsten Nöthen

sein", die Bach auf seinem Sterbebett diktierte. Aber der Zweck des Chorvorspiels im Gottesdienst war nicht unbedingt, den Gedanken des Liedes widerzuspiegeln und zu betonen. Da diese Verwendung zur Konvention geworden war und dem Organisten bei seiner Behandlung viel Spielraum eingeräumt wurde, führte ihn sein Stolz auf seine Wissenschaft dazu, eher nach einem musikalischen als nach einem poetischen Impuls zu erweitern und auszuarbeiten, wobei er weniger an die Angemessenheit für eine bestimmte Stimmung dachte (eine Idee, die sich zu Bachs Zeiten in der Instrumentalmusik tatsächlich kaum etabliert hatte), als vielmehr daran, ein abstraktes Kunstwerk zu schaffen, das nach den formalen Vorschriften der deutschen Musikwissenschaft gestaltet war. Die meisten Werke Bachs in dieser Form sind, das muss man sagen, konventionell und schulmeisterlich, manche sogar trocken und pedantisch. Die heutigen Bemühungen, sie populär zu machen, haben nur geringen Erfolg; aber in nicht wenigen Werken kommt Bachs Verlangen nach Ausdruck zum Vorschein, und einige seiner anmutigsten Inspirationen finden sich in diesen beiläufigen und scheinbar flüchtigen Werken.

Um Bachs Vokal- und Instrumentalstil zu verstehen, müssen wir immer wieder auf seine Orgelwerke zurückgreifen. So wie Händels Oratoriengenie unter dem Einfluss der italienischen Arie, direkt oder abgeleitet, geformt wurde und wie gewisse moderne Komponisten wie Berlioz ihre ersten Ideen bereits im Orchestergewand aufgreifen, so schien Bach in Begriffen der Orgel zu denken. Betrachtet man einen seiner kontrapunktischen Chöre oder auch eine seiner Arien mit ihrer obligaten Begleitung, wird man sofort an die Art der Komposition seiner Orgelstücke erinnert. Seine Ausbildung basierte auf Orgelmusik, und er gab einem der stärksten Einflüsse seiner Zeit nur nach, als er die Orgel zum dominierenden Faktor seines musikalischen Ausdrucks machte. Das instrumentale Genie Deutschlands war sich bereits Ende des 17. Jahrhunderts seiner selbst bewusst geworden und offenbarte sich in der Orgelmusik ebenso deutlich wie ein Jahrhundert später in der Sonate und der Symphonie. Der virtuose Geist – der berechtigte Stolz auf technische Fertigkeiten – hält immer mit der Entwicklung des Stils Schritt; der Natur der Dinge nach sind diese beiden voneinander abhängige Elemente im Fortschritt. Bei Bach war die Liebe zur Ausübung seiner Fertigkeiten als Ausführender ein Teil seines Geburtsrechts als Musiker. Die Orgel war für ihn in etwa das, was das Klavier für Liszt war, und in jedem von ihnen war der virtuose Instinkt ein Feuer, das ausbrechen musste, sonst würde es die Seele seines

Besitzers verzehren. Und so finden wir unter den Fugen, Fantasien und Toccaten von Bachs Kompositionen solche, deren blendende Pracht von den sensationellsten Ergüssen der modernen Klavier- und Orchesterschulen nicht übertroffen wird. Im gesamten Reich der Musik gibt es nichts Großartigeres als jene Niagaras ungestümer Klänge, die durch solche Werke wie die Toccaten in F-Dur und d-Moll und die Fantasie in G-Dur rollen – um Beispiele aus Dutzenden ebenso treffender Beispiele auszuwählen. Aber Klang und Wut sind keineswegs ihr Ziel; Bachs Erfindungsgabe und Wissenschaft sind nie einfallsreicher als dann, wenn sie offensichtlich vom Dämon der Unruhe getrieben werden. Um seiner Fantasie den größtmöglichen Spielraum zu geben, durchbrach Bach, der oberste Herr der Form, oft die Konventionen der Form, so dass sogar seine Fugen manchmal zu sogenannten Fantasien in Form von Fugen wurden, so wie Beethoven unter einem ähnlichen Impuls *Sonate quasi Fantasie schrieb* . Man denke nur an die Fuge in e-Moll mit dem „Keilthema". Zu Bachs Zeiten und in Bachs Land gab es keine Konzertbühne; der Instrumentalvirtuose war der Organist. Man muss daher nicht annehmen, dass so nervenaufreibende Stücke wie die, auf die ich angespielt habe, alle streng für den gewöhnlichen Gottesdienst komponiert wurden. Es gab viele Gelegenheiten, wie die „Einweihung" einer neuen Orgel oder ein Stadtfest, bei denen sich der Organist „gehen lassen" konnte, ohne sich der Last auszusetzen, ein profanes oder fremdes Element einzuführen. Und doch waren diese Stücke selbst als Kirchenmusik nicht völlig unpassend. Wir müssen immer im Auge behalten, dass die Frage der Angemessenheit von Kirchenmusik sehr stark von Zugehörigkeit und Brauch abhängt. Ein Stil, der in einer kalvinistischen Versammlung als blasphemisch verabscheut würde, würde in einer katholischen oder lutherischen Zeremonie als vollkommen angemessen angesehen werden. Ein Musikstil, der im Herzen einer bestimmten Kirche entstanden ist und seit Generationen mit dem besonderen Ritual und der Geschichte dieser Kirche identifiziert wird, ist für diese bestimmte Institution angemessene Kirchenmusik. Diejenigen, die Bachs Musik – Orgelwerke, Kantaten und Passionen – als unkirchlich verurteilen, ignorieren diesen wichtigen Punkt. Darüber hinaus war die Auffassung über die Funktion der Musik im Dienst der deutschen evangelischen Kirche nie so streng, dass Brillanz und Erhabenheit als unvereinbar mit der Theorie der religiösen Zeremonie angesehen wurden. Man könnte sagen, dass Bachs großartigste Orgelstücke als Ausdruck dessen verstanden werden, was man religiöse Leidenschaft nennen könnte – die Verzückung, die den Gläubigen nicht unwürdigerweise überkommen kann, wenn seine Seele sich für die Aufnahme der durchdringendsten und erhabensten Ideen öffnet.

Sicherlich ist keine andere religiöse Institution der Lösung des Problems der angemessenen Verwendung des Instrumentalsolos im öffentlichen Gottesdienst so nahe gekommen. Durch die Verbindung der Orgelmusik mit dem Volkslied im Chorvorspiel und die Übereinstimmung ihres Stils mit dem der Chormusik in Motette und Kantate wurde sie auf lebendige Weise mit dem gesamten Gottesdienst und Gebet verbunden. Ihre Wirkung bestand darin, alle individuellen Emotionen zu sammeln und in die Projektion der allen gemeinsamen Stimmung der Sehnsucht zu vereinen.

Die von Bach für die Kirchenkantate geleistete Arbeit ähnelte in gewisser Weise seinem Dienst am Chorvorspiel und wurde mit einem weitaus großzügigeren Aufwand an schöpferischer Kraft ausgeführt. Die Kantate, heute nicht mehr Bestandteil des deutschen evangelischen Gottesdienstes, nahm im 18. Jahrhundert einen ähnlichen Platz im Ritual ein wie die Hymne im Morgen- und Abendgebet der Church of England. Es ist immer von größerem Umfang als die Hymne, und seine Größe war einer der Gründe dafür, dass es bei den willkürlichen und unregelmäßigen Kürzungen, denen die evangelischen Liturgien in den letzten anderthalb Jahrhunderten unterzogen wurden, ausgeschlossen wurde. Es gibt nichts in seinem üppigen Charakter, der dieses Verfahren rechtfertigen könnte, denn es kann und ist bei Bach in der Regel enger mit dem rituellen Rahmen verbunden als die englische Hymne, und zwar aufgrund der Art und Weise, wie es streng liturgisch gestaltet wurde formt sich zu seiner Substanz. Bach hat in seinen Kantaten den Gedanken der liturgischen Einheit klar im Hinterkopf behalten. Diese Einheit erreichte er vor allem dadurch, dass er den Chor als auffälliges Element in der Kantate verwendete, oft als deren Grundlage. Er bremste den Italianisierungsprozess, indem er das Arioso-Rezitativ, die Arie für eine oder mehrere Stimmen und den Chor in einem großen musikalischen Schema zusammenfasste, in dem sein komplizierter Orgelstil sowohl als Stoff als auch als Dekoration diente. Durch die beispiellose Hervorhebung, die er dem Chor als Fundgrube an thematischem Material verlieh, verlieh er der Kantate nicht nur eine bemerkenswerte Originalität, sondern auch einen Hauch unverkennbarer Passung zum Charakter und besonderen Ausdruck des Bekenntnisses, dem sie diente. Mit diesen Mitteln, die sich mit der Form befassen, und noch mehr mit der erstaunlichen Vielfalt, Wahrheit und Schönheit, mit der er den Bedürfnissen jedes Anlasses gerecht werden konnte, für den ein Werk dieser Art bestimmt war, stattete er seine Kirche aus Nation mit einem Schatz an religiösen Liedern, im Vergleich zu dem das kreative Werk jedes anderen Kirchenmusikers, der genannt werden mag – Palestrina, Gabrieli oder wer auch immer er sein mag – angesichts seiner Größe, Vielfalt und Kraft in der Bedeutungslosigkeit versinkt.

Bach schrieb fünf Kantatenreihen für die Sonntage und Festtage des Kirchenjahres – insgesamt zweihundertfünfundneunzig. Davon wurden zweihundertsechsundsechzig in Leipzig geschrieben. Sie variieren stark in der Länge, die kürzeste dauert bei der Aufführung etwa zwanzig Minuten, die längste eine Stunde oder mehr. Zusammengenommen bieten sie eine so erstaunliche Vielseitigkeit, dass eine angemessene Charakterisierung in einem einzigen Kapitel völlig ausgeschlossen wäre. Eine beträchtliche Anzahl steht in Peters' billiger Ausgabe zum Studium zur Verfügung, und die meisten werden in Spittas enzyklopädischer Bach-Biographie hinsichtlich ihrer hervorstechenden Merkmale analysiert. Unter der großen Vielfalt interessanter Eigenschaften, die sie aufweisen, muss die Verwendung des Chorals besonders hervorgehoben werden, da sie den bereits angedeuteten Hinweis auf Bachs gesamte Konzeption der Kantate als eine Art religiöser Kunst liefert. Der Chor, insbesondere der für einen bestimmten Tag vorgesehene (Hauptlied), wird oft als Leitfaden verwendet, der das Werk in die Struktur des gesamten täglichen Gottesdienstes einwebt. In solchen Fällen erscheint der gewählte Choral in den verschiedenen Nummern des Werks in Fragmenten oder Motiven, manchmal als Thema für Gesangsstimmen oder als Thema oder obligat in die Begleitung eingeflochten. Üblicher ist es, ganze Zeilen des Chorals als *canti firmi zu behandeln* , die die Themen bilden, auf denen kunstvolle kontrapunktische Chöre aufgebaut sind, die genau demselben Gestaltungsprinzip folgen, das ich im Fall der Orgelchorvorspiele beschrieben habe. In zahlreichen Kantatensätzen werden Zeilen oder Verse aus zwei oder mehr Chören eingeführt. Es gibt Kantaten wie „Wer nur den lieben Gott", in denen jede Nummer, ob Rezitativ, Arie oder Chor, ihr thematisches Material unverändert oder abgewandelt aus einem Choral übernimmt. Das berühmte „Ein' feste Burg" ist ein bemerkenswertes Beispiel für eine Kantate, in der Bach in jeder Nummer einer Kirchenmelodie folgt, sie Zeile für Zeile behandelt und daraus den durchdringenden Ton des Werks sowie seinen Aufbauplan ableitet. Es gibt unzählige Möglichkeiten, wie Bach den Fundus an populären religiösen Melodien für höhere Zwecke der Kunst anwendet. Eine Kantate von Bach endet normalerweise mit einem Choral in seiner vollständigen, gewöhnlichen Form, schlicht, aber reich harmonisiert in Note-für-Note-Vierstimmigkeit, als ob er für Gemeindegesang gedacht wäre. Zu Bachs Zeiten war es jedoch nicht üblich, dass die Gemeinde in diesen abschließenden Choral einstimmte. Es gibt Kantaten, wie die berühmte „Ich hatte viel Bekümmerniss", in denen die Chormelodie nirgends vorkommt. Solche Kantaten sind selten, und die Verwendung des Chorals wurde in Bachs Werk mit der Zeit prominenter und systematischer.

Das Frömmigkeitsideal der protestantischen Kirche im Vergleich zur katholischen Kirche berücksichtigt das private religiöse Bewusstsein des Einzelnen weitaus liberaler. Der Gläubige gibt seine Persönlichkeit nicht so vollständig auf; in seinen mentalen Reaktionen auf die Dienste des Klerus bleibt er sich immer noch der inneren Erfahrungswelt bewusst, die seine Welt ist, die nicht im universalisierten Leben einer religiösen Gemeinschaft aufgeht und verloren geht. Die Kirche ist sein Inspirator und Führer, nicht sein absoluter Meister. Die Gründung des Deutschen Chorwesens war eine religiöse Unabhängigkeitserklärung. Die deutschen Hymnen waren jeweils das Zeugnis eines Denkers für seine eigene, private Vorstellung von religiöser Wahrheit. Der Ton und das Gefühl jeder Hymne wurden durch die allgemeine Lehre der Kirche vorgeschlagen und gefärbt, aber nicht diktiert. Die Übernahme dieser Äußerungen unabhängigen Gefühls in die Liturgie war eine Anerkennung der Autorität des individuellen Rechts. Es war kein Zugeständnis; es war die rechtliche Anerkennung eines Grundprinzips. Parallel zu diesem bedeutenden Privileg war die Zulassung von Musik der größten Vielfalt und nach Belieben mit subjektivem Gefühl durchdrungen. Diese Konzeption wurde in der von Bach etablierten Kantate konsequent umgesetzt, am großzügigsten natürlich in den Arien. Der Text der Kantate bestand aus Bibeltexten, Strophen von Kirchenliedern und religiösen Gedichten, wobei das Ganze ein Thema aus der Heiligen Schrift illustrierte oder sich auf ein besonderes Gedenken bezog. Die harten und schnellen metrischen Schemata der deutschen

Hymnen waren für die Struktur und den Rhythmus der Arie ungeeignet, und so wurde eine aus Italien stammende Versform namens Madrigal verwendet, wenn rhythmische Flexibilität ein Ziel war. Aus all diesen Gründen verfügen wir in Bachs Arien über die größte Ausdrucksfreiheit, die in der von ihm vertretenen Kunstrichtung zulässig ist. Die Hamburger Komponisten hatten in ihren oberflächlichen Zielen die italienische Konzertarie in ihrer jetzigen Form mutig in die Kirche übertragen, als Zeichen ihrer völligen Missachtung kirchlicher Vorschriften. Nicht so Bach; Das alte kirchliche Ideal war für ihn etwas, das man verehren musste, auch wenn er davon abwich. Er schlug daher einen Mittelweg ein. Die italienische Vorstellung einer Arie – beschwingt, melodisch, die Singstimme genügt sich selbst – hatte in Bachs Methode keinen Platz. Für ihn war eine Melodie meist ein Detail in einem kontrapunktischen Schema. Und so wurde die Singstimme in die Begleitung eingebunden, ein einzelnes Instrument – vielleicht eine Geige oder eine Oboe –, das oft in Relief erhaben war, mit der Stimme auf Augenhöhe wetteiferte, oft über ihr schwebt und das Hauptthema trug, während die Singstimme spielte fungiert als Obligator. Diese Methode, die kaum mit einem reinen Vokalsystem vereinbar ist, führt bei Bach zugegebenermaßen oft zu etwas sehr Mechanischem und Monotonem für moderne Ohren. Der Kunstgriff ist offensichtlich; Der Autor scheint mehr darauf bedacht zu sein, eine Art algebraische Formel zu erarbeiten, als den Text gefühlvoll zu interpretieren. Aus traditioneller Sicht ist diese Methode an sich nicht *mal à propos*, denn eine solche Behandlung hebt das Gefühl in jenen ruhigen Bereich der Abstraktion, der der hingebungsvollen Stimmung den richtigen Zufluchtsort bietet. Aber hier, wie auch in den Orgelstücken, ist Bach kein Sklave seiner Technik. Es gibt viele Arien in seinen Kantaten, in denen der musikalische Ausdruck nicht nur im höchsten Maße schön und berührend ist, sondern auch mit wunderbarer Wahrheit jeder Gefühlsänderung im Text nachgibt. Noch eindrucksvoller ist die Meisterschaft des Ausdrucks in den Arioso- Rezitativen. In ihrer Tiefe und Schönheit sind sie einzigartig in der religiösen Musik. Nur in sehr seltenen Momenten kann Händel behaupten, ihnen Konkurrenz zu machen. Mendelssohn spiegelt sie in seinen Oratorien und Psalmen wider – so wie der Mond die Sonne widerspiegelt.

Die Chöre von Bachs Kantaten würden ein endloses Studienfeld bieten. Nirgendwo sonst wird sein Genie großartiger zur Schau gestellt. Das einzige Werk, das einen Vergleich mit diesen Chören verdient, sind Händels Oratorien. Wenn wir eine solche Parallele ziehen und die größere Stilvielfalt bei Händel beobachten, müssen wir bedenken, dass Bachs Kantaten Kirchenmusik sind. Händels Oratorien sind das nicht. Bachs Kantatentexte sind nicht nur auf einen einzigen Gedankenbereich beschränkt, *nämlich* den Andachtsbereich, sondern sie sind auch streng lyrisch. Die Kirchenkantate lässt keinerlei Andeutungen von Handlung oder äußerem Bild zu. Das Oratorium hingegen ist praktisch unbegrenzt in seinem Umfang, und in Händels Chören wird dem Stil und der Behandlung in Bezug auf dramatische und epische Andeutungen nahezu uneingeschränkte Freiheit gewährt. Innerhalb der ihm auferlegten Beschränkungen wendet Bach jedoch für seine Chöre eine Fülle von Erfindungsreichtum in Gestaltung und Ausdruck auf, die nicht weniger wunderbar ist als die seiner Orgelwerke. Es werden die Motettenform, die freie Fantasie und die Chorfantasie verwendet, und jedes in seiner Kunst bekannte Mittel wird zur Veranschaulichung des Textes eingesetzt. Anmut und Zärtlichkeit, wenn die ermutigenden Zusicherungen des Evangeliums das Thema sind, erdrückende Lasten der Düsternis, wenn sich die Gedanken des Autors den Mysterien von Tod und Gericht zuwenden, Trauer angesichts der Sünde, die flehenden Akzente der Reue – jede Ausdrucksform von Gefühlen, die ein starrer Glaube, verbunden mit einer Rassenmystik, die positive Vorstellungen vermeidet, hervorrufen kann, wird in Tönen wiedergegeben, deren Kraft und Inbrunst in der religiösen Musik noch nie zuvor erreicht wurde. Es ist Bachs Orgelstil, der hier deutlich wird und dem Chor seine dichte Struktur und majestätische Klangfülle verleiht, vermenschlicht durch eine Melodie, die dem Chor und dem, was in der italienischen Kunst am raffiniertesten war, entnommen ist.

„Ein besonderer Zug im Wesen Bachs", sagt Kretzschmar, „zeigt sich in den Kantaten in großen, halbdeutlichen Umrissen, und das ist die Sehnsucht nach Tod und Leben mit dem Herrn." Dieses Thema kommt in den Kantaten so häufig vor wie kaum ein anderes. Wir kennen ihn als eine riesige Natur in allen Situationen; groß und grandios ist auch seine Freude und Heiterkeit. Aber nie, so glauben wir, wirken seine Kunstwerke voller Energie und Hingabe, als wenn seine Texte Erdenmüdigkeit und die Sehnsucht nach der letzten Stunde zum Ausdruck bringen. Die Inbrunst , die sich dann in immer wechselnden Tonlagen sowohl in ruhigen als auch in stürmischen Gegenden zeigt, hat etwas fast Dämonisches." [74]

Das Werk, das am meisten dazu beigetragen hat, den Namen Bach in der gebildeten Welt bekannt zu machen, ist die Matthäuspassion. Bach schrieb fünf Passionen, von denen nur zwei – die Johannes- und die Matthäus-Passion – überliefert sind. Erstere hat eine raue Kraft wie eine der unpolierten Statuen von Michael Angelo, kann aber hinsichtlich der Größe der Konzeption oder der Schönheit der Details nicht mit der Matthäusstatue verglichen werden. In Bachs Behandlung der Passionsgeschichte finden wir den Höhepunkt der künstlerischen Entwicklung der frühen liturgischen Praxis, deren Verlauf bereits skizziert wurde. Bach vollendete den Prozess der Verschmelzung der italienischen Arie und des Rezitativs mit dem deutschen Chor, der Hymnenmelodie sowie der Orgel- und Orchestermusik und durchsetzte die Evangelienerzählung mit lyrischen Abschnitten in Form von Arien, Arioso-Rezitativen und Chören, in denen die eigentlichen Gefühle zum Ausdruck kommen an einen Gläubigen, der über die Leiden Christi zugunsten der Menschheit nachdenkt, werden mit der ganzen Eindringlichkeit des Pathos dargestellt, dessen Meister Bach war.

Unvorsichtige Kritiker haben manchmal versucht, einen Vergleich zwischen der Matthäuspassion und Händels „Messias" anzustellen und sich zu fragen, wer der größere sei. Doch eine solche spitzfindige Rivalität ist für beide abwertend, denn sie sind nicht nach demselben Maßstab zu messen. Ganz zu schweigen von den radikalen Unterschieden in Stil, Ursprung und künstlerischer Konzeption – das eine ist ein Stück lutherischer Kirchenmusik, das andere ein englisches Konzertoratorium italienischer Herkunft –, sind sie auch in der poetischen Absicht völlig verschieden. Bachs Werk beschäftigt sich nur mit dem Menschlichen in Christus; es ist die Erzählung seiner letzten Gespräche mit seinen Jüngern, seiner Verhaftung, seines Prozesses und seines Todes, zusammen mit Kommentaren erfundener Persönlichkeiten, die diese Ereignisse betrachten, sowohl in ihrer unmittelbaren Wirkung auf die Gefühle als auch in ihrer doktrinären Bedeutung. Es ist daher ein Werk, das stilistisch so gemischt ist, dass es schwer ist, es einzuordnen, denn es ist sowohl episch als auch implizit dramatisch, während es in all seinen lyrischen Merkmalen fest in das evangelische liturgische Schema eingebettet ist. Text und musikalische Gestaltung des „Messias" haben keinerlei Bezug zu irgendeiner Liturgie; es handelt sich um Konzertmusik universalen religiösen Charakters, die fast ohne Erzählung und ohne jegliche dramatische

Andeutung auskommt. Beide sind ein Triumph des Genies, aber eines Genies, das mit ganz unterschiedlichen Absichten arbeitet.

Bei der formalen Gestaltung der Matthäus-Passion hatte Bach keine Wahl; er muss sich unbedingt an die kirchliche Tradition halten. Die Erzählung des Evangelisten, unverändert dem Matthäusevangelium entnommen und im Rezitativ von einem Tenor gesungen, ist der Faden, an dem die aufeinanderfolgenden Unterteilungen befestigt sind. Die Worte von Jesus, Petrus, dem Hohepriester und Pilatus werden von einem Bass vorgetragen und sind ebenfalls im Rezitativ gehalten. Die Juden und die Jünger werden durch Chöre vertreten. Eine weitere Gruppe bildet die „Evangelische Gemeinde", die entsprechende Choräle singt. Ein drittes Element besteht aus der Gesellschaft von Gläubigen und der „Tochter Zion", die Chöre und Arien singt und die vom Evangelisten beschriebenen Situationen kommentiert. Es muss daran erinnert werden, dass diese Chorfaktoren nicht durch eine Einteilung der Sänger in Gruppen angezeigt werden. Das Werk wird durchgehend von derselben Sängergruppe aufgeführt, zu Bachs Zeiten vom kleinen Chor der Leipziger Kirche, der aus Knaben und jungen Männern bestand. Selbst an den Chorgesängen beteiligte sich die Gemeinde nicht. Die Idee des Ganzen ist weitgehend dieselbe wie in einer Reihe alter italienischer Kapellenfresken. Der Jünger sitzt mit Christus beim letzten Abendmahl, begleitet ihn in den Garten Gethsemane und in die Halle des Prokurators, wird Zeuge seiner Verspottung und Verurteilung und nimmt seinen Platz am Fuße des Kreuzes ein, wobei er abwechselnd die Leiden seines Herrn und die Sünde beklagt was ein solches Opfer erforderte.

Auf diese vorgeschriebene Formel hat Bach den ganzen Reichtum seiner Erfahrung, seiner Fantasie und seiner Frömmigkeit gegossen. Seine Wissenschaft wird nicht so stark hervorgehoben wie in vielen seiner Werke, und wo er es für nötig hält, sie anzuwenden, ordnet er sie dem Ausdruck des Gefühls unter. Dennoch können wir nicht ohne Staunen den gigantischen Eröffnungssatz hören, in dem die schreckliche Last der großen Tragödie angedeutet wird; wo, als ob Orgel, Orchester und Doppelchor nicht ausreichen würden, um die Vorstellung des Komponisten zu unterstützen, ein neunter Teil mit einer Chormelodie über der wogenden Klangmasse schwebt und den Hörer auf die Bedeutung der kommenden Szenen aufmerksam macht . Auch der lange Refrain, der den ersten Teil abschließt und in Form eines Figurenchors aufgebaut ist, weist eine Skala auf, die

Bach selten überschritten hat. Aber die Struktur des Werkes ist insgesamt vergleichsweise offen und der Ausdruck direkt und klar. Eine Atmosphäre tiefster Düsternis durchdringt das Werk von Anfang bis Ende, wird immer düsterer, je weiter die Szenen des schrecklichen Dramas voranschreiten und ihren Höhepunkt erreichen, doch hier und da wird sie durch Schimmer göttlicher Zärtlichkeit und menschlichem Mitleid aufgelockert. Dass Bach in der Lage war, eine einzige Stimmung, und zwar eine deprimierende, durch eine dreistündige Komposition zu tragen, ohne an irgendeiner Stelle in Monotonie zu verfallen, ist eines der Wunder des musikalischen Schaffens.

Die meditativen Teile des Werks in Arie, Rezitativ und Chor werden trotz gelegentlicher archaischer Steifheit mit großer Schönheit und Pathos wiedergegeben. Einige der *Da-Capo* -Arien sind zweifellos trocken und künstlich, denn diese flüssige Qualität, die Genie immer begleitet, hat es noch nie versäumt, seinen Besitzer auf Nebenpfade der Langeweile zu locken. Aber rein formalistisches Werk ist in der Matthäus-Passion nicht üblich. Niemals bot religiöse Musik etwas Berührenderes und Heiteres als solche Nummern wie das Tenorsolo und der Chor „Ich will bei meinem Jesu wachen“, das Basssolo „Am Abend, da es kühle war“ und das Rezitativ und der Chor, unvergleichlich zart und beginnend mit „Nun ist der Herr zur Ruh‘ gebracht“. Besonders eindrucksvoll sind die Töne, die den Worten des Erlösers gegeben werden. Diese Töne unterscheiden sich von denen der anderen Personen nicht nur durch ihre größere melodische Schönheit, sondern auch durch ihre Begleitung, die aus Streichinstrumenten besteht, während die anderen Rezitative nur von der Orgel unterstützt werden. In Christi verzweifeltem Schrei am Kreuz „Eli, Eli, lama sabachthani“ erlischt diese ätherische Streicherbegleitung. Was Bach mit dieser Veränderung ausdrücken wollte, ist nicht sicher bekannt. Dieser Ausruf Jesu, der einzige Moment in seinem Leben, in dem er seine Gewissheit der göttlichen Mitwirkung zu verlieren schien, muss sich, so dachte Bach wahrscheinlich, irgendwie von all seinen anderen Äußerungen unterscheiden. Zusätzliche musikalische Mittel wären völlig sinnlos, denn weder Musik noch irgendeine andere Kunst hat einen Ausdruck für die seelische Qual dieses höchsten Augenblicks. Das einzig mögliche Mittel bestand darin, die Musik an dieser Stelle zu reduzieren, sie durch einfache Orgelakkorde zu ersetzen und die Worte Christi in ihrer ganzen schrecklichen Bedeutung in kräftigem Relief hervortreten zu lassen.

Die Choräle der Matthäuspassion sind sowohl in Text als auch Melodie dem Kirchengesangbuch entnommen. Besonders hervorzuheben ist das berühmte „O Haupt voll Blut und Wunden" von Gerhardt nach dem heiligen Bernhard, das fünfmal verwendet wird. Diese Chormelodien sind in einem einfachen homophonen Stil, aber mit außerordentlicher Schönheit harmonisiert. Als Beispiel für die poetische Eleganz, mit der diese Choräle eingeleitet werden, können wir den letzten Teil des Werks anführen, wo der Chor unmittelbar nach den Worten „Jesus schrie mit lauter Stimme und gab den Geist auf" eine Strophe singt, die mit „Wenn meine Todesstunde naht, verlass mich nicht, o Herr" beginnt. „Dieser Höhepunkt", sagt Spitta, „wurde immer zu Recht als einer der aufregendsten des gesamten Werks angesehen. Die unendliche Bedeutung des Opfers könnte nicht einfacher, umfassender und überzeugender zum Ausdruck gebracht werden als in diesem wunderbaren Gebet."

Diese wunderbare Schöpfung endet mit einem Abschiedschor, der neben dem Grab Jesu gesungen wird. Es ist ein würdiger Abschluss, denn nie wurde menschlichen Lippen etwas Schöneres und Bewegenderes anvertraut. Die Düsternis und Qual, die die Szenen der Versuchung, der Prüfung und des Todes durchdrungen haben, sind völlig verschwunden. Der Ton ist in der Tat der der Klage, denn das Passionsdrama ließ in seiner eigentlichen Absicht und Tradition keine Vorwegnahme der Auferstehung zu; weder in den katholischen noch in den lutherischen Zeremonien des Karfreitags gibt es eine Vorahnung der Osterfreude. Aber das Gefühl dieses Schlusschors ist nicht das einer hoffnungslosen Trauer; es drückt eher ein Gefühl der Erleichterung aus, dass das Leiden vorbei ist, vermischt mit einem Anflug feierlicher Verzückung, als ob man sich vage bewusst wäre, dass das Grab nicht das Ende von allem ist.

Die Uraufführung der Matthäus-Passion fand am Karfreitag, dem 15. April 1729, in der Thomaskirche in Leipzig statt. Später wurde sie überarbeitet und erweitert und 1740 erneut aufgeführt. Von da an war sie nirgendwo mehr zu hören, bis sie 1829 von Felix Mendelssohn an der Berliner Sing-Akademie aufgeführt wurde. Der Eindruck, den sie hinterließ, war tiefgreifend und markierte den Beginn einer Wiederbelebung des Bach-Studiums, das zu den fruchtbarsten Strömungen in der Musik des 19. Jahrhunderts zählt.

Ein in anderer Hinsicht ebenso großes Werk, obwohl es nie Gegenstand einer so großen öffentlichen Bewunderung werden kann wie die Matthäus-Passion, ist die h-Moll-Messe. Es mag seltsam erscheinen, dass der Mann, der mehr als jeder andere das Genie des Protestantismus in der Kunst interpretierte, zu einer Form der Musik beigetragen hat, die mit dem katholischen Ritual identifiziert wird. Man muss bedenken, dass Luther keineswegs geneigt war, mit allen Formen und Gebräuchen der Mutterkirche zu brechen. Er hatte keine Einwände gegen jene Merkmale ihrer Riten, die nicht die Lehren verkörperten, die er ablehnte, und er erkannte von ganzem Herzen die Schönheit und erbauliche Kraft der katholischen Musik an. Wir haben auch gesehen, dass er dafür war, das Latein in Gemeinden beizubehalten, in denen es verstanden wurde. Daher behielt die evangelische Kirche nicht nur zu Luthers Zeiten, sondern auch noch lange danach viele musikalische Merkmale bei, die in der Praxis der alten Kirche heilig geworden waren. Die Gemeinden von Leipzig waren in dieser Hinsicht besonders konservativ. Die gesamte Messe in figurierter Form wurde jedoch nicht im Leipziger Gottesdienst verwendet; an bestimmten besonderen Tagen wurde nur ein Teil gesungen. Kyrie und Gloria, unter den lutherischen Musikern als „kurze Messe" bekannt, wurden häufig verwendet. Die h- Moll-Messe wurde nicht für den Leipziger Gottesdienst komponiert, sondern für die Kapelle des Königs von Sachsen in Bachs Ehrenfunktion als Komponist des königlichen und kurfürstlichen Hofes. Sie wurde 1735 begonnen und 1738 beendet, aber zu Bachs Lebzeiten nicht vollständig aufgeführt. Als sie fertiggestellt war, hatte sie den Umfang einer Gottesdienstmesse überschritten und wurde wahrscheinlich nie im eigentlichen Gottesdienst gesungen. Sie ist so schwierig, dass ihre Aufführung ein Ereignis ist, das besonderer Erinnerung würdig ist. Ihre erste vollständige Aufführung in den Vereinigten Staaten fand im Frühjahr 1900 in Bethlehem, Pennsylvania, statt. Es genügt, über dieses Werk hier zu sagen, dass Bachs gesamtes Können als Schöpfer komplizierter Konstruktionen und als Meister aller Ausdrucksnuancen, die der kontrapunktische Stil zulässt, bis an seine äußersten Grenzen ausgereizt wird. Sie ist so gewaltig im Ausmaß, so majestätisch in ihrer Bewegung, so elementar in der Erhabenheit ihrer Höhepunkte, dass sie durchaus als der erhabenste Ausdruck des prophetischen Glaubens der Christenheit in Tönen gelten kann, es sei denn, Beethovens Missa Solemnis möchte diesen Titel bestreiten. Sie gehört nicht nur der katholischen oder protestantischen Kirche, sondern der universalen Kirche, der sichtbaren und unsichtbaren Kirche, der streitenden und triumphierenden Kirche. Bach, der größte Meister des Erhabenen in der Chormusik, ließ in dieser Messe die ganze Tiefe seiner unübertroffenen Wissenschaft und seiner Vorstellungskraft erklingen.

Es gibt in der Geschichte kein erhabeneres Beispiel für ein künstlerisches Genie, das sich dem Dienst der Religion verschrieben hat, als Johann Sebastian Bach. Er fühlte immer, dass sein Leben Gott, der Ehre der Kirche und dem Wohl der Menschen geweiht war. Darüber hinaus beeindruckt uns bei der Beschäftigung mit ihm seine lebhafte Intellektualität, womit ich seine genaue Einschätzung der Art und des Ausmaßes seiner eigenen Kräfte und seine mühelose Anpassung an seine Umgebung meine. Er war nie der Spielball seines Genies, sondern immer sein Meister, und ließ sich nie wie so viele andere, selbst die Größten, zu Extravaganzen oder überstürzten Experimenten hinreißen. Mozart und Beethoven scheiterten im Oratorium, Schubert in der Oper; die italienischen Opern von Gluck und Händel sind untergegangen. Selbst in den erfolgreichen Werken dieser Männer herrscht eine seltsame Ungleichheit. Aber allem, was Bach versuchte – und der Umfang seiner Arbeit ist nicht weniger erstaunlich als ihre Qualität –, verlieh er den Stempel endgültiger und unnachahmlicher Vollkommenheit. Wir wissen aus Zeugnissen, dass diese Vollkommenheit das Ergebnis von Gedanken und unermüdlicher Arbeit war. Die Feile war nicht das am wenigsten nützliche Werkzeug in seiner Werkstatt. Diese intellektuelle Zurückhaltung, die auf eine hochintellektualisierte Kunstform einwirkt, verleiht Bachs Musik oft einen Anstrich von Strenge, eine scholastische Härte, die Sympathie abstößt und den Weg zu den Schätzen, die sie enthält, erschwert. Die Musikkultur unserer Zeit beruht schon so lange auf einer anderen Schule, dass nicht wenig Disziplin erforderlich ist, um den Geist an Bachs Art der Darstellung seiner tiefgründigen Ideen anzupassen. Die Schwierigkeit ist vergleichbar mit der, die man erlebt, wenn man eine Wertschätzung der gotischen Skulptur und der Florentiner Malerei des 14. Jahrhunderts erlernt. Wir sind gezwungen, eine neue musikalische Sprache zu lernen, denn die Sprache der Musik ist nur in einem eingeschränkten Sinne universell. Wir müssen uns in ein anderes Jahrhundert versetzen, uns einer anderen Ideenordnung als der unserer Zeit stellen. Wir müssen die Stimmung des deutschen Geistes in der Reformationszeit und danach kennenlernen, seine stolze Selbstbehauptung, die zu einer aggressiven Positivität des religiösen Glaubens führte, der letztlich nur die harte Schale war, die eine seltene Süße der Frömmigkeit umhüllte.

In Bachs Werken spüren wir überall die bekannte deutsche Mystik, die die Wahrheit in den instinktiven Überzeugungen der Seele sucht, den Idealismus, der den Geist als Maßstab der Existenz nimmt, die Romantik, die die Außenwelt mit den Farben des persönlichen Temperaments färbt. Bachs historische Position erforderte, dass dieser in vielerlei Hinsicht so moderne Geist in Formen Gestalt annahm, an denen noch die technischen Methoden einer früheren Zeit festhielten. Sein allumfassender Orgelstil war gotisch – wenn wir diesen Begriff der Veranschaulichung halber verwenden dürfen –, nicht Renaissance. Sein Stil ist im weitesten wie im wörtlichen Sinne teutonisch. Er basiert auf Formen, die mit der Praxis der Menschen in Kirche und Zuhause identifiziert werden. Er erkannte nicht das priesterliche oder aristokratische Element an, sondern das Volkstümliche. Seine Bedeutung in der Geschichte des deutschen evangelischen Christentums ist groß. Der Protestantismus hatte wie der Katholizismus seinen größten Dichter. So wie Dante in einem unsterblichen Epos die philosophischen Vorstellungen, Hoffnungen und Ängste des mittelalterlichen Katholizismus verkörperte, so verlieh Bach in seinen Kantaten, Passionen und Chorvorspielen weniger offensichtlich, aber nicht weniger wahrhaftig den Ideen, die die Reformation hervorbrachten, die erhellende Kraft seiner Kunst. Es ist die zentrale Forderung des Protestantismus, der unmittelbare persönliche Zugang des Menschen zu Gott, die als neues Motiv in der deutschen Nationalmusik Bachs schöpferischem Genie Form und Richtung gab.

Die Entdeckung, dass der Titel eines Hauptvertreters der Kunst des deutschen Protestantismus letztlich nicht die Summe von Bachs Ehrenansprüchen ist, blieb den letzten Jahren vorbehalten. Es gibt etwas in seiner Kunst, das die tiefsten Saiten des religiösen Gefühls berührt, in welcher Gemeinschaft auch immer dieses Gefühl gefördert wurde. Seine Musik ist nicht die Musik eines Bekenntnisses, sondern der Menschlichkeit. Es wäre vergeblich, vorherzusagen, welche Veränderungen der Geist des religiösen Fortschritts in den kommenden Jahren erfahren wird; Man kann jedoch mit Sicherheit davon ausgehen, dass die Glaubensgarantie nicht in einer Autorität besteht, die Konzilien oder Synoden übertragen wurde, oder überhaupt in einer mündlichen Offenbarung, die angeblich in bestimmten Epochen in der

Vergangenheit gewährt wurde, sondern in der Intuition der anhaltenden Präsenz des Glaubens ewiger schöpferischer Geist in der Seele des Menschen. Dieses Bewusstsein, dessen Glaubensbekenntnisse und Liturgien nur teilweise und vorübergehende Symbole sind, kann keinen angemessenen künstlerischen Ausdruck finden, außer in der Kunst der Musik. Je klarer diese Tatsache von der Welt anerkannt wird, desto mehr wird der Ruhm Sebastian Bachs zunehmen, denn kein anderer Musiker hat sich so umfassend mit dem universalen religiösen Gefühl auseinandergesetzt und es so tief durchdrungen. Über Bach lässt sich durchaus sagen, was ein französischer Kritiker über Albrecht Dürer sagt: „Er war ein Mittler zwischen dem Mittelalter und unserer Neuzeit." Typisch für den ersteren, da er in erster Linie ein Handwerker war und mit der ganzen Aufrichtigkeit und unbewussten Bescheidenheit des guten Arbeiters arbeitete, der Freude an seiner Arbeit hat, spürte er dennoch etwas von der quälenden geistigen Unruhe des letzteren; und spiegelt in der Tat so eindrucksvoll das wider, was wir den „modernen Geist" nennen, dass sein Werk heute mehr Einfluss auf unser eigenes Denken und unsere eigene Kunst hat als auf das seiner Zeitgenossen." [75]

Das Urteil der Bewunderer Bachs über seine Größe wird nicht aufgehoben, wenn festgestellt wird, dass die Macht und wahre Bedeutung seines Werkes von der Masse seiner Landsleute zu seinen Lebzeiten nicht verstanden wurde und dass er außerhalb von Leipzig kaum Einfluss ausübte fast ein Jahrhundert lang nach seinem Tod auf religiöse Kunst ein. In dieser Hinsicht war er nicht weniger ein typischer Deutscher. Nur in bestimmten kritischen Momenten scheinen Nationen ihrem besseren Selbst treu zu bleiben, und es kommt oft vor, dass ihre größten Männer in Zeiten allgemeiner moralischer Entspannung auftreten und scheinbar die Unwürdigkeit ihrer Mitbürger zurechtweisen, anstatt gemeinsame Charakterzüge zu verkörpern. Aber spätere Generationen können erkennen, dass diese Männer letztlich nicht distanziert sind; Ihre wahren Grundlagen liegen, auch wenn sie für die damalige Zeit außer Sichtweite liegen, untrennbar in der Nationalität. Milton war nicht weniger repräsentativ für die bleibenden Elemente des englischen Charakters, als er „in schlimme Tage geriet", als die Leitung der Angelegenheiten den „Söhnen Belials" zu übertragen schien, die sich über alles lustig machten, was er für die soziale Wohlfahrt für notwendig hielt.

Michael Angelo war immer noch ein echter Sohn Italiens, als er in bitterer Seele über ihre Erniedrigung trauerte. Und so ist der Geist, der das Leben und Werk Bachs durchdrang, ein deutscher Geist – ein Geist, den Deutschland oft zu verleugnen schien, der sich aber in Zeiten der Not oft mit strahlendem Selbstvertrauen behauptete und es zu Nüchternheit und Aufrichtigkeit zurückrief.

Als Bach starb, schien es, als sei die gewaltige Kraft, die er ausübte, verflogen. Er hatte den Niedergang der Kirchenmusik nicht aufgehalten. Die Kunst des Orgelspiels degenerierte. Die nie wirklich adäquaten Chöre waren immer weniger in der Lage, den großen Werken, die ihnen hinterlassen worden waren, gerecht zu werden. Der öffentliche Geschmack entspannte sich, und die Nachfrage nach einem farbenfroheren und ansprechenderen Liedstil etablierte in der Kirche den in Frankreich und Italien bereits vorherrschenden Theaterstil. Das Volk verlor das Bewusstsein für den wahren Wert seiner alten Chöre und ließ zu, dass sie den Erfordernissen der zeitgenössischen Mode entsprachen, oder lehnte sie gänzlich zugunsten des neuen „Kunstliedes" ab. Es traten keine Komponisten auf, die die alten Traditionen fortführen konnten oder wollten. Diese Tendenz war unvermeidlich; Ihre Ursachen sind für jeden, der die Bedingungen kennt, die in der zweiten Hälfte des 18. und zu Beginn des 19. Jahrhunderts in Religion und Kunst in Deutschland vorherrschten, völlig offensichtlich. Der Pietismus mit all seinen Vorzügen hatte in seinem Protest gegen das Äußerliche und Formale im Gottesdienst eine Art puritanischen feuchten Mantel über die Kunst geworfen. In den orthodoxen Kirchenkreisen war der Enthusiasmus, der notwendig war, um gleichzeitig ein gesundes spirituelles Leben und eine lebendige Kirchenkunst zu pflegen, leider nachgelassen. An die Stelle der freudigen Freiheit des Evangeliums war die Vermittlung einer trockenen Nützlichkeitsmoral und die Pflege einer dogmatischen Pedanterie getreten. Es traten auch andere, direktere Ursachen ein, um das öffentliche Interesse von der Musik der Kirche abzuwenden. Die italienische Oper mit ihrer Ausstattung sinnlicher Faszinationen, ohne ernsthafte Ziele, befand sich auf dem Höhepunkt ihrer Popularität, wurde von den herrschenden Klassen gefördert und gab der gesamten Musikkultur der Zeit den Ton an. Ein noch offensichtlicheres Hindernis für die Wiederbelebung des populären Interesses an Kirchenmusik war die rasche Bildung von Chorvereinen in ganz Deutschland, die sich der Aufführung von Oratorien widmeten. Nach dem Vorbild Englands nahmen diese Gesellschaften die Werke Händels auf, und die

Begeisterung, die Haydns „Schöpfung" im Jahr 1798 hervorrief, gab der Bewegung einen noch stärkeren Anstoß. Diese Chorvereinigungen hatten keine Verbindung zu den Kirchenchören des 18. Jahrhunderts, sondern gingen aus privaten Musikvereinen hervor. Die großen deutschen Musikfestivals begannen um 1810 und weckten das Interesse jener Komponisten, deren Talent sich Werken religiösen Inhalts zuwandte. Die Kirchenchöre befanden sich bereits im Niedergang, als die Gesangsvereine begannen, ihre Köpfe zu erheben. Kantaten und Passionen waren im Gottesdienst nicht mehr zu hören. Ihren Platz im öffentlichen Ansehen nahm das Konzertoratorium ein. Die Strömung der Instrumentalmusik, einer der größten Glanzlichter der deutschen Kunst im 19. Jahrhundert, absorbierte immer mehr Beiträge deutscher Genies. Der gesamte Trend der Zeit ging in Richtung weltlicher Musik. Es scheint, dass sich eine wirklich große Kirchenmusikkunst nicht behaupten kann neben einer wachsenden Begeisterung für weltliche Musik. Entweder werden die beiden Stilrichtungen vermischt und die Kirchenmusik auf das Maß des anderen transformiert, wie es im Fall der katholischen Musik der Fall war, oder der Kirchengesang stagniert, wie es im protestantischen Deutschland der Fall war.

Nach dem Befreiungskrieg, der mit dem Sturz der Tyrannei Napoleons endete, und als Deutschland in eine Phase kritischer Selbstprüfung eintrat, wurden Forderungen nach einer Wiederherstellung der Kirchenmusik auf einer würdigeren Grundlage laut. Die Behauptung der Nationalität in anderen Zweigen der Musikkunst – den Symphonien Beethovens, den Liedern Schuberts, den Opern Webers – fand im Bereich der Kirchenmusik ein Echo, zunächst nicht in der Produktion großer Werke, sondern in der Aufführung, Kritik und Anklang. Es lässt sich nicht leugnen, dass im Bereich der Kirchenmusik im gesamten 19. Jahrhundert in Deutschland ein stetiger Aufschwung zu verzeichnen war. Der Übergang von Rationalismus und Unglauben zu einer neuen und höheren Phase der evangelischen Religion, der unter der Führung Schleiermachers vollzogen wurde, das erneuerte Interesse an der Kirchengeschichte, die Bemühungen, die Formen der Anbetung mit einem belebten spirituellen Leben in Einklang zu bringen, die Wiederbelebung des Studiums der großen Werke der deutschen Kunst im Zusammenhang mit der nationalen intellektuellen Entwicklung – diese und viele andere Einflüsse haben die Sache der Kirchenmusik sowohl in der Komposition als auch in der

Aufführung stark bewegt. Die Chöre wurden vergrößert und verstärkt; die Sopran- und Altstimmen werden immer noch ausschließlich von Knaben gesungen, aber die Tenor- und Bassstimmen werden von reifen und gründlich ausgebildeten Männern übernommen, statt von unerfahrenen Jugendlichen wie zu Bachs Zeiten und danach. In Chören wie denen des Berliner Doms und der Leipziger Thomaskirche erreicht der künstlerische Gesang einen Klangreichtum und eine kaum zu übertreffende Stilistik.

Das heilsamste Ergebnis dieser Bewegungen bestand darin, dass sie in den Köpfen der Kirchenmänner eine klarere Unterscheidung zwischen einem richtigen Kirchenstil in der Musik und dem Konzertstil herbeiführten. Die evangelischen Kirchengesang-Vereine haben sich analog zum Katholischen St.-Cäcilien-Verein mit der Frage der Etablierung der Kirchenmusik auf einer strengeren und effizienteren Grundlage befasst. Meister wie Mendelssohn, Richter, Hauptmann, Kiel und Grell haben Werke von großer Schönheit geschaffen, die gleichzeitig den idealen Anforderungen des öffentlichen Gottesdienstes vortrefflich gerecht werden.

Trotz des gegenwärtigen gesünderen Zustands der deutschen evangelischen Musik im Vergleich zur Schwäche und Unbestimmtheit zu Beginn des 19. Jahrhunderts gibt es kaum eine Garantie dafür, dass dieser Zweig der Kunst wieder die Stellung einnehmen wird, die er im nationalen Leben innehatte vor zweihundert Jahren. Im engeren Sinne haben Autoren der Schule von Spitta recht, wenn sie behaupten, dass es keine protestantische Kirchenmusik mehr gibt. „Es muss bestritten werden, dass es einen eigenständigen Zweig der Tonkunst gibt, der nur in der Kirche beheimatet ist, der das Leben und die Entwicklungsfähigkeit in sich trägt und in dessen Bereich der schaffende Künstler seine Ideale sucht." [76]

Andererseits ist in der jüngeren deutschen Musikgeschichte mit der Gründung der Neuen Bach-Gesellschaft mit Sitz in Leipzig im Jahre 1900 ein hoffnungsvolles Zeichen zu erkennen. Die Aufgabe dieser Gesellschaft, der eine große Zahl der bedeutendsten Musiker Deutschlands angehört, besteht darin, Bachs Chorwerke bekannter zu machen und ihnen insbesondere ihren alten Platz im Gottesdienst der evangelischen Kirchen wiederzugeben. Der Erfolg eines solchen Vorhabens hätte zweifellos wichtige Folgen und würde vielleicht eine neue Ära in der Geschichte der deutschen Kirchenmusik einleiten.

KAPITEL X
DAS MUSIKALISCHE SYSTEM DER KIRCHE VON ANGLAND

Die musikalischen Produktionen, die aus der Kirche von England hervorgegangen sind, besitzen als Kunstwerke kein so unabhängiges Interesse wie jene, die das katholische und das deutsche evangelische System so reich schmücken. Mit Ausnahme des eingebürgerten Händel (dessen wenige gelegentliche Hymnen, Te Deums und verschiedene Kirchenstücke ihm einen Nebenplatz in der Liste der englischen Kirchenmusiker einräumen) ist im Zusammenhang mit dem englischen Kathedralgottesdienst kein Name zu finden, der sich an Glanz mit denen messen könnte, die dem religiösen Gesang Italiens und Deutschlands so viel Ruhm verleihen. Trotz dieser Mittelmäßigkeit der Leistungen hat die Musik der anglikanischen Kirche eine ehrenvolle historische Position erlangt, nicht nur aufgrund des anerkennenswerten Durchschnitts an Exzellenz, den sie dreihundert Jahre lang aufrechterhalten hat, sondern noch mehr durch ihre enge Verbindung mit jenen erbitterten Konflikten um Dogma, Ritual, Politik und die Beziehung der Kirche zum Individuum, die der englischen Kirchengeschichte ein so einzigartiges Interesse verliehen haben. Methoden des musikalischen Ausdrucks wurden fast ebenso heftig diskutiert wie grundlegende Fragen der Lehre und Autorität, und das Ergebnis war, dass das englische Volk sein nationales religiöses Lied mit einem Respekt betrachtet, wie ihn vielleicht keine andere Schule der Kirchenmusik in ihrer Heimat erfährt. Der Wert und Zweck der Musik im Gottesdienst und die Art der Aufführung, die der Erbauung am meisten förderlich ist, waren jahrhundertelang Gegenstand so ernsthafter Diskussionen, dass die Probleme, die die Geschichte der englischen Kirchenmusik aufwirft, von immerwährendem Interesse sind. Die Würde, Ordnung, Ruhe und Anmut in äußerer Form und innerem Geist, die die anglikanische Kirche auszeichnen, spiegeln sich in ihren Hymnen und „Gottesdiensten", ihren Gesängen und Hymnen wider; während die Einfachheit und robuste, aggressive Aufrichtigkeit der nonkonformistischen Sekten in den Akzenten ihrer Psalmodie spürbar sind. Der Zusammenprall liturgischer und nicht-liturgischer Ansichten, Konformität und Unabhängigkeit, Anglikanismus und Puritanismus ist in der Kirchenmusikgeschichte des 16., 17. und 18. Jahrhunderts deutlich zu hören, und selbst heute ist dieser Streit nicht überall durch Versöhnung und brüderliche Anteilnahme beigelegt worden.

Das Studium der englischen Kirchenmusik ist daher eher ein Studium musikalischer Formen und Praktiken als von Kunstwerken als solchen. Zu Beginn erwartet uns ein Spektakel, das in anderen protestantischen Ländern seinesgleichen sucht, *nämlich.* , die Spaltung der reformierten Kirche in zwei heftig verfeindete Spaltungen; und wir finden den Kampf um die Vorherrschaft zwischen Anglikanern und Puritanern, der sowohl im Bereich der Kunst und des Rituals als auch auf dem Schlachtfeld und in der Arena der theologischen Polemik ausgetragen wird. Folglich sind wir gezwungen, zwei unterschiedliche Entwicklungslinien zu verfolgen – die rituelle Musik des Establishments und die Psalmodie der abweichenden Körperschaften – und versuchen herauszufinden, wie diese konkurrierenden Prinzipien aufeinander einwirkten und welche Lehren aus ihrer Kollision und ihrem Endergebnis gezogen werden können Kompromiss.

Die Reformation in England verlief in vielerlei Hinsicht ganz anders als auf dem Kontinent. In Deutschland, Frankreich, der Schweiz und den Niederlanden wurde der Aufstand gegen Rom von Männern aus dem Volk initiiert. Ungeachtet der komplizierten Motive, die Fürsten und Bürger, Geistliche und Laien in den Aufstand hineinzogen, war die Bewegung in erster Linie religiöser Natur, zunächst ein Protest gegen Missbräuche, dann die Forderung nach freien Privilegien im Evangelium, gefolgt von der Bekräftigung des Glaubens und der Etablierung von neue Formen des Gottesdienstes. Politische Veränderungen folgten im Zuge der religiösen Revolution, da in den meisten Fällen eine so enge Allianz zwischen den weltlichen Mächten und dem Papsttum bestand, dass die Loyalität gegenüber den ersteren nicht mit dem Widerstand gegen die letteren vereinbar war.

In England wurde dieser Prozess umgekehrt; die politische Trennung ging den religiösen Veränderungen voraus; es war das Bündnis zwischen der Regierung und dem Papsttum, das als erstes zerbrach. Die Emanzipation von der Vorherrschaft Roms wurde mit einem Schlag von der Krone selbst vollzogen, und zwar nicht aus moralischen Gründen oder doktrinellen Meinungsverschiedenheiten, sondern einzig aus politischen

Gründen. Trotz Anzeichen geistiger Unruhe gab es bei einer nennenswerten Zahl der Engländer keine Anzeichen dafür, dass sie bereit waren, ihre Treue zur römischen Kirche aufzugeben, als Heinrich VIII. 1534 ein königliches Edikt erließ, in dem er die päpstliche Autorität ableste, und ein unterwürfiges Parlament verfügte, dass „der König, unser souveräner Herr, seine Erben und Nachfolger, die Könige dieses Reiches, als das einzige oberste Oberhaupt der Kirche von England auf Erden angenommen und anerkannt werden sollen." Die englische Kirche wurde in einer Zeit zu dem, was sie schon oft werden wollte – eine Nationalkirche, frei von der willkürlichen Autorität einer italienischen Oberherrschaft, mit dem König statt dem Papst an der Spitze, mit höchster Macht in allen Ernennungs- und Disziplinarfragen, ja sogar mit dem Vorrecht, zu entscheiden, was der religiöse Glaube und die Art der Anbetung im Reich sein sollten. Dieser Vorgang war mit keiner Änderung der Doktrin verbunden; es gab kein stillschweigendes Eingeständnis der Gewissensfreiheit oder religiösen Toleranz. Die mittelalterliche Vorstellung von der Notwendigkeit religiöser Einstimmigkeit unter allen Untertanen des Staates – eine einzige Staatskirche, die in jeder Vorschrift und Verordnung durch die Macht des Throns aufrechterhalten wurde – wurde rigoros bekräftigt. Die englische Kirche hatte einfach einen Herrn gegen einen anderen ausgetauscht und eine geistige Tyrannei gewonnen, mit der keinerlei Rechtsvorstellungen verbunden waren, die sich aus angestammter Verbindung oder historischer Tradition ableiteten.

Der unmittelbare Anlass für diese Aktion Heinrichs VIII. war, wie alle wissen, seine Wut auf Clemens VII., weil dieser Papst sich weigerte, den schändlichen Plan des Königs zu billigen, sich von seiner treuen Frau Katharina scheiden zu lassen und Anne Boleyn zu heiraten. Diese Beschwerde war zweifellos nur ein Vorwand, denn ein so herrisches Gemüt wie das Heinrichs konnte eine geteilte Loyalität in seinem Königreich nicht dauerhaft dulden. Da Heinrich jedoch die Gelegenheit nutzte, die grundlegenden Dogmen der katholischen Kirche mit den alten blutigen Strafen gegen Ketzerei erneut zu verkünden, wäre es nicht angemessen, von ihm als dem Begründer der Reformation in England zu sprechen. Dieses Ereignis datiert eigentlich auf die Regierungszeit seines Nachfolgers Eduard VI.

Es war jedoch unmöglich, dass die englische Kirche beim Abbruch der tausend Jahre währenden hierarchischen Autoritätsbindungen keine weiteren Veränderungen erfuhr. England war immer ein mehr oder weniger widerspenstiges Kind der römischen Kirche gewesen, und mehr als einmal war die Vorstellung königlicher Vorrechte und nationaler Rechte mit den Ansprüchen des Papsttums in Konflikt geraten, und letzteres war nicht immer siegreich aus dem Kampf hervorgegangen. Der alte germanische Geist der Freiheit und der individuellen Entschlossenheit, der in England immer besonders stark war, würde sich sicherlich durchsetzen, als das große europäische intellektuelle Erwachen des 14. und 15. Jahrhunderts die Masse der Bevölkerung erfasst hatte; und nach Luthers Aufstand war es vielleicht vorherzusehen, dass England sich bald der Reformation in die Arme werfen würde. Die Lehren Wiclifs und der Lollarden wurden an vielen englischen Kaminen noch immer hochgehalten. Humanistische Studien hatten unter der Schirmherrschaft von Männern wie Erasmus, Colet und More zu blühen begonnen, und der Humanismus, der natürliche Feind des Aberglaubens und Obskurantismus, war instinktiv gegen kirchliche Annahmen eingestellt. Schließlich hatte Luthers Posaunenstoß in vielen tapferen britischen Herzen ein Echo gefunden. Die Initiative der Krone kam jedoch den Ereignissen zuvor und änderte ihren Lauf, und statt eines allgemeinen Volksaufstands, der Beseitigung jeder Spur des Romanismus und der Schaffung eines universellen kalvinistischen Systems behielten der Konservatismus und die Mäßigung von Edward VI. und Elizabeth und ihren Ratgebern im Interesse der Würde so viel von äußerer Form und Zeremonie bei und befestigten die Säulen des Episkopats im Interesse der Stabilität und Ordnung so fest, dass das Königreich sich in zwei Parteien gespalten sah, und dem kurzen Konflikt zwischen Nationalismus und Romanismus folgte der lange Kampf zwischen dem Establishment, das durch den Thron geschützt wurde, und dem zügellosen, alles nivellierenden Puritanismus.

Mit der Verabschiedung des Supremacy-Gesetzes begannen sich die katholischen und protestantischen Parteien für den Konflikt zu verbünden. Heinrich der Achte. Zunächst zeigte er sich positiv gegenüber den Protestanten und neigte dazu, die Bibel als letzte Autorität anstelle der Dekrete und Traditionen der Kirche zu akzeptieren. Nach dem katholischen Aufstand von 1536 änderte der König jedoch seine Politik und mit der Verabschiedung der Sechs Artikel, die die Lehre der Transsubstantiation, das Zölibat des Klerus, den Wert privater Messen und die Notwendigkeit der

Ohrbeichte festlegten, er begann eine blutige Verfolgung, die erst mit seinem Tod endete.

Der junge König Edward VI., der von 1547 bis 1553 regierte, war von Erzbischof Cranmer für den Protestantismus gewonnen worden, und mit seiner Thronbesteigung wurden Reformen in Lehre und Ritual rasch vorangetrieben. Das Parlament war wieder unterwürfig, und ein veränderter Lutheranismus nahm Besitz von der englischen Kirche. Die Menschen wurden aus der englischen Bibel unterrichtet, das Book of Common Prayer trat an die Stelle von Messbuch und Brevier; die Messe, das obligatorische Zölibat des Klerus und die Bilderverehrung wurden abgeschafft und die Anrufung von Heiligen verboten. Wir müssen beachten, dass diese Änderungen, wie die von Heinrich VIII., nicht durch den Druck der Bevölkerung unter der Führung großer Volkstribunen herbeigeführt wurden, sondern von den Herrschern des Staates beschlossen, vom Parlament im Rahmen eines ordnungsgemäßen Rechtsverfahrens ratifiziert und durchgesetzt wurden durch die Krone unter der Sanktion des Act of Supremacy. Die Revolution verlief regelmäßig, friedlich und legal, und keiner der grausamen Konflikte zwischen Katholiken und Protestanten, die Deutschland, Frankreich und die Niederlande in Stücke rissen und ihr Land mit Blut durchtränkten, kam es in England nie. Unter solchen Bedingungen war die Reaktion einfach. Unter Maria (1553–1558) wurden die alten Religionen und Formen wieder in Kraft gesetzt, und eine Verfolgung, die durch die Märtyrer von Cranmer, Ridley, Latimer, Hooper und anderen Führern der protestantischen Partei denkwürdig wurde, wurde mit rücksichtsloser Härte, aber ohne Abschwächung weitergeführt die Sache des reformierten Glaubens. Elisabeth (1558-1603) hatte keine ausgeprägten religiösen Überzeugungen, wurde aber unter dem Druck der politischen Verhältnisse in Europa zwangsläufig zur Beschützerin der protestantischen Sache. Der reformierte Gottesdienst wurde wiederhergestellt, und seit Elisabeths Tagen stützte sich die Kirche von England sicher auf die Verfassungen Eduards VI.

Mit der Reinigung und Neuformulierung der Lehre nach protestantischen Grundsätzen ging auch die Frage der Liturgie einher. Die englischen Reformatoren dachten nicht an eine völlige Trennung von der alten Gemeinschaft und die Errichtung einer Nationalkirche auf der Grundlage einer völlig neuen Theorie. Sie hielten fest an der Konzeption des historischen Christentums fest; Die bis in die Frühzeit der Kirche zurückreichende bischöfliche Nachfolge wurde nicht gebrochen, die Verwaltung der Sakramente hörte nie auf. Die anglikanische Kirche wurde als Nachfolgerin der universellen Institution verstanden, die durch ihren Abfall von der reinen Lehre der Apostel ihre Ansprüche auf die Treue der Gläubigen aufgehoben hatte. Der Anglikanismus beinhaltete in sich eine Fortsetzung der den Vätern überlieferten Tradition mit einer offenen Bibel und der Emanzipation der Vernunft; es war der legitime Erbe dessen, was im Katholizismus das Edelste und Reinste war. Diese Auffassung kommt auffallend in der Liturgie der Church of England zum Ausdruck, die zum Teil aus Materialien besteht, die aus den Amtsbüchern der alten Kirche stammen, und zunächst mit Musik in Verbindung gebracht wurde, die sich im Stil in keiner Weise von der katholischen unterscheidet. Die Bedeutung, die den Gewändern und den auf die Beeindruckung der Sinne gerichteten Zeremonien beigemessen wird, weist auch unmissverständlich auf den konservativen Geist hin, der verbot, dass die Reform in irgendeiner Weise den Deckmantel einer Revolution annehmen sollte.

Das Ritual der Church of England ist in einem einzigen Band enthalten, *nämlich.* , das Buch des gemeinsamen Gebets. Es gliedert sich in Matinen und Abendgesang, das Amt der Heiligen Kommunion, die Ämter der Firmung und Weihe sowie Gelegenheitsämter. Aber wenig von dieser Liturgie ist völlig originell; Die Matinen und Abendgesänge werden aus dem katholischen Brevier zusammengestellt, die Heilige Kommunion mit Kollekten, Briefen und Evangelien aus dem Messbuch, die Gelegenheitsgottesdienste aus dem Ritual und die Konfirmations- und Ordinationsgottesdienste aus dem Päpstlichen. Alle diese Ämter sind im Vergleich zu den katholischen Quellen stark modifiziert und vereinfacht. Ein großer Teil der im Brevier gefundenen legendären und unhistorischen Gegenstände ist verschwunden, Litaneien und Anrufungen an die Heiligen und die Jungfrau Maria wurden weggelassen. Die den Heiligentagen eigenen Ämter sind verschwunden, die sieben kanonischen Stunden wurden auf zwei reduziert, der Raum, der Auszügen aus der Heiligen Schrift eingeräumt wurde, wurde erheblich erweitert, und die englische Sprache tritt an die Stelle der lateinischen.

In dieser Abhängigkeit von den Ämtern der Mutterkirche für das Ritual des neuen Gottesdienstes bezeugten die englischen Reformatoren wie Martin Luther ihre Überzeugung, dass sie

Reiniger und Erneuerer des alten Glaubens und der alten Zeremonie seien und keine gewalttätigen Zerstörer, die danach strebten, den alten Glauben und die Zeremonie zu gewinnen Sympathien ihrer Landsleute durch Rücksichtnahme auf alte Assoziationen und überkommene Vorurteile, soweit dies mit Vernunft und Gewissen vereinbar ist. Ihr Sinn für historische Kontinuität zeigt sich auch darin, dass es sich bei den Brevieren, die sie konsultierten, um Breviere handelte, die speziell aus früheren Zeiten in England verwendet wurden, insbesondere um den als „Sarum-Gebrauch" bekannten Gebrauch, der um 1085 von Osmund, dem Bischof von Salisbury, erstellt und verkündet wurde , und allgemein im Süden Englands übernommen, und die in bestimmten Details von der Verwendung Roms abwichen.

Vorschläge zur Änderung der Gottesdienstbücher wurden vor dem Ende der Herrschaft Heinrichs VIII. vorgelegt, und ein Anfang wurde gemacht, indem das Lesen kleiner Teile der Heiligen Schrift auf Englisch eingeführt wurde. Die Litanei war das erste Gebet, das geändert und auf Englisch gesetzt wurde. Dies wurde von Cranmer getan, der neben der „Konsultation" von Hermann, Erzbischof von Köln (1543), die alten Litaneien der englischen Kirche vor sich hatte.

Mit der Thronbesteigung von Eduard VI. im Jahr 1547 wurde die Revolution im Gottesdienst gründlich bestätigt, und 1549 wurde das vollständige Book of Common Prayer im Wesentlichen in seiner modernen Form herausgegeben. Eine zweite und überarbeitete Ausgabe wurde 1552 veröffentlicht und sollte in allen Kirchen des Königreichs übernommen werden. Die alten katholischen Amtsbücher wurden eingezogen und vernichtet, die Bilder aus den Gotteshäusern entfernt, die Altäre entfernt und durch Abendmahlstische ersetzt, die Gewänder der Geistlichen vereinfacht und die gesamte Konzeption des Gottesdienstes sowie seiner Zeremonien vollständig umgestaltet. Aufgrund der Thronbesteigung von Maria im Jahr 1553 blieb keine Zeit, das Prayer Book von 1552 allgemein in Gebrauch zu bringen. Eine dritte, etwas überarbeitete Ausgabe, die 1559 veröffentlicht wurde, war eines der frühesten Ergebnisse der Thronbesteigung von Elisabeth. Eine weitere Überarbeitung folgte 1604 unter Jakob I.; Ergänzungen und Änderungen wurden 1661-2 unter Karl II. vorgenommen. Seit diesem Datum wurden nur sehr geringfügige Änderungen vorgenommen.

Die Liturgie der Church of England besteht, wie die katholische Liturgie, sowohl aus konstanten als auch aus variablen Ämtern, wobei letztere jedoch eine kleine Minderheit darstellen. Bemerkenswert ist der große Raum, der der Lektüre der Heiligen Schrift eingeräumt wird, wobei jeden Monat der gesamte Psalter, dreimal im Jahr das Neue Testament und einmal im Jahr das Alte Testament gelesen wird. Es umfasst eine große Vielfalt an Gebeten, spezielle zu singende Psalmen, bestimmte psalmähnliche Hymnen, die Canticles genannt werden, wobei die Hymnen die wichtigsten ständigen Chormitglieder der lateinischen Messe umfassen, *nämlich.* , Kyrie, Gloria, Credo und Sanctus – das Te Deum, die zehn Gebote, eine Litanei sowie kurze Sätze und Antworten, die als Versikel bekannt sind. Neben den regulären Morgen- und Abendgottesdiensten gibt es besondere Gottesdienstreihen zur Heiligen Kommunion und zu besonderen Anlässen wie Weihen, Firmungen, Trauerfeiern etc.

Obwohl es nur ein Ritual gibt, das allen Gemeinden der etablierten Kirche gemeinsam ist, eine Form des Gebets und des Lobpreises, die gleichermaßen aus der Kathedrale, der Kapelle und der Pfarrkirche emporsteigt, unterscheidet sich dieser Gottesdienst in der Art und Weise, wie er dargebracht wird. Die anglikanische Kirche behielt die Auffassung der Katholiken bei, dass der Gottesdienst ein musikalischer Gottesdienst sei und dass die Gebete sowie die Psalmen, Gesänge und Hymnen ordnungsgemäß nicht in der Art gewöhnlicher Sprache, sondern im musikalischen Ton gehalten werden sollten. Es stellte sich jedoch bald heraus, dass ein vollständiger Musikgottesdienst, der für konservativere und wohlhabendere Einrichtungen konzipiert war, in kleinen Landgemeinden nicht praktikabel war, und so wurden im Laufe der Zeit drei Arten der Gottesdienstaufführung zugelassen, *nämlich* , der Chor- oder Kathedralenmodus, der Pfarrton und der gemischte.

Der Chorgottesdienst ist der Gottesdienst, der in Kathedralen, königlichen Kapellen und Universitätskapellen sowie in bestimmten Pfarrkirchen üblich ist, deren Ressourcen die Übernahme derselben Praxis zulassen. In diesem Modus wird alles außer den Lektionen in musikalischem Ton wiedergegeben, von den monotonen Gebeten des Priesters bis zur figürlichen Chormusik von „Gottesdienst" und Hymne. Die wesentlichen Teile des Chorgottesdienstes lauten nach der Klassifizierung durch Dr. Jebb [77] wie folgt:

1. Das Singen der Sätze, Ermahnungen, Gebete und Kollekten durch den Pfarrer während der gesamten Liturgie in einem monotonen Ton, der durch gelegentliche Modulationen leicht variiert wird.

2. Der abwechselnde Gesang der Versikel und Antworten von Pfarrer und Chor.

3. Der abwechselnde Gesang der täglichen Psalmen und solcher, die in den verschiedenen Ämtern der Kirche vorkommen, durch die beiden Chorabteilungen.

4. Das Singen aller Gesänge und Hymnen im Morgen- und Abendgottesdienst, entweder zu einem abwechselnden Gesang oder zu Liedern eines komplexeren Stils, die in ihrem Aufbau Hymnen ähneln und technisch gesehen „Gottesdienste" sind.

5. Das Singen der Hymne nach dem dritten Gebet wird sowohl im Morgen- als auch im Abendgebet gesammelt.

6. Das abwechselnde Singen der Litanei durch den Pfarrer und den Chor.

7. Das Singen der Antworten nach den Geboten im Abendmahlsgottesdienst.

8. Das Singen des Glaubensbekenntnisses, Gloria in excelsis und Sanctus im Abendmahlsgottesdienst in Form einer Hymne. [Das Sanctus wurde in den letzten Jahren durch eine kurze Hymne oder Hymne ersetzt.]

9. Das Singen oder Singen derjenigen Teile in den Gelegenheitsämtern, deren Gesang laut Rubrik erlaubt ist.

In dieser Art der Anbetung entspricht die Church of England dem allgemeinen Brauch liturgischer Kirchen in der ganzen Welt in alter und neuer Zeit, indem sie implizit jene Vorstellung der innigen Verbindung von Wort und Ton in einem formalen, autorisierten Gottesdienst ehrt, die in den Kapiteln über katholische Musik und Rituale dargelegt wurde. Da Gottesdienste an Wochentagen sowie sonntags in den Kathedralen abgehalten werden und es zwei vollständige Chorgottesdienste gibt, die jeweils einen fast ununterbrochenen Gesangsstrom von Geistlichen und Chor beinhalten, erfordert dieser Brauch eine große und gründlich ausgebildete Einrichtung, die durch die Stiftungen der englischen Kathedralen ermöglicht wird.

Der Pfarrgottesdienst wird in kleineren Kirchen durchgeführt, in denen es nicht möglich ist, einen Stiftungschor zu unterhalten. „Nach dieser Art sind die für die ordnungsgemäße Ausübung des Gottesdienstes erforderlichen Hilfsmittel nur wenige und einfache." „Was die Pfarrer angeht, sehen die festgelegten Anforderungen jeder Pfarrkirche normalerweise nur einen einzigen vor, wobei die stellvertretenden Geistlichen und die Mitglieder der Chöre selten Objekte einer dauerhaften Stiftung sind." „Was die Art und Weise der Durchführung des Gottesdienstes betrifft, so besteht die streng kirchliche Art darin, alle Teile der Liturgie im Sprechton der Stimme ohne Musikbegleitung zu rezitieren. Nach diesem Modus wird kein Gesang, kein Lobgesang oder keine eigentlich so genannte Hymne verwendet; aber in bestimmten Abständen zwischen den verschiedenen Ämtern werden metrische Versionen der Psalmen gesungen." (Jebb.)

Dieser Modus ist nicht älter als 1549, denn bis zur Reformation wurde der Plain Chant in Pfarrkirchen verwendet. Das Singen metrischer Psalme stammt aus der Regierungszeit von Elisabeth.

Der gemischte Modus ist weniger einfach als der Pfarrmodus; Teile des Gottesdienstes werden von einem Chor gesungen, aber die Gebete, Glaubensbekenntnisse, Litaneien und Antworten werden mit gesprochener Stimme vorgetragen. Man kann jedoch sagen, dass der Pfarrmodus und der gemischte Modus optional und aus praktischen Gründen zulässig sind. Es gibt kein Gesetz, das einer Gemeinde verbietet, einen Teil oder sogar den gesamten Chormodus zu übernehmen. In diesen Variationen, zu denen wir in der katholischen Kirche nichts Vergleichbares finden, kann man die Bereitschaft der Väter der anglikanischen Kirche erkennen, Kompromisse mit puritanischen Tendenzen einzugehen und sich vor jenen Reaktionen zu hüten, die, wie die spätere Geschichte zeigt, Teile der englischen Kirche ständig zu extremen rituellen Praktiken zurückdrängen.

Die Musik der anglikanischen Kirche folgt den drei Abteilungen, in die Kirchenmusik im Allgemeinen eingeteilt werden kann, *nämlich* dem Gesang, der figurativen Musik des Chors und dem Gemeindelied.

Die Geschichte des anglikanischen Gesangs kann auch als Symbol für das Untergehen der alten Priesteridee in der repräsentativen Konzeption des geistlichen Amtes angesehen werden, denn der Gesang hat sich sowohl in seiner Struktur als auch in seiner Verwendung als sehr flexible Ausdrucksform erwiesen und versucht, sich manchmal mit dem hymnenartigen Chorgesang und dann wieder mit der Gemeindehymne zu verbinden. Am Anfang folgte die Gesangsmethode jedoch genau der katholischen Form. Es wurden zwei Arten von Gesängen verwendet: der einfache, unbegleitete Chorgesang des Pfarrers, der fast monoton ist, und der begleitete Gesang, der melodischer und blumiger ist und beim Singen der Psalmen, Lobgesänge, Litaneien usw. durch den Chor oder durch den Pfarrer und den Chor verwendet wird.

Der Ersatz des Lateinischen durch Englisch und die weitreichende Änderung der Liturgie änderten nicht im Geringsten das System und Prinzip der musikalischen Wiedergabe, die in der katholischen Kirche existierten. Die Litanei, der älteste Teil des von Cranmer zusammengestellten und 1544 veröffentlichten Book of Common Prayer, wurde Note für Note aus dem alten Plain Song gesungen. Im Jahr 1550 wurden alle Teile des Gebetbuchs von John Marbecke, einem bekannten Musiker dieser Zeit, vertont. Er adaptierte wie Cranmer Teile des alten gregorianischen Chorals und verwendete nur die einfacheren Formen. In Marbeckes Buch finden wir den einfachsten Stil, bestehend aus Monotonie, die für die Gebete und das Apostolische Glaubensbekenntnis verwendet wird, einem größeren Einsatz von Modulationen bei der Rezitation der Psalmen und einer noch liedhafteren Art in den Gesängen und diesen Teilen. wie das Kyrie und Gloria, entnommen aus der Messe. Inwieweit diese Musik von Marbecke im 16. Jahrhundert in der anglikanischen Kirche eingesetzt wurde, ist nicht sicher bekannt. Bestimmte Teile davon wichen der wachsenden Vorliebe für harmonisierte und figurative Musik in allen Teilen des Gottesdienstes, aber soweit der Plain Chant im Gottesdienst der Kathedrale beibehalten wurde, hat die Vertonung von Marbecke bis heute die wesentliche Form festgelegt. [78]

Der deutlichste Unterschied zwischen der Chorform des Gottesdienstes und den abweichenden Bräuchen, die oft als Protest dagegen aufgefasst wurden, besteht in der Praxis, die Gebete des Pfarrers zu singen oder zu monotonieren. Der Gedanke der Unpersönlichkeit, der der liturgischen Konzeption des Gottesdienstes überall zugrunde liegt, die Verschmelzung des Einzelnen in einer abstrakten, idealisierten, umfassenden Einheit – der Kirche – wird in diesem Brauch symbolisiert. Ungeachtet der Tatsache, dass es sich bei der großen Mehrheit der Kirchenlieder tatsächlich um Gebete handelt und dass in diesem Fall das Anbieten von Gebeten in metrischer Form und in musikalischen Klängen von allen Schichten der Christen immer als vollkommen angemessen anerkannt wurde, schien es doch immer eine Viele englische Protestanten übten etwas Künstliches und sogar Respektloses darin aus, Gebete in einer unveränderlichen Musiknote zu überbringen, bei der der Ausdruck im Verzicht auf die natürlichen Wendungen der Sprache verloren geht. Hier liegt wahrscheinlich die Ursache für den abstoßenden Eindruck – nicht weil die Äußerung einen musikalischen Ton hat, sondern weil sie eintönig und ausdruckslos ist.

Es ist interessant, die von repräsentativen englischen Kirchenmännern angegebenen Gründe für diese Praxis zu beachten, da das Motiv für diese Verwendung den Geist und die Bedeutung einer rituellen Form der Anbetung berührt.

Dr. Bisse rechtfertigt in seinem *Werk „Rationale on Cathedral Worship "* diesen Brauch mit (1) der Notwendigkeit, da die Größe der Kathedralkirchen den Pfarrer dazu zwingt, einen Tonfall zu verwenden, der im ganzen Gebäude zu hören ist; (2) der Einheitlichkeit, damit die Stimmen der Gemeinde sich nicht gegenseitig erschüttern und verwirren; und (3) dem Vorteil, Unvollkommenheiten und Ungleichheiten in der Aussprache sowohl des Pfarrers als auch der Gläubigen vorzubeugen. Der Autor nennt noch andere Gründe, die mystischer und wahrscheinlich deshalb für den Ritualisten noch überzeugender sind. „Es ist ein Sinnbild für die Freude, die Christen an Gottes Gesetz haben", sagt er. „Es zeugt von der Heiterkeit unseres christlichen Bekenntnisses im Gegensatz zu dem der Heiden. Es verleiht dem Gottesdienst eine größere Würde, indem es ihn stärker von allen üblichen und vertrauten Handlungen und Gesprächen abgrenzt. Es ist wirksamer, die Aufmerksamkeit zu erregen, die Gefühle zu wecken und das Verständnis zu erbaut, als bloßes Lesen." Und Dr. Jebb drückt es noch deutlicher aus, wenn er sagt: „In der Church of England werden die Lesungen nicht gesungen, sondern gelesen. Der instinktive gute Geschmack der Korrektoren der Liturgie lehrte sie, dass die Lesungen als Erzählungen, Reden, Aufzeichnungen von Appellen an die

Menschen oder Schriften epistelhaften Charakters eine Lesemethode erfordern, die in gebührenden Grenzen nachahmend sein sollte. Bei den Gebeten liegt die Sache jedoch ganz anders. Diese werden vom Diener Gottes nicht als Einzelperson ausgesprochen, sondern als Instrument und Kanal für Bitten, die von ewiger Verpflichtung sind, Flehen um all jene Gaben der Gnade Gottes, die die ganze Menschheit braucht, solange diese Dinge bestehen. Die Gebete sind nicht wie die Psalmen und Lobgesänge Ausdruck, Nachahmung oder Aufzeichnung der Hoffnungen und Ängste, der unterschiedlichen Gefühle, der leidenschaftlichen Danksagungen, der nachdenklichen Betrachtungen inspirierter Einzelner oder heiliger Gruppen von Menschen oder Engeln; sie sind die unveränderliche Stimme der Kirche Gottes, die durch einen ewigen Erlöser nach Gaben sucht, die für immer bestehen sollen. Und daher ist die Einheitlichkeit des Tons, in dem sie sie sucht, ein Zeichen für die Einheit des Geistes, die die allgemeine Kirche lehrt, so zu beten, für die Einheit der Mittel, durch die ihre Gebete verfügbar gemacht werden, für die vollkommene Einheit mit Gott, ihrem Vater, die ihr Schicksal in der kommenden Welt sein wird."

Das Wort „chant", wie es in der englischen Kirche verwendet wird (im strengen Unterschied zum priesterlichen Monoton), bezeichnet die kurzen Melodien, die zu den Psalmen und Gesängen gesungen werden. Der Ursprung des anglikanischen Gesangssystems liegt im alten gregorianischen Gesang, von dem es nur eine geringfügige Modifikation darstellt. Es handelt sich um eine Art musikalisch vorgetragene Rede, wobei Zeichensetzung und Bewegungsgeschwindigkeit theoretisch die gleichen sind wie beim gesprochenen Diskurs. Von allen Formen religiöser Musik ist der Gesang am wenigsten anfällig für Veränderungen und Fortschritt, und der moderne anglikanische Gesang trägt die deutlichsten Spuren seines mittelalterlichen Ursprungs. Die Veränderungen, die das Neue vom Alten unterscheiden, lassen sich leicht erkennen, wenn man ein modernes englisches Gesangbuch mit einem Amtsbuch der katholischen Kirche vergleicht. Anstelle der rhythmischen Freiheit des Gregorianischen mit seinen häufigen floriden Passagen auf einer einzigen Silbe finden wir im Anglikanischen eine viel größere Einfachheit und Strenge und, das muss man zugeben, auch eine viel größere melodische Monotonie und

Trockenheit. Der englische Gesang besteht fast ausschließlich aus Silben, selbst zwei Noten pro Silbe sind selten, während es nichts gibt, was auch nur annähernd den Melismen des katholischen liturgischen Liedes entspricht. Die im römischen Gesang unbekannten Taktstriche verleihen der englischen Form eine wesentlich gleichmäßigere Bewegung. Die Intonation des gregorianischen Chorals wurde weggelassen, die verbleibenden vier Unterteilungen – Rezitation, Mediation, zweite Rezitation und Schluss – wurden beibehalten. Es gibt zwei Arten des anglikanischen Gesangs: einen einfachen und einen doppelten. Ein einzelner Gesang umfasst einen Vers eines Psalms; Es besteht aus zwei Melodiesträngen, wobei der erste drei Takte umfasst, der zweite vier. Ein Doppelgesang ist doppelt so lang wie ein Einzelgesang und umfasst zwei Verse eines Psalms, wobei der erste Schluss eine unvollständige Kadenz ist. Der Doppelgesang ist eine englische Erfindung; es ist im gregorianischen System unbekannt. Die Einwände dagegen liegen auf der Hand, da die beiden Verse eines Psalms, die im Gesang enthalten sein können, sich oft in der Stimmung unterscheiden.

Die Art und Weise, die Worte den Noten des Gesangs anzupassen, wird „Zeigen" genannt. In der Kirche von England gibt es keine verbindliche Methode für den Hinweis, und es gibt große Meinungsverschiedenheiten und Kontroversen zu diesem Thema in der großen Anzahl von Gesangsbüchern, die in England und Amerika verwendet werden. Im Domgottesdienst werden die Gesänge im Wechselgesang gesungen, wobei die beiden Chorteile einander von gegenüberliegenden Seiten des Chores antworten.

Es gibt eine große Anzahl sogenannter Gesänge, die eher als Hymnen oder Hymnen im Gesangsstil zu bezeichnen sind, wie zum Beispiel die Melodien, die manchmal zum Te Deum und zum Gloria in excelsis gesungen werden. Diese Kompositionen können aus einer beliebigen Anzahl von Abschnitten bestehen, die jeweils aus den dreitaktigen und viertaktigen Mitgliedern des einzelnen Gesangs bestehen.

Die moderne Form des anglikanischen Gesangs ist nicht so alt, wie allgemein angenommen wird. Die alten gregorianischen Gesänge für die Psalmen und Lobgesänge waren noch bis Mitte des 17. Jahrhunderts allgemein in Gebrauch. Der moderne Gesang war natürlich eine allmähliche Entwicklung und das unvermeidliche Ergebnis der Harmonisierung der alten Gesangsmelodien gemäß dem neuen System mit seinen entsprechenden Gleichgewichtspunkten von Tonika und Dominante. Einige der heute gesungenen anglikanischen Gesänge gehen auf die Zeit der Restauration zurück, also kurz nach 1660; die größere Zahl stammt aus dem 18. und 19. Jahrhundert. Der moderne Gesang konnte jedoch die alte Melodie des Plain Song nie vollständig ersetzen. Die „gregorianische" Bewegung in der Church of England, eines der Ergebnisse der rituellen Reaktion, die durch die Agitation der Oxford Tractarianer ausgelöst wurde, hat sich anscheinend fest etabliert, obwohl sie sowohl aus musikalischen Gründen als auch vielleicht noch mehr aus Angst vor den Tendenzen, die sie symbolisiert, heftig bekämpft wurde; und selbst in Kreisen, wo man wenig Sympathie für die rituelle Bewegung aufbringt, vereint sich musikalischer und kirchlicher Konservatismus mit einer natürlichen Ehrfurcht vor der historischen Vergangenheit, um die verehrten Reliquien aus frühen Tagen in ständigem Gebrauch zu bewahren. Sir John Stainer brachte die Meinung vieler führender englischer Musikmänner zum Ausdruck, als er sagte: „Ich bin der festen Überzeugung, dass die wunderschönen Versikel, Responsen, Modulationen und Vorworte zu unseren Gebeten und unserer Liturgie im Plain Song nicht leichtfertig beiseite geworfen werden sollten. Diese einfachen und großartigen Beispiele des Plain Song, die ihrem Zweck so gut entsprechen und in ihrer gedämpften Emotion so ehrfürchtig sind, bitten uns um ihren Schutz. Der Plain Song der Vorworte unserer Liturgie, wie er jetzt in der St. Pauls Kathedrale gesungen wird, ist Note für Note derselbe, der vor mindestens 800 Jahren durch das Gewölbe jener alten Kathedrale klang, die den Gipfel des befestigten Hügels im alten Salisbury krönte. Von Mauern oder Schreinen ist kein Stein übrig geblieben, aber die alten Sarum-Offizienbücher sind erhalten geblieben, aus denen wir alte Hymnen und einfache Gesänge wie aus einer reinen Quelle schöpfen können. Diese frommen Mönche haben all ihre schönen Offizien und die Musik dieser Offizien aufgezeichnet, weil sie schon damals ehrwürdig waren und verehrt wurden. Sollen wir sie ins Feuer werfen, um Platz für saubere und angemessene Überlegungen zu schaffen, frisch aus dem Schreibblock von Herrn A, Dr. B, Reverend C oder Miss D?"

Man muss jedoch zugeben, dass die Melodien des gregorianischen Gesangs in Geist und Wirkung deutlich verändert werden, wenn sie auf englische Wörter gesetzt werden. In ihrem reinen Zustand entsprechen ihre Klänge vollständig der Struktur und dem Fluss der lateinischen Texte, aus denen sie entstanden sind. Außer

Tradition und Assoziation gibt es noch etwas, das sie in Verbindung mit einer modernen Sprache etwas gezwungen und unbehaglich erscheinen lässt. Wie Curwen sagt: „In seiner wahren Form hat der gregorianische Gesang keine Takte oder Maße; das Tempo und der Akzent sind verbal, nicht musikalisch. Jede Note der Vermittlung oder des Schlusses ist betont oder nicht betont, je nach dem Wort oder der Silbe, zu der sie gesungen wird. Die auf die Rezitation folgenden Schlüsse folgen keinem musikalischen Tempo, sondern sind so unrhythmisch wie der Rezitationston selbst. Moderne Musik und die instinktive Beachtung des Rhythmus, der ein wesentlicher Bestandteil davon ist, haben den alten Gesang verändert und ihm Akzent und Tempo verliehen. Der Grund, warum der Versuch, die gregorianischen Töne der englischen Sprache anzupassen, zu deren Modifikationen geführt hat, ist nicht weit entfernt. Das akzentlose System passt zu Latein und Französisch, aber nicht zu Englisch. Abgesehen vom Instinkt für Zeit und dem Wunsch, dem Gesang eine „Melodie" zu verleihen, was Teil der menschlichen Natur ist, ist es ein Merkmal der englischen Sprache, dass wir beim Sprechen von Akzent zu Akzent wechseln und die dazwischenliegenden Silben auslassen. Die ersten Versuche, die gregorianischen Töne dem englischen Sprachgebrauch anzupassen, folgten strikt dem Plan, eine Silbe pro Note zu verwenden. Aus wie vielen Noten auch immer die Vermittlung oder Kadenz des Gesangs bestand, diese Zahl von Silben wurde am Ende jedes Halbvers abgesteckt, und die Rezitation endete, wenn sie erreicht waren." [79] Der Versuch, auf diese Weise zu singen, so zeigt Curwen weiter, führte zur größten Gewaltanwendung gegen die englische Aussprache. Um dies zu vermeiden, wurden Bindebögen, die kein Teil des eigentlichen gregorianischen Systems sind, eingesetzt, um die betonten Silben auf die erste des Taktes zu bringen.

Zweifellos besteht das grundlegende und zweifellos lobenswerte Motiv derjenigen, die den starken Wunsch haben, die gregorianischen Melodien wieder in den anglikanischen Gottesdienst einzuführen, darin, ein für alle Mal eine Reihe liturgischer Töne zu schaffen, die rein, edel und charakterlich hervorragend passend sind und gleichzeitig mit... ausgestattet sind ehrwürdige kirchliche Vereinigungen, die fest und maßgeblich werden und somit eine unüberwindbare Barriere gegen das Eindringen der vergänglichen Neuheiten von „Reverend C und Miss D" darstellen sollen. Jeder intelligente Student religiöser Kunst kann zu einem solchen Wunsch durchaus „Amen" sagen. Beim jetzigen Stand der Dinge gibt es kein Gesetz oder keinen Brauch, der einen Geistlichen oder Kantor daran hindert, in den Gottesdienst ein Lied einzuführen, das er erfinden oder übernehmen möchte. Es gibt auch keine Autorität, die das Recht hat, ein System oder einen liturgischen Gesangsteil auszuwählen und dessen Einführung zu erzwingen. Der gregorianische Satz ist ein Versuch, diesen offensichtlichen Mangel im anglikanischen Musiksystem zu beheben. Es ist offensichtlich, dass sich diese spezielle Lösung der Schwierigkeit niemals allgemein durchsetzen kann. Allerdings sollte jeder Versuch, der darauf abzielt, die Anzahl der verwendeten Gesänge einzuschränken und ein für alle Mal einen Vorrat an liturgischen Melodien aufzubauen, der den historischen Assoziationen und den konservativen Zielen der anglikanischen Kirche in höchstem Maße würdig ist, die herzliche Unterstützung des Englischen erhalten Musiker und Kirchenmänner.

Wenn Marbeckes unisono Gesänge auch als vollständiges Schema für den musikalischen Gottesdienst gedacht waren, wurden sie jedenfalls schnell von der allgemeinen Nachfrage nach harmonisierter Musik verdrängt, und der Chorgottesdienst der Church of England nahm sehr bald die heute vorherrschende zweifache Einteilung an, *nämlich* den harmonisierten Gesang und die aufwändigere figurierte Vertonung von „Gottesdienst" und Hymne. Ersterer stammt aus dem Jahr 1560, als John Days Psalter veröffentlicht wurde, der drei- und vierstimmige Vertonungen alter Plain-Song-Melodien enthält, die von Tallis, Shepherd und anderen prominenten Musikern der Zeit beigesteuert wurden. Von Anfang an, als in allen Teilen des Gottesdienstes die Volkssprache übernommen wurde, das heißt seit der Herrschaft Eduards VI., wurden bestimmte ausgewählte Psalmen und Lobgesänge, die technisch als „Gottesdienste" bekannt sind, hymnenartig im entwickelten Chorstil der höchsten Musikwissenschaft der Zeit gesungen. Die Bestandteile des „Gottesdienstes" sind von den täglichen Psalmen zu unterscheiden, die immer in Form eines antiphonalen Gesangs gesungen werden und den unveränderlichen Chorteilen der katholischen Messe entsprechen. Der „Gottesdienst" in seiner umfassendsten Form umfasst das Venite (Ps. 155), Te Deum, Benedicite (Lied der drei Kinder, aus der griechischen Fortsetzung des Buches Daniel), Benedictus (Lied des Zacharias), Jubilate (Ps. c.), Kyrie eleison, das Nicänische Glaubensbekenntnis, Sanctus, Gloria in excelsis, Magnificat (Lied der Maria), Cantate Domino (Ps. 188), Nunc dimittis (Lied des

Simeon) und das Deus Misereatur (Ps. 67). Von diesen sind das Venite, Benedicite und das Sanctus in jüngster Zeit weggefallen. Diese Psalme und Lobgesänge sind auf den Morgen- und Abendgottesdienst aufgeteilt und nicht alle von ihnen sind obligatorisch.

Der „Gottesdienst" hat sich musikalisch Schritt für Schritt mit der Hymne entwickelt, vom strengen kontrapunktischen Stil des 16. Jahrhunderts zum Stil der Gegenwart mit all seiner Harmoniepracht und Orchesterfarbe. Es hat die ständige Aufmerksamkeit einer Vielzahl englischer Kirchenkomponisten erregt und ist der Hymne bei der eifrigen Wertschätzung der bedeutendsten Musiker von der Zeit von Tallis und Gibbons bis heute weit überlegen.

Obwohl die Hymne eine nahezu exakte Parallele zum „Gottesdienst" im musikalischen Aufbau darstellt, unterscheidet sie sich liturgisch vom Rest des Gottesdienstes in der Church of England, da alle anderen Teile im Book of Common Prayer festgelegt sind , der Text der Hymne ist nicht vorgeschrieben. Im Gebetbuch heißt es nach dem dritten Satz lediglich: „In den Gebeten und an den Orten, an denen hier gesungen wird, folgt die Hymne." Wie die Hymne bei einem bestimmten Gottesdienst lauten soll, bleibt der Entscheidung des Chorleiters überlassen, aber es wird allgemein verstanden und in manchen Diözesen so festgelegt, dass der Text der Hymne der Heiligen Schrift oder dem Book of Common entnommen werden soll Gebet. Dieses Gebot wird jedoch häufig übertreten, und viele Hymnen wurden nach Texten metrischer Hymnen geschrieben. Die Beschränkung der Hymnentexte auf Auszüge aus der Bibel oder der Liturgie soll Wörter ausschließen, die dem Volk unbekannt sind oder von der kirchlichen Autorität nicht genehmigt wurden. Selbst mit diesen Einschränkungen dient die Wahlfreiheit des musikalischen Leiters dazu, die Hymne aus der lebenswichtigen organischen Verbindung mit der Liturgie zu entfernen, die der „Gottesdienst" einnimmt, und sie wird nicht selten aus dem täglichen Büro ganz weggelassen. Das Ziel der Väter der Kirche von England, eine so außergewöhnliche Musikkomposition in den Gottesdienst aufzunehmen, bestand zweifellos darin, dem Gottesdienst mehr Abwechslung zu verleihen und die Ermüdung zu lindern, die sonst durch eine lange, ununterbrochene Reihe von Gebeten entstehen würde.

Obwohl die Hymne der legitime Nachfolger der lateinischen Motette ist, hat sie in England eine besondere und eigenartige

Form angenommen. Das Wort Anthem war seiner Ableitung (von Ant-Hymnus, Responsiv- oder Alternativgesang) zufolge zunächst gleichbedeutend mit Antiphonie. Die moderne Form, die auf die alte Chormotette folgt, stammt etwa aus der Zeit von Henry Purcell (1658-1695). Der Stil wurde von Händel bestätigt, der mit seinen berühmten Chandos-Hymnen die englische Hymne erstmals in Europa bekannt machte. Die Hymne in ihrer jetzigen Form ist eine Art Mischung aus der antiken Motette und der deutschen Kantate. Aus der Motette leitet es seine breiten und kunstvoll aufgebauten Chöre ab, während sich der Einfluss der Kantate in den Soli und der Instrumentalbegleitung zeigt. Da die moderne Hymne frei und kunstvoll ist und praktisch unbegrenzten Spielraum für musikalische Erfindungen bietet, wurde sie von den englischen Kirchenkomponisten mit besonderem Eifer kultiviert, und die Anzahl der Hymnen unterschiedlichen Grades an Verdienst oder Mangel, die in England produziert wurden, wäre verblüffend die wildeste Schätzung. Dieser Musikstil wurde weitgehend in den Kirchen Amerikas übernommen und von amerikanischen Komponisten nachgeahmt, oft mit großem Erfolg.

Die Form einer Hymne, bei der die gesamte Sängerschaft vom Anfang bis zum Ende eingesetzt wird, wird technisch als „vollständige" Hymne bezeichnet. In einer anderen Form, der „Vers"-Hymne, werden Teile von ausgewählten Stimmen gesungen. Eine „Solo"-Hymne enthält Passagen für eine einzelne Stimme.

Die Hymne der Church of England wurde mehr oder weniger von den Strömungen der weltlichen Musik beeinflusst, jedoch in viel geringerem Maße als die katholische Messe. Die Oper hat in England nie die beherrschende Stellung eingenommen, die sie in den katholischen Ländern innehatte, und nur in seltenen Fällen hatten die englischen Kirchenkomponisten, jedenfalls seit der Zeit Händels, das Gefühl, dass ihre Loyalität zwischen den Ansprüchen der Religion und der Religion gespalten sei Attraktionen der Bühne. In Zeiten religiöser Depression oder sozialer Frivolität ist die Kirchenhymne manchmal schwach und oberflächlich geworden, aber die alten strengen Traditionen wurden nie ganz abgeschafft. Der natürliche Konservatismus des englischen Volkes, insbesondere in Fragen des kirchlichen Brauchs, und sein hartnäckiges Gespür für die richtige Unterscheidung zwischen religiöser und profaner Kunst, während es gleichzeitig zugunsten der Hymne und des „Dienstes" auf der Seite der Würde und Angemessenheit im Stil handelt , haben sich entsprechend ungünstig auf den Fortschritt und die rein musikalische Qualität ausgewirkt. Wer eine große Anzahl englischer Kirchenkompositionen durchliest, wird von der deutlichen Ähnlichkeit im Stil und der Seltenheit der Merkmale, die auf auffällige Originalität hinweisen, beeindruckt sein. Diese Monotonie und das Vorherrschen des konventionellen Alltäglichen muss natürlich größtenteils dem Fehlen wirklicher schöpferischer Kraft in der englischen Musik zugeschrieben werden; Aber es ist auch wahr, dass selbst wenn solch ein kreatives Genie existierte, es sich kaum frei fühlen würde, sich Freiheiten gegenüber jenen strengen Geschmackskanonen zu nehmen, die in den ungeschriebenen Gesetzen des anglikanischen Musikverfahrens verankert sind. Trotz dieser Einschränkungen verdient die englische Kirchenmusik die Schmähungen, die ihr von einigen ungeduldigen Kritikern entgegengebracht werden, nicht ganz. Dass es weder mit der katholischen Masse konkurriert noch die Methoden übernommen hat, die die weltliche Musik in der Neuzeit verändert haben, ist nicht unbedingt eine Misskreditierung. Abgesehen von den wunderbaren Werken Sebastian Bachs (die übrigens in Deutschland nicht mehr im Gottesdienst zu hören sind) ist die Musik der Church of England durchaus einen Vergleich mit der der deutschen Evangelischen Kirche wert; Aufgrund ihrer Fülle, ihres musikalischen Wertes und ihrer Übereinstimmung mit den Idealen, die seit jeher den öffentlichen Gottesdienst in seiner edelsten Form bestimmen, darf sie zu Recht als eine der vier großen historischen Schulen christlicher Gottesdienstmusik eingestuft werden.

In England hatte es vor der Reformation nicht an bedeutenden Komponisten für die Kirche gefehlt, aber ihre Werke waren in dem Stil gehalten, der damals in ganz Europa vorherrschte. Einige dieser Autoren konnten sich in puncto Gelehrsamkeit mit den Niederländern messen. England hatte im „Zeitalter der Niederlande" eine unabhängige Stellung inne, da die offiziellen musikalischen Ämter in den Schulen und Kapellen von einheimischen Engländern innehatten und nicht, wie es auf dem Kontinent größtenteils der Fall war, von Männern aus Nordfrankreich und Flandern oder ihre Schüler. Diese Tatsache spricht viel für die inhärente Kraft der englischen Musik, aber die damaligen Bedingungen der Musikkultur förderten weder stilistische Originalität noch neue Ausdrucksbemühungen.

Die kontinentale Entwicklung der polyphonen Schule bis zu ihrer Vollendung im 16. Jahrhundert verlief in England parallel; und da die englische Reformation zeitgleich mit diesem musikalischen Höhepunkt war, verfügte die neu gegründete Nationalkirche mit Männern wie Tallis, Byrd, Tye, Gibbons und anderen, nur weniger auffälligen, über eine Gruppe von Komponisten, die nicht unwürdig waren, neben Palestrina und Lassus zu stehen. Es ist in der Tat ein Glück für die Kirche von England, dass ihre musikalischen Traditionen von solchen Männern gegründet wurden. Thomas Tallis, der bedeutendste Vertreter des Kreises, der 1585 starb, widmete seine Talente fast ausschließlich der Kirche. In der Wissenschaft stand er seinen kontinentalen Kollegen in nichts nach, und seine Musik ist überaus stattlich und solide. Neben der großen Anzahl von Motetten, „Gottesdiensten" usw., die er der Kirche beisteuerte, sind ihm heute vor allem die Harmonien in Erinnerung, die er dem Plain Song des alten Regimes hinzufügte. Tallis muss daher als der wichtigste Begründer des englischen harmonisierten Gesangs angesehen werden. Seine für Days Psalter arrangierten Melodien verleihen ihm auch in der Geschichte der englischen Psalmodie einen ehrenvollen Platz.

Trotz der Umwälzungen in der offiziellen Zeremonie der Kirche von England während der stürmischen Reformationszeit, von den überarbeiteten Verfassungen Heinrichs VIII. und Eduards VI. bis zum wiederhergestellten Katholizismus Marias und wieder zurück zum Protestantismus unter Elisabeth, behielten die bezahlten Musiker der Kirche ihre Plätze, während ihre Sitze oft unter ihnen zu wackeln schienen, und schrieben abwechselnd für die katholischen und protestantischen Gottesdienste mit gleicher Leichtigkeit und zur gleichen Zufriedenheit für sich selbst und ihre Gönner. Es war eine Zeit, in der niemand zu irgendeinem Zeitpunkt wissen konnte, welcher Doktrin oder Disziplin er sich unterwerfen sollte, und viele hielten sich bereit, den Glauben des Souveräns loyal als ihren eigenen anzunehmen. Die Ideen der Zeit waren so, dass die Ansprüche auf Einheitlichkeit ehrlicherweise als wichtiger angesehen werden konnten als die des individuellen Urteils. Nur diejenigen, die fortschrittliches Denken mit furchtloser Unabhängigkeit des Charakters verbanden, konnten sich von der vorherrschenden Sophisterei in dieser Frage von Konformität *vs.* Freiheit befreien. Sogar ein großer Teil der Geistlichen unterwarf sich der Autorität, und Leser der

Geschichte dieser Zeit sind oft erstaunt, wie verhältnismäßig wenig Änderungen an den Pflichten der kirchlichen Ämter im Zuge der wechselnden Triumphe der feindlichen Konfessionen vorgenommen wurden. Wenn dies bei den Geistlichen der Fall war, ist es nicht überraschend, dass die Kirchenmusiker noch nachgiebiger waren. Wir müssen bedenken, dass sich der Stil der Musik, die im neuen Gottesdienst gespielt wurde, in keiner Hinsicht von dem unterschied, der im alten System verwendet wurde. Die Organisten und Chorleiter waren nicht dazu aufgerufen, sich in theologische Kontroversen einzumischen, und sie hatten wahrscheinlich aus der Erfahrung von John Marbecke, der wegen seiner Sympathie für den Calvinismus beinahe auf dem Scheiterhaufen verbrannt worden wäre, Diskretion gelernt. Wie in Deutschland gab es keinen notwendigen Konflikt zwischen den musikalischen Praktiken der Katholiken und Protestanten. Die wirkliche Feindseligkeit in Bezug auf Liturgien und Musik bestand nicht zwischen Anglikanern und Katholiken, sondern zwischen Anglikanern und Puritanern.

Die alte polyphone Schule fand mit Orlando Gibbons im Jahr 1625 ihr Ende. In den Annalen der englischen Kirchenmusik erscheint kein bemerkenswerter Name, bis wir auf Henry Purcell stoßen, der 1658 geboren wurde und 1695 starb. Wir haben einen weiten Sprung von der elisabethanischen Zeit gemacht, denn die erste Hälfte des 17. Jahrhunderts war eine Zeit äußerster Unfruchtbarkeit auf den vernachlässigten Gebieten der Kunst. Der zerrüttete Zustand des Königreichs während der Herrschaft Karls I., der Große Aufstand und der Aufstieg der Puritaner unter Cromwell machten Fortschritt in den Künsten unmöglich, und zeitweise schien ihre Existenz selbst bedroht. Eine hoffnungsvollere Ära begann mit der Wiedereinsetzung der Stuarts im Jahr 1660. Karl II. hatte nach dem Ruin der Sache seines Vaters einige Jahre in Frankreich verbracht und nach seiner triumphalen Rückkehr förderte er jene leichten französischen Stile in Kunst und Literatur, die seinem Charakter so entgegenkamen. Er war ein Musikliebhaber auf seine Art; Er förderte es nachdrücklich in der Royal Chapel, und zahlreiche talentierte Musiker kamen aus den Knabenchören dieser Einrichtung.

Die frühesten Hymnen der anglikanischen Kirche waren, wie die katholische Motette, unbegleitet. Der Einsatz von Orgel und

Orchesterinstrumenten folgte bald nach der Mitte des 17. Jahrhunderts. In England entstand keine solche Orgelschule wie die, die Deutschland im gleichen Zeitraum solchen Ruhm verschaffte. Die Orgel blieb lediglich eine Stütze der Stimmen und erlangte als Soloinstrument keine Auszeichnung. Selbst zu Händels Zeiten und lange danach verfügten nur wenige Orgeln in England über ein vollständiges Pedal; viele hatten überhaupt keine. Im Vergleich zur katholischen Messe und zur deutschen Kantate hat die englische Hymne dem Gesangselement stets ein größeres Gewicht beigemessen. In der Zeit der Restauration trat das Orchester im kirchlichen Gottesdienst in den Vordergrund, und es wurden nicht nur aufwändige Begleitungen für die Hymne eingesetzt, sondern an bestimmten Stellen des Gottesdienstes wurden auch Orchesterinstrumente aufgeführt. König Karl II., der, um die Worte von Dr. Tudway zu verwenden, „ein lebhafter und luftiger Prinz" war, gefiel die strenge Feierlichkeit des *A-cappella-* Stils von Tallis und Gibbons überhaupt nicht. Unter der Schirmherrschaft des „fröhlichen Monarchen" blühte der brillante Stil, der damals auf dem Kontinent in Mode war, rasant auf. Henry Purcell, der Begabteste dieser Schule, wahrscheinlich das am höchsten begabte musikalische Genie, das jemals englischem Boden entsprungen ist, war ein Mann seiner Zeit, herausragend auch in der Oper, und viele seiner Kirchenmusiken verraten den Einfluss der fröhlichen Atmosphäre was er atmete. Aber seine profunde Musikalität verhinderte, dass er seine Kunst auf das Niveau des vorherrschenden Geschmacks des königlichen Hofes herabwürdigte, und ein Großteil seiner religiösen Musik zählt auch heute noch zu den erlesensten Schätzen der englischen Kunst. Als Chorkomponist gehörte er zu den ersten Vertretern der Moderne, und wer Händels Oratorienstil bis zu seinen Ursprüngen zurückverfolgen möchte, muss vor allem die kirchlichen Werke Henry Purcells in Betracht ziehen.

Mit Beginn des 18. Jahrhunderts waren die Merkmale der heutigen englischen Hymne praktisch festgelegt. Die vollständige Hymne, die Hymne in Versform und die Hymne für Solosänger waren alle in Gebrauch, und der begleitete Stil hatte ein für alle Mal den Platz der *A-cappella-Hymne eingenommen* . Im 18. und frühen 19. Jahrhundert bietet die englische Chormusik nichts besonders Bemerkenswertes, es sei denn, wir nehmen die Te Deums und die sogenannten Hymnen Händels aus, deren Stil jedoch eher dem eines Oratoriums als der Kirchenmusik im eigentlichen Sinne entspricht.

Die Werke von Hayes, Attwood, Boyce, Greene, Battishill, Crotch und anderen aus der Zeit zwischen der Mitte des 18. und der Mitte des 19. Jahrhunderts sind solide und respektabel, in der Regel jedoch trocken und oberflächlich. Eine neue Ära begann mit dem Ende des ersten Drittels des 19. Jahrhunderts, als die englische Kirchenmusik von einer höheren Inspiration erfasst wurde. Die Arbeit der englischen Kathedralenschule in der zweiten Hälfte des 19. Jahrhunderts ist für die englische Kirche und das englische Volk von großer Ehre. Ein großer Teil davon ist gewiss die dürftigste und aussichtsloseste Routineproduktion, denn jeder Inhaber eines Organistenpostens im ganzen Königreich, so dunkel er auch sein mag, hat das Gefühl, dass seine Würde es erfordert, dass er seinen Anteil an der enorm angewachsenen Ansammlung von Hymnen und „Gottesdiensten" beisteuert ." Aber in dieser zahlreichen Gruppe finden wir die Namen von Männern wie Goss, Bennett, Hopkins, Monk, Barnby, Sullivan, Smart, Tours, Stainer, Garrett, Martin, Bridge, Stanford, Mackenzie und anderen, nicht weniger würdigen, die Stiftungen geleistet haben den Chorgottesdienst mit reicherer Farbe und vielfältigerem und ansprechenderem Ausdruck. Dieser brillante Fortschritt hängt möglicherweise mit der Wiederbelebung der Spiritualität und des Eifers in der englischen Kirche zusammen, die zu Beginn des 19. Jahrhunderts die schläfrige Gleichgültigkeit des 18. Jahrhunderts ablöste; Aber wir dürfen solche Zufälle nicht zu weit treiben. Der Kirchenmusiker muss immer einen Teil seiner Inspiration aus der Institution beziehen, der er dient, aber wir haben gesehen, dass, während das religiöse Volkslied nur durch tiefe und weit verbreitete Begeisterung angeregt wird, die künstlerische Musik der Kirche eher von den Bedingungen abhängt der Musik im Allgemeinen. Der spätere Fortschritt in der englischen Kirchenmusik wird mit der Vorwärtsbewegung in der gesamten europäischen Musik identifiziert, die mit den Sinfonien von Beethoven, den Opern von Weber und den französischen Meistern sowie den Liedern von Schubert begann und in Berlioz, Wagner und Schumann ihre Fortsetzung fand , Mendelssohn, Chopin und die noch neueren nationalen Schulen. England hat diesen Aufschwung des Geschmacks und der kreativen Aktivität geteilt; Auch ihre Komponisten sind Männer der neuen Zeit. Englische Dommusik tritt in die Weltströmung ein, die einen intensiveren und persönlicheren Ausdruck anstrebt. Die strengen Traditionen der anglikanischen Kirche beschränken das Streben nach dem Brillanten und Emotionalen in klar definierte Grenzen.

Ihre Musik kann niemals, wie es die katholische Messe oft getan hat, ins Kitschige und Sensationshafte verfallen; Aber die englischen Kirchenkomponisten haben erkannt, dass die Kirche und ihre Kunst für das Volk da sind und dass die sich ändernden Schönheitsideale, wie sie im Volksbewusstsein entstehen, berücksichtigt werden müssen, während gleichzeitig der heitere und erhabene Ton, der Kirchenmusik ausmacht, berücksichtigt werden muss wahrhaft kirchlich muss ehrfurchtsvoll bewahrt werden. So wie ich es verstehe, ist dies mehr oder weniger bewusst das Motiv, das die Komponisten, Organisten und Dirigenten der Church of England der Gegenwart antreibt. Es ist ihnen noch nicht gelungen, Werke von ausgesprochener Genialität hervorzubringen, aber sie haben sicherlich ein so breites und aus dauerhaften Elementen zusammengesetztes Fundament gelegt, dass die englische Rasse, wenn sie in der Lage ist, einen Meister ersten Ranges in der religiösen Musik hervorzubringen, dies tun wird nicht gezwungen sein, einen radikalen Abschied zu nehmen oder den Geschmack zu schaffen, der ihn wertschätzt.

Die englische Kirchenmusik war noch nie in einem zufriedenstellenderen Zustand als heute. Es gibt kein anderes Land, in dem religiöse Musik so hoch geschätzt wird und so sehr die Grundlage des Musiklebens des Volkes bildet. Die Organisten und Chorleiter der Kathedralen, der Universitäten und königlichen Kapellen sind Männer, deren Charakter und intellektuelle Fähigkeiten sie zu Zierden für jeden Lebensbereich machen würden. Die tief verwurzelte religiöse Ehrfurcht, die in die Substanz der englischen Gesellschaft einfließt, die Bewunderung für Intellekt und Ehrlichkeit, der gesunde Konservatismus, die Höflichkeit der Sprache, die Solidität der Kultur, die aus ererbtem Reichtum resultiert, der größtenteils dem Lernen und der Verschönerung des öffentlichen und privaten Lebens gewidmet wurde – all dies hat die kirchliche Kunst und Zeremonie durchdrungen und ihnen eine ideale Würde verliehen, die ebenso frei von Aberglauben wie von Vulgarität ist. Die Musik der Church of England muss wie alle Kirchenmusik im Zusammenhang mit ihrer Geschichte und ihren liturgischen Bindungen betrachtet werden. Sie ist untrennbar mit einem Ritual von einzigartiger Pracht und Schönheit verbunden, und mit einer Architektur in Kathedrale und Kapelle, in der sich die Erinnerungen an eine heroische und verblassende Vergangenheit mit einer Erhabenheit der Struktur und Schönheit der Details vereinen, um einen überwältigenden Zauber auf den Geist zu wirken. Kirchenmusik, das muss ich immer wiederholen, ist nie dazu gedacht, ihren Eindruck allein zu hinterlassen. Bevor wir uns jemals erlauben, irgendeinen Teil davon trocken und uninteressant zu nennen, sollten wir sie tatsächlich oder in unserer Vorstellung in ihrer natürlichen Umgebung hören. So wie wir den gregorianischen Gesang und die italienische Chormusik des 16. Jahrhunderts geistig mit dem eindrucksvollen Rahmen ihres Rituals verbinden und in ihnen die Echos der Gebete von 1500 Jahren hören; so wie die Musik von Bach und seinen Zeitgenossen sich nur mäßig vom Hintergrund eines Protestantismus abhebt, in dem Scholastik und Mystizismus seltsam vermischt sind – so sind der anglikanische Gesang und die Hymne ehrwürdig mit den Assoziationen von drei Jahrhunderten des Konflikts und heiligen Strebens. Komplexe und feierliche Eindrücke kommen dem Studenten der Kirchengeschichte in den Sinn, wenn er in einer ehrwürdigen englischen Kathedrale die erhabenen Klänge hört, die anderswo alltäglich erscheinen mögen, in ihrer angestammten Heimat jedoch als natürliche Sprache einer Institution empfunden werden, die in derartigen Bauwerken ihren angemessenen Platz gefunden hat.

KAPITEL XI
KONGREGATIONSLIED IN ENGLAND UND AMERIKA

Die überarbeitete Liturgie und der musikalische Gottesdienst der Church of England waren noch nicht lange in Kraft, als sie auf weitaus erbittertere und furchterregendere Gegner traf als die Katholiken. Die Puritaner, die eine radikale Wende in den kirchlichen Angelegenheiten herbeiführen, den Gottesdienst auf eine prosaische Einfachheit reduzieren und auch eine demokratischere Form der Kirchenregierung einführen wollten, attackierten die etablierte Kirche heftig als halb papistisch. Der Kampf zwischen den antagonistischen Prinzipien, Ritualismus *vs.* Puritanismus, Anglikanismus *vs.* Presbyterianismus, brach unter Elisabeth aus, wurde aber von ihrer starken Hand unterdrückt, nur um unter dem schwächeren Jakob I. zuzunehmen und mit dem Sturz Karls I. zu gipfeln der vorübergehende Triumph des Puritanismus.

Die Abneigung der puritanischen Partei gegen alles Formale, Zeremonielle und Künstlerische im Gottesdienst wurde von Johannes Calvin, dem Hauptbegründer der puritanischen Lehre und Politik, stark gefördert, wenn nicht sogar ursprünglich angestiftet. Die außerordentliche persönliche Überlegenheit Calvins zeigte sich nicht nur in der Annahme seines theologischen Systems durch einen so großen Teil der protestantischen Welt, sondern auch in der Tatsache, dass seine Ansichten über das Ideal und die Methode des öffentlichen Gottesdienstes mit fast gleicher Ehrfurcht behandelt wurden und in vielen Gegenden bis heute vorherrschend sind. Da er sich gewisser schädlicher Tendenzen im Ritualismus bewusst war, vielleicht zu sehr, verkündete er, dass alles Formale und Künstlerische im Gottesdienst eine Beleidigung Gottes sei; er hielt mit charakteristischer Hartnäckigkeit an diesem Glauben fest und setzte ihn allen Gemeinden unter seiner Herrschaft durch. Musikinstrumente und ausgebildete Chöre waren ihm ein Gräuel, und die einzige musikalische Feier, die im Heiligtum erlaubt war, war das Singen metrischer Übersetzungen der Psalmen durch die Gemeinde.

Der Genfer Psalter hatte einen sehr eigentümlichen Ursprung. 1538 begann Clement Marot, ein bedeutender Dichter am Hofe von Franz I. von Frankreich, zu seinem Vergnügen, die Psalmen in französische Verse zu übersetzen und sie mit Volksmelodien zu vertonen. Marot war nicht gerade im Ruf der Heiligkeit. Die Popularisierung der hebräischen Lyrik war eine ziemlich bemerkenswerte Laune eines Schriftstellers, in dessen Poesie sich viel mehr die Leichtfertigkeit seiner Zeit widerspiegelt als ihre Tugenden. Wie Van Laun sagt, war er „zugleich ein Pedant und ein Vagabund, ein Gelehrter und ein Spaßvogel. Er übersetzte die Bußpsalmen und Ovids Metamorphosen; er schrieb das Loblied auf die heilige Christina und sang die Triumphe des Liebesgottes Cupido." Seine Psalmen erlangten außerordentliche Beliebtheit am liederlichen Hof. Jeder aus der königlichen Familie und die Höflinge wählten einen Psalm. Prinz Henry, der gern jagte, wählte „Wie der Hirsch nach Wasserbächen verlangt." Die Mätresse des Königs, Diana von Poitiers, wählte den 130. Psalm: „Aus der Tiefe rufe ich zu dir, Herr." Diese Mode hielt jedoch nicht lange, denn die Theologen der Sorbonne, diese eifrigen Ketzereijäger, schöpften den Verdacht, dass es eine geheimnisvolle Verbindung zwischen Marots Psalmen und den verabscheuungswürdigen protestantischen Lehren gab, und 1543 floh der unglückliche Dichter in Sicherheit in Calvins religiöses Zentrum in Genf. Calvin hatte bereits im Jahr zuvor 35 von Marots Psalmen für seine Gemeinde übernommen. Nach seiner Ankunft in Genf übersetzte Marot zwanzig weitere, die bezeichnenderweise den Damen Frankreichs gewidmet waren. Marot starb 1544, und die Aufgabe, die restlichen Psalmen zu übersetzen, übertrug Calvin Theodore de Beza (oder Bèze), einem Mann von ganz anderer Art als Marot, der zu den reformierten Lehren konvertiert war und zum Professor für Griechisch an der neuen Universität in Lusanne ernannt worden war. Im Jahr 1552 war Bezas Arbeit abgeschlossen, und der nunmehr vollständige Genfer Psalter wurde auf alte französische Melodien gesetzt, die wie viele der deutschen Choräle aus populären weltlichen Liedern entnommen waren. Die Zuschreibung einiger dieser Melodien, die in moderne Gesangbücher übernommen wurden, an Guillaume Franc und Louis Bourgeois ist völlig unbefugt. Die berühmteste dieser anonymen Melodien ist die Doxologie im langen Takt, die in England und Amerika als Old Hundredth bekannt ist, obwohl sie im Marot-Beza-Psalter nicht auf den 100. Psalm, sondern auf den 134. gesetzt ist. Diese Psalmen wurden zunächst unisono und unharmonisch gesungen, doch zwischen 1562 und 1565 wurden die Melodien in vierstimmigem Kontrapunkt gesetzt, wobei die Melodie gemäß der damaligen Sitte im Tenor vorgetragen wurde. Dies war das Werk des Niederländers Claude Goudimel, eines der bedeutendsten Musiker seiner Zeit, der unter Verdacht geriet, mit der Hugenottenpartei zu sympathisieren, und bei dem Massaker in der Bartholomäusnacht 1572 umkam.

Ein Besucher Genfs schrieb 1557 Folgendes: „Ein höchst interessanter Anblick bietet sich in der Stadt an den Wochentagen, wenn die Stunde der Predigt naht. Sobald der erste Glockenschlag ertönt, werden alle Läden geschlossen, alle Gespräche verstummen, alle Geschäfte werden abgebrochen, und von allen Seiten eilen die Leute in das nächste Versammlungshaus. Dort zieht jeder aus seiner Tasche ein kleines Buch, das die Psalmen mit Notizen enthält, und aus vollem Herzen singt die Gemeinde in der Landessprache vor und nach der Predigt. Jeder bezeugt mir, wie viel Trost und Erbauung dieser Brauch bringt.“

Dies war der Ursprung der calvinistischen Psalmodie, die einen so herausragenden Platz in der Geschichte der religiösen Kultur einnimmt, nicht wegen des künstlerischen Wertes ihrer Produkte, sondern als die gewählte und ausschließliche Form des Lobpreises, die fast zwei Jahrhunderte lang von der Kirche verwendet wurde Reformierte Kirchen der Schweiz, Frankreichs und der Niederlande sowie die puritanischen Gemeinden Englands, Schottlands und Amerikas. Auf der poetischen Seite genügte es Calvin, denn er sagte, dass die Psalmen die Anatomie des menschlichen Herzens seien, ein Spiegel, in dem sich jede fromme Stimmung der Seele widerspiegele.

Es ist eine etwas seltsame Anomalie, dass den Anhängern Calvins die große Freiheit, die den lutherischen Christen eingeräumt wurde, ihre religiösen Überzeugungen und Impulse in Hymnen ihrer eigenen spontanen Produktion oder Wahl zum Ausdruck zu bringen, verweigert wurde. Unser großartiges Erbe englischer Hymnen entstand nicht inmitten der Reformationskämpfe, und daher verfügen wir auch nicht über Texte, die mit den unbezahlbaren historischen Assoziationen beladen sind, die im Bewusstsein eines Deutschen die Lieder eines Luthers und eines Gerhardt weihen. So wirksam die calvinistische Psalmodie in vielerlei Hinsicht auch war, so hat die Unterdrückung eines freien poetischen Impulses in den protestantischen Kirchen Großbritanniens und Amerikas über einen so langen Zeitraum zweifellos dazu geführt, die religiösen Sympathien einzuschränken, und dafür muss ein gewisser Teil der Verantwortung übernommen werden die Härte des

Temperaments, die das calvinistische System förderte. Der Grund für das Verbot, *nämlich* , dass im Dienst des Lobpreises nur „inspirierte" Worte verwendet werden sollten, verriet eine seltsame Stumpfheit gegenüber den dringendsten Forderungen des christlichen Herzens, als er die bloße Erwähnung Christi und der Botschaft des Evangeliums im Lied seiner Kirche verbot. Trotz dieser fast unerklärlichen Selbstverleugnung, wenn es denn eine solche gab, können wir im Lichte der späteren Geschichte den metrischen Versionen der Psalmen eine Angemessenheit zuschreiben, von der selbst Calvin sich kaum bewusst sein konnte. Dem Calvinismus wurde die Aufgabe übertragen, eine Miliz bereitzustellen, die, angetrieben von einem anderen Prinzip als der Abneigung der Lutheraner gegen physischen Widerstand, dem politischen Katholizismus auf offenem Feld entgegentreten und seine Rechte trotz der Erschütterung der Waffen wahren konnte. In diesem fleischlichen Krieg bezog es zweifellos einen Großteil seines kriegerischen Mutes aus jenen Psalmen, die einem Barden zugeschrieben wurden, der selbst ein militärischer Häuptling und ein Bluträcher an seinen Feinden war.

Die emotionslosen Unisonomelodien, zu denen diese gereimten Psalmen vertont waren, entsprachen auch den strengen Forderungen jener starren Eiferer, die jeden Appell an die ästhetische Sensibilität im Gottesdienst als eine Verlockung zu Kompromissen mit dem Papsttum betrachteten. Bevor wir eine solche Position verurteilen, sollten wir die natürliche Auswirkung der heftigen Verfolgung, der sie ausgesetzt waren, auf ein gewissenhaftes und übermütiges Volk und den Hass berücksichtigen, den sie unweigerlich gegenüber allem empfinden würden, was mit dem zusammenhängt, was für sie Korruption bedeutete und Tyrannei.

Wir müssen daher anerkennen, dass bestimmte Bedingungen der Zeit im Bündnis mit der Autorität Calvins eine Konzeption und Methode des öffentlichen Gottesdienstes in Mode brachten, die völlig im Widerspruch zum fast allgemeinen Brauch der Menschheit stand und die allgemeine Überzeugung fast zunichte machte sagen wir den Instinkt, zugunsten des hingebungsvollen Einsatzes jener künstlerischen Kräfte, durch die das religiöse Gefühl normalerweise so stark bewegt wird. Zum ersten Mal in der Geschichte der christlichen Kirche, jedenfalls zum ersten Mal in auffälligem oder umfassendem Ausmaß, finden wir eine Gruppe von Religionisten, die aus Gewissensgründen jeglichem Einsatz von Kunst im Heiligtum abschwören. Ausgehend von einer unvermeidlichen und heilsamen Reaktion auf die übermäßige Entwicklung des Sinnlichen und Formalen wurde die Feindseligkeit gegenüber allem, was den Geist zu einer spontanen Freude an schönen Formen, Farben und Klängen anregen könnte, zu einem allgemein verbindlichen Prinzip erhoben. Ohne Rücksicht auf die Konzeption der historischen Entwicklung und der christlichen Tradition wurde angenommen, dass die vermeintliche Einfachheit der apostolischen Praxis ein einschränkendes Gesetz für alle späteren Generationen sei. Die Heilige Schrift wurde nicht nur als Glaubens- und Verhaltensregel angesehen, sondern auch als Gesetz allgemeiner Verpflichtung in Fragen der Kirchenleitung und -disziplin. Die Vertreibung der Orgeln und das Verbot der Chöre beruhte keineswegs auf einer Feindseligkeit gegenüber der Musik an sich, sondern war lediglich ein Detail jener umfassenden Revolution, die in dem Versuch bestand, alle künstlichen Unterscheidungen einzuebnen und die Gottesdienste wieder zu einer Einfachheit zu machen so dass sie vom einfachen Volk verstanden und verwaltet werden konnten, schafften das Gute des alten Systems zusammen mit dem Schlechten ab und beraubten die Religion jener schönen Verzierungen, die sich auf lange Sicht als wirksam erwiesen haben, um sie in Sympathie mit dem inhärenten Menschlichen zu bringen Verlangen nach Schönheit und Ordnung.

Was die Frage der Kunst und der etablierten Form im öffentlichen Gottesdienst angeht, war sich der Calvinismus einig, sei es in Genf oder in Großbritannien. Eine große Zahl aktiver Protestanten war zu Beginn der Marienverfolgung aus England geflohen und hatte in Genf Zuflucht gesucht. Hier gerieten sie unter den direkten Einfluss Calvins und machten sich seine Prinzipien in vollem Umfang zu eigen. Nach dem Tod Mariens kehrten diese Verbannten zurück, viele von ihnen wurden Anführer des Teils der protestantischen Partei, der eine vollständige Abschaffung alter Gewohnheiten und Bräuche forderte. Von Calvin war eigentlich keine Inspiration nötig, denn seine demokratischen und anti-ritualistischen Ansichten entsprachen völlig der Stimmung des englischen Puritanismus. Der Angriff erfolgte auf der ganzen Linie, und nicht zuletzt heftig war der Aufschrei gegen die liturgische Musik der etablierten Kirche. Die Vorstellung der Puritaner von einer richtigen Anbetungsmusik war die einer einfachen unisono-Psalmodie. Sie verurteilten energisch die sogenannte „kuriose Musik", womit wissenschaftliche, künstlerische Musik, aber auch die Praxis des Wechselgesangs und der Einsatz von Orgeln gemeint war.

Warum Organe mit besonderer Abscheu betrachtet wurden, ist nicht ersichtlich. Sie hatten im katholischen Gottesdienst nur eine untergeordnete Rolle gespielt, und es scheint, dass ihre Wirksamkeit als Hilfsmittel beim Psalmensingen ihnen die Gunst der Puritaner verdient hätte. Dies war jedoch nicht der Fall. Schon zu Beginn der Regierungszeit Elisabeths befand sich unter bestimmten Artikeln, die auf eine weitere Änderung der Liturgie abzielten und dem Unterhaus der Einberufung vorgelegt wurden, einer, der die Entfernung von Orgeln aus den Kirchen forderte, was nur durch eine einzige Abstimmung abgelehnt wurde. Es dauerte jedoch lange, bis die Opposition wieder eine solche Kraft aufbrachte. Elizabeth ließ in ihrer Entschlossenheit, den feierlichen Musikgottesdienst ihrer Kirche aufrechtzuerhalten, nie nach. Auch dies war im Vergleich zu seiner späteren Erweiterung schwerwiegend genug, denn die Vervielfältigung harmonisierter Gesänge und blumiger Hymnen gehört zu einem späteren Zeitpunkt, und das alte Plain Song umfasste noch immer einen großen Teil des Gottesdienstes. Auch war der Puritanismus in den frühen Stadien der Bewegung keineswegs ein kompromissloser Feind der Vorzüge von Kunst und Kultur. Die Freude der Renaissance an dem Schönen und Fröhlichen, ihre Zufriedenheit mit den guten Dingen dieser Welt, hielt selbst in puritanischen Haushalten lange an. Der junge John Milton, galant, gebildet und voller Sinn für die Reize der Poesie und Musik, war nicht weniger ein repräsentativer Puritaner als damals, als er in späteren Jahren, „an böse Tage gefallen", gegen die Leichtsinnigkeit der Zeit wetterte. Es war der Stress des Parteikonflikts, die Verhärtung des geistigen und moralischen Gefüges, die oft auf die Ablehnung der vernünftigen Forderungen des Gewissens folgt, die den Puritaner in Bigotterie und Intoleranz trieben. Allmählich wurden Episkopat und Ritualismus für ihn zum Zeichen des Tieres. In dem Bestreben, den göttlichen Willen zu erkennen, erhob er seine Vorstellung von den Geboten dieses Willens über alle menschlichen Verordnungen, bis ihm schließlich seine eigenen Interpretationen der Heiligen Schrift, die er zu seinem alleinigen Leitfaden in allen öffentlichen und privaten Lebensbeziehungen machte, als garantiert erschienen durch die höchste aller Sanktionen. Dadurch wurde er in der Lage, mit ruhigem Gewissen die Rechte derer mit Füßen zu treten, die eine andere Meinung als er vertraten. Fair und gerecht in Angelegenheiten, in denen Fragen der Lehre oder des Gemeinwesens keine Rolle spielten, wurde der Puritaner in religiösen Angelegenheiten zum Typus und zur

Verkörperung von allem, was unnachgiebig und fanatisch ist. Der Widerstand gegen die Verwendung des Chorhemdes, des Kreuzzeichens bei der Taufe, der knienden Haltung beim Abendmahl und des Wechselgesangs weitete sich zu einer kompromisslosen Verurteilung des gesamten Rituals aus. Puritanismus und Presbyterianismus verschmolzen, und es fehlte ihnen nur noch die Zeit und Gelegenheit, Episkopat und Liturgie in einem gemeinsamen Sturz zu stürzen. Die Abneigung der Puritaner gegen künstlerische Musik und offizielle Chöre war daher weniger eine Frage des persönlichen Gefühls als bei Calvin. Sein Gedanke galt eher der rein religiösen Wirkung auf das individuelle Herz; Bei den Puritanern war der Hass auf kultivierte Kirchenmusik lediglich ein Detail der allgemeinen Feindseligkeit, die er gegenüber einer beleidigenden Institution empfand.

Der auffälligste Agitator während der Regierungszeit Elisabeths war Thomas Cartwright, Margaret-Professor für Theologie an der Universität Cambridge, der erstmals durch öffentliche Vorträge im Jahr 1570 Berühmtheit erlangte, die er gegen die Lehre und Disziplin der etablierten Kirche hielt. Die Grobheit und Gewalttätigkeit dieses Mannes zog den königlichen Tadel nach sich, und er wurde seines Stipendiums beraubt und von der Universität ausgeschlossen. Seine Abneigung wurde vor allem durch die Musikpraxis der etablierten Kirche geweckt, insbesondere durch den antiphonischen Gesang, „das Werfen der Psalmen von einer Seite zur anderen", um einen seiner Lieblingsausdrücke zu verwenden. „Der Teufel hat sich vorgenommen, ihm Autorität zu verschaffen", sagte Cartwright. „Was Orgeln und seltsamen Gesang anbelangt, so gehören sie zwar zu päpstlichen Kirchen, ich meine zu Kathedralkirchen, doch einige andere müssen sie auch haben. Die Kapelle der Königin und diese Kirchen (die Spektakel der christlichen Reformation sein sollten) sind eher Vorbilder für die Menschen jeglichen Aberglaubens."

Der Angriff Cartwrights auf die Riten und die Disziplin der Church of England konnte nicht unbeantwortet bleiben, da er die Gefühle eines starken Teils der puritanischen Partei zum Ausdruck brachte. Die Verteidigung wurde von Whitgift und später von Richard Hooker übernommen, wobei letzterer eine solche Gelehrsamkeit, Würde, Beredsamkeit und Logik in die Debatte einbrachte, dass wir dem unschönen Cartwright wirklich dankbar sein können, dass seine Schmähschrift Anlass zur Bereicherung der englischen Literatur war eine so meisterhafte Darstellung der Prinzipien des anglikanischen Systems wie der *Gesetze der Kirchenpolitik* .

Was künstlerische und liturgische Musik betrifft, ist Hookers Argument so klar, überzeugend und vollständig, dass alle späteren Teilnehmer der rituellen Seite ihre Waffen mehr oder weniger bewusst aus seinem Arsenal bezogen haben. Nach einer eloquenten Lobrede auf die Macht der Musik über das Herz geht Hooker dazu über, das Alter des antiphonalen Gesangs anhand von Zitaten der frühen christlichen Kirchenväter zu beweisen, und fährt dann fort: „Aber wer auch immer der Urheber war, zu welcher Zeit auch immer, woher auch immer das Beispiel für die Einführung dieses Brauchs in der Kirche Christi stammt; da wir gewohnt sind, Dinge nur vor der Prüfung zu verdächtigen und sie danach entweder als gut zu billigen oder, wenn wir sie für böse halten, entsprechend zu beurteilen; ihr Rat muss sehr ungelegen erscheinen, wenn sie den Menschen jetzt raten, das zu verdächtigen, womit die Welt nach eigenen Angaben zwölfhundert Jahre und mehr vertraut ist, genug, um Misstrauen und Eifersucht zu beseitigen. Die Menschen wissen inzwischen, wenn sie es jemals wissen werden, ob das, was so lange beibehalten wurde, gut oder böse ist." Hooker sieht in Cartwrights Argument, dass alle Menschen das Recht haben, Gott durch das Singen von Psalmen zu preisen, keinen ausreichenden Grund für die Abschaffung des Chors. Er bestreitet die Behauptung, dass die Menschen nicht verstehen können, was im antiphonischen Stil gesungen wird, und kommt dann zu dem Schluss: „Soll dies uns zwingen, etwas zu verbannen, was alle christlichen Kirchen der Welt übernommen haben; etwas, was seit so vielen Zeitaltern hochgehalten wird; etwas, von dem bisher die besten Männer und weisesten Herrscher des Volkes Gottes dachten, sie könnten es nie genug loben; etwas, das den Geist mit Trost und himmlischer Wonne erfüllt, eklatante Wünsche und Neigungen weckt, die dem entsprechen, was die Worte enthalten, alle Arten von niederen und irdischen Gedanken beruhigt, jene bösen, geheimen Einflüsterungen verbannt und vertreibt, die unser unsichtbarer Feind stets zu verbreiten pflegt, das Herz tränkt, damit es fruchtbar werde, die Tugendhaften in der Not voller Großmut und Mut macht und als höchst bewährtes Heilmittel gegen alle traurigen und schweren Unfälle dient, die den Menschen in diesem Leben widerfahren; zum Schluss: Es steht so im Einklang mit der Ermahnung des Apostels selbst: ‚Redet zueinander in Psalmen und Hymnen und geistlichen Liedern, spielt Melodien und singt dem Herrn in eurem Herzen‘, dass es sicherlich mehr Grund zur Befürchtung gibt, der Mangel daran könnte eine Verstümmelung sein, als der Gebrauch ein Makel für den Dienst Gottes.“ [80]

Hookers berechtigte Argumente und leidenschaftliche Appelle blieben bei den fanatischen Gegnern der Staatskirche wirkungslos. Unter den erbitterten Umständen, die zur Großen Rebellion und zur Ersetzung der Monarchie durch das Commonwealth führten, verstärkte sich der Hass gegen alles, was mit kirchlicher und politischer Unterdrückung in Verbindung gebracht wurde, um das Zehnfache. Und nach dem Triumph der extremsten demokratischen und nonkonformistischen Fraktion, vertreten durch die Armee Cromwells und das Rumpfparlament, stand der Verwirklichung des ikonoklastischen Vorhabens nichts mehr im Wege. 1644 erließ das House of Lords unter dem Druck der bereits siegreichen Opposition eine Verordnung, wonach das Gebetbuch in keinem öffentlichen Gottesdienst mehr verwendet werden dürfe. Anstelle der Liturgie wurde eine neue Form des Gottesdienstes eingeführt, bei der das gemeinsame Singen metrischer Psalmen die einzige erlaubte Musik war. „Es ist die Pflicht der Christen“, so erklärt die neue Regel, „Gott öffentlich durch das Singen von Psalmen zu preisen, gemeinsam in der Gemeinde und auch privat in der Familie. Beim Singen von Psalmen muss die Stimme stimmig und ernst sein; die Hauptsorge besteht jedoch darin, mit Verständnis und mit Anmut im Herzen zu singen und dem Herrn Melodien zu spielen. Damit die ganze Gemeinde sich daran beteiligen kann, soll jeder, der lesen kann, ein Psalmbuch haben, und alle anderen, die nicht durch Alter oder aus anderen Gründen behindert sind, sollen ermahnt werden, lesen zu lernen. Aber für den Moment ist es angebracht, dass der Pfarrer oder eine von ihm und den anderen leitenden Beamten ernannte geeignete Person den Psalm vor dem Singen Zeile für Zeile liest, wenn viele in der Gemeinde nicht lesen können.“ [81]

Die von der Kommission aufgestellten Regeln ließen die Frage der Instrumentalmusik unberührt. Vielleicht wurde es als überflüssig angesehen, sie zu verbieten, denn wenn es etwas gab, was das puritanische Gewissen zutiefst verabscheute, dann war es eine Orgel. Sir Edward Deering drückte in seinem Gesetzentwurf zur Abschaffung des Episkopats die Meinung der Eiferer seiner

Partei mit der Behauptung aus, dass „ein Seufzen des Geistes den Ton aller Kirchenmusik der Welt wert ist".

Bereits im Jahr 1586 wurde in einer Broschüre, die eine weite Verbreitung fand, gebetet, dass „alle Domkirchen niedergerissen werden mögen, in denen der Gottesdienst durch Orgelspiel, Singen, Läuten und Psalmen von einer Seite des Chors schwer missbraucht wird." zum anderen mit dem Quietschen singender Chorsänger, verkleidet in weißen Gewändern; einige tragen Eckmützen und alberne Mäntel und imitieren die Mode und das Benehmen des Antichristen, des Papstes, dieses Mannes der Sünde und des Kindes des Verderbens, mit seinem anderen Gesindel von Schurken und Scherzen."

Solche Schmähreden waren kein leeres Geschwätz. Sobald die puritanische Armee ihren Sieg sicher fühlte, wurden diese Drohungen mit einer rücksichtslosen Gewalt ausgeführt, die an die Verwüstung der Imagezerstörer von Antwerpen im Jahr 1566 erinnert, die ihre Verwüstungen mit verblüffender Übereinstimmung des Temperaments mit dem Gesang einleiteten Psalmen. Jegliche Ehrfurcht vor heiliger Gemeinschaft, jeglicher Respekt vor meisterhaften und schönen Werken ging in der wahllosen Wut der Bigotterie verloren. Die alten Heiligtümer wurden von einer vulgären Horde überfallen, die Buntglasfenster wurden zerbrochen, Ornamente abgerissen, Grabdenkmäler verunstaltet, Bibliotheken wurden nach alten Gottesdienstbüchern durchsucht, die, wenn sie gefunden wurden, verstümmelt oder verbrannt wurden, Orgeln wurden zerstört und ihre Fragmente verstreut . Diese barbarischen Auswüchse waren tatsächlich durch einen Parlamentsbeschluss von 1644 direkt angeordnet worden, und es ist nicht verwunderlich, dass die rohen Soldaten die Wünsche ihrer Vorgesetzten mit Frechheit und Demütigung ausführten. Einige Orgeln blieben jedoch von der allgemeinen Zerstörung verschont, eine wurde von Cromwell gerettet, der ein Liebhaber religiöser Musik war und überhaupt kein Verständnis für den Vandalismus seiner Anhänger hatte. Chöre wurden ebenfalls zerstreut, Organisten, Sänger und Komponisten mit den höchsten Fähigkeiten wurden ihrer Lebensgrundlage beraubt und in vielen Fällen bis zum Äußersten der Armut gestürzt. Der schöne Gottesdienst der anglikanischen Kirche, der so an einem einzigen Tag hinweggefegt wurde, fand keinen Nachfolger außer der dumpfen, dröhnenden Psalmodie der puritanischen Gemeinden, und nur in einem privaten Kreis in Oxford, der indirekt von Cromwell geschützt wurde, erblühte der schwache Funke künstlerischer Religion Musik am Leben gehalten.

Die Wiederherstellung der Liturgie und des musikalischen Gottesdienstes der Kirche von England nach der Wiedereinsetzung der Stuarts im Jahre 1660 wurde bereits beschrieben. Die puritanischen Gemeinden hielten hartnäckig an ihren besonderen Lehren und Gebräuchen fest, darunter vor allem ihre unüberwindliche Abneigung gegen künstlerische Musik. Obwohl sich solche Meinungen unter einem wirklich musikalischen Volk wahrscheinlich nicht so weit verbreiten könnten, war dies doch nicht das erste und auch nicht das letzte Mal in der Geschichte, dass die Kunst, die besonders geeignet scheint, reine religiöse Gefühle zu fördern, als Versuchung und Ablenkung abgelehnt wurde. Wir finden ähnliche Beispiele bei einigen der eifrigeren deutschen Protestanten zu Luthers Zeiten und bei den deutschen Pietisten des 17. und 18. Jahrhunderts. In vielen Perioden des Mittelalters gab es Proteste gegen die Ausmaße, die die künstlerische Musik in der Kirche angenommen hatte, und die Forderung, den musikalischen Gottesdienst auf die einfachsten Elemente zu reduzieren. Noch weiter zurück, bei den frühen Christen, mündete der Schrecken vor den Abscheulichkeiten des Heidentums in der Verurteilung aller künstlerischen Tendenzen im Gottesdienst der Kirche. Der heilige Hieronymus kann nicht zu Unrecht als der erste große Puritaner bezeichnet werden. Sogar der heilige Augustinus war einst geneigt zu glauben, dass seine Liebe zu den ergreifenden Liedern der Kirche eine Falle war, bis er sich durch Analyse davon überzeugte, dass es die heiligen Worte und nicht nur die musikalischen Töne waren, die sein Herz erweichten und seine Augen mit Tränen füllten. Wie in all diesen Fällen, einschließlich dem der Puritaner, war der Verzicht auf ästhetisches Vergnügen im Gottesdienst nicht nur ein reaktionärer Protest gegen das Übermaß an Zeremoniell und künstlerischem Genuss. Der Puritaner war ein Präzisionsmensch. Die Liebe zu einer hochentwickelten und sinnlich schönen Musik im Gottesdienst impliziert immer eine gewisse Einwirkung von Mystizismus. Der Puritaner war kein Mystiker. Er verlangte in seinem frommen Ausdruck ebenso wie in seiner Argumentation eine klare, deutliche Definition. Die Unbestimmtheit der musikalischen Äußerungen, ihr Appell an undefinierbare Emotionen, ihre Wirkung, den Geist zu überwältigen und ihn auf einer Flut von

Ekstase mitzureißen, standen alle im völligen Widerspruch zu der Überzeugung des Puritaners hinsichtlich der Natur echter Erbauung. Diese Verzückungen konnten nicht mit seinen düsteren Ansichten über Sünde, Gerechtigkeit und das kommende Gericht harmonieren. Und so wird der spirituellsten aller Künste der Zutritt zum Heiligtum von denen verwehrt, die Musik tatsächlich als geliebten gesellschaftlichen und häuslichen Begleiter schätzten.

Schwerer zu verstehen ist das puritanische Verbot aller Hymnen außer gereimten Paraphrasen der Psalmen. Die gesungenen Prosaversionen wurden durch metrische Versionen ersetzt, zweifellos aus dem Grund, dass eine Gemeinde in der Regel nicht in perfekter Einheit singen kann, außer im Metrum und in musikalischen Formen, in denen eine Note einer Silbe zugeordnet ist. Aber warum nur die Psalmen? Warum die freie Meinungsäußerung der Gläubigen in Hymnen des Glaubens und der Hoffnung unterdrücken? Aus damaliger Sicht waren die Psalmen direkt vom Heiligen Geist inspiriert, und zeitgenössische Hymnen konnten das nicht sein. Wir wissen, dass ein Merkmal des puritanischen Geistes eine intensive, leidenschaftliche Ehrfurcht vor der Heiligen Schrift war, so dass alle anderen Formen menschlicher Sprache im Vergleich dazu trivial und unwürdig erschienen. Die Tatsache, dass die Psalmen als Produkt der vorchristlichen Ordnung keinen Bezug zum christlichen System haben konnten, außer durch eine weit hergeholte Interpretation als symbolisch und prophetisch, entging den Puritanern nicht, aber sie trösteten sich über den Verlust mit dem Gedanken, dass die frühesten Kirchen, in denen sie ihr Ideal und ihren Maßstab fanden oder zu finden glaubten, auf einen poetischen Ausdruck beschränkt waren, der ihrem eigenen ähnelte. Und inwieweit empfanden sie dies als Verlust? War das Wesen des typischen Puritaners nicht schließlich durch und durch vom Hebraismus geprägt? Die wahre Natur der geistigen Benachteiligung, die diese Einschränkung mit sich brachte, ist heute deutlich genug, denn sie schloss einen gnädigen Einfluss aus, der einige schwerwiegende Fehler im puritanischen Charakter hätte korrigieren können, Fehler, unter denen ihre religiösen Nachkommen bis heute leiden.

Der Aufstieg einer englischen Hymnodie, die der deutschen entsprach, verzögerte sich daher um mehr als einhundertfünfzig Jahre. Englische religiöse Liederbücher waren bis ins 18. Jahrhundert ausschließlich Psalmbücher. Die dichterische

Tätigkeit der Nonkonformisten bestand in Übersetzungen der Psalmen im Versmaß bzw. Versionen der bestehenden Übersetzungen in der englischen Bibel, da diese Sektierer in der Regel nicht gut im Hebräischen waren. Die in dieser Zeit einzigartige Leidenschaft, alles in Reime und Metren zu bringen, die so groteske Ergebnisse hervorbrachte, wie die Umwandlung eines Parlamentsakts in Verse und die Paraphrasierung von „Paradise Lost" in gereimten Strophen, um, wie der Autor sagte, „Mr. Milton Plain" gab den eigentümlichen puritanischen Ansichten Hilfe und Trost. Die erste vollständige metrische Version der Psalmen war die berühmte Ausgabe von Sternhold und Hopkins, ersterer ein Gentleman aus der Geheimkammer von Edward VI., letzterer ein Geistlicher und Schulmeister in Suffolk. Diese 1562 veröffentlichte Version wurde mit allgemeiner Zufriedenheit aufgenommen und in allen puritanischen Gemeinden übernommen. Sie behielt ihren Ruf ganze zweihundertdreißig Jahre lang bei, bis schließlich davon ausgegangen wurde, dass sie fast genauso inspiriert war wie der ursprüngliche hebräische Text. Was den poetischen Wert angeht, ist der Begriff kaum auf die Lüsternheiten dieser ehrlichen und prosaischen Männer anwendbar. Wie Fuller sagte: „Ihre Frömmigkeit war besser als ihre Poesie, und sie hatten mehr von Jordan als von Helicon getrunken." Tatsächlich würde derselbe Kommentar für alle nachfolgenden Verse der Psalmen gelten. Es scheint, dass die Natur eines solchen Werkes jeglichen wirklichen literarischen Erfolg ausschließt. Das erhabene Denken und die unregelmäßige, lebendige Diktion der hebräischen Dichter lassen sich nicht in die ausgeschnittenen Muster herkömmlicher Versmaße zerlegen. Nur einmal erwacht Sternhold zu großer Größe – in den beiden Strophen, die James Russell Lowell so sehr bewunderte:

Der Herr kam von oben herab,

Und verneigte den Himmel am höchsten,

Und unter seine Füße warf er

Die Dunkelheit des Himmels.

Auf Cherub und auf Cherubim

Voller Königlichkeit ritt er;

Und auf den Flügeln aller Winde

Kam mit dem ganzen Flug ins Ausland.

Die Eleganz des Stils wurde vom puritanischen Geist jedoch nicht besonders geschätzt. Sternhold und Hopkins behielten so lange das Wahlrecht ihrer Glaubensgenossen aufgrund ihrer strikten Treue zum Gedanken des Originals, der Robustheit und echten Kraft ihres Ausdrucks und ihrer Verwendung der einfachen, heimeligen Ausdrucksweise des einfachen Volkes. Die aufgeklärte Kritik der Gegenwart erkennt in diesen Qualitäten einen Wert und schätzt die Arbeit von Sternhold und Hopkins höher ein als viele glattere und fertigere Versionen.

Sternhold und Hopkins gaben 1696 teilweise Tate und Brady nach und wurden 1719 noch stärker durch die Version von Watts verdrängt. Die zahlreichen Versionen, die seither von Zeit zu Zeit erschienen sind, wurden rein zu literarischen Zwecken verfasst oder in einigen Fällen (wie zum Beispiel die Psalmen von Ainsworth, die von den Pilgervätern nach Amerika gebracht wurden) nur vorübergehend und lokal in den Kirchen verwendet. Glass zählt in seiner *Story of the Psalter* 123 vollständige Versionen auf, die letzte ist die von Wrangham aus dem Jahr 1885. Diese lange Liste enthält nur einen Autor – John Keble –, der auch außerhalb der Annalen der Hymnologie als Dichter Berühmtheit erlangte. Keine andere Version erreichte jemals an Popularität die von Sternhold und Hopkins, deren Werk 601 Auflagen erlebte.

Der gesellschaftliche Hymnengesang ist im Gegensatz zur liturgischen Chormusik völlig unabhängig von zeitgenössischen Kunstrichtungen. Sie gedeiht nur in Zeiten populären religiösen Erwachens und nimmt ab, wenn die religiöse Begeisterung nachlässt, ganz gleich, was in professionellen Musikkreisen vor sich geht. Der Psalmgesang in der englischen Reformationszeit war trotz seiner ästhetischen Mängel ein kraftvoller Förderer des Eifers in Momenten des Triumphs und eine unerschöpfliche Quelle des Trostes in Widrigkeiten. Wie im Fall des lutherischen Chors hatte jeder Psalm seine „richtige" Melodie. Viele der Melodien waren bereits mit zarten Erlebnissen aus dem häuslichen Leben verbunden und erlangten durch religiöse Suggestionen doppelte Beliebtheit. „Die metrischen Psalmen", sagt Curwen, „waren protestantisch in ihrem Ursprung und in ihrer Verwendung veranschaulichten sie den protestantischen Grundsatz, jedem Gläubigen zu ermöglichen, den Gottesdienst zu verstehen und daran teilzunehmen." Im Laufe der Jahre gingen die groben Zahlen von Sternhold und Hopkins nur in einem Ausmaß in die Sprache der spirituellen Erfahrung über, als es in der autorisierten Version der Bibel der Fall war. Sie waren eine Liturgie für diejenigen, die Liturgien ablehnten." [82] Es war ihr einziges Ventil für poetisches, religiöses Gefühl, und so trocken und prosaisch uns jetzt sowohl Worte als auch Musik erscheinen, müssen wir glauben, dass diese Psalmen und Melodien dies nicht waren, da die menschliche Natur überall von nahezu denselben Impulsen bewegt wird Für diejenigen, die sie benutzten, waren sie unfruchtbare und formelle Dinge, und in ihrem Gesang lag eine unterschwellige Verzückung, die unserer Meinung nach fast unmöglich hervorzurufen schien. In jeder Form des populären Ausdrucks gibt es immer diese unsichtbare Aura, wie die vermeintlich nicht wahrnehmbare Flüssigkeit um einen elektrifizierten Körper. Es gibt das, was wir emotionalisierte Reaktionen nennen können, die durch soziale, häusliche oder angestammte Assoziationen angeregt werden und Wirkungen hervorrufen, die der unsympathische Kritiker sonst nicht erklären kann.

Sogar diese Inspiration schien schließlich zu schwinden. Als der hundertjährige Konflikt, der abwechselnde Vorherrschaft und Verfolgungen mit der Restauration im Jahr 1660 zu Ende ging, ließ der Eifer mit dem Feuer des Konflikts nach, und Apathie, Formalismus und Stumpfsinn, die Gegenstücke zu Lauheit und pharisäischer Routine in der etablierten Kirche, machten sich in den abweichenden Sekten breit. Im 18. Jahrhundert verfiel die Psalmodie der Presbyterianer, Independenten und Separatisten, die auch lange zuvor in den Pfarrgottesdiensten der etablierten Kirche übernommen worden war, zur verkürztesten und emotionslosesten Routine, die in der Geschichte des religiösen Liedes zu finden ist. Die Praxis des „Lining Out" zerstörte jede Spur musikalischen Charmes, der sonst vielleicht noch vorhanden gewesen wäre; die Zahl der gebräuchlichen Melodien wurde immer geringer und in manchen Gemeinden auf ein knappes halbes Dutzend reduziert. Der Begriff des Individualismus, der ursprünglich die Quelle des Gemeindegesangs war, wurde so absurd getrieben, dass sich weithin die Vorstellung durchsetzte, jeder Mensch habe das Vorrecht, die Melodie in jeder Tonart und jedem Tempo und mit jeder grotesken Ausschmückung zu singen, die ihm gefiel. Diese phantastischen Missbräuche waren vor allem in den Gemeinden Neuenglands in der zweiten Hälfte des 17. und der ersten Hälfte des 18. Jahrhunderts verbreitet, aber sie waren nur die letzten Folgen der Vorstellungen und Praktiken, die im Mutterland vorherrschten. Die frühen Baptisten verboten das Singen ganz und gar. Die Brownisten versuchten für kurze Zeit, die Vorstellung umzusetzen, dass das Singen im Gottesdienst, wie das Gebet, improvisiert erfolgen sollte. Die praktischen Folgen sind leicht vorstellbar. Um das Jahr 1700 schien es, als hätte der schöne Geist des geistlichen Gesangs die englischen und amerikanischen nichtliturgischen Sekten in Verzweiflung verlassen.

Wie ein Sonnenstrahl, der eine hellere Ära eröffnete, kam die Wesleyanische Bewegung und im gleichen Zeitraum die Hymnen von Dr. Isaac Watts. Was auch immer die Wirkung des überschwänglichen Gesangs der methodistischen Versammlungen auf ein gebildetes Ohr gehabt haben mag, es ist sicher, dass die enthusiastische Aufnahme, die die Wesleys der Popmusik als Mittel zur Bekehrung entgegenbrachten, und der Spielraum, der der freien Erfindung und Übernahme von Hymnen und Kirchenliedern gewährt wurde Melodien gaben den Anstoß zu einem reineren und edleren Stil des Gemeindegesangs, der nie verloren gegangen ist. Die süßen und inbrünstigen Texte von Charles und John Wesley haben dem Prestige der „inspirierten" Psalmodie einen gewaltigen Schlag versetzt. Historiker dieser Bewegung erinnern uns daran, dass Hymnen, die von einer ganzen Gemeinde herzlich gesungen wurden, zu der Zeit, als die Arbeit der Wesleys und Whitefields begann, als Element im öffentlichen Gottesdienst unbekannt waren. Watts' Hymnen waren bereits geschrieben, hatten aber bisher weder bei Andersdenkenden noch bei Kirchenmännern Anklang gefunden. Das Beispiel der Methodisten war eine Offenbarung der Kraft, die in Volksliedern liegt, wenn sie von Überzeugung inspiriert sind, und wie man von den frühen lutherischen Chorgesängen sagte, könnte man auch von den methodistischen Hymnen sagen, dass sie mehr Seelen eroberten als selbst die Predigten der Evangelisten. John Wesley forderte in seinen veröffentlichten Anweisungen zum Gemeindegesang Genauigkeit bei Noten und Takt, Herzlichkeit, Mäßigung, Einstimmigkeit und Spiritualität mit dem Ziel, Gott und nicht sich selbst zu gefallen. Er bemühte sich, die neuen Hymnen und Melodien den Armen zugänglich zu machen, achtete aber dennoch darauf, dass die Musik von hoher Qualität sei und dass nichts Vulgäres oder Sensationelles in Umlauf komme.

Die wahrhaft wohltätige Leistung der Wesleys, den uneingeschränkten Geist der Poesie zur Wiederbelebung des spirituellen Lebens zu Hilfe zu rufen, fand eine würdige Verstärkung in den Liedern von Isaac Watts (1674-1748). Obwohl seine Mängel in Bezug auf poetische Technik und seine häufig trockene, schulmeisterliche und dogmatische Behandlung den größten Teil seiner Arbeit überholt haben, brennt in vielen seiner Texte ein wahres spirituelles und poetisches Feuer, und mit allem notwendigen Abstrich scheint sein Ruhm gesichert. Gedichte wie „Hoch im Himmel, ewiger Gott", „Vor Jehovas schrecklichem Thron" und „Wenn ich das wundersame Kreuz betrachte" sind Perlen, die ihren Platz im Kranz der englischen evangelischen Hymnen nie verlieren werden. Das nachlassende Vorurteil gegen „uninspirierte" Hymnen im Gottesdienst wich dem glühenden Eifer, dem liebevollen Glauben und der kraftvollen, natürlichen Äußerung der Texte von Watts. Auch in seinen Psalmen, in denen er die charakteristischen Gefühlszustände sowohl der hebräischen als auch der christlichen Auffassung vereinte, gestaltete er den Übergang leicht und zeigte in beiden den wahren Weg, auf dem die wiederauflebende poetische Inspiration der Zeit voranschreiten musste.

Was aus dem Impuls von Watts und den Wesleys geworden ist, weiß jeder Student der christlichen Literatur. Um einen angemessenen Bericht über die Bewegung zu geben, die die Vielzahl moderner Gesangbücher und heiliger Anthologien bereichert hat, wäre ein dickes Buch erforderlich. [83] Einem, der es als seine höchste Pflicht ansieht, seine spirituelle Natur zu erweitern und zu vertiefen, könnte keine lohnendere Aufgabe vorgeschlagen werden, als seinen Geist mit den Juwelen frommer Einsicht und keuscher Ausdrucksweise zu füllen, die in den Schriften von Dichtern wie Charles Wesley, Cowper, Newton, Faber, Newman, Lyte, Heber, Bonar, Milman, Keble, Ellerton, Montgomery, Ray Palmer, Coxe, Whittier, Holmes, den Cary-Schwestern und anderen, die ihnen ebenbürtig oder kaum unterlegen sind, verstreut sind, die der göttlichen Sache, die sie verehrten, unsterbliche Dienste erwiesen haben, indem sie der Welt die unendliche Schönheit und den Trost des christlichen Glaubens offenbarten. Keine andere Nation, nicht einmal die deutsche, kann mit dem Schatz vergleichbar sein, der in der englischen und amerikanischen populären religiösen Poesie verborgen liegt. Diese Tatsache ist den meisten Kirchenmitgliedern sicherlich nicht bekannt. Der durchschnittliche Kirchgänger wirft nie einen Blick in ein

Gesangbuch, außer wenn er aufsteht, um in der Gemeinde zu singen, und dieser Vorgang, was auch immer er sonst für den Gottesdienstbesucher tun mag, gibt ihm sehr wenig Aufschluss über den künstlerischen oder sogar spirituellen Wert des Buches, das er in der Hand hält. Lassen Sie ihn sein Gesangbuch privat lesen, wie er seinen Tennyson liest; und obwohl er nicht geneigt sein wird, es in Bezug auf die literarische Qualität mit Palgraves *Golden Treasury* oder Stedmans *Victorian Anthology zu vergleichen* , wird er wahrscheinlich doch über die Anzahl der Texte überrascht sein, deren Feinheit, Inbrunst und Pathos für ihn eine Offenbarung der anmutigen Elemente sein werden, die die kleinere religiöse Poesie der englischen Sprache durchdringen.

Parallel zur Entwicklung der Hymnenkunst und zweifellos auch durch sie angeregt, verlief die Entwicklung der Hymnenmelodie und die allmähliche Steigerung des öffentlichen Geschmacks in diesem Zweig der religiösen Kunst. Die Geschichte der englischen und amerikanischen Hymnenmelodie lässt sich leicht zurückverfolgen, denn ihre Linie ist ungebrochen. Auch ihre Quellen sind wohlbekannt, mit der Ausnahme, dass die Ursprünge der ersten Psalmenvertonungen von Sternhold und Hopkins in vielen Fällen im Dunkeln liegen. Diejenigen, die den metrischen Psalmen erstmals Melodien beifügten, entlehnten einige ihrer Melodien (der „Old Hundredth" ist ein auffälliges Beispiel) dem Hugenottenpsalter von Marot und Beza, andere wahrscheinlich englischen Volksliedern. In der Reformationszeit gab es in England bedeutende Komponisten, von denen viele ihre Dienste bei der Harmonisierung der Melodien der frühen Psalter leisteten und auch eigene Melodien beisteuerten. Alle diese alten Melodien waren silbenförmig und diatonisch, würdig und majestätisch in der Bewegung, oft düster in der Farbgebung, und in all diesen Einzelheiten wiesen sie eine auffallende Ähnlichkeit mit dem deutschen Choral auf. Einige der stärksten Melodien in den modernen Gesangbüchern, zum Beispiel „Dundee", stammen aus den schottischen und englischen Psaltern des 16. und 17. Jahrhunderts, und in einigen Kreisen werden Anstrengungen unternommen, um andere Melodien derselben Quelle und Art bei den heutigen Gemeinden beliebt zu machen. Auf diese strenge diatonische Schule folgte im 18. Jahrhundert eine Vorliebe für das Blumige und Verzierte, die trotz einiger Beiträge sehr schöner und ausdrucksstarker Art insgesamt einen Rückgang zugunsten des Kitschigen und Sensationellen markierte. Wenn diese Tendenz ein Anzeichen für einen experimentierfreudigen Geist war, war ihr Ergebnis nicht unbedingt schlecht. So ernst und würdig die alten Psalmmelodien auch waren, die Kirche konnte nicht allein von ihnen leben. Der leichtere Stil war ein Übergang, und die reinere moderne Schule ist das Ergebnis eines Prozesses, der versucht, die Breite und Würde der alten Melodien mit der Wärme und Farbe der Melodien der zweiten Periode zu vereinen. Zusammen mit der Entwicklung des blumigen Stils stellen wir eine größere Auswahl fest. Viele Melodien wurden aus weltlichen Quellen übernommen (was an sich kein Fehler ist, da, wie wir gesehen haben, viele der besten Melodien in den lutherischen und kalvinistischen Liederbüchern einen ähnlichen Ursprung hatten); und die Einführung katholischer Melodien wie der unvergleichlichen „Adeste Fideles“ und der „Sizilianischen Hymne“ zusammen mit einigen der schönsten deutschen Choräle bereicherte die englischen Liederbücher erheblich.

In verhältnismäßig neuerer Zeit hat sich eine neue Phase des Fortschritts in der Präsenz einer großen Anzahl von Musikkompositionen neuer Form und Farbe in den späteren Gesangbüchern gezeigt, die ganz und gar ein Produkt unserer Zeit sind. Diese Melodien sind repräsentativ für die gegenwärtige Schule der Komponisten der Church of England, wie Dykes, Barnby, Smart, Sullivan, Monk, Hopkins und viele andere ebenso bekannte, die eine große Menge von Melodien von außerordentlicher Schönheit beigesteuert haben, unterstützt von abwechslungsreichen und oft eindrucksvollen Harmonien, ganz anders als die Gemeindelieder anderer Nationen. Diese Melodien wurden für die edle Zeremonie der anglikanischen Kirche komponiert und haben ihren Weg in viele der nichtliturgischen Sekten gefunden, und der Wert ihres Einflusses bei der Anregung einer Liebe zu dem, was in der Gottesdienstmusik am reinsten und heilsamsten ist, ist unschätzbar. Es wurde viel Lob über diese neuen anglikanischen Melodien geschrieben, aber auch viel Abwertung. Viele von ihnen sind, das muss man zugeben, für den Gebrauch durch die durchschnittliche Gemeinde zu anspruchsvoll und verfeinern Harmonie und Rhythmus so sehr, dass sie eher für den Chor als für die Gemeinde geeignet sind. Ihr wirklicher Wert, insgesamt betrachtet, kann am besten von denen eingeschätzt werden, die sich, nachdem sie sie einmal verwendet haben, vorstellen können, sie nicht mehr zu haben. Die Melodien, die den Bedürfnissen früherer Generationen dienten, werden unsere nicht zufriedenstellen. Dr. Hanslick bemerkt, dass es Musik gibt, von der man mit Recht sagen kann, dass sie einmal schön war. Das trifft zweifellos auf Kirchenlieder zu. Die

Kirchenkunst kann nie von den weltlichen Strömungen der Zeit unberührt bleiben, und diejenigen, die in Opernhäusern und Konzerthallen von den leidenschaftlichen Klängen der modernen romantischen Komponisten begeistert sind, werden sich unweigerlich nach etwas sehnen, das zumindest entfernt analog zu den Liedern des Kirchenschiffs ist. Das heißt, die Gemeindemelodie muss ansprechend, mitreißend und emotional sein, wie es die alte Musik zweifellos für die Menschen der alten Zeit war, aber sicherlich nicht mehr ist. Diese logische Forderung wollen die heutigen englischen Musiker und ihre amerikanischen Anhänger befriedigen – das heißt, soweit die Regeln der reinen Kunst und der kirchlichen Schicklichkeit es zulassen – und trotz der Spitzfindigkeiten der Puristen und Reaktionäre scheinen ihre Melodien einen festen Platz in der Zuneigung der protestantischen englischsprachigen Welt eingenommen zu haben. Der Erfolg dieser Melodien ist nicht nur ihrer abstrakten musikalischen Schönheit zu verdanken, sondern vielleicht noch mehr der subtilen Sympathie, die ihr Stil mit den heutigen Tendenzen in Theologie und religiöser Erfahrung zeigt, die sich in der besonders freudigen und vertrauensvollen Note der neueren Hymnen widerspiegeln. Soweit Musik die Macht hat, bestimmte Vorstellungen zu vermitteln, scheint es eine passende Entsprechung zwischen dieser leidenschaftlichen, schwebenden, berührenden Musik und den Hymnen des Glaubens zu geben, von denen diese Melodien in den meisten Fällen direkt inspiriert wurden.

Soweit es Bewegungen gibt, die einen Korpus von Gemeindeliedern in Form bringen, der Merkmale enthält, die sich wahrscheinlich als dauerhafte Bereicherung der religiösen Anthologie erweisen werden, sind sie in den in den letzten zehn oder zwölf Jahren in diesem Land zusammengestellten Gesangbüchern mehr oder weniger deutlich erkennbar. Nicht, dass wir einen plötzlichen Ausbruch von Hymnensing-Begeisterung erwarten könnten, der dem der lutherischen und wesleyanischen Erweckungen gleichkäme, denn ein solcher musikalischer Impuls ist immer die Begleitung eines mächtigen religiösen Erwachens, von dem es jetzt keine Anzeichen gibt. Die Bedeutung dieser neueren Gesangbücher liegt eher darin, dass sie den Aufstieg höherer Geschmacksstandards in Bezug auf religiöse Verse und Musik sowie gewisse Veränderungen in den vorherrschenden religiösen Denkweisen unserer Kirchen belegen. Die offensichtliche Tendenz der Hymnologie, wie sie in den neuen Büchern zum Ausdruck kommt, besteht darin, weniger

Wert auf jene eher mechanischen Konzepte zu legen, die einem großen Teil der älteren Hymnologie eine so strenge Präzision verliehen. Eine feinere poetische Inspiration hat sich mit einer tieferen und intimeren Vision der Beziehung zwischen dem Göttlichen und dem Menschlichen verbunden; und diese geistige Haltung spiegelt sich in dem liebevollen Vertrauen, der emotionalen Inbrunst und dem feineren und innerlicheren poetischen Ausdruck wider, die in der neuen Hymnendichtung vorherrschen. Es ist unvermeidlich, dass die theologische Neuausrichtung, die für jeden intelligenten Beobachter so spürbar ist, jene Formen des poetischen und musikalischen Ausdrucks färbt und ablenkt, die instinktiv als Äußerung der anbetenden Menschen gewählt werden. Jeder, der mit der Geschichte der religiösen Erfahrung einigermaßen vertraut ist, weiß, wie empfindlich das Volkslied als Indikator der Volksgefühle war. Nirgendwo ist die Macht der psychologischen Suggestion auf die Massen deutlicher als im Bereich des Liedes. Kaum findet eine revolutionäre religiöse Idee, die aus den Köpfen einiger führender Denker und Reformer hervorgegangen ist, einen Platz in den Herzen eines nennenswerten Teils der einfachen Bevölkerung, als dass sie sofort in Hymnen und Melodien umgesetzt wird. Sofern es sich nicht nur um eine scholastische Formel handelt, sondern die Kraft besitzt, ein aktives Leben in der Seele zu entfachen, wird es sich schnell in bildliche Sprache und musikalische Kadenz kleiden und in vielen Fällen durch dieses Medium sickern, bis alles Grobe, Formale und Spekulative verschwunden ist und das Wesentliche und Fruchtbare als bleibender geistiger Besitz erhalten bleibt.

Wenn wir die gegenwärtige Bewegung in der populären religiösen Dichtung aus ausreichender Distanz betrachten könnten, würden wir zweifellos wieder eine Illustration dieses allgemeinen Gesetzes finden. Natürlich weit weniger offensichtlich als im Fall der hussitischen, lutherischen und wesleyanischen Bewegung, denn die Veränderungen unserer Tage sind allmählicher und ruhiger. Ich würde nicht behaupten, dass die Hymnen, die so sehr als natürliche Stimme der neuen Tendenzen erscheinen, ganz oder sogar in den meisten Fällen neuere Werke sind. Viele von ihnen stammen sicherlich von Watts und Cowper und Newton und anderen Männern des 18. Jahrhunderts, deren Theologie viele düstere und überholte Lehrsätze enthielt, deren Herzen jedoch oft ihre Glaubensbekenntnisse verleugneten und sich spontan in

Tönen äußerten, die jede Schattierung religiöser Überzeugung für sich beanspruchen kann. Es ist also nicht so, dass die neuen Gesangbücher hauptsächlich von neuen Dichterschulen stammen, sondern die Verfasser, die die neuen religiösen Anforderungen schnell spürten und auch völlig mit ihnen sympathisierten, haben ihre Auswahl und Streichungen aus einem etwas abgewandelten Grund getroffen, indem sie bestimmte Gedankengänge unterdrückten und andere betonten, sodass ihre Sammlungen eine größere Bandbreite, einen erhabeneren Schwung und einen freudigeren, wahrhaft evangelischen Ton haben als die einer Generation zuvor. Es ist mehr das innere Leben des Glaubens, das diese Bücher so schön darstellen, als das der doktrinellen Zustimmung und äußeren Konformität.

Diese jüngsten Beiträge zum Gottesdienst sind nicht nur an sich interessant, sondern vielleicht noch interessanter als letzte Beiträge in der langen Reihe populärer religiöser Liederbücher, die mit der Unabhängigkeit der englischen Kirche begannen. *Das Plymouth Hymnal* und *In Excelsis* sind die gereiften Ergebnisse dieser Bewegung, deren erstes offizielles Ergebnis der kuriosen Psalter von Sternhold und Hopkins war; und der Kontrast zwischen Alt und Neu ist ein eindrucksvoller Beweis für die Veränderungen, die dreieinhalb Jahrhunderte in Kultur und spiritueller Bedeutung bewirkt haben, wie sie sich im populären Lied offenbaren. Die frühen Texte wurden als eine Art Zeugnis gegen Formalismus und die Verwendung menschlicher Erfindungen im Gottesdienst verfasst; sie waren das Ergebnis eines Strebens nach apostolischer Einfachheit, während sie in ihrer emotionalen Hinsicht als Trost in Prüfungen und Verfolgungen und als Mittel zur Stärkung der Entschlossenheit in Konfliktzeiten dienten. Die ersten wahren Hymnen sollten im Gegensatz zu den Psalmen in Versen noch mehr Freude und Hoffnung wecken , und doch bestand ein starkes Motiv ihrer Verfasser gleichzeitig darin, die Glaubenslehren direkter und überzeugender als durch Predigten zu vermitteln und die Ermahnungen der Evangelisten durch ein Instrument zu bekräftigen, das das Gewissen der Unbekehrten wirksam wecken sollte. Es ist sehr offensichtlich, dass die Gesangbücher unserer Tage von einer etwas anderen oder zumindest ergänzenden Absicht durchdrungen sind. Die Kirche ist gefestigt geworden und hat unter den veränderten Bedingungen der Zeit eine etwas andere Mission zu erfüllen; sie verwendet ihre Hymnen und Melodien nicht so sehr als Erweckungsmaschinerie oder Mittel zur Einprägung von Dogmen, sondern vielmehr zur spirituellen

Ernährung. Die Hymnen sind subjektiver geworden, Melodien und Harmonien verfeinerter und verführerischer; der Ton ist weniger streng und kämpferisch geworden; die Ideen sind allgemeiner und zarter, weniger mechanisch und präzise; Es wird mehr an die Sensibilität als an den Intellekt appelliert, und der Hauptschwerpunkt liegt auf der Freude und dem Frieden, die der Glaube mit sich bringt. Es ist unmöglich, bei dem Versuch einer so weitreichenden Verallgemeinerung Unklarheiten zu vermeiden. Aber wer die neuen Gesangbücher studiert, die Vorworte ihrer Herausgeber liest und den Charakter der in unseren Kirchen am häufigsten verwendeten Hymnen beachtet, wird erkennen, dass sich heute, wie schon immer in der Geschichte der Kirche, die leitenden Gedanken und Gefühle der Zeit in populären Liedern wiederfinden lassen, schwächer, aber nicht weniger unvermeidlich als in den Anweisungen von der Kanzel. Betrachtet man die Geschichte in der Abfolge, bemerkt man die wachsende Bedeutung der mystischen und subjektiven Elemente und das Abklingen der frühen Vorliebe für scholastische Definitionen. Die lyrische Dichtung ist ihrem Wesen nach mystisch und intuitiv. Die Hymnen der Zukunft folgen der gegenwärtigen Tendenz in der Theologie, die Gedanken auf den persönlichen, historischen Christus zu lenken und sich sein Beispiel und seine Botschaft im Einklang mit den Erkenntnissen anzueignen, die durch fortschreitende Erkenntnisse über die Natur, die Bedürfnisse und das Schicksal des Menschen gewonnen werden. Sie werden mehr denn je darauf abzielen, die höheren emotionalen Fähigkeiten zu reinigen und zu beleben, und werden ein noch größeres Feld in jenen grundlegenden Überzeugungen finden, die die Grenzen der Glaubensbekenntnisse überschreiten und die Brüderlichkeit aller aufrichtigen Gottsucher bekräftigen.

KAPITEL XII
PROBLEME DER KIRCHENMUSIK IN AMERIKA

In der vorangegangenen Skizze des Aufstiegs und Wachstums der Musik in der westlichen Kirche wurde die Geschichte der Kirchenmusik in Amerika nicht berücksichtigt. Wenn wir unter Kunstgeschichte eine Aufzeichnung fortschreitender Veränderungen verstehen, die einen anhaltenden Impuls erkennen lassen, der in unverwechselbaren Stilen und Schulen mündet, fallen die Chroniken des Kirchenliedes in diesem Land kaum in den Bereich der Geschichte. Auf dieser Seite des Atlantiks sind keine neuen Formen oder Methoden entstanden. Die Kompositionsstile und Übungssysteme, die bei uns existierten, wurden einfach aus den älteren Ländern jenseits des Meeres übernommen. Jede in Europa bekannte Form der Kirchenmusik blüht in Amerika, aber es gibt keine einheimische Schule religiöser Musik, ebenso wie es keine amerikanische Schule weltlicher Musik gibt. Die puritanischen Kolonisten brachten ein paar dürftige Bände metrischer Psalmen und etwa ein Dutzend Melodien mit, mit denen man sie in der ungehobelten Art singen konnte, die in England bereits vorherrschte. Sie brachten auch die rigide kalvinistische Feindseligkeit gegenüber allem einstudierten und einheitlichen religiösen Zeremoniell mit und schienen sich ein Jahrhundert oder länger damit zu brüsten, den Kirchengesang in dem barbarischsten Zustand zu erhalten, unter dem diese Kunst seit der Entstehung des Christentums je gelitten hat. Dieser Zustand konnte in einer Gemeinschaft, in der Bildung und Lebensverschönerung ständig voranschritten, nicht bestehen bleiben, und so entstand ein erbitterter Konflikt zwischen puritanischer Tradition und dem wachsenden Bewusstsein für Ansprüche an Anstand und Schönheit. Wer sich an den grotesken Kontroversen amüsiert, die um diese Frage unter den frommen Kolonisten Neuenglands tobten, an den erbitterten Auseinandersetzungen zwischen den Anhängern der „üblichen" und der „regelbaren" Art des Psalmengesangs, an der entschiedenen Ablehnung von Chören und Orgeln und an den kuriosen Annalen der ländlichen Gesangsschulen, der wird in einigen Büchern von Mrs. Earle, besonders in „ *The Sabbath in Puritan New England", große Ergänzung finden* . Die Arbeit von Reformern wie William Billings im 18. und Lowell Mason im 19. Jahrhundert, die ersten Konzerte der Handel and Haydn Society, der Zustrom der deutschen Kultur, der die gesamte amerikanische Musik auf eine neue Grundlage stellte – all dies sind Meilensteine, die zeigen, wie schnell und umfassend unsere Fortschritte in Bezug auf Musikwissenschaft und Musikgeschmack waren, die uns aber auch daran erinnern, wie wenig unserer Errungenschaften wirklich einheimisch waren.

Trotz der Armut an origineller Erfindung, die es uns verbietet zu behaupten, dass amerikanische Kirchenmusik in irgendeiner Weise zur Entwicklung der Kunst beigetragen hat, gibt es keine Epoche in der Geschichte dieser Kunst, die für den amerikanischen Kirchenmann der Gegenwart ein größeres Interesse besitzt. Wir haben inmitten aller Schwankungen der Kirchenmusik, mittelalterlich und neuzeitlich, katholisch und protestantisch, ein immer wiederkehrendes Problem gefunden, das kaum scheinbar gelöst ist, als neue Bedingungen auftreten, die es erneut der Aufmerksamkeit von Pfarrer und Laien auferlegen. Die Wahl eines Musikstils, der den Bedürfnissen des Gottesdienstes am besten entspricht, da die Vorstellungen und Methoden des öffentlichen Gottesdienstes zwischen verschiedenen Gemeinden und in verschiedenen Epochen variieren, und der gleichzeitig den Ansprüchen der Musik als schöne Kunst nicht unwürdig ist – das ist das historische Dilemma, das noch immer wie eh und je eine fruchtbare Quelle der Verwirrung und Zwietracht ist. Die katholische und die episkopale Kirche sind von diesem Gespenst weniger beunruhigt als ihre nichtliturgischen Brüder. Ein autoritatives Ritual überträgt seine Gesetze auch auf die Musik; Die auf diese Weise gefestigte Tradition hält Neuerungen stand, und die liturgische und klerikale Auffassung von Musik verleiht den musikalischen Gebräuchen eine Stabilität, die durch keine Geschmacksabweichungen ganz erschüttert werden kann. In den nichtliturgischen Kirchen Amerikas sieht man jedoch nur eine Verwirrung der Zwecke, einen Mangel an Übereinstimmung, ein Fehlen jeder Art anerkannter Autorität. Die einzige Tradition ist die der völligen Entscheidungsfreiheit. Es gibt keinen anerkannten Geschmacksstandard; der gesamte musikalische Gottesdienst ist experimentell und den mehr oder weniger launenhaften Vorlieben des Chorleiters oder des Musikkomitees unterworfen. In den einzelnen Gesellschaften gibt es kein System, das nicht durch einen Verwaltungswechsel umgestürzt werden könnte. Die Chormusik ist eklektisch und stammt wahllos aus katholischen, deutschen und englischen Quellen; und wenn sie amerikanischer Komposition ist, ist sie lediglich eine offensichtliche

Nachahmung einer dieser drei. Die Gemeindemusik reicht vom deutschen Choral bis zum „Gospellied“, oder sie kann ein Wechsel dieser beiden unvereinbaren Stile sein. Der Chor ist manchmal ein Chor, manchmal ein Soloquartett; Letztere sind hauptsächlich gezwungen, ihr Material aus „Arrangements“ oder aus für Chor geschriebenen Werken auszuwählen. Dann wird der Chor aufgelöst und die Gemeinde, angeführt von einem Vorsänger mit Stimme oder Kornett, übernimmt die gesamte Bürde des Gesangs. Diese Umstände reichen aus, um zu erklären, warum es keine eigene Schule amerikanischer Kirchenmusik gibt und auch nie geben kann. Das große Prinzip der Selbstbestimmung in Lehre und Kirchenregierung , das eine solche Vielzahl von Sekten hervorgebracht hat, mag in einer zusammengesetzten und demokratischen Nation durchaus eine Notwendigkeit sein, aber es ist nicht weniger sicher ein Hindernis für die Entwicklung einer einheitlichen Art religiöser Musik.

Man käme einer Versöhnung all dieser Unterschiede viel näher und die Sache der Kirchenmusik stünde in einer viel vielversprechenderen Lage, wenn es eine engere Übereinstimmung zwischen dem musikalischen Niveau innerhalb der Kirche und dem in der gebildeten Gesellschaft außerhalb der Kirche gäbe. Kirchenmusik und weltliche Musik haben sicherlich unterschiedliche Ziele, und entsprechende Unterschiede in Bezug auf Form und Ausdruck müssen gewahrt werden. Ein säkularisierter Stil der Kirchenmusik bedeutet Dekadenz. Aber die Vitalität der kirchlichen Kunst schien immer davon abzuhängen, einen bewussten Kontakt mit den großen Kunstbewegungen der Welt zu wahren, und Kirchenmusik hat sicherlich nie gediehen, wenn sie infolge von Vernachlässigung oder Selbstgefälligkeit gegenüber ihrer Rivalin unterlegen war. In Amerika gibt es keine so anregende Wechselwirkung zwischen der Musik der Kirche und der des Konzertsaals und des gesellschaftlichen Kreises wie seit Jahrhunderten in Deutschland und England. Die Kirche ist nicht der Führer der Musikkultur. Wir werden schnell zu einer musikalischen Nation. Wenn man sieht, was in den Opernhäusern, Konzertsälen, Hochschulen, Konservatorien, öffentlichen Schulen und privaten Unterrichtsräumen vor sich geht, und die gegenwärtige Situation mit der von vor fünfzig Jahren vergleicht, kann man das Ergebnis leicht vorhersagen. Aber die Musik der Kirche kann trotz erfreulicher Bemühungen hier und da nicht mit diesem Fortschritt Schritt halten, und die Kirche muss zwangsläufig in

Bezug auf bestimmte sehr wichtige Interessen leiden, wenn diese Kluft immer größer wird.

Es gibt viele Ursachen für diesen Zustand, einige davon sind zufällig und vermeidbar, andere liegen in der Natur der Musik selbst und dem besonderen Dienst, den die Kirche von ihr verlangt. Das vielleicht größte Hindernis für eine hohe künstlerische Entwicklung religiöser Musik ist die unter den Frommsten weit verbreitete Meinung, dass Musik, wenn sie mit dem Gottesdienst verbunden ist, auf das scheinbar natürliche Recht aller Kunst verzichten muss, als Selbstzweck Vergnügen zu bereiten, und dass sie sich dem heiligen Text unterordnen und ihre Überzeugungskraft ausschließlich dazu einsetzen muss, dem Herzen göttliche Wahrheit aufzudrängen – wobei mit göttlicher Wahrheit eine bestimmte Form des religiösen Bekenntnisses gemeint ist. Ob diese Ansicht nun richtig oder falsch ist, wenn sie konsequent umgesetzt wird, so scheint es mir, verliert die Musik an Bedeutung.

Nun ist es offensichtlich, dass die Musik weniger bereit ist als jede andere Kunst, diesen niedrigeren Rang einzunehmen. Die Architektur dient einem utilitaristischen Zweck, das Vergnügen des Auges ist zweitrangig; Malerei und Bildhauerei können leicht didaktisch werden oder auf die sekundäre Funktion des Ornaments reduziert werden. Aber von allen Künsten ist die Musik die sinnlichste (ich verwende das Wort in seinem technischen, psychologischen Sinn), direkt und durchdringendste in ihrer Wirkung. Musik wirkt mit solcher Unmittelbarkeit und Intensität, dass es scheint, als ob sie unmöglich etwas anderes als überragend sein könnte, wenn sie all ihre Energien aufwendet. Wir können sie zwingen, langweilig und alltäglich zu sein, aber das löst das Problem nicht. Denn es ist die Schönheit und Herrlichkeit der Musik, die die Kirche nutzen möchte, aber wie soll verhindert werden, dass sich diese in einem solchen Ausmaß durchsetzt, dass die Frömmigkeit auf den Flügeln nervöser Erregung davongefegt wird? Wenn jemand seine Gefühle untersucht, wenn ein ausgebildeter Chor eine Flut verzückter Harmonie über ihn ausgießt, wird er es vielleicht schwierig finden zu entscheiden, ob es eine fromme Erhebung oder eine ästhetische Inspiration ist, die ihn erfasst hat. Gibt es tatsächlich einen wesentlichen Unterschied zwischen seinem Geisteszustand in diesem Moment und dem beispielsweise am Ende von „Tristan und Isolde"?

Jeder, der dieses Experiment an sich selbst versucht, wird sofort wissen, was dieses Problem der Musik in der Kirche ist, das fromme Männer seit Jahrhunderten verwirrt und das in jede historische Bewegung der Kirchenerweiterung oder -reform eingeflossen ist.

Ein wenig klares Nachdenken über dieses Thema wird, so scheint es mir, jeden davon überzeugen, dass Musik allein, an und für sich, die Menschen niemals religiös macht. So etwas wie religiöse Musik *an sich gibt es nicht*. Wenn Musik bei religiösen Zeremonien eine ausgesprochen andächtige Stimmung hervorruft, geschieht dies hauptsächlich durch Assoziationen und Beiwerk. Und wenn diese Stimmung nicht durch andere Ursachen hervorgerufen wird, kann man sich nie darauf verlassen, dass Musik allein sie erzeugt. Musik, selbst die edelste und reinste, ist nicht immer oder notwendigerweise eine Hilfe zur Hingabe, und es kann sogar eine Falle in dem liegen, was auf den ersten Blick ein ergebener Verbündeter zu sein scheint. Die Analogie, die zwischen religiöser Emotion und musikalischer Verzückung besteht, ist letztlich nur eine Analogie; ästhetisches Vergnügen, auch wenn es das raffinierteste ist, ist keine Anbetung; die schmelzende Zärtlichkeit, die oft auf eine erhabene Instrumental- oder Chorklänge folgt, ist keine Reue. Diejenigen, die jede gute Musik als religiös bezeichnen, verstehen die Bedeutung der Begriffe nicht, die sie verwenden. Denn Hingabe ist nicht nur ein vages Gefühl der Sehnsucht oder Verzückung. Es muss eine positive Anerkennung eines Gegenstandes der Anbetung beinhalten, ein Aufstreben, nicht zu etwas Unbekanntem oder Unerreichbarem, sondern zu einem Gott, der sich uns offenbart und von dem wir glauben, dass er die Aufrichtigkeit der ihm dargebrachten Anbetung kennt; es muss auch ein Gefühl der Demut vor einer allmächtigen Macht beinhalten, eine Reue für die Sünde, ein Verlangen nach Vergebung und Versöhnung, ein Bewusstsein von Bedürftigkeit und Abhängigkeit und eine aktive Ausübung von Glauben und Liebe. Die Musik kann zu solchen Überzeugungen beitragen und sie vertiefen, ihnen greifbaren Ausdruck verleihen und das Gefühl von Freude und Frieden verstärken, das sie zur Folge haben können; aber sie zu erzeugen, liegt außerhalb ihrer Macht.

Die Aufgabe der Musik besteht nicht darin, konkrete Bilder zu vermitteln oder bestimmte, benennbare Gefühle zu wecken, sondern vielmehr darin, bereits vorhandene Ideen und Gefühle zu intensivieren oder den Geist zu befreien und ihn in jenen sensiblen, erwartungsvollen Zustand zu versetzen, in dem Vorstellungen, die die Emotionen ansprechen, ungehindert wirken können. Die allgemeinere Funktion der Musik im Heiligtum besteht darin, die vorbereitete und gezügelte Stimmung, die der Anbetung vorausgeht, zu übernehmen, sie von anderen Stimmungen und Erinnerungen zu trennen, die nicht vollkommen mit ihr übereinstimmen, und sie in einem vollständigeren Selbstbewusstsein und einer dauerhafteren Haltung zu verankern. Dieses vorausgehende Gefühl des Bedürfnisses und der Sehnsucht nach göttlicher Gemeinschaft kann nicht allein durch Musik geweckt werden; der Genuss abstrakter musikalischer Schönheit, wie raffiniert und erhebend sie auch sein mag, ist keine Anbetung, und ein musikalischer Eindruck, der von allen anderen losgelöst ist, kann nicht zum Geist des Gebets beitragen. Nur wenn der Gebetsimpuls bereits als mehr oder weniger bewusste Tendenz des Geistes existiert, hervorgerufen durch ein Gefühl der Liebe und Pflicht, durch die Assoziationen mit der Zeit und dem Ort, durch die Durchführung der anderen Teile des Gottesdienstes oder durch irgendwelche Einflüsse, die das Herz des Gläubigen sehnsüchtig zum Gnadenstuhl neigen – nur in Verbindung mit einem solchen erwartungsvollen Geisteszustand und den Ursachen, die ihn hervorrufen, erfüllt Musik ihre wahre Aufgabe im öffentlichen Gottesdienst. Es genügt nicht, sich auf den Einfluss der Worte zu verlassen, zu denen die Musik vertont ist, denn da sie gleichzeitig mit der Musik erklingen, haben sie weder Zeit noch Gelegenheit, mit voller Kraft auf das Verständnis einzuwirken; da die Wirkung der Musik auf die Emotionen unmittelbarer und lebendiger ist als die der Worte auf den Intellekt, wird letzterer bei der Anspannung musikalischer Erregung oft nicht berücksichtigt. Wie dem auch sei, es ist beim Sologesang nicht möglich oder gar wünschenswert, dass die Worte eines Chors so deutlich sind, dass sie den Haupteindruck hinterlassen . Diejenigen, die eine deutliche Artikulation verlangen, als ob die religiöse Wirkung des Kirchenliedes allein davon abhinge, hören nicht musikalisch zu. Jedenfalls sehen sie nur einen kleinen Teil des Problems, das nicht mit der Wirkung der Worte, sondern der Töne zu tun hat. Text und Musik verstärken sich gegenseitig, wenn der Hörer die Worte kennt, bevor der Gesang beginnt, und tragen so dazu bei, die

Erwartung zu erzeugen, von der ich gesprochen habe, und erzeugen jene Befriedigung, die man empfindet, wenn man den musikalischen Ausdruck als seinem poetischen Thema angemessen empfindet.

Der Geist der Anbetung muss daher durch begünstigende Bedingungen und Mittel geweckt werden, die der Musik helfen — es ist dann die Aufgabe der Musik, diesen Geist auf ein lebendigeres Bewusstsein seines Ziels zu lenken. Mit der Musik verhält es sich wie mit der Natur, wie Professor Shairp sagt: „Wenn die Natur das Symbol für etwas Höheres als sie selbst sein soll, um Andeutungen von dem zu vermitteln, von dem sowohl die Natur als auch die Welt ausgehen, muss der Mensch mit dem Gedanken an Gott bereits im Herzen zum Schauspiel kommen. Er wird nicht durch den bloßen Anblick der Natur eine Religion erlangen. Wenn Schönheit die Seele emporführen soll, muss der Mensch mit klaren und festen moralischen Überzeugungen zur Betrachtung kommen und daran glauben, dass diese ihn direkt mit Gott verbinden. Weder Moral noch Religion wird er durch Schönheit für sich allein gewinnen."

Die fundiertesten Kunstautoren behaupten, dass Kunst, abstrakt betrachtet, weder moralisch noch unmoralisch ist. Es nimmt einen Bereich außerhalb der Religion oder Ethik ein. Es kann dazu beitragen, religiöse und moralische Vorstellungen überzeugender zu machen; Es kann durch die Berührung reiner Schönheit materielle und prosaische Interessen überwältigen und dazu beitragen, eine Atmosphäre zu schaffen, in der spirituelle Ideen reibungslos zirkulieren können, aber der Geist muss zuvor durch andere als rein künstlerische Mittel moralisch sensibel gemacht worden sein. Es ist die besondere Gabe der Musik, dass sie eine schnellere und unmittelbarere Möglichkeit zur Verschmelzung von Vorstellungen sinnlicher Schönheit und hingebungsvoller Erfahrung bietet als jede andere Schwesternschaft der Kunst. Es ist die Unbestimmtheit der Musik im Vergleich zu Malerei und Skulptur, die Intensität ihrer Wirkung im Vergleich zur Schönheit von Architektur und Dekoration, die ihr ihre besondere Kraft verleiht. Dieser suchenden Kraft der Musik, ihrer Freiheit von Erinnerungen an das tatsächliche Leben oder individuelle Erfahrungen, ist die herausragende Bedeutung zu verdanken, die der Musik in den religiösen Bräuchen aller Zeiten und Nationen zugeschrieben wird. Frömmigkeit gehört zu den tiefgreifendsten und fesselndsten menschlichen Gefühlen – zusammen mit Gefühlen wie Patriotismus und Menschenliebe – die sich instinktiv nicht in Prosa, sondern in Poesie, nicht in gewöhnlicher leidenschaftsloser Sprache, sondern in rhythmischem Ton äußern. Musik ist die kompetenteste Kunst, um in einen solch leidenschaftlichen und beweglichen Geisteszustand zu gelangen. Die Ekstase, die im Musikliebhaber durch die Magie seiner Kunst hervorgerufen wird, ähnelt mehr als alles andere, was die Kunst hervorrufen kann, jener mystischen Verzückung, die von religiösen Enthusiasten beschrieben wird. Der Gottesdienst ist losgelöst von allen Belangen des physischen Lebens; es erhebt das Subjekt in eine überirdische Region – es hat im Moment nichts mit zeitlichen Aktivitäten zu tun; es ist weitgehend spontan und unreflektiert. Das Versunkensein des Geistes in die Kontemplation, das Gefühl des inneren Friedens, das mit der Emanzipation von den Störungen des Alltags einhergeht, die freudigen Regungen der Seele, wenn sie einen Blick auf ewige Seligkeit zu erhaschen scheint, haben eine frappierende Ähnlichkeit mit Phasen musikalischer Befriedigung, in denen die … analytische Fähigkeiten werden nicht beansprucht. Daher die Bereitschaft, mit der sich die Musik mit diesen höheren Erfahrungen verbindet. Musik in ihrer mystischen, undefinierbaren Wirkung scheint die Stimmung des Gebets aktiver zu machen, sie sich selbst zu interpretieren und durch etwas, das in der Harmonie himmlisch erscheint, die Stimmung tiefer, stärker und befriedigender zu machen, als sie es wäre, wenn sie in sich eingeschlossen wäre der Seele und dieses Mittels zur Befreiung beraubt. Aufgrund ihrer universellen und unpersönlichen Qualität stellt Musik auch das wirksamste Kommunikationsmittel zwischen allen an einer gemeinsamen Handlung beteiligten Individuen dar; Man könnte sagen, die einzelnen Persönlichkeiten lösen sich in der allgemeinen Flut der Verzückung auf, die durch die Musik symbolisiert wird, und das gemeinsame Gefühl wird durch das Bewusstsein der Sympathie zwischen Geist und Seele, von dem die Musik zeugt und für den sie so wirksam ist, wieder verstärkt fördern.

Der Kern dieser ganzen Diskussion besteht daher darin, dass diejenigen, die sich in der Kirche mit Musik befassen, die inhärenten Gesetze der musikalischen Wirkung berücksichtigen müssen. Musik ist keine repräsentative Kunst; es bringt eine Ordnung von Eindrücken mit sich, die nicht in die der Poesie oder Malerei übersetzbar sind. Um es mit den Worten von Walter

Pater zu sagen: „Es stellt keine Gefühls- oder Gedankensache dar, die von der besonderen Form, in der sie uns vermittelt wird, trennbar ist." Es kann durch seine besondere Fähigkeit, die Sinne anzuregen und Vorstellungen von Schönheit in der reinsten, abstraktesten Form zu vermitteln, dazu beitragen, den Geist für ernsthafte Eindrücke empfänglich zu machen; aber um ein spezifisch religiöses Gefühl zu erregen, muss es mit anderen Eindrücken zusammenwirken, die entschiedener auf den Verstand einwirken. Die Worte, zu denen die Musik gesungen wird, reichen für diesen Zweck nicht aus, wenn sie durch die Flut bezaubernder Klänge in den Geist eines Musikliebhabers eingetaucht werden, es sei denn, sie sind im Voraus bekannt und bedacht; Und selbst dann brauchen auch sie Verstärkung aus der Umgebung, in der der musikalische Gottesdienst stattfindet. Der Gesang des Chores muss als Teil des Gebetsdienstes gestaltet und empfunden werden. Der Geist und die Ausrichtung des gesamten Gottesdienstes für diesen Tag müssen einheitlich sein; Die Musik muss ein lebendiges und organisches Element in dieser Einheit sein. Alle Teile der Dienstleistung müssen vom Wunsch nach Schönheit und Fitness gesteuert werden. Musik, so schön sie auch sein mag, verliert etwas von ihrer Wirkung, wenn ihre Begleitung nicht mit ihr harmoniert. Dieses Desiderat lässt sich zweifellos am einfachsten in einem liturgischen Gottesdienst verwirklichen. Ein großer Vorteil einer alten und vorgeschriebenen Form besteht darin, dass ihre Bestandteile leicht zu einem gemeinsamen Eindruck führen und das Ritual im Laufe der Zeit dazu neigt, sowohl ehrwürdig als auch würdevoll und schön zu werden. Die nicht-liturgische Methode kann diese Vorstellung von Harmonie und Erhabenheit problemlos übernehmen und sie anwenden, soweit ihre eigenen Bräuche und Regeln des öffentlichen Gottesdienstes dies zulassen. Wie diese Einheit des Handelns in den verschiedenen Faktoren eines nicht-liturgischen Gottesdienstes am besten erreicht werden kann, ist nicht Gegenstand der Diskussion in diesem Buch. Das Problem ist nicht schwierig, wenn Pfarrer, Chorleiter und Kirchenmitglieder sich über das Prinzip einig sind. In jeder Kirche gibt es Heiligtümer der Zeit und des Ortes; es gibt gemeinsame Geistesgewohnheiten, die durch einen gemeinsamen Glauben hervorgerufen werden; Es gibt historische Traditionen, die alle zu einer Einheit der Gefühle in der Gemeinde beitragen. All dies kann durch einen geschickt konzipierten Dienst kultiviert und verbessert werden, der in Anerkennung des psychologischen Gesetzes entwickelt und gestaltet wird, dass eine Kunstform nur dann mit voller Kraft wirkt, wenn der Geist durch Vorfreude und passende Hilfsmittel darauf vorbereitet ist.

Diese Schlussfolgerung ist jedoch noch lange nicht das Ende der Sache. Die tiefgründigste Absicht wird die Kirchenmusik nicht zu ihrem idealen Zweck wirksam machen, wenn das ästhetische Element außer Acht gelassen wird. Es scheint in vielen Kreisen ein seltsames Misstrauen gegenüber der Schönheit und dem Können musikalischer Darbietungen zu herrschen, als stünden künstlerische Qualitäten in gewisser Weise im Widerspruch zur Hingabe. Dieses Misstrauen ist ein Überbleibsel der alten calvinistischen Angst vor allem, was im öffentlichen Gottesdienst studiert, formal und äußerlich schön ist. In anderen Gemeinden wird die Kirchenmusik einfach vernachlässigt, was eine Folge der übermäßigen Dominanz der Predigt in der Entwicklung des Protestantismus ist. Es wird oft auch als ausreichend erachtet, wenn die Kirchenmusiker gläubige Männer und Frauen sind, wobei man vergisst, dass eine musikalische Darbietung, die die Nerven reizt, niemals zur Frömmigkeit beitragen kann. Diese Feinde der künstlerischen Kirchenmusik – Feindseligkeit, Gleichgültigkeit und Ignoranz – sind in einem Land, in dem wie in Amerika das allgemeine Wissen und der Musikgeschmack rasch wachsen, besonders schädlich. Jene Kirchen, die, aus welchen Gründen auch immer, ihr musikalisches Niveau unter dem Niveau halten, das in der sie umgebenden gebildeten Gesellschaft vorherrscht, handeln weder materiell noch spirituell zu ihrem eigenen Vorteil. Präsident Faunce hatte Recht, als er einer der Kirchen seiner Konfession sagte: „Ihre Musik muss edel und gut bleiben." Wenn Ihre Kinder Wagner und die anderen großen Meister in ihren Schulen hören, werden sie sich nicht mit „Ans Ufer ziehen" in der Kirche zufrieden geben." Diejenigen Kirchen, die sich beispielsweise hauptsächlich auf die „Evangeliumslieder" verlassen, sollten nüchtern darüber nachdenken, ob es auf lange Sicht rentabel ist, einen Standard religiöser Melodien und Verse beizubehalten, der weit unter dem liegt, der in weltlicher Musik und Literatur vorherrscht. „Die Kirche ist die Kunstschule des einfachen Mannes", sagt Professor Riehl; Und obwohl man antworten kann, dass es nicht die Aufgabe der Kirche ist, Kunst zu lehren, kann es sich die Kirche doch nicht leisten, ihre spirituelle Kultur im Einklang mit den höheren intellektuellen Bewegungen der Zeit zu halten. Wer seinen Geschmack von der Poesie von Meistern wie Milton und Tennyson, von der Musik von Händel und Beethoven nährt und dessen Wertschätzung durch die besten Beispiele moderner Konzertsäle geschärft wird, kann seinen Geschmack und seine kritische Angewohnheit nicht aufgeben als er die Kirchentür betritt. Das Gleiche gilt in abgewandeltem Maße auch für diejenigen, die weniger Bildungsvorteile hatten. Es ist ein Trugschluss zu behaupten, dass die Massen des Volkes nur auf das reagieren, was trivial und sensationell ist. Was soll man jedenfalls von einer Kirche sagen, die sich damit zufrieden gibt, ihre Anhänger auf derselben intellektuellen und spirituellen Ebene zu belassen, auf der sie sie vorfindet?

Bei all dieser Diskussion habe ich an die stetige und normalere Arbeit der Kirche gedacht. Gesangsformen, die für den Musiker außerhalb der Kunst liegen, können in Zeiten besonderer religiöser Dynamik einen legitimen Platz haben. Niemand, der mit der Geschichte der religiösen Verbreitung in Amerika vertraut ist, wird die Erweckungshymne verachten oder die Notwendigkeit ihrer Rolle leugnen. Aber diese Zeiten des spirituellen Umbruchs sind vorübergehend und außergewöhnlich; Sie sind eigentlich der Anfang und nicht das Ende der Bemühungen der Kirche. Die Erweckungshymne kann bei der Seelengewinnung wirksam sein , sie reicht jedoch nicht aus, wenn sie als Element der größeren Aufgabe der spirituellen Entwicklung betrachtet wird.

Es gibt noch einen weiteren Grund, auf Schönheit und Vollkommenheit in allen Aspekten des öffentlichen Gottesdienstes zu bestehen, in die Kunst einfließt – für einen frommen Geist der zwingendste aller Gründe. Der große Richard Hooker bringt dies so eindringlich zum Ausdruck, dass es genügt, seine Worte zu zitieren und es dabei zu belassen. Über den Wert edler Architektur und Verzierung im Zusammenhang mit öffentlichen religiösen Handlungen spricht er weiter: „Damit geben wir Gott ein Zeugnis unserer freudigen Zuneigung, die nichts für zu wertvoll hält, um es mit der Ausstattung seines Gottesdienstes zu tun; und auch, weil es der Welt als Zeugnis seiner Allmacht dient, den wir äußerlich mit den erhabensten äußeren Dingen ehren, da er selbst von allen Dingen unvergleichlich der Größte ist. Um die Majestät der Könige, seiner Stellvertreter in dieser Welt, hervorzuheben, werden die prächtigsten und seltensten Schätze der Welt beschafft. Wir denken, dass er wahrscheinlich annehmen wird, was der Geringste von ihnen verachten würde." [84]

Wenn ich das Streben nach Schönheit und Perfektion in der Kirchenmusik vorantreibe, möchte ich keinen einzelnen Stil als Vorbild aufstellen – tatsächlich gibt es keinen Stil, der als universelles Vorbild dienen könnte. Es kann keine allgemeine Einigung geben, denn unterschiedliche Bedingungen erfordern unterschiedliche Methoden. Der katholische Musikreformer verweist auf den alten gregorianischen Gesang und die Meisterwerke der Chorkunst des 16. Jahrhunderts als Verkörperung des Ideals, das er vertreten möchte. Der Episcopalian hat den anglikanischen Gesang und die anglikanische Hymne, die an sich edel und angemessen sind und durch die Assoziationen dreier ereignisreicher Jahrhunderte geweiht sind. Aber der einzige erbliche Besitz der Kongregationalisten, Presbyterianer und anderer nichtliturgischer Körperschaften ist die grobe Psalmodie der frühen Calvinisten und Puritaner, die im Gegensatz zum lutherischen Chor nicht über die musikalischen Kräfte verfügt, aus denen sich eine Kirchenkunst entwickeln lässt. In diesen Gesellschaften gibt es keine gemeinsame Forderung oder Gelegenheit, die mangels eines gemeinsamen musikalischen Erbes irgendeine neue und unverwechselbare Form kirchlichen Liedes hervorbringen könnte. Sie müssen Kreditnehmer und Adapter sein, nicht Schöpfer. Das Problem dieser Kirchen ist die Anwendung bestehender Formen auf neue Bedingungen – die Ausrichtung der bewährten Kräfte der Musik auf noch höhere Dienstlinien in der Epoche der Verheißung, die jetzt vor ihnen beginnt.

In dieser Zeit, die vor uns liegt und in der neue Möglichkeiten von der Kirche in Amerika neue Methoden in der gesamten Bandbreite ihres Wirkens erfordern, wird die Musik eine größere Rolle spielen als je zuvor. Es ist von großer Bedeutung, dass ihr Dienst intelligent eingesetzt wird. Sowohl Geistliche als auch Chorleiter sollten sich der Natur der Probleme bewusst sein, die kirchliche Musik mit sich bringt. Sie sollten etwas über die Erfahrungen der Kirche im historischen Umgang mit dieser Frage wissen, über die besonderen Eigenschaften der Hauptformen des Kirchengesangs, die in der Vergangenheit eine so große Rolle gespielt haben, und über die Art der Wirkung von Musik auf den Geist sowohl allein als auch im Zusammenwirken mit anderen religiösen Einflüssen. Wie viele Pfarrer und Chorleiter sind in diesen Angelegenheiten gut bewandert? Was tun die theologischen Seminare und Musikkonservatorien, um Wissen und Überzeugung zu diesem Thema zu verbreiten? In den Seminaren werden Vorlesungen über Liturgiologie und Hymnologie gehalten; aber was sind Hymnen und Liturgien ohne Musik? Und wie viele Kandidaten für das Amt sind bereit, die Bemühungen der Kirchenmusiker um musikalische Verbesserung und Reform zu unterstützen? Ich bin mir natürlich darüber im Klaren, dass in einigen Priesterseminaren nicht-liturgischer Konfessionen bereits mit der Arbeit in dieser Abteilung der Ekklesiologie begonnen wurde. In den Konservatorien werden Orgelspiel und Gesang sowohl im Solo- als auch im Chorunterricht unterrichtet, meist jedoch auf technischer Ebene – die Anpassung der Musik an die spirituellen Anforderungen der Kirche wird selten berücksichtigt. Jede Konfession braucht eine St.-Cäcilia-Gesellschaft, um die Kirchen von der geistlichen Belebung zu überzeugen, die in echter Kirchenmusik liegt, und von dem Unfug, der in der falschen liegt, um den Kirchenmitgliedern ein Verständnis für den Schaden zu vermitteln, der mit einer offensichtlichen Inkongruenz zwischen dem Charakter der Musik einhergeht und der Geist des Gebets, den die etablierten Gottesdienstämter zu schaffen und zu zeigen, wie alle Teile des Gottesdienstes harmonisch zusammenwirken können.

Das allgemeine Wachstum der Musikkultur, das ein so ausgeprägtes Merkmal unserer Zeit ist, sollte überall zum Wohle der Kirche genutzt werden. Der Musikunterricht an den öffentlichen Schulen sollte ein Mittel sein, um die Kirchen mit fähigen Chorsängern zu versorgen. Die Kirche muss auch Musikern und Musikstudenten größere Anreize bieten. Hier berühren wir einen äußerst wichtigen Punkt. Wenn die Kirche Musik will, die ihrer Würde würdig ist und die ihr hilft, den Platz zu behaupten, den sie im modernen Leben einnehmen möchte, muss sie dafür bezahlen. Der Grund, warum sich so wenige talentierte Studenten auf die Arbeit in der Kirche als Organisten und Chorleiter vorbereiten, liegt darin, dass die Aussicht auf eine Vergütung zu gering ist, um dieses spezielle Studium lohnenswert zu machen. Der musikalische Dienst der Kirche liegt daher in den allermeisten Fällen in den Händen von Amateuren oder von Musikern, die sich die ganze Woche über einer Arbeit widmen, die nichts mit der Kirche zu tun hat. Ein Mann, der ausschließlich oder hauptsächlich als Pianist ausgebildet ist und seine Kraft und Zeit sechs Tage lang dem Klavierunterricht und -unterricht widmet, oder ein Sänger, dessen Energie hauptsächlich für privaten Gesangsunterricht verwendet wird, kann wenig zu den höheren Bedürfnissen der Kirchenmusik beitragen. Es ist nicht seine Schuld; er muss sein Einkommen dort suchen, wo er es finden kann. Der Dienst der Kirche ist eine Nebensache und erhält den Nutzen, den jede Sache erwarten muss, wenn ihr nur die Reste an Interesse und Energie gewidmet werden, die von einer Woche harter Arbeit übrig bleiben. Es gibt eine Menge junger Musiker, für die die Kirchenarbeit außerordentlich attraktiv ist. Wenn die Kirche die Bedeutung ihres musikalischen Dienstes hervorhebt und ihre Gehälter entsprechend erhöht, wird ein reichliches Maß an aufstrebendem musikalischem Talent und Enthusiasmus auf ihren Ruf hin bereitstehen.

Das musikalische Problem der nichtliturgischen Kirche in Amerika ist daher nicht eines der Schöpfung, sondern der Verwaltung. Was auch immer die Mission der Kirche in unserem nationalen Leben sein soll, die Möglichkeiten ihrer Musik sollen nicht geringer als früher sein, sondern größer. Es ist offensichtlich, dass der Begriff der Sündenüberführung und der plötzlichen Bekehrung allmählich den Platz verliert, den er früher in der kirchlichen Theorie innehatte, und durch den Begriff der spirituellen Erziehung ergänzt, wenn nicht gar verdrängt wird. Die Kirche findet ihre dauerhafte und umfassende Aufgabe im Bündnis mit jenen Kräften, die für die soziale Erneuerung sorgen; nicht länger Seelen von der Welt zu trennen und sie auf einen zukünftigen Daseinszustand vorzubereiten, sondern daran zu arbeiten, das Reich Gottes hier auf Erden zu errichten; nicht die Rechte der gesunden menschlichen Instinkte zu leugnen, sondern sie für den brüderlichen Dienst zu disziplinieren und zu verfeinern. In diesem breiteren Bereich wird die Kunst, insbesondere die Musik, neu in Auftrag gegeben und ihre wohltuenden Kräfte mit immer größerer Intelligenz genutzt. Die Kirche kann die alte musikalische Führungsrolle, die ihr im 17. und 18. Jahrhundert durch die Oper, den Gesangverein und das Konzertwesen entrissen wurde, nie wieder zurückgewinnen. Doch im 20. Jahrhundert wird sie Mittel und Wege finden, zum Wohle aller mit diesen Institutionen zusammenzuarbeiten.

Das Konzil von Karthago erlegte den Kirchensängern im vierten Jahrhundert folgende Anweisung auf: „Seht zu, dass ihr in eurem Herzen glaubt, was ihr mit euren Lippen singt; und was du in deinem Herzen glaubst, das verkörperst du in deinem Leben.“ Diese Ermahnung kann niemals ihre Autorität verlieren; Hinter wahrer Kirchenmusik muss der Glaube stehen. Als Ergänzung zu dieser alten Warnung kommt jedoch die Aufforderung der modernen Kultur, dass sich die Musik des Heiligtums an die komplexen und sich verändernden Bedingungen des modernen Lebens anpassen soll und dass sie, während sie sich dem reinen Geist der Anbetung unterwirft, kontinuierlich wachsen soll jene Eigenschaften, die es würdig machen, vom höchsten künstlerischen Geschmack geehrt zu werden. Denn zu den ehrwürdigen Traditionen der Kirche, die von der Weisheit ihrer Herrscher von der Zeit ihrer Väter bis heute bestätigt wurden, gehört eine, die sie auffordert, das Genie ihrer Kinder zu schätzen und die Mittel der Vorstellungskraft und des Könnens zu nutzen, um Stärke und Anmut zu verleihen zu ihren Wohnungen, Schönheit, Würde und Eignung zu ihren Gottesdiensten.

LITERATURVERZEICHNIS

Liste von Büchern, die für den Studierenden der Kirchenmusik von besonderem Wert sind, ausgenommen kirchengeschichtliche Werke. Bücher, die der Autor für besonders wichtig hält, sind mit einem Sternchen gekennzeichnet.

*Ambros. Geschichte der Musik, 5 Bände. und Index. Leipzig, Leuckart, 1880-1887.

*Archer und Reed (Herausgeber). Das Choral Service Book. Philadelphia, General Council Publication Board, 1901.

*Bacon und Allen (Herausgeber). <u>Die Hymnen Martin Luthers in Originalmelodien mit englischer Fassung.</u> New York, Scribner, 1883.

Bäumer. Das Katholisch-deutsche Kirchenlied. Freiburg, Herder, 1886.

Burney. Allgemeine Musikgeschichte, 4 Bände. London, 1776.

*Caecilien Kalendar, 5 Bände; Haberl, Herausgeber. Regensburg, 1876-1885.

Clemens. Allgemeine Geschichte der religiösen Musik. Paris, Adrien le Clere, 1861.

Chappell. Musikgeschichte von den frühesten Aufzeichnungen bis zum Untergang des Römischen Reiches. London, Chappell.

Chrysander. Georg Friedrich Haendel, 3 Bde. (unvollendet). Leipzig, Breitkopf & Härtel, 1856-1867.

*Coussemaker. Geschichte der Harmonie im Moyen Age. Paris, Didron, 1852.

*Curwen. Studies in Worship Music, 2 Bde. London, Curwen.

Davey. Geschichte der englischen Musik. London, Curwen, 1895.

*Dommer. Elemente der Musik. Leipzig, Weigl, 1862.

*Dommer. Handbuch der Musikgeschichte. Leipzig, Grünow, 1878.

Duen. Clement Marot und der Psautier Hugenott, 2 Bde. Paris, 1878.

Duffield. Englische Hymnen. New York, Funk, 1888.

Duffield. Lateinische Hymnenschreiber und ihre Hymnen. New York, Funk, 1889.

Earle. Der Sabbat im puritanischen Neuengland. New York, Scribner, 1891.

Engel. Musikinstrumente (Kunsthandbücher des South Kensington Museum). London, Chapman & Hall.

*Engel. Die Musik der ältesten Nationen. London, Murray, 1864.

Fetis. Biographie universelle des Musiciens, 8 Bde. mit 2 Ergänzungsbänden. von Pougin. Paris, Didot.

*Gevaert. Die antike Melodie im lateinamerikanischen Gesang. Gand, Hoste, 1895.

*Gevaert. Les Origines du Chant liturgique de l'Église latine. Gand, Hoste, 1890.

Glas. Die Geschichte des Psalters. London, Paul, 1888.

Gould. Kirchenmusik in Amerika. Boston, Gould, 1853.

*Hain. Wörterbuch der Musik und Musiker, 4 Bde. London, Macmillan, 1879-1890.

*Haberl. Magister Choralis, tr. von Donnelly. Regensburg und New York, Pustet, 1892.

Häuser. Geschichte des christlichen Kirchengesanges und der Kirchenmusik. Quedlinburg, Basse, 1834.

Hawkins. Allgemeine Geschichte der Wissenschaft und Praxis der Musik, 3 Bde. London, 1853.

*Helmore. Plain Song (Novellos Musikgrundierungen). London, Novello.

Hoffmann von Fallersleben. Geschichte des deutschen Kirchenliedes bis zur Lutherzeit. Hannover, Rümpler, 1861.

Hoffnung. Mittelalterliche Musik. London, Stock, 1894.

*Horder. Der Hymnenliebhaber. London, Curwen, 1889.

Hughes. Zeitgenössische amerikanische Komponisten. Boston, Seite, 1900.

*Jakob. Die Kunst im Dienst der Kirche. Landshut, Thomann, 1885.

*Jebb. Der Chordienst der Vereinigten Kirche von England und Irland. London, Parker, 1843.

*Julian. Wörterbuch der Hymnologie. London, Murray, 1892.

Kaiser und Sparger. Eine Sammlung der wichtigsten Melodien der Synagoge. Chicago, Rubovits, 1893.

*Kirchenmusikalisches Jahrbuch; Haberl, Herausgeber. Regensburg, begonnen 1886.

Koch. Geschichte des Kirchenliedes und Kirchengesanges, 8 Bände. Stuttgart, Belser, 1866.

*Köstlin. Geschichte des christlichen Gottesdienstes. Freiburg, Mohr, 1887.

*Kretzschmar. Führer durch den Concertsaal: Kirchliche Werke. Leipzig, Liebeskind, 1888.

*Kümmerle. Eucycloplëdie der evangelischen Kirchenmusik, 4 Bände. Gütersloh, Bertelsmann, 1888-1895.

Laughans. Geschichte der Musik des 17, 18 und 19. Jahrhunderts, 2 Bände. Leipzig, Leuckart, 1887.

La Trobe. Die Musik der Kirche. London, Seeley, 1831.

Liliencron. Deutsches Leben im Volkslied um 1530. Stuttgart, Spemann, 1884.

Malim. Englische Hymnenmelodien vom 16. Jahrhundert bis zur Gegenwart. London, Reeves.

*Marbecke. Das Buch des gemeinsamen Gebets mit Musiknoten; Rimbault, Herausgeber. London, Novello, 1845.

Maskell. Alte Liturgie der Church of England.

McClintock und Strong. Zyklopädie der biblischen, theologischen und kirchlichen Literatur. New York, Harper, 1867-1885.

*Mees. Chöre und Chormusik. New York, Scribner, 1901.

Mendel-Reißmann. Musikalisches Conversations-Lexikon, 11 Bde. Leipzig, List & Francke.

Naumann. Geschichte der Musik, tr. von Praeger, 2 Bde. London, Cassell.

*Neale. Hymnen der Ostkirche. London, 1882.

*O'Brien. Geschichte der Messe. New York, Catholic Pub. Soc., 1893.

*Oxford History of Music, 6 Bände; Hadow, Herausgeber. Oxford, Clarendon Press, erscheint jetzt.

*Parieren. Entwicklung der Musikkunst. New York, Appleton, 1896.

Perkins und Dwight. Geschichte der Händel- und Haydn-Gesellschaft. Boston, Mudge, 1883-1893.

Pothier. Les Melodies gregoriennes. Deutsche Übersetzung von Kienle.

*Pratt. Musikalische Dienste in der Kirche. New York, Revell, 1901. Enthält wertvolle Bibliographie.

*Proktor. Geschichte des Buches des gemeinsamen Gebets. London, Macmillan, 1892.

Riemann. Katechismus der Musikgeschichte, 2 Bde. London, Angener; New York, Schirmer.

Ritter, AW Zur Geschichte des Orgelspiels. Leipzig, Hessen, 1884.

Ritter, FL Musik in Amerika. New York, Scribner, 1890.

Ritter, FL Musik in England. New York, Scribner, 1890.

Rousseau. Dictionnaire de Musique.

Rowbotham. Musikgeschichte, 3 Bde. London, Trübner, 1885-1887.

Gleiches, 1 Bd.

Schelle. Die Sixtinische Kapelle. Wien, Gotthard, 1872.

Schlecht. Geschichte der Kirchenmusik. Regensburg, Coppenrath, 1879.

Schletterer. Geschichte der kirchlichen Dichtung und geistlichen Musik. Nördlingen, Beck, 1866.

Schletterer. Studien zur Geschichte der französischen Musik. Berlin, Damköhler, 1884-1885.

*Schubiger. Die Sängerschule St. Gallen. Einsiedeln, Benziger, 1858.

Spencer. Prägnante Erklärung der Kirchenmodi. London, Novello.

*Spitta. Johann Sebastian Bach, 3 Bde., tr. von Clara Bell und JA Fuller Maitland. London, Novello, 1884-1888.

Spitta. Musikgeschichtliche Aufsätze. Berlin, Paetel, 1894.

Spitta. Zur Musik. Berlin, Paetel, 1892.

*Flecker. Die Musik der Bibel. London, Cassell, 1882.

Stainer und Barrett. Wörterbuch der musikalischen Begriffe. Boston, Ditson.

Thibaut. Reinheit in der Musik, tr. von Broadhouse. London, Reeves.

*Wagner, P. Einführung in die gregorianischen Melodien. Freiburg (Schweiz), Veith, 1895.

Winterfeld. Das evangelische Kirchengesang, 3 Bde. Leipzig, Breitkopf & Härtel, 1845.

Winterfeld. Johannes Gabrieli und sein Zeitalter, 2 Bde. Berlin, Schlesinger, 1834.

*Weiser Mann. Vorträge über die Ämter und Zeremonien der Karwoche. Baltimore, Kelly, 1850.

Fußnoten

[1] Brinton, *Die Religionen der alten Völker.*

[2] Brown, *The Fine Arts* .

[3] Spencer, *Professionelle Institutionen: Tänzer und Musiker* .

[4] Lang, *Mythos, Ritual und Religion* .

[5] Eine vollständige Darstellung der antiken assyrischen Musik findet sich, soweit bekannt, in Engels *Musik der ältesten Nationen* .

[6] „Vor langer Zeit scheinen sie [die Ägypter] den Grundsatz erkannt zu haben, dass ihre jungen Bürger an Formen und Tugenden gewöhnt werden müssen. Diese legten sie fest und stellten deren Vorbilder in ihren Tempeln aus; und keinem Maler oder Künstler ist es erlaubt, sie zu erneuern oder die traditionellen Formen zu verlassen und neue zu erfinden. Bis zum heutigen Tag ist weder in diesen Künsten noch in der Musik überhaupt eine Veränderung erlaubt."—Platon, *Gesetze* , Buch II., Übersetzung von Jowett.

[7] Chappell, *Geschichte der Musik* .

[8] Erman, *Leben im alten Ägypten* , übersetzt von Tirard.

[9] Siehe Platon, *Politeia* , Buch III.

[10] Ambros, *Geschichte der Musik* .

[11] Gen. xxxi. 27.

[12] Bsp. xix.

[13] Jos. vi.

[14] Num. X. 2-8.

[15] 2. Chron. V. 12, 13; xxix. 26-28.

[16] 2. Chron. xiii. 12, 14.

[17] 1 Sam. X. 5.

[18] Chappell, *Geschichte der Musik* , Einleitung.

[19]   Ausführlichere   Beschreibungen   antiker
Musikinstrumente finden sich in Chappell, *History of Music* ;
Engel, *The Music of the Most Ancient Nations* ; und Stainer, *The
Music of the Bible* .

[20] 2. Sam. vi. 5.

[21] 2. Sam. vi. 14, 15.

[22] 1. Chron. 16, 5–6.

[23] 1. Chron. 23,5.

[24] 1 Chron. xxv.; 2 Chron. v. 12. Siehe auch 2 Chron. v. 11-
14.

[25] 2. Chron. 29, 25-30.

[26] Esra iii. 10, 11.

[27] Neh. xii.

[28] *Synagogue Music* , von FL Cohen, in *Papers read at the Anglo-
Jewish Historical Exhibition* , London, 1847.

[29] Ps. cxiii-cxviii.

[30] Eph. Vers 19; Spalte iii. 16.

[31] 1 Kor. xii. und xiv.

[32] Schaff, *Geschichte der christlichen Kirche* , I. p. 234 f.; P. 435.

[33] 1 Kor. xiv. 27, 28.

[34] Chappell, *Geschichte der Musik* .

[35] Zu solchen angeblichen Zitaten gehören: Eph. Vers 14; 1 Tim. iii. 16; 2 Tim. ii. 11; Rev. iv. 11; Vers 9-13; xi. 15-18; xv. 3, 4.

[36] *Konstitutionen der Apostel* , Buch. ii. Kerl. 57.

[37] Hefele, *History of the Councils of the Church* , übersetzt von Oxenham.

[38] Hl. Augustinus, *Confessions* .

[39] Klesewetter, *Geschichte der europäisch-abendländischen Musik* .

[40] Für eine ausführliche Diskussion der Geschichte des Te Deum siehe Julian's *Dictionary of Hymnology* .

[41] *Hymns of the Eastern Church* , übersetzt, mit Anmerkungen und einer Einführung von JM Neale, DD

[42] Lanciani, *das heidnische und christliche Rom* .

[43] Hl. Augustinus, *Confessions* , Buch ix. Kerl. 7.

[44] Hl. Augustinus, *Confessions*, Buch ix. Kerl. 6.

[45] Gibbons, *The Faith of our Fathers*, Kap. 24.

[46] *Caecilien Kalendar* (Regensburg), 1879.

[47] Wiseman, *Vier Vorträge über die Ämter und Zeremonien der Karwoche, wie sie in den päpstlichen Kapellen durchgeführt werden, gehalten in Rom, 1837*.

[48] Jakob, *Die Kunst im Dienst der Kirche*.

[49] Predigt von Dr. Leonhard Kuhn, veröffentlicht im *Kirchenmusikalischen Jahrbuch* (Regensburg), 1892.

[50] O'Brien, *Geschichte der Messe*.

[51] Gibbons, *Der Glaube unserer Väter*.

[52] Die Musikkomposition, die gemeinhin als Messe bezeichnet wird – wie zum Beispiel die Kaisermesse von Haydn, die C-Dur-Messe von Beethoven, die St.-Cäcilia-Messe von Gounod – ist eine musikalische Vertonung dieser Teile des Messamtes die unveränderlich sind und die von einem Chor gesungen werden. Diese Teile sind Kyrie, Gloria, Credo, Sanctus und Benedictus sowie Agnus Dei. Die Musikkomposition namens Requiem oder Messe für die Toten besteht aus dem Introitus – Requiem aeternam und Te decet hymnus, Kyrie eleison, Dies Irae, Offertorium (Domine Jesu Christe), Kommunion – Lux aeterna und manchmal mit dem Zusatz Libera me Domine. Diese Chormessen müssen immer vom größeren Teil der Messe unterschieden werden, zu der sie gehören.

[53] Bemerkenswert ist hier als ein einzigartiges Beispiel für die Erhöhung eines verhältnismäßig unwichtigen Wortes, dass das Wort Messe, lat. Missa, der alten Entlassungsformel Ite, missa est entnommen ist.

[54] Wagner, *Einführung in die Gregorianischen Melodien* .

[55] Sauter, *Choral und Liturgie* .

[56] Gevaert gab seine Schlussfolgerungen erstmals in einem Diskurs bekannt, der auf einer öffentlichen Sitzung der Klasse für bildende Künste der Akademie von Belgien in Brüssel gehalten und 1890 unter dem Titel *Les Origines du Chant liturgique de l'Église veröffentlicht wurde lateinisch*. Dieser Aufsatz wurde fünf Jahre später zu einem Band von 446 Seiten mit dem Titel *La Mélopée Antique dans le Chant de l'Église Latine erweitert* . Diese Werke werden von Ad veröffentlicht. Hoste, Gent.

[57] Lemaire, *Le Chant, ses principes et son histoire* .

[58] Green, *Kurze Geschichte des englischen Volkes* .

[59] Montalembert, *The Monks of the West* , Bd. ii.

[60] Montalembert, *The Monks of the West* , Bd. ii.

[61] *Ebd.*

[62] Ambros, *Geschichte der Musik* , Bd. ii.

[63] Ausnahmen von der allgemeinen Regel sind die überwiegend klösterlichen Ämter, in denen der Gesang durchgehend ausgeübt wird.

[64] Diese Unterscheidung zwischen Harmonie und Kontrapunkt ist grundlegend, für ihre weitere Erläuterung kann hier jedoch kein Raum gegeben werden. Der Punkt lässt sich leicht verdeutlichen, wenn man eine gewöhnliche moderne Kirchenliedmelodie mit dem ersten Abschnitt einer Fuge vergleicht.

[65] Mendelssohn zeigt sich in seinem Brief an Zelter, in dem er die Musik der Sixtinischen Kapelle beschreibt, begeistert von der schönen Wirkung der *Abellimenti* in Allegris Miserere.

[66] Winterfeld, *Johannes Gabrieli und sein Alter*.

[67] Jakob, *Die Kunst im Dienste der Kirche*.

[68] Wackernagel, *Das deutsche Kirchenlied von der ältesten Zeit bis zu Anfang des XVII. Jahrhunderts*.

[69] Hoffmann von Fallersleben, *Geschichte des deutschen Kirchenliedes bis auf Luther's Zeit*.

[70] Taylor, *Studien zur deutschen Literatur*.

[71] Koch, *Geschichte des Kirchenliedes und Kirchengesangs der christlichen insbesondere der deutschen evangelischen Kirche*.

[72] Bacon und Allen, Herausgeber: *The Hymns of Martin Luther set to their Original Melodies, with an English Version*.

[73] Die Aufführung von Bachs Kantaten durch die katholische Schola Cantorum in Paris ist eines von vielen Zeugnissen für die Universalität der Kunst dieses Sohnes des Luthertums.

[74] Kretzschmar, *Führer durch den Concertsaal; Kirchliche Werke*.

[75] Arsène Alexandre, *Histoire populaire de la Peinture*.

[76] Spitta, *Zur Musik: Wiederbelebung protestantischer Kirchenmusik auf geschichtlicher Grundlage*.

[77] Jebb, *Choraldienst der Vereinigten Kirche von England und Irland*.

[78] Eine Ausgabe von Marbeckes Book of Common Prayer mit Anmerkungen, herausgegeben von Rimbault, wurde 1845 von Novello, London, veröffentlicht.

[79] Curwen, *Studien in Anbetungsmusik* .

[80] *Gesetze der kirchlichen Politik* , Buch V, Abschnitte 38 und 39.

[81] Aus dieser Anweisung geht hervor, dass der groteske Brauch, den Psalm „auszustellen" oder zu „diakonieren", nicht ursprünglich in Neuengland war, sondern wie die meisten musikalischen Bräuche unserer puritanischen Vorfahren aus England übernommen wurde.

[82] Curwen, *Studien zur Anbetungsmusik* .

[83] Dies ist von mehreren Schriftstellern getan worden, aber von keinem anderen auf so bewundernswerte Weise wie von Horder in seinem entzückenden Buch „ *The Hymn Lover"* (London, Curwen, 1889).

[84] Hooker, *Laws of Ecclesiastical Polity* , Buch v. Kap. 15.